20 Anos do Estatuto da Cidade

20 Anos do Estatuto da Cidade

REFLEXÕES E PROPOSIÇÕES PARA CIDADES HUMANAS E SUSTENTÁVEIS

2021

Lilian Regina Gabriel Moreira Pires
Coordenadora

ALMEDINA

20 ANOS DO ESTATUTO DA CIDADE
REFLEXÕES E PROPOSIÇÕES PARA CIDADES HUMANAS E SUSTENTÁVEIS

COORDENAÇÃO: Lilian Regina Gabriel Moreira Pires

DIRETOR ALMEDINA BRASIL: Rodrigo Mentz
EDITORA JURÍDICA: Manuella Santos de Castro
EDITOR DE DESENVOLVIMENTO: Aurélio Cesar Nogueira
ASSISTENTES EDITORIAIS: Isabela Leite e Larissa Nogueira

DIAGRAMAÇÃO: Almedina
DESIGN DE CAPA: FBA

ISBN: 9786556273709
Novembro, 2021

Dados Internacionais de Catalogação na Publicação (CIP)
(Câmara Brasileira do Livro, SP, Brasil)

20 anos do Estatuto da cidade : reflexões e proposições para cidades humanas e sustentáveis / Lilian Regina Gabriel Moreira Pires coordenadora. – 1. ed. – São Paulo : Almedina, 2021.

Vários autores.
Bibliografia
ISBN 978-65-5627-370-9

1. Brasil. [Estatuto da cidade (2001)] 2. Cidades – Leis e legislação – Brasil 3. Direito de propriedade 4. Direito de propriedade – Brasil 5. Função social I. Pires, Lilian Regina Gabriel Moreira.

21-80817 CDU-347.23:711.4(81)(094)

Índices para catálogo sistemático:

1. Brasil : Direito de propriedade : Função social : Estatuto da Cidade : Direito civil 347.23:711.4(81)(094)

Maria Alice Ferreira – Bibliotecária – CRB-8/7964

Este livro segue as regras do novo Acordo Ortográfico da Língua Portuguesa (1990).

EDITORA: Almedina Brasil
Rua José Maria Lisboa, 860, Conj.131 e 132, Jardim Paulista | 01423-001 São Paulo | Brasil
editora@almedina.com.br
www.almedina.com.br

SOBRE A COORDENADORA

Lilian Regina Gabriel Moreira Pires

Advogada, Doutora e Mestre em Direito do Estado pela Pontifícia Universidade Católica de São Paulo- PUC-SP, graduada pela Universidade Presbiteriana Mackenzie. Presidente da Comissão de Direito Urbanístico da Ordem dos Advogados do Brasil Seção Estado São Paulo – OAB/SP (2019/2021), integrante da Comissão de Direito Urbanístico da OAB Federal. Professora de direito administrativo da Universidade Presbiteriana Mackenzie. Coordenadora do MackCidade: Direito e Espaço Urbano. Exerceu diversos cargos de assessoramento na administração pública e, em especial, na área de infraestrutura e mobilidade. Atualmente está na Comissão de Transporte Coletivo de Passageiro, da Secretaria de Transportes Metropolitano do Estado de São Paulo. Tem se dedicado a pesquisa das Cidades Inteligentes com especial atenção para a descarbonização na mobilidade e financiamento do transporte.

SOBRE OS AUTORES

Alessandra Benedito
Doutora e Mestra em Direito Político e Econômico pela Universidade Presbiteriana Mackenzie. Coordenadora da Faculdade de Direito da Universidade Presbiteriana Mackenzie, Campinas. Advogada e Professora.

Aline Ouriques Freire Fernandes
Doutora em Função Social do Direito e Acesso à Justiça nas Constituições pela FADISP – Faculdade Autônoma de Direito – São Paulo. Professora titular do Mestrado Profissional em Direito e Gestão de Conflitos e da graduação em Direito da UNIARA-Universidade de Araraquara. Pesquisadora na FUNADESP. Advogada.

Ana Claudia Pompeu Torezan Andreucci
Professora da Faculdade de Direito da Universidade Presbiteriana Mackenzie. Pós-Doutora pela ECA/USP.

Antonio Cecílio Moreira Pires
Advogado e consultor jurídico, Doutor e Mestre em Direito do Estado pela Pontifícia Universidade Católica de São Paulo, professor de direito administrativo, Chefe do Núcleo Temático de Direito Público da Faculdade de Direito da Universidade Presbiteriana Mackenzie – UPM.

Cintia Estefania Fernandes
Procuradora do Município de Curitiba; Doutora em Gestão Urbana pela PUCPR; Mestre em Direito do Estado / Direito Tributário pela UFPR; Espe-

cialista em Políticas do Solo Urbano, pelo Lincoln Institute of Land Policy – Cambridge-MA-EUA; *Autora do livro IPTU – Texto e contexto*. São Paulo: Quartier Latin, 2005, 448p; *Professora* do Programa Nacional de Capacitação das Cidades do *Ministério das Cidades, atual Ministério de Desenvolvimento Regional; Professora* do Lincoln Institute of Land Policy (MA-EUA), Programa para América Latina e Caribe; *Professora* do Centro Universitário Curitiba (U*nicuritiba);* Professora do IBET; *Professora* da *Academia Brasileira de Direito Constitucional*; Consultora Jurídica do Conselho da Cidade de Curitiba (CONCITIBA); Presidente da Comissão de Direito à Cidade da OABPR; Vice-presidente da Comissão Especial de Direito Urbanístico da OAB Nacional.

Claudia Marcia Costa
Doutora em Direito Político e Econômico pela UPM. Mestre em Direito pela UFSC. Professora da Faculdade de Direito da UPM. Visiting Scholar – Universidad de Deusto (Bilbao/ES). Consultora em Direitos Humanos e Consumo.

Felipe Chiarello de Souza Pinto
Mestre e Doutor em Direito pela PUC/SP. Professor Titular da Faculdade de Direito e do PPGD da Universidade Presbiteriana Mackenzie, onde foi Diretor da Faculdade de Direito e atualmente é Pró-Reitor de Pesquisa e Pós-Graduação. Professor Colaborador do PPGD/UPF. Coordenador Adjunto de Programas Acadêmicos da Área de Direito da CAPES-MEC e Bolsista de Produtividade em Pesquisa do CNPq.

Gabriel de Oliveira Silva
Mestrando no Mestrado Profissional em Direito e Gestão de Conflitos da UNIARA-Universidade de Araraquara. Advogado em São Paulo. Assessor do Defensor Público-Chefe da Defensoria Pública da União em São Paulo. Membro do Conselho-Geral do Instituto de Promoção e Proteção de Direitos Humanos.

Gianpaolo Poggio Smanio
Graduado em Direito pela USP. Mestrado e Doutorado em Direito pela PUC-SP. Professor Titular e Diretor da Faculdade de Direito da Universidade Presbiteriana Mackenzie. Foi Procurador Geral de Justiça do Estado de São Paulo nos biênios 2016/2018 e 2018/2020.

Guadalupe Maria Jungers Abib de Almeida
Mestre e Doutora em Direito do Estado pela PUC-SP. Professora adjunta da Universidade Federal do ABC (UFABC), nos cursos de Bacharelado em Planejamento Territorial e Engenharia Ambiental e Urbana. Pesquisadora colaboradora do LEPUR – Laboratório de Planejamento Urbano da UFABC.

Guilherme Bezerra Barbosa
Mestre em Direito Constitucional pela Universidade Federal do Ceará.

Guilherme Madeira Dezem
Mestre e Doutor em Direito Processual Penal pela USP. Professor de Direito Processual Penal. Juiz de Direito.

Isaac Ouriques Freire Fernandes de Morais
Acadêmico do terceiro ano de Direito na Universidade Presbiteriana Mackenzie – São Paulo. Pesquisador em Iniciação Científica no GBio – Novas Fronteiras da Ciência Jurídica – Desenvolvimento e Inovação Tecnológica: Biodireito e Biossegurança.

Jacqueline Alves Soares
Mestre em Desenvolvimento e meio ambiente pela Universidade Federal do Ceará e professora do Centro Universitário Christus-UNICHRISTUS.

José Carlos Junqueira Sampaio Meirelles
Graduado em Direito pela USP. Mestrado (LL.M.) pela Universidade de Illinois. Guest Faculty Member da Escola de Direito da Universidade de Duke. Mestrando em Direito pela Faculdade de Direito do Instituto Presbiteriano Mackenzie e Professor de Direito da Universidade Presbiteriana Mackenzie. Advogado.

Juliana Cristina Cerqueira Minorello
Diretora de Relações Governamentais na Tembici. Vice-presidente da Associação Brasileira de Online to Offline. MBA Internacional Executivo pela FIA. Bacharel em Direito pela USP. Advogada.

Lígia Maria Silva Melo de Casimiro
Doutora em Direito Econômico e Desenvolvimento pela PUC/PR e professora de direito administrativo e legislação urbana da Universidade Federal do Ceará.

Lilian Regina Gabriel Moreira Pires
Advogada, Doutora e Mestre em Direito do Estado pela Pontifícia Universidade Católica de São Paulo- PUC-SP, graduada pela Universidade Presbiteriana Mackenzie. Presidente da Comissão de Direito Urbanístico da Ordem dos Advogados do Brasil Seção Estado São Paulo – OAB/SP (2019/2021), integrante da Comissão de Direito Urbanístico da OAB Federal. Professora de direito administrativo da Universidade Presbiteriana Mackenzie. Coordenadora do MackCidade: Direito e Espaço Urbano.

Marcia Cristina de Souza Alvim
Mestre e Doutora em Direito Constitucional pela Pontifícia Universidade Católica de São Paulo (PUC/SP); Professora dos Programas de Pós-graduação e Graduação em Direito da PUC/SP e do Programa de Graduação da Universidade Presbiteriana Mackenzie.

Márcio Novaes Cavalcanti
Graduado em Direito pela USP. Mestrado (LL.M.) pela London School of Economics and Political Sciences – LSE. Mestrado em Direito pela Universidade Presbiteriana Mackenzie. Professor de Direito da Universidade Presbiteriana Mackenzie. Advogado. Sócio do escritório Silveira e Trancoso Tannous Advogados.

Maria de Fatima Monte Maltez
Mestre pela FADISP – Faculdade Autônoma de Direito em São Paulo.
Especialista em Direito Empresarial pela Universidade Presbiteriana Mackenzie.
Professora de Direito Processual Civil. Advogada.

Mariana Lourenço de Matos da Cruz
Coordenadora de Relações Governamentais na Tembici. MBA em Gestão de Negócios pela USP. Bacharel em Gestão de Políticas Públicas pela USP e em Administração pela Universidade de Vigo.

Mariana Mencio
Mestre e Doutora em Direito do Estado pela PUC-SP. Professora adjunta da Universidade Federal do ABC (UFABC) do Bacharelado em Planejamento Territorial. Membro da Comissão de Direito Urbanístico da OAB/SP (2019-2021).

Mariângela Tomé Lopes
Mestre e Doutora em Direito Processual Penal pela USP. Professora de Direito Penal e Processual Penal. Advogada criminalista.

Michelle Asato Junqueira
Doutora e Mestre em Direito Político e Econômico pela Universidade Presbiteriana Mackenzie. Especialista em Direito Constitucional com Extensão em Didática do Ensino Superior também pela Universidade Presbiteriana Mackenzie. Coordenadora de Pesquisa e Professora da Faculdade de Direito da Universidade Presbiteriana Mackenzie.

Nelson Silveira
Diretor de Comunicação da General Motors no Brasil. Bacharel em Ciências Sociais e Mestre em Antropologia Social (Unicamp). Membro do Conselho Deliberativo da Associação Brasileira de Comunicação Empresarial (Aberje).

Paulo Afonso Cavichioli Carmona
Pós-Doutor em Direito Constitucional Urbanístico pela Universidade del Salento, Itália. Mestre e Doutor em Direito Urbanístico pela PUC-SP. Professor do mestrado e doutorado do Direito e da Arquitetura e Urbanismo do Centro Universitário de Brasília – UniCEUB e dos cursos de especialização da FESMPDFT. Juiz de Direito – TJDFT.

Paulo Nassar
Professor Titular da Escola de Comunicações e Artes da Universidade de São Paulo (ECA/USP). Doutor pela ECA/USP. Líder do Grupo de Estudos de Novas Narrativas (GENN/ECA/USP). Diretor Presidente da Associação Brasileira de Comunicação Empresarial (Aberje).

Rangel Perrucci Fiorin
Mestre e Doutor pela Pontifícia Universidade Católica. Professor de Direito Tributário e Processo Tributário nos cursos de Graduação e Pós-graduação da Universidade Presbiteriana Mackenzie. Ex-conselheiro do CARF. Advogado.

Renata Cruz Rabello
Gerente de Planejamento Urbano da Tembici. Mestre em Paisagem e Ambiente pela FAU-USP (2019). Bacharel em Arquitetura e Urbanismo pela FAU e Dupla Formação em Engenharia Civil da Escola Politécnica USP.

Silvio Luiz de Almeida
Doutor em Filosofia e Teoria Geral do Direito pela Universidade de São Paulo. Professor da Universidade Presbiteriana Mackenzie e da Fundação Getúlio Vargas. Presidente do Instituto Luiz Gama. Líder do Grupo de Pesquisa Estado e Direito no pensamento social brasileiro, CNPQ.

Simone Alves de Carvalho
Graduada em Relações Públicas, mestre e doutora em Ciências da Comunicação pela ECA-USP, atua na educação superior e orienta monografias em cursos de graduação e especialização. Orientadora da monografia que originou este artigo.

Thiago Marrara
Professor de direito urbanístico e administrativo da USP (FDRP). Livre-docente (USP). Doutor (Universidade de Munique, LMU). Consultor em direito regulatório, administrativo e urbanístico.

Thomas Tyn Chow Wang
Graduado em Relações Públicas pela ECA-USP. Cicloativista, conselheiro da Câmara Temática de Bicicleta/CMTT, editor do Bike Zona Sul e autor da monografia que "A história da bicicleta na cidade de São Paulo", defendida em 02 jul. 2020 e que originou este artigo.

Valter Caldana
Arquiteto e Urbanista e doutor pela FAUUSP, é Professor Titular da FAU Mackenzie/SP, onde foi Diretor da Faculdade. Foi professor convidado nas universidades de Paris-Est, na França, Sassari e Ancona, na Itália. É coordenador

do Laboratório de Projetos e Políticas Públicas, Conselheiro Federal do CAU – Conselho de Arquitetura e Urbanismo, da Academia de Escolas de Língua Portuguesa e do Instituto Cidade em Movimento. Atua na Espaço & Tempo Arquitetura SSL, edita a revista aedificadi e mantém o blog debatendo.com.br. Autor de livros e artigos.

Vanêsca Buzelato Prestes
Doutora Università Del Salento/ Itália, Mestre em Direito PUC-RS, professor em pós graduações de direito urbanístico, ambiental e municipal, coautora dos livros Temas de Direito Urbano-Ambiental (Ed. Forum, 2006) e Direito Urbanístico (Verbo Jurídico, 2009), autora do livro Corrupção urbanística; da ausência de diferenciação entre direito e política no Brasil (ed. Forum, 2017) e de artigos em Revistas especializadas, Procuradora do Município de Porto Alegre – RS, aposentada.

Viktor Ruppini Prado
Integrante do Grupo de Pesquisa "Democracia, Cidadania e Estado de Direito", na linha de pesquisa "Gestão ambiental e desenvolvimento sustentável na perspectiva discursiva". Advogado.

Waleska Miguel Batista
Doutoranda em Direito Político e Econômico pela Universidade Presbiteriana Mackenzie. Mestra em Sustentabilidade e Graduada em Direito pela Pontifícia Universidade Católica de Campinas. Integrante do Grupo de Pesquisa Estado e Direito no pensamento social brasileiro (Mackenzie). Bolsista Integral CAPES.

Wilson Levy
Doutor em Direito pela PUC-SP, com estágio de pós-doutoramento pela Mackenzie. Diretor do programa de pós-graduação em Cidades Inteligentes e Sustentáveis da UNINOVE. Membro das Comissões de Direito Urbanístico, e Notaria e Registros Públicos da OAB-SP. Conselheiro do CONPRESP (2021-23). Membro da banca examinadora do 12º Concurso de Outorga das Delegações Extrajudiciais de São Paulo, representando a OAB-SP. Membro do Núcleo de Estudos Urbanos da Associação Comercial de São Paulo.

NOTA DA COORDENAÇÃO

O livro **20 anos do Estatuto da Cidade: reflexões e proposições para cidades humanas e sustentáveis** é resultado da feliz e profícua união dos grupos de pesquisa "Direito Administrativo Contemporâneo", "Poder Econômico e seus limites jurídicos", "Políticas Públicas como Instrumento de Efetivação da Cidadania", juntamente com o Programa de Extensão "Mack cidade: núcleo de direito e espaço urbano", todos desenvolvidos na Universidade Presbiteriana Mackenzie (UPM), em São Paulo. Vivemos a era das cidades, e, diante dos impactos sociais e econômicos provocados pela pandemia advinda do COVI-19, sua importância é renovada. A Constituição Federal de 1988 dedicou um capítulo à Política Urbana e, doze anos mais tarde, no dia 10 de julho de 2001, entrou em vigor a Lei federal nº 10.257, denominada Estatuto da Cidade (EC), a lei diretriz do Direito Urbanístico, que dispõe sobre a política urbana e regulamenta o capítulo constitucional.

Nossa legislação tem servido de inspiração para discussões, leis e políticas públicas em diversos países e nos colocou no rol de honra da Organização das Nações Unidas (ONU). O momento da aprovação do Estatuto da Cidade foi motivo de expectativa para a promoção efetiva da reforma urbana pelos municípios e isso se daria por meio da aprovação de seus Planos Diretores Municipais (PDMs).

O Estatuto da Cidade apresenta (I) lista de princípios e diretrizes de política urbana; (II) reconhece direitos sociais e coletivos; (III) estabelece processos, mecanismos e instrumentos que podem ser incorporados nos Planos Diretores, visando a incorporação dos princípios declarados e dos direitos reconhecidos; (IV) apresenta um conjunto de instrumentos jurídicos, urbanísticos e financeiros; e (V) indica articulação entre diversas áreas. A euforia e esperança do momento da edição foram tomadas por muitas críticas e desânimo com relação aos planos aprovados.

O pessimismo pode ser olhado pela lente do desalinhamento entre as diretrizes e os instrumentos da lei e sua aplicação, que gerou processo de mercantilização das cidades, acentuando problemas de especulação imobiliária e segregação socioespacial, agregado ao fato da ausência da participação popular nas decisões e de se ignorar as realidades e diversidades urbanas e sociais de cada localidade. Esse sentimento tem sua validade, por outro lado é preciso lembrar que o Estatuto da Cidade propôs nova ordem urbanística que abre campo para a discussão sobre como se dá a distribuição dos ônus e benefícios da urbanização, ou seja, quem e como se paga pelo crescimento urbano. Não obstante, ainda padecemos de uma visão que não enfrenta a estrutura da propriedade imobiliária, que não aplica a função social da propriedade e a consequente possibilidade jurídica de obrigar o proprietário que não cumpre a função social a determinadas condutas.

A Política Urbana materializada na agenda do Direito Urbanístico é mais que ordenamento territorial e de controle jurídico do uso do solo, ela impõe a ordem urbanística, que reconhece direitos sociais e coletivos e insere a pessoa como centro da política urbana: cidade são de e para as pessoas.

Dentro desta perspectiva é correto afirmar que o problema está na interpretação da lei e não na lei em si e tal realidade é o que nos distancia da materialização dos direitos postos no Estatuto da Cidade. Aliado a isso, temos forte agenda neoliberal que caminha, já há algum tempo, em direção clara ao desmonte da ordem jurídica-urbanística-ambiental. Infelizmente, assistimos o desmonte do Ministério das Cidades, o ataque à noção de função social da propriedade diante da PEC 80/2029 e as constantes propostas e edição de novas leis, medidas provisórias e decretos que estão longe do alinhamento trazido pelo Estatuto da Cidade.

Estamos diante do período de revisão dos planos diretores e, coincidentemente, do aniversário de 20 anos do Estatuto da Cidade. O aniversário da lei e a conjuntura sociopolítica foram os elementos que impulsionaram a decisão de uma obra com a finalidade de trazer provocações para essa ordem urbanística. Reflexões sobre gênero, raça, tecnologia e, principalmente, alertando para a urgência de encararmos com seriedade a oportunidade do desenvolvimento urbano sustentável e de que somente com coragem para enfrentar problemas estruturais é que vamos alcançar cidades mais justas e humanas. Esse é o caminho para termos a sinergia com a agenda 2030 e os 17 objetivos sustentáveis, cuja finalidade é estabelecer um plano de ação, vencer o desafio de erradicar a pobreza extrema e alcançar o desenvolvimento sustentável.

Os artigos aqui trazidos não replicam e/ou explicam os instrumentos, mas provocam reflexões e apresentam ideias para se discutir caminhos para o planejamento adequado e sua concretização, em prol de cidades saudáveis, justas e igualitárias. Agradecemos aos alunos e professores ligados ao grupo de pesquisa e a disposição contínua em colaborar com as discussões e proposições que unam a administração pública, a academia e o mercado para parcerias virtuosas e desenhos de políticas públicas eficientes. Agradecemos a todos os pesquisadores e pesquisadoras que aderiram à proposta e lançaram suas ideias.

LILIAN REGINA GABRIEL MOREIRA PIRES

PREFÁCIO

A coletânea de artigos trazida por essa publicação refere-se à reflexão de profissionais que atuam tendo como objeto central, ou necessário, a cidade e os impactos que a Lei Federal nº 10.257/01, Estatuto da Cidade, possa ter trazido nos vinte anos de sua existência.

A razão de emerge das discussões ocorre, em um primeiro momento, por ser a primeira norma geral que tratou da gestão urbana no país. Com um histórico de legislações setorizadas, o Brasil traz uma dificuldade reiterada em tratar de seus temas políticos de maneira sistêmica. O Estatuto da Cidade dispõe sobre diretrizes gerais, princípios, planos, dezenas de instrumentos, estabelece limites com previsão de sanções e insere de maneira explícita a participação democrática na formatação das políticas urbanas. Portanto, diante de um crescimento urbano desordenado, espontâneo, com desigualdades indesejadas aumentadas surge a imperiosa necessidade em se verificar o quanto um diploma normativo pode impactar a realidade consagrada.

Os artigos dessa obra tratam da distância entre a realidade das cidades brasileiras e o disposto na Constituição Federal, seja quanto à busca pela realização do Estado Social e Democrático, entendendo a cidade como um todo sistêmico seja quanto na aplicação de seus instrumentos. Nesse sentido, a relação entre os entes federativos e o exercício de suas competências é de mister importância, incluindo pactuar a hierarquia do plano diretor perante outros planos de ordenação do território urbano e a articulação entre urbano e rural.

Outro aspecto de suma importância para o debate é a financeirização da política urbana. Incluir a participação popular nessa discussão é elemento estratégico na busca para o bem estar coletivo e aplicar corretamente os tributos, de maneira justa e proporcional, pode trazer uma alavancagem nessa direção, como é o caso da contribuição de melhoria.

Das funções da cidade, a mobilidade tem merecido um olhar atento muito em face da dificuldade de locomoção, quanto seu custo e o consumo de um tempo roubado. Pensar sobre seus desafios e perspectivas faz-se necessário e o deslocamento não motorizado tem tido um aumento exponencial em nossas cidades, sendo que a bicicleta é seu maior exemplo. Seu uso está ligado a baixo custo, à humanização do trânsito, à sustentabilidade ambiental. No aspecto da moradia, foi enfrentado o tema na perspectiva de sua irregularidade face à vulnerabilidade econômica e social, bem como pelo seu recorte de raça. A territorialidade diz muito quando analisamos a cidade sob esse ponto de vista.

Quanto à composição do quadro social, inclui-se a de gênero, no olhar feminino e a necessária mudança de relação que a cidade guarda com as mulheres. Também é trazida a perspectiva da criança e do adolescente para a construção de uma política urbana inclusiva e mais sensível, afinal a cidade é para pessoas e não coisas.

O terceiro setor, assim como as empresas, também merecem destaque e cada um deve cumprir seu papel nesse cenário de reordenação da política urbana brasileira.

Por fim e não menos importante, cabe analisar ao menos em parte a atuação do Poder Judiciário perante a tutela dos interesses relativos ao direito urbanístico e à cidade além de enfrentar a corrupção urbanística como assunto técnico específico e passível de ser aplicado e enfrentado por nossas autoridades constituídas.

Diante desse vasto e riquíssimo repertório de temas tratados de maneira singular e própria já é possível afirmar, de pronto, o impacto que a referida lei analisada trouxe no cenário urbano brasileiro. Não é letra morta tão pouco se vislumbra seu ..... talvez, justamente por seu vigor e poder de transformação esteja sendo atacada reiteradamente.

O ataque ao Estatuto da Cidade tem vindo por diversas origens. No Poder Executivo municipal ao não ter equipe técnica capacitada para atuar impede o acompanhamento transparente e eficiente da execução da política urbana e dificulta o acompanhamento do crescimento urbano e aprovação de empreendimentos. Nos Poderes Executivos estadual e federal ao não ajustarem suas atuações ao Plano Diretor municipal, desconsiderando o planejamento urbano, a competência privativa municipal e propiciando impactos no território urbano na qual o Município é que terá que arcar comas consequências.

Outra fonte de ataques tem sido a tentativa de mudança do próprio diploma normativo, não para seu aperfeiçoamento e ajuste, mas sim para sua fragmentação por temas incidentais e extroversos, tais como licença urbanística ou a lei da liberdade econômica.

Assim, trazer luz à discussão dos efeitos e impactos gerados pelo Estatuto da Cidade nesses seus vinte anos de existência fortalece a discussão da boa ordenação urbana, a execução da política urbana tal qual disposta na Constituição Federal. Afinal, se o Brasil está 84% urbanizado, o Estado Social se realiza essencialmente nas cidades e será a partir da melhoria de vida em nossas cidades que será possível estabelecer uma convivência mais harmónica, mais saudável, mais justa e mais inclusiva.

DANIELA CAMPOS LIBÓRIO

Advogada, presidente da Comissão Especial de Direito Urbanístico do CFOAB, presidente do Instituto brasileiro de Direito Urbanístico IBDU entre 2013.e 2017, mestre e doutora em.Direito Urbanístico Ambiental pela PUC/SP onde é professora, especialista em Políticas Ambientais pela Universidad Castilla La Mancha, pós doutora em gestão de águas para consumo humano pela Universidad Sevilla.

POSFÁCIO

Foi com grande carinho que recebi o convite da amiga e organizadora da obra "20 anos do Estatuto da Cidade: reflexões e proposições para cidades humanas e sustentáveis", Lilian Regina Gabriel Moreira Pires, para, além de participar da obra como dos seus autores (junto com a professora Michelle Asato Junqueira), ter a honra de escrever o seu Posfácio.

Bem acompanhado, sigo em meus breves comentários, a explicação da organizadora, Lilian R. G. M. Pires, sobre a origem da pesquisa, que se desenvolve sob os auspícios da Universidade Presbiteriana Mackenzie e a colega Daniela Campos Libório, referência no tema e que comenta sobre os objetos dos capítulos da Obra, trazendo uma reflexão crítica sobre os temas que permeiam a cidade.

A cidade de São Paulo, com suas belas e duras formas, serve de moradia para 12.325.232 (doze milhões trezentos e vinte e cinco mil duzentas e trinta e duas) pessoas, caracterizando-se, portanto, como a cidade mais populosa do Brasil, com uma densidade demográfica de aproximadamente 7.400 (sete mil e quatrocentos) habitantes por quilômetro quadrado.

Com tantas pessoas vivendo em São Paulo, a cidade emprega quase metade da sua população (em torno de 42% da população empregada), o que representa um ganho econômico para a cidade que possui um PIB (Produto Interno Bruto) equivalente a 4.305 (quatro mil trezentos e cinco) municípios, ou seja, 77,3% das cidades brasileiras.

Mas, como a maior cidade do Brasil e a 21ª (vigésima primeira) maior cidade do mundo, São Paulo sofre com o crescimento desenfreado e sem planejamento, revelando problemas que representam os grandes desafios de sua gestão, como poluição, trânsito, deficiência de transporte público, de acesso, inclusão, e educação, entre outros.

É nesse capítulo que se insere Estatuto da Cidade (Lei nº 10.257 de 10/07/2001), que encontra as bases de seu fundamento no artigo 182 da Constituição Federal que determina que a política de desenvolvimento urbano deve ser executada pelo Poder Público municipal, com o objetivo de ordenar o pleno desenvolvimento das funções sociais da cidade e garantir o bem-estar de seus habitantes.

A Lei nº 10.257/2001, que celebra vinte anos, nesse ano de 2021, aniversaria enfrentando novos desafios trazidos pelo enfrentamento da emergência de saúde pública de importância internacional, decorrente do coronavírus, que agravou os problemas já existentes de ocupação do solo, inclusão, danos ambientais, entre outros, trazidos pelos vários autores desta brilhante obra.

Portanto, fica aqui esse breve registro pela importância da publicação, de seus autores e da sua organizadora, que além de professora de Direito Administrativo da Universidade Presbiteriana Mackenzie, exerceu a função de assessora na Superintendência do Departamento de Estradas de Rodagem de São Paulo, é presidente da Comissão de Direito Urbanístico da Ordem dos Advogados do Brasil – OAB/SP, integra a Comissão de Direito Urbanístico da OAB Nacional, Assessora da Secretaria de Transportes Metropolitanos do Estado de São Paulo e mais que tudo, cidadã ativa e zelosa da nossa Cidade.

FELIPE CHIARELLO DE SOUZA PINTO
Mestre e Doutor em Direito pela PUC/SP. Professor Titular da Faculdade de Direito e do PPGD da Universidade Presbiteriana Mackenzie, onde foi Diretor da Faculdade de Direito e atualmente é Pró-Reitor de Pesquisa e Pós-Graduação. Professor Colaborador do PPGD/UPF. Coordenador Adjunto de Programas Acadêmicos da Área de Direito da CAPES-MEC e Bolsista de Produtividade em Pesquisa do CNPq.

SUMÁRIO

1.
Só no Brasil, Mesmo

VALTER CALDANA

Introdução

> "Hoje. 5 de outubro de 1988, no que tange à Constituição, a Nação mudou. (Aplausos). A Constituição mudou na sua elaboração, mudou na definição dos Poderes.
> Mudou restaurando a federação, mudou quando quer mudar o homem cidadão.
> E só é cidadão quem ganha justo e suficiente salário, lê e escreve, mora, tem hospital e remédio, lazer quando descansa."
>
> *Ulisses Guimarães*[1]

Comentar, discorrer sobre ou, principalmente, comemorar os vinte anos do Estatuto da Cidade, a Lei Federal 10.257/01, como se pretende fazer nesta publicação e neste texto exige um mergulho na história.

Ainda que não se faça aqui um exercício metodológico aprofundado na escola da *longue durée* do francês Braudel, o que é sempre indicado para a elaboração de análises desta natureza e nos levaria, quem sabe, ao

[1] Ulisses Guimarães. Discurso de apresentação à sociedade da Constituição do Brasil, proferido em 5 de outubro de 1988. https://www.camara.leg.br/radio/programas/277285-integra-do-discurso-presidente-da-assembleia-nacional-constituinte-dr-ulysses-guimaraes-10-23/

período do Estado Novo e ao primeiro projeto de país urbano e industrializado implantado no Brasil ou, antes ainda, à vinda da família real e a abertura dos portos às nações amigas.

Se este fosse o período selecionado para a compreensão da real dimensão da importância do Estatuto da Cidade, certamente seria necessário fazer paradas estratégicas em importantes marcos da evolução urbana brasileira como o Rio de Janeiro do Império, de Agache e Doxiadis, a São Paulo de Antônio Prado, Prestes Maia e Faria Lima, a Belo Horizonte de Aarão Reis, a Goiânia de Attílio Correia Lima e, claro, a Brasília de Lúcio Costa e Oscar Niemeyer. Seriam paradas também cidades como Maringá, Boa Vista e Palmas, do grupo Quatro, Nem Cianorte, no Paraná e tantas outras espalhadas pelo país poderiam ficar fora.

Não obstante, certamente também deveria figurar nesta historiografia o povoado de Canudos no sertão da Bahia, pois o sertanejo é antes de tudo um forte.

Tampouco poderiam ficar de fora a ocupação do morro da Favela no Rio de Janeiro e todas as suas futuras congêneres espalhadas pelo Brasil. Maré, Rocinha, Alemão, Paraisópolis, Heliópolis, Jaguaré, Moinho, Afogados, Alagados, Fazenda Grande, Sussuarana, Casa Amarela... Não se poderia esquecer os cortiços, realidade tão fortemente retratada por Aluísio Azevedo.

Como deveriam constar na lista a São Paulo dos mutirões de Mario Covas e Luiza Erundina, o Rio de Janeiro do Favela-Bairro de Luís Paulo Conde e, também, tantas outras iniciativas oficiais de estados e municípios. Ou mesmo do governo federal, como o FGTS – Fundo de Garantia por Tempo de Serviço e o próprio BNH.

Portanto, não sem antes fazer o alerta da necessidade de uma compreensão ampla da cidade e do quanto a evolução da crise urbana no Brasil é o retrato, o símbolo e, mais, a materialização da evolução dos modelos de desenvolvimento brasileiros ao longo do século passado, mais modesto em termos cronológicos este trabalho indica como marco para o início de suas análises a promulgação da Constituição em 1988, onze anos antes da promulgação do próprio Estatuto e o período que a precedeu, a partir de 1977/79.

Parte da motivação para este recorte se pode encontrar na epígrafe selecionada para a abertura deste capítulo, extraída do discurso de apresentação da Carta à nação, proferido pelo Presidente Ulisses Guimarães no Congresso Nacional.

De modo sensível e intuitivo, porém explícito, naquele trecho inicial Ulisses elenca como condição para a cidadania a existência de emprego e renda (justo e suficiente salário), educação (lê e escreve), habitação (mora), saúde (tem hospital e remédio) e lazer (quando descansa), atividades, serviços e funções que se organizadas com simultaneidade e forte intensidade, são essencialmente urbanas.

Deste modo, neste texto sobre este valioso e original instrumento para a elaboração de políticas públicas de desenvolvimento urbano, se opta por fazer um breve registro de alguns de seus antecedentes, mais do que uma análise aprofundada de suas características intrínsecas específicas.

Opção esta que se dá no sentido de possibilitar uma melhor compreensão da conjuntura em que foi elaborado, o que deve reforçar o reconhecimento de seu papel fundamental no marco regulatório do planejamento urbano no Brasil.

1. A reconquista da cidadania

A elaboração e promulgação da Constituição Federal, a Constituição Cidadã, foi uma vitória política memorável, uma conquista histórica da sociedade.

Por um lado, sacramentou a superação de mais uma ditadura civil-militar. Mas, por outro, representou o reconhecimento de uma série de movimentos havidos no país nos vinte anos anteriores, desde a luta armada contra a ditadura até a forte mobilização da sociedade por eleições diretas para a presidência da república, passando, claro, pela reorganização da sociedade civil, em especial dos movimentos estudantil e sindical, dez anos antes.

Para a compreensão desta reorganização política da sociedade, que foi estrutural para as conquistas havidas na Constituição e consequente elaboração do Estatuto da Cidade, que tem como marcos iniciais as greves do ABC paulista, a Anistia e o retorno dos brasileiros exilados, em 1979 [2], é preciso considerar que do golpe de 1964 até ali, em especial no período

[2] Aqui o texto se refere ao período compreendido entre a Anistia, Lei 6683 de agosto de 1979 e a promulgação da Constituição, em outubro de 1988.

entre 1968 e 1978, ocorreram mudanças estruturais nos arranjos econômicos, políticos e sociais em todo o planeta. É o período das grandes movimentações dos jovens no campo político, cultural e comportamental.

De Woodstok nos EUA ao Boulervard Saint Michel na França, passando pela Rua Maira Antônia em São Paulo, há uma clara e ruidosa troca de gerações na correlação de forças vigente. É também neste período que ocorre a simbólica chegada do Homem à Lua e o não menos simbólico final da longa guerra no Vietnã, brilho e ocaso do país mais poderoso da Terra. Se dá a Revolução dos Cravos em Portugal e a independência dos países lusófonos na África. Essenciais para a composição do quadro que aqui se pretende registrar, acontecem as duas crises do petróleo, que obrigam o planeta a iniciar um trabalhoso e doloroso processo de repensar seus modelos de produção e consumo e de desenvolvimento urbano.

No Brasil, em contraposição, este período de grande efervescência no planeta se inicia com o golpe de 1964, consolidado pelo Ato Institucional nº 5 em 1968 e é marcado pela fase mais dura da ditadura, que reprime, abafa e atrasa a chegada destas modificações, represando a organização da sociedade e tolhendo a formação de lideranças, de que o país se ressente até hoje.

Assim, o renascimento da sociedade civil encontra um novo país, até então bastante desconhecido, graças ao autoritarismo e ao cerceamento das liberdades, inclusive de pesquisa e produção de conhecimento. Publicações como *São Paulo 1975, crescimento e pobreza*, (Camargo, 1976) são raríssimas.

O Brasil, afinal, que mergulhara nas sombras da ditadura com a população ainda rural e interiorizada, porém um país em sintonia com uma agenda mundial na economia, na política e nas artes, como mostram, por exemplo, a participação no movimento dos países não alinhados ou a penetração internacional da Bossa Nova e do Cinema Novo ressurge, num curto lapso de tempo, majoritariamente urbanizado, porém fortemente isolado.

No entanto, é possível se afirmar, empiricamente, que o período compreendido entre 1979 e 1988 foi extremamente fértil no tocante à organização da sociedade e suas proposições políticas e projetuais. Forjados no enfrentamento da fase final da ditadura, os movimentos sociais se fortalecem e se organizam em outras formas de atuação para a superação do isolamento e do atraso imposto no período anterior. Para tanto, buscam conhecer e se sintonizar com a agenda global e, simultaneamente, com novas formas de se organizar e atuar nas questões locais.

Migram de um tradicional posicionamento reivindicatório ligado à questões corporativas funcionais e aflições de curto prazo como a carestia, salários e direitos específicos para questões temáticas mais amplas, que se iniciam na luta pelas liberdades democráticas e o Estado de Direito e seguem por questões culturais, históricas, comportamentais e, sobretudo ambientais.

Deste modo, se torna natural que se dê grande protagonismo para os graves problemas urbanos que assolam as cidades por todo o país, frutos que são do modelo espraiado, extrativista, segregador e eficiente produtor de desigualdade que, se já vinha de longe, foi ampliado com grande vigor no período.

Àquela altura, estrutura e infraestrutura urbana se encontram comprometidas, os serviços públicos são deficitários e as políticas desenvolvidas se mostram insuficientes ou ineficientes. A legislação urbana, do início da década de 70, é questionada na prática. O aparato legal e o marco regulatório de planejamento e controle do uso do solo, de natureza centralizadora e autoritária, caminhava para o colapso, se constatando a impossibilidade de ação do poder público municipal, que se mostra incapaz, inclusive, de fiscalizar com eficiência até mesmo a aplicação da legislação existente.

Em São Paulo, a título de exemplo, estima-se que naquele momento em torno de 30% da mancha urbana da capital seja composta por terrenos vagos ou áreas ociosas e que 90% das edificações residenciais unifamiliares se encontrem em desacordo com a legislação, como retratam, entre outros, Ermínia Maricato (1979), Cândido Malta Campos Filho (1989), além da própria prefeitura [3].

Os movimentos por moradia, na década de 1980, passam a ter uma presença significativa na sociedade e no espectro político do período.

[3] SEMPLA, Sec. Municipal de Planejamento – Plano diretor do município de São Paulo: 1985/2000. São Paulo, P.M.S.P, 1985. 2 Volumes.

Figuras como o Padre Ticão[4], falecido em janeiro de 2021, entre tantas outras pessoas e instituições, desenvolvem um intenso trabalho no sentido de dar visibilidade aos paradoxos do modelo de desenvolvimento urbano adotado no Brasil.

Por sua vez, a mercantilização da terra urbana se consolida, consagrando o fato de que a cidade deixa de ser o palco de negócio para se tornar o negócio em si mesmo.

Neste contexto que crescem e se fortalecem os movimentos e organizações da sociedade em torno das questões urbanas mais amplas e difusas, como o próprio direito à cidade, seus benefícios, serviços e infraestrutura. Discussões que, como visto anteriormente, serão fundamentais, logo a seguir, na Assembleia Nacional Constituinte e posteriormente na elaboração do Estatuto da Cidade.

2. A Cidadã

A nova Constituição foi uma grande vitória da sociedade brasileira, aqui se reafirma, e como tal deve ser tratada e defendida. Não obstante, se vitória e grande avanço, logo se percebeu, como alertara o próprio Ulisses Guimarães em seu discurso histórico, ela não é perfeita. Rapidamente surge a percepção de que se trata de uma Constituição longa demais, plena de dubiedades, muitas contradições e algumas concessões. E uma peça, apesar de sua extensão e abrangência, talvez por isso mesmo, de difícil regulamentação.

A contradição mais famosa é o próprio sistema de governo, que foi redigido com características e mecanismos de inspiração claramente parlamentarista, como as eleições por nível de governo (eleições municipais e eleições gerais) e não por poder (legislativas e executivo), entre outros, e que no referendum popular ficou estabelecido como presidencialista. O resultado é que muitos apelidam jocosamente de presidencialismo parlamentar ou, mais contraditório ainda, parlamentarismo presidencial.

[4] Antonio Luiz Marchioni (1952/2021), conhecido como Padre Ticão, foi uma importante liderança religiosa e social na zona leste de São Paulo. Foi pároco da Paróquia de São Francisco de Assis, em Ermelino Matarazzo, a partir de 1982 e se envolveu com os movimentos em defesa dos direitos e do atendimento às necessidades das populações mais carentes e em situação de vulnerabilidade da cidade, em especial no que diz respeito à moradia e infraestrutura.

Outras, menos abrangentes, porém até mais contundentes, também se colocam na área da gestão pública e do desenvolvimento urbano. Já em 1989, logo após sua promulgação, o CEPAM[5] apontava algumas destas características em seminário preparatório da elaboração da Constituição do Estado de São Paulo. Na ocasião, vários pesquisadores, técnicos e políticos que haviam acompanhado o tema com grande proximidade registravam a questão. (Moreira, 1989)

Uma delas, a mais conhecida no campo do desenvolvimento urbano, é que um país que ultrapassara a taxa de 50% de população urbana havia vinte anos e que àquela altura já contava com praticamente 75% morando em cidades, sua Constituição trazia apenas dois artigos, 182 e 183, tratando do tema.[6]

Esta particularidade e aparente contradição, uma questão estrutural e complexa da vida nacional tratada de forma simplista, generalista e sintética numa Carta paradoxalmente prolixa e detalhista, com o passar do tempo se demonstrou, como se verá adiante, inesperadamente positiva. (Brasil, 1988)

Outro aspecto a ser apontado, este de consequências bem mais graves e que hoje se fazem sentir fortemente, é a importante distorção existente no pacto federativo definido pela Constituição.

Com espírito fortemente descentralizador, resultante da influência de políticos parlamentaristas e municipalistas como o paulista Franco Montoro, parcela significativa da responsabilidade pela formulação e implantação quantitativa e qualitativa de políticas públicas estruturais para a vida cotidiana e o pleno exercício da cidadania, como a educação básica e o próprio desenvolvimento urbano foram transferidos para a esfera municipal.

[5] CEPAM – Centro de Estudos e Pesquisas de Administração Municipal / Fundação Prefeito Faria Lima, órgão do Governo do Estado de São Paulo atrelado à Secretaria do Interior (extinta) e depois à Secretaria de Economia e Planejamento, responsável pela produção de conhecimento e formação de agentes públicos e privados envolvidos com o desenvolvimento urbano. Extinto durante o governo Geraldo Alckmin, em 2015, seu acervo se encontra em posse de outros órgãos de governo.

[6] Fonte: IBGE. Vale notar que o Brasil atingiu o índice de 50% da população urbana entre 1968 e 1970, quarenta anos antes da média do planeta.

Ocorre que a organização tributária não acompanhou a mesma linha federativa e descentralizadora, provocando um grande desequilíbrio entre a quantidade de obrigações que foram descentralizadas, estadualizadas e, sobretudo, municipalizadas e a distribuição do volume de recursos arrecadados.

No mesmo seminário de 1989 no CEPAM e em estudos elaborados ao longo daquele ano já se alertava que esta situação rapidamente provocaria déficits nas contas públicas dos municípios, que não possuíam instrumentos de arrecadação compatíveis com as obrigações e demandas que passariam a enfrentar.

Verificados inicialmente no simples fluxo de caixa operacional – receitas x despesas – redundando na incapacidade de custeio da máquina e dos serviços públicos, estes déficits, alertava-se então, acabariam por aumentar o endividamento dos municípios, afetando por fim sua capacidade de investimento. A tendência seria, como foi, o alargamento desta diferença, com o crescimento exponencial da demanda e, na melhor das hipóteses, linear das receitas.

Trata-se de mecanismo que se mostra contraditório e perverso. Contraditório, na medida em que politicamente avança fortemente na descentralização e na compreensão e desenho de um país federado, com unidades político-administrativas relativamente autônomas, solidárias e interdependentes, o que possibilitaria uma organização espacial e territorial mais equilibrada e respeitosa com as características regionais e locais tanto do ponto de vista econômico quanto social, cultural e ambiental. Mas que, no entanto, não provê os meios de sua efetivação.

E se mostra perverso por reafirmar, ao invés de combater, as tradicionais relações clientelistas existentes entre os poderes e suas três esferas. Colocando também estados, mas, sobretudo, os municípios de todos os tamanhos em condição de quase insolvência, obriga prefeitos e vereadores a uma indesejável dependência do poder central e, por consequência, da ação intermediadora de deputados estaduais, federais e mesmo senadores.

São agentes políticos que, por sua vez, também acabam por se obrigar, e serem obrigados, a relações de vassalagem que, muitas vezes, passam ao largo de relações republicanas transparentes, como se viu fartamente no Brasil recente. A dependência de todo o sistema, até os dias de hoje, das assim denominadas emendas parlamentares é um testemunho cabal da vigência e das distorções deste sistema.

No início da década seguinte o autor já registrava que "*mergulhada num processo de metástase burocrática, a máquina administrativa consome mais energia do que pode produzir, não se mostrando tampouco capaz de assimilar na prática as alterações por que passou o país em suas relações sociais e políticas nos anos anteriores. Neste sentido, a crise urbana passa a se confundir com a crise do próprio Estado*". (Caldana, 1994)

Assim, nesta sociedade já urbanizada o clientelismo, tradicional nas relações políticas brasileiras, não desaparece, apenas se atualiza. Vicia o sistema e estabelece um novo rito, um novo pacto. Vale lembrar que a situação se agravada, também contraditoriamente, com a promulgação da Lei de Responsabilidade Fiscal[7] em 2000 e da Emenda Constitucional do Teto de Gastos de 2016 [8].

No entanto, que se registre, nenhuma destas observações ultrapassa os ganhos políticos, sociais, culturais e, também, econômicos proporcionados pela Constituição de 1988. Que, por sua vez, nunca estiveram tão ameaçados.

3. A possível

O avançar do tempo, as alterações nas correlações de forças na sociedade e a prática, como é natural, trouxeram paulatinamente as dificuldades a serem enfrentadas por um país e por uma nação em reconstrução.

Deste modo, sejam as contradições pontuais apontadas acima, sejam críticas estruturais que passam a ficar cada vez mais fortes e explícitas, como por exemplo a de que se trata de uma peça que é pródiga em haveres e direitos sendo muito econômica em obrigações e deveres ganham terreno.

[7] Lei Complementar Nº. 101/2000, dita da Responsabilidade Fiscal, define normas para a operação das finanças públicas, visando manter o assim chamado equilíbrio fiscal. A Lei traz severas punições para os administradores públicos que a descumprirem e, se por um lado foi necessária e eficaz para alterar práticas administrativas que levavam à chamada gastança e à farra do endividamento, por outro tolheu fortemente a margem de manobra dos administradores locais.

[8] Emenda Constitucional 95 de 2016, que limita por 20 anos os gastos públicos e dá outras providências.

A explicação mais comum de seus autores e defensores é a de que tais características se devem ao fato de ter sido feita por uma assembleia não exclusiva, de meio período, e ainda sob forte emoção e influência do período ditatorial, muito presente. Pesou também o fato de ter sido elaborada em meio a uma gravíssima crise econômica, particularmente aprofundada pela crise cambial e da dívida externa. Foi a Constituição possível é a palavra de ordem.

De fato, este seja, talvez, o seu maior problema. Na verdade, se pode dizer que este seja, se não um problema, uma das maiores características brasileiras. O possível quase sempre se sobrepondo ao necessário e, sempre, ao desejado, sonhado. O país ginga, da bossa, da felicidade e da esperança, aparentes, é um país conformado. Um país do "é o que temos para hoje".

De há muito se confunde a capacidade de negociação com um certo conformismo ou determinismo. O diálogo se transforma de um monólogo de duas vias, os saudáveis acordos, sempre necessários, se transformam em "acordões" como se diz no jargão político. De acordo em acordo, de acordão em acordão, se vai empurrando questões fundamentais, desafios e contradições, sem efetivamente solucioná-las. Se fixa no conjuntural em detrimento do estrutural.

São acordos comumente realizados no âmbito de um círculo bastante restrito de poder, sobretudo se considerada a amplitude e a diversidade da sociedade brasileira, e se dão sempre no sentido de promover transformações lentas no quadro econômico, político e social. Consequência desta característica, a manutenção do assim chamado *status quo* estaria, ainda que não garantida, assegurada.

Nomes como Gilberto Freyre, Sérgio Buarque de Holanda, Florestan Fernandes, Raimundo Faoro, Caio Prado Júnior, Celso Furtado, Darcy Ribeiro, Carlos Guilherme Mota, Milton Santos e Fernando Henrique Cardoso, entre outros, registraram esta característica em suas obras, a partir de vários enfoques.

A própria interpretação da clássica definição de 'homem cordial' apresentada por Sérgio Buarque de Holanda em Raízes do Brasil (1936) é objeto de um grande acordo. Popularizada como um conjunto de valores ligados à cordialidade, gentileza, solidariedade e mesmo alteridade, o que se observa é que estas são características que a bruta realidade de nossas cidades tem demonstrado na prática não serem tão essenciais em nosso comportamento cotidiano. (Holanda, 1969)

Ao conceito de homem cordial estaria, na verdade, mais ligada a ideia de uma cordialidade entre pares. Uma cordialidade que levaria, então, à possibilidade dos acordos, sobretudo aqueles que, feitos entre iguais, ultrapassam os limites do interesse público se transpondo para o âmbito dos interesses privados, que se confundem e se misturam.

Corolário desta característica é o processo de cooptação como prática política. Assim como a identificação e a assunção de valores de uma classe por outra. Sobre isso, muito se tem dito com relação ao comportamento da chamada classe média urbana. Fenômeno recente, pois esta se ampliou e se consolidou de fato apenas na segunda metade do século passado, até mesmo sua definição ainda não é estável, como se viu recentemente.

Estes conceitos e suas interpretações, associados ao patrimonialismo fortemente arraigado em nossa cultura, como demonstra, entre outros, Raymundo Faoro (1958), serão importantes para a compreensão do estatuto da Cidade e sua aplicação nestes vinte anos.

Sendo cordial, mais do que cordata, a sociedade brasileira em seus momentos de crise opta, como se observa, pela não ruptura. Ainda que nossa história seja repleta de movimentos e batalhas ferozes em sua busca, o próprio esmaecimento do tema na historiografia oficial é uma demonstração disso, como ensina Carlos Guilherme Mota (1979).

No Brasil, poucas vezes se assistiu, efetivamente, rupturas. A saída negociada, acomodada, cordial, normalmente prevalece. Os processos são lentos e graduais mesmo quando o que se busca é uma alteração estrutural da ordem vigente. Isso se viu muitas vezes, ora explicitamente, ora nem tanto.

As rupturas ocorrem quando o equilíbrio estrutural se vê ameaçado. Por isso são rupturas de conservação mais do que de transformação, e se dão especialmente no campo político, o mais volátil, de modo a preservar o sistema e sua estrutura principal como um todo. Foi o que se viu, por exemplo, em 1954/56, em 1963/64, em 1979/84 e em 2014/16.[9]

[9] O texto se refere à transição entre o suicídio de Vargas e o início do governo JK, ao período entre a renúncia de Jânio e o golpe militar de 1964, à abertura lenta e gradual

Foi o que se viu, também, em 1988. Fruto de uma forte pressão popular por alterações significativas na estrutura vigente, a Assembleia Nacional Constituinte já em sua convocação foi na linha dos arranjos usuais. De imediato, se optou por uma Constituinte mista, simultânea aos trabalhos legislativos ordinários, em detrimento de uma Constituinte exclusiva que talvez tivesse mais tempo para aprofundar alguns temas e para avançar em metodologias participativas já bastante conhecidas.

No desenvolvimento de seus trabalhos, um processo de grande repercussão dado o desenvolvimento dos meios de comunicação já bastante eficientes à época, os processos participativos foram menos amplos do que esperava uma parcela mobilizada da sociedade. Não obstante, vários temas foram debatidos de público em profundidade, porém sobretudo através da imprensa.

A Constituição, portanto, sendo a possível, seguiu esta tradição política brasileira. Elaborada de modo negociado, acordado ao extremo, nela convivem avanços importantes, inclusive estruturais, com a preservação de interesses e valores históricos fortemente conservadores.

É o que se vê, por exemplo, no trato da propriedade privada, elemento essencial para a organização de políticas públicas de qualquer espécie, em especial as de desenvolvimento urbano. Sobretudo num país em que a propriedade da terra tem sólida origem na propriedade rural da terra e os conflitos fundiários são permanentes não apenas no campo, mas também nas cidades.

Símbolo deste processo calcado em acordos possíveis o que se tem é uma Constituição que conta com mais de duzentos artigos e, principalmente, mais de quatrocentos dispositivos constitucionais sujeitos à regulamentação.

É, portanto, um texto que se torna sujeito, como se desde sua promulgação, não apenas a consolidações sistêmicas e estruturais, mas também a rearranjos conjunturais e tópicos. Já são mais de uma centena de emendas constitucionais.

Como se viu anteriormente, ao desenvolvimento urbano terem sido dedicados apenas os dois famosos artigos, o que causou espécie na oca-

engendrada no governo Geisel e implantada no governo Figueiredo e, por fim, ao período entre a eleição presidencial de 2014 e o impeachment da presidente Dilma Rousseff.

são, talvez tenha sido, paradoxalmente, a possibilidade de uma maior liberdade na sua regulamentação, o Estatuto da Cidade.

4. As partes, desafiando o todo.

Seja na Constituição e sua regulamentação, seja em várias outras esferas e níveis de poder, no ambiente público ou privado, esta prática de ir ajustando as coisas aqui e acolá, aos poucos e de forma aparentemente fragmentada, leva à consolidação de uma sensação de morosidade, dispersão e ineficiência em todos os ambientes produtivos.

Elevando a máxima atribuída a Bismarck (1815/1898), a política é a arte do possível, à condição de axioma, o possível, e não a arte, se torna o fim em si mesmo. Destaque-se aqui, então, ser este possível materializado na ação de curto prazo, tópica, não raro perfunctória, sem grandes compromissos com seus antecedentes e pouquíssimos com suas consequências. Se estabelece a ditadura do jeitinho brasileiro, do galho quebrado.

Cria-se a visão, interna e externa, da existência de um império do improviso ao sul do equador. Visão e percepção estas que no tocante à política urbana se fazem ainda mais fortes, redundando na repetição à exaustão do mantra de que as cidades brasileiras cresceram sem planejamento. Alçado à condição de verdade absoluta, inconteste, é repetido desde os ambientes mais informais até mesmo os ambientes mais restritos dos poderes da república, passando, preocupantemente, pelos ambientes acadêmicos.

Assumir a falta de planejamento como sendo única verdade e origem dos problemas urbanos se mostra gravemente equivocado. Inicialmente porque, é notório, quando não se delimita com clareza o problema e sua origem, não se organiza com objetividade sua superação. Em seguida porque esta crença escamoteia a verdadeira raiz da questão.

Explicar a inexplicável situação das cidades no que diz respeito à elementos basilares da vida urbana como saneamento básico, transporte, habitação e sua situação de penúria orçamentária pelo simples constatar de uma pressuposta falta de planejamento é excessivamente simplista.

Publicações como o Mapa da Desigualdade em São Paulo (2020) trazem um retrato da capital paulista que pode ser extrapolado para o país, inclusive com apoio estatístico de pesquisas como o próprio Censo, o PNAD e outras, e demonstram claramente que o nível de contradições gerado pelo modelo de desenvolvimento urbano adotado no Brasil já não se explica tão facilmente.

Ao contrário, mais do que à uma simples falta de planejamento, o que se faz urgente é entender como pode um modelo fartamente conhecido no ocidente, o da cidade capitalista industrial e pós-industrial, se desviar tão fortemente de seus cânones clássicos e produzir uma situação de desequilíbrio tão inusitada, e insuportável, a ponto de colocar em risco o modelo em si mesmo.

Assim como se faz urgente entender qual o papel dos instrumentos de formulação e gestão de políticas de desenvolvimento urbano que se tem à disposição, sua natureza e suas possibilidades de uso, o que leva diretamente ao objeto desta análise, o Estatuto da Cidade. (Kowarick, 2000)

Na Constituição está expresso, num dos tais dois artigos, que a política de desenvolvimento urbano terá suas diretrizes fixadas em Lei. E vai adiante, ao fixar no parágrafo 1º do artigo 182 que "*o plano diretor, aprovado pela Câmara Municipal, obrigatório para cidades com mais de vinte mil habitantes, é o instrumento básico da política de desenvolvimento e de expansão urbana*" (1988). No Estado de São Paulo a Constituição estadual obriga a existência de Planos Diretores em todos os municípios (1989).

Se é verdade que a existência de um Plano Diretor não garante que as cidades sejam planejadas, por outro é possível afirmar que sua ausência, sim, seria a possibilidade de afirmar que o planejamento seja inexistente. Ademais, a Constituição Federal não prevê apenas a existência do Plano Diretor. Ao contrário, avança positivamente no mesmo artigo 182 ao atrelar a ele os critérios de cumprimento da função social da propriedade urbana, que também fica prevista.

Já em São Paulo, se encontra no artigo 155 da sua Constituição que "*O Estado, no que couber, compatibilizará os planos e programas estaduais, regionais e setoriais de desenvolvimento, com o plano diretor dos Municípios e as prioridades da população local*" (1989). Ali, praticamente, se define um sistema de planejamento em dois níveis e duas escalas, a estadual e a municipal.

Isto sem falar das Leis Orgânicas dos Municípios, as esquecidas, que alguns chamam de Constituições Municipais. No estado de São Paulo estão previstas no artigo 144: "*Os Municípios, com autonomia política, legislativa, administrativa e financeira se auto-organizarão por Lei Orgânica, atendidos os princípios estabelecidos na Constituição Federal e nesta Constituição*". (1989)

Na Lei Orgânica do Município de São Paulo, por exemplo, está expresso logo no seu segundo artigo que a organização do Município observará princípios e diretrizes, entre os quais estão, no inciso V, a programação e o planejamento sistemáticos. Não suficiente, seu Capítulo VII inteiro, artigos 143 ao 147 é dedicado ao Planejamento Municipal. E o Capítulo VIII, artigos 148 ao 199, é dedicado ao Desenvolvimento do Município, definindo diretrizes claras para o planejamento das políticas públicas setoriais de política urbana, atividade econômica, habitação, transporte urbano, meio ambiente, cultura e patrimônio.

O artigo 143, que abre o capítulo, é explícito. "*O Município organizará sua administração e exercerá suas atividades com base num processo de planejamento, de caráter permanente, descentralizado e participativo, como instrumento de democratização da gestão da cidade, de estruturação da ação do Executivo e orientação da ação dos particulares*". (1990)

Uma capital como Porto Alegre traz, em seu Plano Diretor de Desenvolvimento Urbano Ambiental, no Capítulo VII – Do Sistema de Planejamento, no artigo 24, "*A Estratégia do Sistema de Planejamento objetiva um processo de planejamento dinâmico e contínuo, que articule as políticas da administração municipal com os diversos interesses da sociedade, promovendo instrumentos para o monitoramento do desenvolvimento urbano*". (1999) Como ela, praticamente todas as cidades brasileiras trazem em seu marco regulatório menções explícitas ao seu próprio planejamento.

O Brasil conta, ainda, entre centenas de outras, nas três esferas da administração, com a Lei do Sistema e Fundo Nacional de Habitação de Interesse Social[10], o Marco Legal do Saneamento Básico[11], a Lei da Assistência Técnica Pública Gratuita[12], a Lei da Política Nacional de Resíduos Sólidos[13], a Lei da Política Nacional da Mobilidade Urbana[14], além das Resoluções 34/2005 e 83/2009 do Conselho Nacional das Cidades.

[10] Lei Federal 11.124/2005
[11] Lei Federal 11.445/2007
[12] Lei Federal 11.888/2008
[13] Lei Federal 12.305/2010
[14] Lei Federal 12.587/2012

Inclua-se o recente Estatuto da Metrópole [15] e, claro, da Lei Federal 10.257/2001, o Estatuto da Cidade.

Ora, mesmo abstraindo a infinidade de leis e outros instrumentos e dispositivos do marco regulatório do desenvolvimento urbano e seu planejamento, e se atentasse apenas para os artigos elementares das Constituições Federal e Estaduais, que definem sistema, critérios e instrumentos, ficaria bem difícil sustentar a afirmação de que falta planejamento.

Mais de trinta anos, para qualquer que seja o sistema de planejamento proposto, é tempo mais do que suficiente para que ele se implante, se consolide e gere efeitos significativos, seja do ponto de vista qualitativo, seja quantitativo. Seja econômico, político ou social.

Deste modo, duas considerações são fundamentais para este ensaio que pretende analisar os elementos que compõem o arcabouço onde se insere o Estatuto da Cidade do que o instrumento em si mesmo.

Uma, é que não há como se afirmar que não haja planejamento em nossas cidades. Sobretudo, formalmente, nos últimos trinta anos. Outra, a mais importante, é que a não implementação de planos ou ações planejadas e concertadas é, em si mesma, planejada. Ou seja, reitera-se aqui que nossas cidades são planejadas, para serem como são.

Mesmo sem grande aprofundamento, tome-se o caso da cidade de São Paulo, que segue rigorosamente o modelo de desenvolvimento urbano rodoviarista disperso e falso radio concêntrico há noventa anos, desde o Plano de Avenidas de Prestes Maia (1930).

Para quem conhece a cidade, sugere-se um exercício de abstração. Associe o Parque D. Pedro às Marginais, à Praça da Bandeira, à Nove de Julho e Vinte e Três de Maio, ao Anhangabaú com o antigo "buraco do Ademar" e a atual configuração da ligação norte-sul, à Praça da Bandeira, à Radial Leste, ao Minhocão, à ligação leste-oeste na Liberdade, à avenida Rui Barbosa no Bexiga, até mesmo à Praça 14 Bis... Associe à mais recente reforma e ampliação das marginais, à avenida Águas Espraiadas e a Ponte Estaiada. Mais recente ainda, a manutenção do minhocão.

[15] Lei Federal 13.089/2015

Agora, associe isso ao fim dos bondes, com o apressado recobrimento dos trilhos com asfalto e à demora de quarenta anos entre o primeiro projeto de metrô para a cidade e o efetivo início de suas obas em 1968.

Seria tudo isso fruto de um projeto de cidade paulatinamente implantado, a materialização da metrópole dispersa que sintetizou Nestor Goulart, ou mero acaso, um simples elenco de obras realizadas ao longo de quase um século?

Seja pela presença dos elementos regulatórios, seja pela ação pública e privada, é impossível sustentar que nossas cidades cresceram sem planejamento. Salvo como uma tentativa de justificar o injustificável.

Então, por que se mantém o discurso, e a sensação, de que falta planejamento?

Porque é cômodo. Porque explica de forma fácil, convincente pela repetição e, acima de tudo, autoindulgente, a situação de colapso em que se encontram as cidades brasileiras e o fracasso das políticas públicas de desenvolvimento urbano.

Ou, de outro modo, como explicar as profundas contradições e a desproporcional desigualdade produzida pelo modelo de desenvolvimento urbano adotado, e potencializado, neste período? Como explicar o crescimento dos déficits de infraestrutura sanitária, transportes, habitacional, ambiental?

Afinal, não há como explicar e superar estas questões sem que se toque em pontos nevrálgicos da estruturação do próprio modelo, e sem que se assuma que as cidades brasileiras, em especial suas metrópoles e megametrópoles, são planejadas para serem como são, seguindo a lógica do que definimos como extrativismo urbano, amplificado por um apagão urbanístico que se mantém fiel a um modelo fortemente dependente de pneus e terra barata. Onde espraiamento, exclusão, segregação e déficits de infraestrutura são simultaneamente consequências e instrumentos de ação.

Define-se aqui como apagão urbanístico o período compreendido entre o final da década de 1970 e os anos 2000 quando, a partir das duas crises do petróleo somadas à elevação da consciência ambiental, as maiores cidades do mundo passaram a alterar de forma gradual seus modelos de desenvolvimento urbano, enquanto no Brasil houve não só a manutenção do modelo vigente até então como o recrudescimento de suas contradições.

Desigualdade e segregação à frente, são contradições que se mostram, inclusive, incompatíveis com o próprio modelo que as geram. No universo da geografia e da sociologia urbana brasileira vários autores muito caros a arquitetos e urbanistas como Milton Santos, Francisco de Oliveira, Maria Adélia A. de Souza e Lúcio Kowarik trabalham com amplitude e profundidade.

Kowarik desenvolve o conceito de espoliação urbana, que envolve a capacidade, ou incapacidade, de acesso de uma grande parcela da população a bens coletivos de consumo, em especial os oriundo de políticas públicas. (Kowarick, 2000)

Se faz importante, neste ponto, a compreensão do uso pelo poder público, em especial pelas forças hegemônicas dentro dele, destas mesmas políticas como elemento indutor e dosador das relações socioeconômicas e espaciais que desenham as cidades. Desenham as cidades, mais do que são desenhadas por ela, ainda que haja uma forte relação dialética entre ambas, as cidades e as relações humanas que nelas se desenvolvem. A cidade, espaço do encontro, vai se transformando no território do conflito.

A ideia desta cidade que se autoproduz de forma metastática o faça espontânea e descontroladamente se encontra de tal forma disseminada, a ofuscar a possibilidade de que se dê contorno às questões estruturais centrais, que de fato tudo aparenta petrificado, perene, insuperável. É a cidade eterna, cara para quem paga e perversa para quem precisa.

Por isso, assumir que tudo se explica pelo crescimento desordenado e pela falta planejamento das cidades implica em que de nada adianta planejar. Nem tampouco projetar ou, no limite, agir. O que torna a situação ainda mais grave pois, ao validar esta hipótese enquanto tese, os agentes produtores da cidade, públicos e privados, partem de premissas equivocadas para propor sua ação. O que, habitualmente, gera mais equívocos.

Neste quadro, se assiste a um forte questionamento do planejamento urbano por parte da sociedade e profissionais envolvidos. Ecoam as interpretações rasas e descontextualizadas da colocação de Flávio Villaça de que planos diretores não serviriam para nada. (Villaça, 2001)

Confunde-se política, plano, programa e projeto. O mais recente exemplo disso foi o Programa Minha Casa Minha Vida. Ainda que pleno de méritos, sobretudo quantitativos, sendo um programa, foi guindado à condição de política e, por sua vez, se fragilizou no projeto, reafirmando o apagão ao reproduzir um modelo de cidade que se esperava superado.

5. *Urban age*, o Estatuto da Cidade

Resultado de políticas econômicas baseadas na exportação de produtos primários e *commodities*, do "exportar é o que importa", na centralização da atividade industrial, na concentração de emprego, renda e riqueza, e pobreza, e na intensa urbanização da população que, como se viu, no Brasil chegou, em quantidade, à *urban age* quarenta anos antes do que o planeta, as cidades brasileiras apresentam graves problemas de sustentabilidade e governança desde então.[16]

Crescimento da população urbana e crescimento da capacidade de gerar riqueza, formular e sustentar políticas públicas capazes de prover bens e serviços suficientes fazer frente a esta demanda se tornaram incompatíveis. Deste modo, se verifica que os benefícios da vida urbana, nesta *urban age* estão longe de serem atingidos.

Não obstante, a década de 1980, que já trazia a marca dos déficits acumulados, mesmo sob profunda crise econômica, foi de retomada da intensidade da vida política pela sociedade civil, possibilitando novas configurações na correlação de forças entre os agentes produtores da cidade. Poucas vezes se viu na história do Brasil um período politicamente tão efervescente quanto o que vai de 1979, ano da promulgação da Lei de Anistia, a 1989, da eleição direta para presidente.

A mobilização da sociedade em torno da possibilidade de um grande projeto nacional, que ganhou as ruas na campanha pelas eleições diretas para presidente da república, levava a crer em profundas alterações estruturais. No tocante às questões urbanas, não foi diferente.

Neste período, com transporte e moradia à frente, se conquistou visibilidade para problemas que estavam escamoteados e voz para parcelas

[16] *Urban Age* é uma pesquisa e um programa de seminários liderado pela London School of Economics desde 2005. É também uma expressão que passou a designar o momento em que mais do que 50% da população do planeta passou a morar em cidades.

da população que já se encontravam excluídas e espacialmente segregadas. Por todo o país houve o surgimento de alguns programas e ações no sentido da reversão deste quadro, com destaque, em São Paulo, para os programas habitacionais baseados em mutirões na gestão de Mario Covas, posteriormente fortemente ampliados e potencializados na gestão de Luiza Erundina.

Foi também neste período que metodologias participativas de elaboração do planejamento urbano ganharam corpo e começaram a ser incorporadas nas ações de governo. O Plano Diretor São Paulo, 1985/2000, elaborado sob a coordenação de Jorge Wilheim, trazia orgulhosamente reuniões abertas com entidades da sociedade civil em sua metodologia.

A crise urbana brasileira e os níveis intoleráveis de desigualdade que as cidades passaram a produzir a partir do apagão urbanístico, em especial no que diz respeito à infraestrutura sanitária, mobilidade e habitação, refletidos no parcelamento, uso e ocupação do solo, demandavam respostas claras, articuladas e acessíveis.

Foram, certamente, esta energia política e esta mobilização da sociedade que possibilitaram a inclusão dos dois primorosos artigos na Constituição Federal que, hoje se sabe, podem ser mais louvados pela objetividade e clareza do que pela exiguidade. Trazem a determinação de que desenvolvimento urbano é atribuição e responsabilidade do município, que se torna, então, um ente político privilegiado, definições como o direito à cidade, a função social da propriedade urbana e instrumentos como IPTU progressivo e usucapião urbano, criando grande expectativa em torno do tema.

De imediato cria-se forte expectativa pela sua regulamentação, pela Ministério das Cidades, por uma política nacional de habitação ampla, pela incorporação de processos participativos na gestão urbana.

No entanto, na década de 1990 parte desta energia se perdeu, se fragmentou, enquanto os problemas se concentraram. À necessária priorização na agenda política da reconstrução do Estado Democrático de Direito associada ao prolongamento da crise econômica e a incapacidade de investimento do Estado em todos os seus níveis de governo de um lado e a exacerbação da mercantilização da cidade, a incapacidade econômica e política de alterações significativas no modelo de desenvolvimento urbano e as situações emergenciais que se colocam com cada vez maior frequência de outro criam, rapidamente, um quadro desfavorável.

Conclusões

É neste contexto e como resposta a esta complexa situação, sintetizada neste pequeno texto, que se regulamenta a Constituição e se elabora o Estatuto da Cidade, promulgado em 2001.[17]

Elaborado enfrentando a já, então, ampla disseminação da ideia de que nossas cidades cresceram sem planejamento, sem política e sem projeto o que, como se viu aqui, sustenta a forte descrença nos instrumentos de planejamento urbano, e pressionado por uma conjuntura econômica de crise aguda e política turbulenta, mesmo passados onze longos anos da promulgação da Constituição, se consegue, entretanto, um instrumento forte, consistente, inovador.

O resultado obtido diante deste quadro desfavorável que, se explica, nem sempre justifica o lapso de tempo que consumiu em sua preparação, se pode afirmar ser ele, no campo da materialização da cidadania uma das maiores conquistas da sociedade. Afinal, trata objetivamente do direito à cidade, um conceito relativamente novo em todo o mundo, e aponta diretrizes e critérios para a formulação de políticas públicas que sejam economicamente viáveis, politicamente democráticas, socialmente justas e inclusivas e ambientalmente sustentáveis.

Amplo, trata de necessidades conceituais e políticas abrangentes. Específico, não deixa de trazer, de forma explícita, fontes de financiamento para a implantação das políticas, planos e projetos que preconiza. Claro, prevê metodologias e processos que indicam formas de gestão e governança democráticas e participativas. Uma legislação que se preocupa em dizer o que fazer e trazer elementos necessários ao como fazer.

Já em seu artigo 2º define que "*A política urbana tem por objetivo ordenar o pleno desenvolvimento das funções sociais da cidade e da propriedade urbana*" e traz como diretriz a garantia do direito à cidade sustentável. Indo além, define este direito como "*o direito à terra urbana, à moradia, ao saneamento*

[17] LEI n. 10.257, DE 10 DE JULHO DE 2001. Regulamenta os artigos 182 e 183 da Constituição Federal, estabelece diretrizes gerais da política urbana e dá outras providências.

ambiental, à infra-estrutura urbana, ao transporte e aos serviços públicos, ao trabalho e ao lazer, para as presentes e futuras gerações".

Traz ainda diretrizes e definições para a gestão democrática, distingue plano de programa e de projeto e prevê a cooperação entre níveis de governo, entre o público e o privado e a sociedade civil. Aborda o parcelamento, uso e ocupação do solo em sua relação direta com a capacidade de infraestrutura instalada e o equilíbrio ambiental. Indica caminhos para o equilíbrio entre os ambientes urbano e rural nas cidades. Traz, inclusive, a diretriz de que tudo se faça em linguagem simples e acessível à população.

Louvado e estudado mundo afora, antecipa e dá materialidade a discussões que ainda hoje são intensas por toda parte. Ao abordar e dar definições legais a urbanização compulsória, regularização fundiária, desapropriação, preempção, metropolização, usucapião entre outros, se configura como um instrumento de transformação estrutural das cidades brasileiras, o que dele era esperado desde 1988.

Passados vinte anos de sua promulgação, assim sendo, por que então, ao olhar pelas janelas o que se vê é um quadro de crise aguda, de colapso, de desequilíbrios, desigualdades e exclusão?

Uma resposta direta será: porque não é usado. Aliás, porque boa parte do arcabouço técnico e jurídico de organização das cidades brasileiras não é usado. O que remete, então, à pergunta que precisa ser feita. Se existe, por que não é usado? Seria por não ter conseguido reverter a ideia de que cidades crescem desordenadamente e. assim sendo, porque se arraigou a sensação de que não adianta? Ou seria porque não se consolidou hegemônica na sociedade a consciência de que a cidade não é palco passivo e inanimado, mas sim é agente na construção da qualidade de vida cotidiana, individual e coletiva? Ou, de outro modo, a resposta será, simplesmente, porque ainda não interessa. Porque a correlação de forças não permite, não é favorável. Porque ainda se sobrevive e se ganha com as contradições. Porque não há vontade política. Porque as políticas públicas de desenvolvimento urbano no Brasil pós 1990 são um fracasso pluri, multi, trans e supra ideológico.

No entanto, a insistência na imagem da cidade que se espalha como uma mancha de óleo descontrolada e devasta como uma nuvem de gafanhotos voraz já passou a produzir efeitos contrários ao esperado.

No final de 2011 a Bienal Internacional de Arquitetura de São Paulo, realizada na Oca no Ibirapuera, trazia como tema "arquitetura para todos, construindo cidadania. Pouco tempo depois, em 2013, as jornadas de março a junho, que não eram por vinte centavos, quando milhões de cidadãs e cidadãos saíram às ruas por todo o Brasil deixaram um recado claro que ainda não foi compreendido pelos principais agentes econômicos e políticos produtores da cidade.

Ali se exigia uma cidade 'que funcione'. Uma cidade baseada em outros parâmetros, capaz de construir novos valores. Uma cidade que reconheça os valores locais, a diversidade, a escala humana da escala urbana. Assentada sobre seu chão. Uma cidade que primeiro se desenhe, de forma participativa e colaborativa, e só depois se escreva.

Hoje, a mobilização da sociedade em torno da temática urbana é muito superior à que havia há vinte anos. Ou há quarenta anos. Segmentos de interesse e pressão de organizam, atuam, ganham força e consistência. Conquistam visibilidade. Cresce a consciência de que a cidade é produzida por múltiplos e diversificados agentes, com interesses legitimamente divergentes. A cidade do interesse único, do agente único tem seus dias contados. O direito à cidade, arquitetura e urbanismo vão para a mesa das famílias, vão para a conversa no ônibus, vão para as reivindicações tanto difusas quanto específicas da sociedade.

Afinal, no século XXI se mora nas cidades, mais do que no recôndito do lar. A conectividade plena reconfigurou os limites entre o público e o privado, entre o individual e o coletivo. Sobrepôs conceitos, transformou não lugares em hiperlugares.

Para os próximos vinte anos, que se consiga o uso pleno do Estatuto. E, assim, que se consiga superar esta outra ideia, também perversamente arraigada, de que a incoerência, o desperdício e a incapacidade de usar seus próprios meios e instrumentos é uma característica inerente à nossa organização econômica, política, social e cultural. A ideia de que "ah! Deixa *prá* lá, afinal, só no Brasil, mesmo!".

Ao final, sendo esta reflexão parte de uma obra que homenageia os vinte anos do Estatuto, fica aqui uma homenagem a todos os que, nos últimos cem anos, foram vítimas dos desequilíbrios urbanos e a todos e todas que se organizaram em torno do tema, na busca desta cidade solidária, inclusiva, equilibrada. E bela.

Referências

BRASIL. Constituição (1988). Constituição da República Federativa do Brasil. Brasília, DF: Senado Federal: Centro Gráfico, 1988. Capítulo II. II – Da Política Urbana, Art. 182 e Art. 183.

BRASIL. Constituição Federal, 1988.

CALDANA, Valter. Planejamento urbano: uma reflexão sobre seus processos de elaboração. FAUUSP, mestrado. São Paulo, 1994.

CAMARGO, Cândido P.F. e outros. São Paulo 1975, crescimento e pobreza. São Paulo, Loyola, 1976.

CAMPOS FILHO, Cândido Malta. Cidades brasileiras: seu controle ou o caos. São Paulo: Nobel, 1989.

FAORO, Raymundo. Os donos do poder. Ed. Globo. Rio de Janeiro, 1985.

GUIMARÃES, Ulisses. Discurso de apresentação à sociedade da Constituição do Brasil, proferido em 5 de outubro de 1988. Disponível em: https://www.camara.leg.br/radio/programas/277285-integra-do-discurso-presidente-da-assembleia-nacional-constituinte-dr-ulysses-guimaraes-10-23/. Acesso: 12/08/21

HOLANDA, Sérgio Buarque. Raízes do Brasil. José Olympio. Rio de Janeiro, 1969. 5ª edição

KOWARICK, Lúcio. Escritos urbanos. Editora 34. São Paulo, 2000.

KOWARICK, Lúcio. Escritos urbanos. São Paulo, Editora 34, 2000.

Lei Anistia 6683 de agosto de 1979 e a promulgação da Constituição, em outubro de 1988.

Lei Complementar 434. Plano Diretor de Desenvolvimento Urbano e Ambiental. Porto Alegre: 1999.

Lei Federal 11.124/2005

Lei Federal 11.445/2007

Lei Federal 11.888/2008

Lei Federal 12.305/2010

Lei Federal 12.587/2012

Lei Federal 13.089/2015

Lei nº 10.257, de 10 de julho de 2001. Regulamenta os artigos 182 e 183 da Constituição Federal, estabelece diretrizes gerais da política urbana e dá outras providências.

Maricato, E. A produção capitalista da casa (e da cidade) no Brasil industrial. São Paulo, Alfa-Ômega, 1979.

Moreira, A. C. M. L. e; Villa, B.; Ambrosis, C.; Azevedo Netto, D. T.; Leite, L. G.; Moreira, M.; Oliveira, M. N. L.; Artoni, S. S. R.. A questão urbana e a Constituição do Estado de São Paulo. In: Seminário: A questão urbana e a constituição do Estado de São Paulo, 1989, São Paulo. Anais do Seminário Plano Diretor. São Paulo: Fundação Prefeito Faria Lima – CEPAM, 1989.

Mota, Carlos Guilherme. A ideia de revolução no Brasil e outras ideias. Vozes. Rio de Janeiro, 1979.

SÃO PAULO. Constituição do Estado de São Paulo, 1989.

SÃO PAULO. Lei Orgânica do Município. 1990

SEMPLA, Sec. Municipal de Planejamento – Plano diretor do município de São Paulo: 1985/2000. São Paulo, P.M.S.P, 1985. 2 Volumes.

Sites consultados

https://www.planalto.gov.br/ccivil_03/constituicao/constituicao.htem. Acesso em:12/08/21

https://www2.camara.leg.br/atividadelegislativa/legislacao/Constituicoes_Brasileiras/constituicao-cidada/regulamentacao/dispositivos acessos em 28/05/2021

2.
Os 20 Anos do Estatuto e a Eterna Busca por uma Cidade Mais Justa e Menos Desigual

LÍGIA MARIA SILVA MELO DE CASIMIRO
GUILHERME BEZERRA BARBOSA
JACQUELINE ALVES SOARES

1. Introdução

A Constituição de 1988 é um marco social e político na história brasileira, com um texto legal marcado essencialmente por fundamentos de proteção aos direitos da pessoa humana, positivando direitos e deveres *do* indivíduo e *para* com o grupo social, além de apresentar premissas que conduzem à interpretação de que toda pessoa tem obrigação de cumprir uma função na sociedade em razão do lugar que nela ocupa.[1]

Em seu bojo, o capítulo sobre política urbana, inserido no Título VII – Da Ordem Econômica e Financeira, mais precisamente nos artigos 182 e 183, parametrizou a forma de desenvolvimento e crescimento das cidades, em observação ao planejamento urbano social, o uso da propriedade individual direcionando para a oitiva das necessidades de aglomerados urbanos, indicando balizas para a urbanização com um dever de melhorar a qualidade de vida da população que nelas habitam e irão habitar.

[1] DUGUIT, Leon. *Les Transformations du Droit Public.* Paris: La Mémoire du Droit, 1999.p.13.

E a participação social nesse processo é uma diretriz da gestão democrática da cidade.

O Estatuto da Cidade, regulamentação dos artigos 182 e 183 da Constituição, institui previsões para a implementação de significativas transformações urbanas, reconhecendo o descaso das autoridades em ofertar respostas às grandes mazelas sociais e econômicas, funcionando como um potente instrumento contra as desigualdades sociais.

A Lei 10.257/2000, Estatuto da Cidade, resultou de debates e negociações, pela primeira vez na história pública do país, embasada em princípios como o da função social da propriedade, do planejamento urbano, da função social da cidade, da dignidade da pessoa humana, estabelecendo diretrizes gerais e objetivando o pleno desenvolvimento da função social da cidade. Foi construído em um esforço coletivo incentivado pela ação de movimentos que se mobilizaram para aprovar a regulamentação do direito à cidade sustentável a partir de princípios que promovem a democracia e a participação popular, o planejamento urbano, expressando uma nova concepção de cidade e gestão urbana através de uma série de instrumentos que ultrapassam os descritos na Constituição, complementando-os.

Essa lei estabelece princípios e diretrizes que expressam uma nova concepção dos processos de uso, desenvolvimento e ocupação do território urbano, orientando a ação dos agentes públicos responsáveis pelo planejamento e administração do município, como também dos agentes privados envolvidos no crescimento das cidades, conduzindo a posturas novas embasadas em valores democráticos que buscam a sustentabilidade e justiça social, baseados em princípios como o do direito à cidade, da gestão democrática da cidade e da função social da propriedade.

Respeitado o conjunto de normas constitucionais que configuram Estado brasileiro, a função administrativa de urbanizar se apresenta sob a forma de uma Lei geral de desenvolvimento urbano que, em 2021, completa 20 anos. Tal lei contribui para a construção de uma política nacional de desenvolvimento urbano fundada no ideal de gestão democrática participativa, no direito à cidade e na função social da propriedade e da cidade sustentável, no direito social à moradia, direito à regularização fundiária de assentamentos informais. Esse conjunto de elementos se firma em uma ideologia de equilíbrio do poder político entre as classes sociais, dando suporte à condução e materialização do desenvolvimento urbano pelo poder local a partir de uma nova ética social urbana, fortalecendo os comandos constitucionais.[2]

Para dar efetividade às previsões constitucionais foi preciso aprovar uma legislação para além de definições sobre o parcelamento do solo, sendo necessário definir as linhas gerais sobre uma política pública de desenvolvimento adequado ao sistema (urbano e rural) que é a cidade, com princípios e regras próprias, a serem executadas por meio de instrumentos que pudessem ser aplicados de acordo com as características locais, inserindo a cidade em nível regional e (ou) nacional.[3]

O artigo que se apresenta pretende argumentar de maneira breve e descritiva que a política urbana definida na Constituição de 1988 levou à aprovação da lei federal n. 10.257/2001, marco legal sobre o planejamento e desenvolvimento das cidades no país e que, após mais de 20 anos da promulgação da principal lei que subsidia o direito urbanístico nascido após a Constituição de 1988, a cidade idealizada pela Constituição ainda se mostra uma realidade distante.

Além da introdução, este trabalho, resultado de pesquisa bibliográfica sob o método indutivo, contém mais duas seções e o desenvolvimento de considerações finais. As duas seções seguintes têm como objetivo a realização de descrição sucinta das diretrizes gerais presentes na Constituição Federal e no Estatuto da Cidade para o desenvolvimento urbano e a exposição de argumento no sentido de demonstrar que a promessa de cidades que realizassem os objetivos fundamentais da Constituição continua em suspenso ou avançando com passos pequenos.

2. A ordenação das cidades na Constituição Federal e pelo Estatuto da Cidade

As políticas públicas que encaminham a atividade estatal estão pautadas no texto constitucional pelos direitos fundamentais ali descritos e são instrumentos de realização dos mesmos, transcendendo a ideia de plano

[2] FERNANDES, Edésio. Direito urbanístico e política urbana no Brasil: uma introdução. In: FERNANDES, Edésio (Org.). *Direito urbanístico e política urbana no Brasil.* Belo Horizonte: Del Rey, 2001, p. 28-29.

[3] SILVA, José Afonso da. *Direito Urbanístico Brasileiro.* São Paulo: Malheiros, 2012, p. 57-58.

e planejamento, de governo, para compreender uma articulação entre os cidadãos, a política, a democracia, a soberania, a Constituição e a atividade administrativa do Estado.[4]

A previsão do direito à cidade, identificado como o direito à terra urbana, à moradia, ao saneamento ambiental, à infraestrutura urbana, aos transportes e aos serviços públicos consolidou e unificou reivindicações articuladas em torno da questão urbana e do ordenamento territorial, em que pese tantas diferenças regionais.[5] Formalmente, inaugurou-se um projeto para uma nova concepção de cidade, indicando ações que deveriam romper com os limites impostos à determinados segmentos sociais no acesso aos espaços estruturados das cidades.

O dever de atuação do poder público e o controle da especulação imobiliária também receberam suporte jurídico,[6] construindo mais um capítulo formal para a urbanização brasileira, com função social da propriedade recebendo conteúdo jurídico definidor da sua importância para o desenho e o acesso à terra urbanizada.

Apesar das previsões constitucionais e infraconstitucionais, a visão civilista tem protegido o direito de propriedade, puxando o afastamento da interpretação conforme a principiologia constitucional. No que toca às normas na esfera do Direito Privado, é preciso cuidar com uma interpretação que as concilie com os valores constitucionais que acolhem os direitos fundamentais, evitando cisões que poderão inviabilizar sua eficácia.[7] Sendo assim, o direito de propriedade deve estar vinculado à função social prescrita como princípio pela Constituição de 1988, a ser definida materialmente a partir da planificação urbana local.

[4] Bercovici, Gilberto. ***Constituição econômica e desenvolvimento: uma leitura a partir da Constituição de 1988.*** São Paulo: Malheiros, 2005. p.63

[5] Sundfeld, Carlos Ari. O Estatuto da Cidade e suas Diretrizes Gerais. In Dallari, Adilson Abreu; Ferraz, Sérgio (Coords). *Estatuto da Cidade (Comentários à lei federal 10.257/2001).* São Paulo: Malheiros, 2014, p. 55-56.

[6] Monteiro, Vera. Parcelamento, edificação ou utilização compulsórios da propriedade urbana. In: Dallari, Adilson Abreu; Ferraz, Sérgio (Coords). *Estatuto da Cidade (Comentários à lei federal 10.257/2001).* São Paulo: Malheiros, 2014, p.92-94.

[7] Bacellar Filho, Romeu Felipe. *Direito Administrativo e o Novo Código Civil.* Belo Horizonte: Fórum, 2007, p. 116-119.

A partir da aprovação do Estatuto da Cidade, a história da legislação urbanística brasileira consolidou um perfil de tratamento a ser dada a cidade.[8] A definição de princípios e regras consagrou o dever público de conduzir os processos de urbanização no território das cidades por meio de planejamento, com o objetivo de promover o desenvolvimento urbano.

A previsão do planejamento e da planificação, por meio do Plano Diretor municipal, bem como o interesse brasileiro em se apresentar como um país em desenvolvimento que projeta um futuro sustentável, apto aos investimentos internacionais,[9] estimulou a construção de uma legislação de cunho urbano-ambiental, após anos de leniência legislativa quanto à matéria.

No século XXI, a narrativa da urbanização brasileira recebe o apoio do Direito com uma rapidez ímpar, ao tempo que a mentalidade administrativa institucional, longinquamente forjada no patrimonialismo, bem como a atividade jurisdicional acostumada aos princípios civilistas, não consegue acompanhar com agilidade o conteúdo de tais diretrizes transformadoras, o que contribui para a limitação dos avanços e mudanças na forma de ocupar os espaços urbanos locais.

A estrutura normativa que se estabeleceu a partir de 1988 caminhou no sentido de fazer avançar o processo de urbanização sob a égide da justiça social, gestão democrática e do desenvolvimento sustentável, enfrentando a dialética conflituosa do sopesamento de interesses e necessidades dirigidas por questões socioeconômicas, políticas, culturais, geográficas, históricas.[10] Tal interpretação se depreende do rol de normativas vigentes com conteúdos que propõem uma nova ordem urbanística.

[8] Alfonsín, Betânia de Moraes; Fernandes, Edésio (Org. e co-autores) *Direito à Moradia e Segurança da Posse no Estatuto da Cidade: Diretrizes, instrumentos e processos de gestão.* Belo Horizonte: Fórum, 2004, p.7-8.

[9] ONU. Organização das Nações Unidas. Programa das Nações Unidas para o Desenvolvimento. *Resolução A/RES/55/2, de 08 de setembro de 2000.* Plano para a consecução dos objetivos da Cúpula do Milênio. Disponível em: <https://www.unric.org/html/portuguese/uninfo/DecdoMil.pdf.> Acesso em: abril 2021.

[10] Saule Júnior, Nelson. A relevância do Direito à Cidade na construção de cidades justas, democráticas e sustentáveis. In: Saule Júnior, Nelson (Org.). *Direito Urbanístico: vias jurídicas das políticas urbanas.* Porto Alegre: Sérgio Antônio Fabris, 2007, p. 38.

A questão econômica é elemento preponderante para a (re) configuração das cidades. O capítulo da política urbana na Constituição de 1988 está alocado no Título da Ordem Econômica e Financeira e os inúmeros instrumentos criados estabeleceram bases para parcerias que pudessem dar sustentabilidade às intervenções a serem feitas no espaço urbano e na propriedade privada, sem contar a inclusão dos instrumentos de mais-valias.[11]

O arcabouço construído deve permitir que a gestão urbana se realizasse de maneira ágil, legalizando e auxiliando na urbanização das ocupações irregulares, bem como se antecipando à expansão com políticas de planejamento e ações que incluam a ordenação da atividade dos agentes econômicos, que tratam a cidade como uma mercadoria.[12] E no que tange ao Direito à Cidade, identificado como o direito ao "usufruto equitativo das cidades dentro dos princípios de sustentabilidade, democracia e justiça social",[13] o Brasil assumiu tal compromisso ao incluí-lo na lei geral de diretrizes para a política urbana nacional, mas avança com dificuldades na sua implementação.

Para a efetivação e materialização dos direitos sociais não são suficientes legislações tratando da questão urbana e ambiental, tão somente, mas também ações relativas à execução dessa agenda urbano ambiental, afinal a urbanização comprime e fragiliza os recursos e o meio ambiente naturais, solicitando fiscalização e controle efetivos.[14] O encontro das agendas públicas sobre tais temas é obrigatório, bem como a mudança de paradigmas sobre a atuação administrativa que deve ultrapassar a perspectiva tradicional das limitações e (ou) restrições ao uso e ocupação da proprie-

[11] Sotto, Debora. *Mais-valia urbanística e desenvolvimento urbano sustentável: uma análise jurídica*. Rio de Janeiro: Lumen Juris, 2016, p.108-110.

[12] Onu-Habitat. Estado das Cidades no Mundo 2010/2011: Unindo o urbano dividido – Resumo e principais constatações. *Tendências Urbanas*. Brasília: IPEA, 2010. 32p. Disponível em: <http://www.ipea.gov.br/portal/index.php?option_content&view=article&id=1063>. Acesso em abril 2021, p.5.

[13] Artigo I da Carta Mundial pelo Direito à Cidade. Disponível em: <http://www.polis.org.br/uploads/709/709.pdf.> Acesso em: abr. 2021.

[14] Salazar Júnior, João Roberto. O direito urbanístico e a tutela do meio ambiente urbano. In: Dallari, Adilson Abreu; Di Sarno, Daniela Campos Libório (Orgs.). *Direito urbanístico e ambiental*. Belo Horizonte: Fórum, 2007, p. 174-175.

dade imobiliária, para garantir uma interseção que promova um controle jurídico dos processos de urbanização com sustentabilidade.

O município é o real promotor da política urbana nas cidades, tendo à sua disposição um conjunto de regras jurídicas que espelham as diretrizes constitucionais de forma descritiva, conduzindo o formato de elaboração do plano diretor e a postura do poder público quando do exercício da atividade urbanística.

A busca por promover o adequado desenvolvimento urbano se constitui em condição fundamental para a realização das funções que são exercidas na cidade, envolvendo, dentre outras as atividades de habitar, trabalhar, a circulação e o lazer, que por sua vez levam à viabilização de direitos fundamentais, necessidades vitais do ser humano.

Os instrumentos trazidos pelo Estatuto da Cidade apresentam uma nova concepção de planejamento urbano social e são meios para que o ente municipal possa atingir a finalidade de promover uma cidade mais equitativa e sustentável, tendo a proteção da pessoa humana e seus direitos como balizas. O valor aqui declarado é das cidades para as pessoas.

Reconhecendo sua vital importância à nova era do planejamento das cidades, tal lei tem por pressuposto conduzir o poder público à ordenação e controle do solo urbano, auxiliando na concepção da função social a ser exercida pela propriedade em determinado local e disciplinando seu uso, permitindo a articulação das várias legislações pertinentes ao solo urbano.

De acordo com o texto constitucional, o plano diretor é o instrumento básico de política de desenvolvimento e de expansão urbana que definirá a função social da propriedade em cada localidade. Como documento básico de planificação das ações do poder público, está norteado por alguns princípios que o conduzem tais como o da função social da propriedade, do desenvolvimento sustentável, da participação popular, como se depreende das leituras conjugadas entre a Constituição Federal e a lei 10.257/01, tratando-se de manifestação jurídica da opção política feita pelo município, o que solicita a ideia de gestão democrática[15], garantindo a participação da população e de associações representativas

[15] Vichi, Bruno de Souza. *Política Urbana: sentido jurídico, competências e responsabilidades.* Belo Horizonte: Fórum, 2007. p.181.

dos vários segmentos da sociedade, com audiências onde é possível compreender e discutir a situação do município e suas necessidades, mas não só isso, pois, para atingir os objetivos traçados na Constituição, o plano diretor deve migrar de documento de caráter técnico à materialização de medidas e providências.

Como instrumento jurídico, se personifica em um conjunto de textos legais que devem demonstrar de que forma se dará o uso e a ocupação do solo urbano, a ocupação urbana da zona rural, definindo a função social da propriedade, a correta utilização dos espaços, o desenvolvimento das atividades econômicas, a proteção do patrimônio histórico e cultural, artístico, paisagístico, natural, a proteção dos mananciais, e com demais elementos do meio ambiente natural e artificial. É nele que se encontra o regime jurídico da política urbana municipal, devendo revelar a vontade do munícipe balizada pela vontade do grupo social e pela vocação daquele território, relacionado com a região onde está sediado e modelos de desenvolvimento.

O Estatuto da Cidade é a lei federal que trata do desenvolvimento urbano, descrevendo e regulando um rol, não exaustivo, de instrumentos de política urbana dispostos de forma a dar ao Poder Público condições para planejar, implantar e implementar ações com o escopo de promover justiça social, organizando os espaços habitáveis na busca pela concretização da função social da cidade.

Na Lei 10.257/01 depara-se com a enumeração de diversos institutos de direito público e de direito privado que instrumentalizam a ação pública consistentes em definir regras gerais balizadoras e indutoras da aplicação dos institutos regulamentados pela lei, em especial aqueles citados no texto magno.

Para a política de desenvolvimento e expansão urbana, o Estatuto apresenta instrumentos de diferentes espécies, por meio dos quais o município disciplinará e controlará o espaço urbano. A descrição inicia-se pela ideia de planejamento, relacionados a planos físicos, diretrizes orçamentárias, planos plurianuais, instrumentos de ordem econômica que devem dar o suporte para a execução das ações propostas.[16]

[16] DALLARI, Adilson. Instrumentos da Política Urbana. In: DALLARI; FERRAZ (Org.). *Estatuto da Cidade: comentários à lei 10.257/01*. São Paulo: Ed Malheiros, 2005.

O exercício de planejar e a execução desse planejamento urbano é uma tarefa que requer grande concentração de forças de todos os atores envolvidos – públicos e privados – e a disposição dos instrumentos, de planos e planejamentos, passando pelos instrumentos tributários e financeiros, institutos jurídicos e políticos, chegando ao estudo prévio de impacto ambiental e de vizinhança, demonstra quão necessário é o estabelecimento de parâmetros que envolvem a etapa teórica e a prática, a ação efetiva e orientada de todos os atores envolvidos, onde a organização previdente e as questões econômicas e financeiras são essenciais para alcançar a transformação de realidades que contribuem mais e mais para a injustiça social.

O plano diretor é a base e o instrumento para a formulação das políticas públicas de cada município, de acordo com suas peculiaridades, precisando ser encarados de uma maneira comprometida. Traz definições jurídicas com base constitucional, de natureza social, auxiliando para garantir o bem-estar dos habitantes, como também o ordenamento e pleno desenvolvimento das funções sociais da cidade, em toda a sua plenitude.

3. O eterno adiamento da promessa para a promoção do direito à cidade

Vinte anos depois, pode-se ressaltar o comprometimento do constituinte ao optar pela produção de um capítulo próprio sobre política urbana, determinando em que termos o direito de propriedade seria exercido, sob a identificação da função social da propriedade e a função social da cidade, disseminando vários dispositivos ao longo do texto constitucional que também tratam da questão urbana, remetendo-nos de forma orquestrada aos princípios fundamentais da república brasileira.

O direito à moradia é um direito ligado à própria condição de humanidade, e desde 2000 encontra-se protegido pela Constituição, positivado como um direito social que exige uma ação positiva do Estado por meio de políticas públicas que promovam a habitação digna, em que pese a discussão sobre a sua eficácia ou não. De fato e de Direito, está elencado como direito fundamental.

A obrigatoriedade de promoção do adequado aproveitamento da propriedade privada é um princípio constitucional que vincula não só o particular, mas também a atuação do Poder Público no controle e na intervenção do uso do solo, de maneira ativa e estratégica, buscando soluções que conciliem todos os interesses.

Em uma sociedade tão complexa e com tantos interesses legítimos e ilegítimos sendo confrontados, é através de um conjunto de estratégias e ações públicas que a ordem urbanística pode ser preservada, permitindo o bem estar dos cidadãos e desenvolvimento das funções sociais da cidade, que inclui necessariamente o desenvolvimento econômico local. A propriedade perdeu a noção de direito intocável, balizado que está por regras de direito constitucional, urbanístico, administrativo e também de direito privado, sob uma concepção pública de estar vinculado à obrigatoriedade de exercer função que contribua para o grupo social.

Com esse quadro firmado, propriedade e cidade possuem um novo formato e o Estatuto da Cidade, expressão de uma vontade popular perseverante, atestada pelo histórico de sua elaboração, chega ao cenário legislativo com a função de instrumentalizar a nova ordem jurídico-urbanística do país, de contornos sociais, que busca permitir o acesso ao direito de morar bem, ao desenvolvimento social e econômico das cidades, de forma sustentável, respeitando e protegendo o meio ambiente natural necessário à conservação da sociedade presente e futura, vinculando definitivamente o administrador público ao cumprimento de seu *mister*.

Comemora-se os vinte anos de um texto de acentuado matiz social e democrático, onde os direitos fundamentais proclamados são a própria configuração da justiça social urbana almejada. Porém, a efetivação e implementação dos comandos continuam a carecer de grande materialidade, mesmo que alguns avanços sociais já possam ser atestados. Sem pessimismo em um momento de comemorações, é preciso não olvidar que o passivo deixado pelos anos de descompromisso com o desenvolvimento social do indivíduo mostra que a promessa constitucional está longe de ser cumprida: uma cidade funcional para todos e todas.

É preciso entender que, se por um lado a legislação urbanística construída após 1988 teve intensa inspiração dos ideais democráticos e inclusivos que deram origem à própria Constituição, a cidade prometida pelo texto constitucional foi sempre adiada para momento posterior. Nesse sentido, é possível argumentar que a própria Emenda Popular da Reforma

Urbana, que deu origem ao capítulo da política urbana da Constituição Federal de 1988 foi, de fato, desidratada, de modo que boa parte das aspirações de democratização do espaço urbano foram adiadas para a futura vigência da lei regulamentadora.

A Emenda Popular da Reforma Urbana reivindicava uma maior democratização do espaço urbano[17]. Como resposta, a Constituição ofereceu o urbanismo e a usucapião especial urbana[18], como se a histórica desigualdade nas cidades fosse uma mera questão de ordenação urbanística. O ponto nevrálgico, com efeito, seria a evolução do ordenamento urbanístico para que os instrumentos à disposição dos gestores públicos pudessem ser utilizados para a realização de uma reforma profunda das cidades. Alguns desses instrumentos foram trazidos ao ordenamento jurídico brasileiro com a entrada em vigor do Estatuto da Cidade, que é do ano de 2001. A lei sobre o direito à cidade constitucional, portanto, só foi promulgada treze anos após a Constituição Federal.

Como a Constituição conferiu especial papel aos planos diretores do município, a tal ato normativo recaiu boa parte da responsabilidade no que diz respeito à concretização da cidade constitucional, ou seja, uma cidade adequada aos objetivos fundamentais da República Federativa do Brasil, elencados no art. 3º da Constituição, sobretudo nos seus incisos I, III e IV. A promessa foi mais uma vez adiada, portanto, da promulgação do Estatuto da Cidade até a adequação dos planos diretores municipais às diretrizes da lei federal em questão.

Dez anos após o Estatuto da Cidade, ampla pesquisa realizada em mais de quinhentos e vinte e quatro municípios de todo o Brasil, apontou situação de baixa aplicação dos instrumentos de política urbana, sobretudo no que diz respeito à concretização do direito à moradia. Os autores da pesquisa a concluíram afirmando que os instrumentos de política urbana previstos no Estatuto da Cidade e replicados nos planos diretores das cidades não conseguiram "[...] romper a barreira do discurso e imple-

[17] LAGO, Paulo Cesar do. *Participação popular e reforma urbana: da Constituinte ao Estatuto da Cidade. 2010.* 276 f. Dissertação (Mestrado) – Curso de Direito, Universidade Presbiteriana Mackenzie, São Paulo, 2010, p. 164.

[18] ROMEIRO, Paulo Romeiro. *Direito urbanístico: entre o caos e a injustiça (uma reflexão sobre o direito do urbanismo).* São Paulo: Letras jurídicas, 2019, p. 175.

mentar concretamente um programa de ações voltado para a superação da ordem urbanística excludente comum às cidades brasileiras"[19]. Ocorre que os instrumentos que foram criados pela legislação urbanística pátria com o objetivo de democratizar o espaço urbano, via de regra, não são de aplicabilidade imediata e demandam intensos juízos de conveniência e oportunidade do Poder Público, de modo a efetiva concretização da cidade prometida pela Constituição Federal sempre acaba por esbarrar nos interesses em sentido contrário, que sempre permearam a Administração Pública.

Vinte anos após a promulgação do Estatuto da Cidade, observa-se que não só a dificuldade de implementação das suas diretrizes se mantém, como é possível verificar que se avolumam iniciativas para minar as duras conquistas obtidas com a lei e com a Constituição Federal. Poderiam ser citadas, apenas a título de exemplo, a Lei nº 13.465/2017, que se tornou um dos principais marcos legais da regularização fundiária no País, mas cujos dispositivos foram intensamente influenciado por interesses mercadológicos, conforme texto presente na própria exposição de motivos da medida provisória que deu origem à lei.[20] Outra iniciativa nesse sentido que poderia ser citada seria a Proposta de Emenda à Constituição nº 80 de 2019, que tem como objetivo, basicamente enfraquecer as disposições constitucionais sobre a função social da propriedade urbana, sobretudo o art. 182 da Constituição, que juntamente com o Estatuto da Cidade, faz parte da espinha dorsal do direito urbanístico brasileiro, nascido após 1988.

[19] Cardoso, Adauto Lucio; Silveira, Maria Cristina Bley da. Capítulo III: o plano diretor e a política de habitação. In: Santos Junior, Orlando Alves dos; Montandon, Daniel Todtmann. *Os planos diretores municipais pós-estatuto da cidade: balanço crítico e perspectivas.* Rio de Janeiro: Letra capital, 2011, p. 122.

[20] Destaca-se o seguinte trecho: "88. É que o reconhecimento, pelo Poder Público, dos direitos reais titularizados por aqueles que informalmente ocupam imóveis urbanos, permite que estes imóveis sirvam de base para investimento do capital produtivo brasileiro, à medida que poderão ser oferecidos em garantia de operações financeiras, reduzindo custos de crédito, por exemplo." BRASIL. *Exposição de Motivos da Medida Provisória Nº 759 de 2016.* 2016. Disponível em: <http://www.planalto.gov.br/ccivil_03/_Ato2015-2018/2016/Exm/Exm-MP%20759- 16.pdf>. Acesso em: 16 jan. 2021, p. 9 -10.

Dessa forma, observa-se que, embora as vitórias relacionadas ao Estatuto da Cidade sejam inegáveis, por outro lado, há também um evidente movimento em sentido contrário, movimento este cuja força, até o momento, teve êxito em postergar a promessa de concretização de uma cidade que tenha seu desenvolvimento urbano pautado pelos objetivos fundamentais trazidos pelo texto constitucional de 1988.

A dimensão constitucional dada ao direito à cidade trata de referenciar a dignidade da pessoa humana a ser vivida dentro nos centros urbanos. O Estatuto da Cidade elege os espaços urbanos e rurais, a cidade, como bem comum a ser usufruído por todos e todas, a partir da gênese que identifica um Estado Democrático e Social Republicano de Direito.[21] As assimetrias no acesso aos direitos urbanos afasta a eficácia das previsões constitucionais, além de sedimentar uma cultura nociva de não observância a parâmetros normativos urbanísticos, que tem atacado não só a própria importância do Plano Diretor como reflexo de uma política pública de cunho fortemente democrático, como também fragiliza os instrumentos que dele devem descender, quando da sua aprovação municipal.

Conclusões

Uma cidade que se desenvolva com base nas diretrizes do Estatuto da Cidade e da Constituição Federal não está no âmbito das utopias, mas sim dentro do espectro de possibilidades da realidade concreta e alcançável. Uma estrutura normativa arrojada foi erigida para dar fundamento e direcionar à ação pública visando a cidades justas, democráticas e sustentáveis. Contudo, a perspectiva normativa deve ser contraposta às contingências políticas da realidade brasileira, permeada por interações complexas de agências multiescalares: a influência de instituições financeiras multilaterais, mudança no formato das organizações sociais, que tendem a priorizar as mobilizações por redes sociais, variações de governos de esquerda democrática para governos de direita de viés autoritário, crise

[21] Casimiro, Lígia Maria Silva Melo de. Lá e de Volta outra vez: retomando a defesa das zonas especiais de interesse social pelo direito à cidade. In: VIEIRA, Bruno Soeiro; Vieira, Iracema de Lourdes Teixeira (ORGS.). *Instrumentos urbanísticos e sua (in) efetividade – Vol II*, Londrina: Thoth, 2021, p. 183-199.

econômica internacional que reorientou o papel do Estado em desconformidade com o Estado social planejador de 1988. Eis alguns elementos que se somam às tradicionais resistências da administração pública e do poder privado de efetivar a lógica de solidariedade social que deveria permear o direito de propriedade e o desenvolvimento urbano com vistas à promoção do direito à cidade sustentável.

No contexto atual, de vinte anos de Estatuto da Cidade em que se constatam avanços pequenos e lentos, e, ainda, diante de novas ameaças de retrocessos de direitos mediante propostas de emendas à constituição e projetos de lei que sinalizam uma antirreforma urbana em curso, faz-se necessário fazer resistência jurídica, e judicial, a tais iniciativas no plano nacional, reforçando o paradigma do constitucionalismo democrático e social ante o neoliberal, bem como sustentar e avançar em escalas, passo à passo, a depender da realidade de cada município e das dinâmicas de poder local, aprovando, regulamentando legislações e, sobretudo, cobrando execução dessas para que concretizem a tal cidade constitucional. O plano diretor continua a ser o principal instrumento da política urbana brasileira, mas sua funcionalidade precisa ser ativada sob a compreensão de que o planejamento social e democrático impõe aos poderes públicos o dever de observar e concretizar os direitos fundamentais. Após vinte anos já se sabe o que impede a promoção de cidades mais humanas, desenhadas à luz das demandas sociais e econômicas: uma visão individualista e predatória do território onde a mesma se estabelece. A cidade é um bem comum, é o espaço onde a integração do conjunto de pessoas se fixa, e não sendo possível negar seu valor coletivo é preciso qualificá-lo, por meio de ações coletivas, públicas e privadas, com valores de solidariedade e coesão social.

Referências

ALFONSÍN, Betânia de Moraes; FERNANDES, Edésio (Org. e co-autores) *Direito à Moradia e Segurança da Posse no Estatuto da Cidade: Diretrizes, instrumentos e processos de gestão.* Belo Horizonte: Fórum, 2004.

Artigo I da Carta Mundial pelo Direito à Cidade. Disponível em: <http://www.polis.org.br/uploads/709/709.pdf.> Acesso em: abr. 2021.

BACELLAR FILHO, Romeu Felipe. *Direito Administrativo e o Novo Código Civil.* Belo Horizonte: Fórum, 2007.

BERCOVICI, Gilberto. *Constituição econômica e desenvolvimento: uma leitura a partir da Constituição de 1988.* São Paulo: Malheiros, 2005.

BRASIL. *Exposição de Motivos da Medida Provisória Nº 759 de 2016.* 2016. Disponível em: <http://www.planalto.gov.br/ccivil_03/_Ato2015-2018/2016/Exm/Exm-MP%20759- 16.pdf>. Acesso em: abr 2021.

CARDOSO, Adauto Lucio; SILVEIRA, Maria Cristina Bley da. Capítulo III: o plano diretor e a política de habitação. In: SANTOS JUNIOR, Orlando Alves dos; MONTANDON, Daniel Todtmann. *Os planos diretores municipais pós-estatuto da cidade: balanço crítico e perspectivas.* Rio de Janeiro: Letra capital, 2011.

CASIMIRO, Lígia Maria Silva Melo de. Lá e de Volta outra vez: retomando a defesa das zonas especiais de interesse social pelo direito à cidade. In: VIEIRA, Bruno Soeiro; VIEIRA, Iracema de Lourdes Teixeira (ORGS.). *Instrumentos urbanísticos e sua (in) efetividade – Vol II,* Londrina: Thoth, 2021.

DALLARI, Adilson. Instrumentos da Política Urbana. In: DALLARI; FERRAZ (Org.). *Estatuto da Cidade: comentários à lei 10.257/01.* São Paulo: Ed Malheiros, 2005.

DUGUIT, Leon. *Les Transformations du Droit Public.* Paris: La Mémoire du Droit, 1999.

FERNANDES, Edésio. Direito urbanístico e política urbana no Brasil: uma introdução. In: FERNANDES, Edésio (Org.). *Direito urbanístico e política urbana no Brasil.* Belo Horizonte: Del Rey, 2001.

LAGO, Paulo Cesar do. *Participação popular e reforma urbana: da Constituinte ao Estatuto da Cidade. 2010.* 276 f. Dissertação (Mestrado) – Curso de Direito, Universidade Presbiteriana Mackenzie, São Paulo, 2010.

MONTEIRO, Vera. Parcelamento, edificação ou utilização compulsórios da propriedade urbana. In: DALLARI, Adilson Abreu; FERRAZ, Sérgio (Coords). *Estatuto da Cidade (Comentários à lei federal 10.257/2001).* São Paulo: Malheiros, 2014.

ONU-HABITAT. *Estado das Cidades no Mundo 2010/2011: Unindo o urbano dividido – Resumo e principais constatações. Tendências Urbanas.* Brasília: IPEA, 2010. 32p. Disponível em: <http://www.ipea.gov.br/portal/index.php?option_content&view=article&id=1063>. Acesso em abril 2021.

ONU. Organização das Nações Unidas. *Programa das Nações Unidas para o Desenvolvimento. Resolução A/RES/55/2, de 08 de setembro de 2000.* Plano para a consecução dos objetivos da Cúpula do Milênio. Disponível em: <https://www.unric.org/html/portuguese/ uninfo/DecdoMil.pdf.> Acesso em: abril 2021.

ROMEIRO, Paulo Romeiro. *Direito urbanístico: entre o caos e a injustiça (uma reflexão sobre o direito do urbanismo)*. São Paulo: Letras jurídicas, 2019.

SALAZAR JÚNIOR, João Roberto. O direito urbanístico e a tutela do meio ambiente urbano. In: DALLARI, Adilson Abreu; DI SARNO, Daniela Campos Libório (Orgs.). *Direito urbanístico e ambiental*. Belo Horizonte: Fórum, 2007.

SAULE JÚNIOR, Nelson. A relevância do Direito à Cidade na construção de cidades justas, democráticas e sustentáveis. In: SAULE JÚNIOR, Nelson (Org.). *Direito Urbanístico: vias jurídicas das políticas urbanas*. Porto Alegre: Sérgio Antônio Fabris, 2007.

SILVA, José Afonso da. *Direito Urbanístico Brasileiro*. São Paulo: Malheiros, 2012.

SOTTO, Debora. *Mais-valia urbanística e desenvolvimento urbano sustentável: uma análise jurídica*. Rio de Janeiro: Lumen Juris, 2016.

SUNDFELD, Carlos Ari. O Estatuto da Cidade e suas Diretrizes Gerais. In DALLARI, Adilson Abreu; FERRAZ, Sérgio (Coords). *Estatuto da Cidade (Comentários à lei federal 10.257/2001)*. São Paulo: Malheiros, 2014.

VICHI, Bruno de Souza. *Política Urbana: sentido jurídico, competências e responsabilidades*. Belo Horizonte: Fórum, 2007.

3.
Os 20 Anos do Estatuto da Cidade para Além da Efeméride: O Lugar do Direito no "Direito à Cidade"

WILSON LEVY

Introdução

O propósito deste capítulo é se debruçar sobre aquela área do conhecimento humano que – é bem provável – foi a "última a chegar" nos estudos urbanos, ou, melhor dizendo, sobre a área que por último se preocupou em produzir reflexão teórica sobre o território.

O Direito sempre disciplinou a cidade, e sempre o fez como o resultado de disputas políticas que tinham a cidade como objeto.As leis, produzidas pelos parlamentos, solucionavam as tensões vividas no espaço urbano, neutralizando-as ao mesmo tempo que criava novos conflitos. E assim seguiam dizendo o que e onde construir, o zoneamento da cidade, o caráter cogente do planejamento.Todos esses elementos estavam sob o domínio do Direito sem que os estudos jurídicos se detivessem com mais acuidade sobre um exame crítico acerca de seu papel. Ele apenas viabilizava ações estatais, sem, contudo, defini-las segundo uma gramática ancorada na narrativa histórica dos direitos fundamentais.

Nada obstante, talvez não exista área do pensamento mais associada a conteúdos prescritivos/normativos do que o Direito. Por isso ela não pode ser descartada, como a expressão legal anacrônica de uma sociedade autoritária, incapazde abrigar, dentro de suas fronteiras, visões e perspectivas transformadoras. Na verdade, o que se deve fazer é também disputá-lo e, como a própria cidade, ocupá-lo, recorrendo à sua lógica para reordená-la para um fim socialmente útil.

É por essa razão que se buscará aqui responder a algumas perguntas. A principal é: é o direito à cidade um direito fundamental? De que tipo? Individual ou coletivo? E a segunda: qual o seu conteúdo?

Mas é preciso tomar algumas precauções. A primeira é de ordem prática: não raramente trabalhos acadêmicos acabam por enunciar novos direitos. Evidente que a história dos direitos não prescinde desse movimento, afinal ela é dinâmica e cada novo momento de seu transcurso está apto a apresentar novas demandas que são atendidas mediante a criação de novas regras e novas garantias, inexistentes até então por uma série de razões.

Contudo, não se pode ficar preso a uma perspectiva simplista, posto que o Direito, já se sabe, não é o único mecanismo de transformação da sociedade, e talvez nem mesmo o mais eficaz. Daí que caberia indagar: estar-se-ia falando de um novo direito, ou de um conjunto de direitos que, assim articulados, comporiam o chamado direito à cidade?

Se a resposta for ao sentido de que se trata de um novo direito, e se esse direito se refere à ideia de uma vida emancipada nas cidades, pode-se avançar no sentido da definição de seu conteúdo específico. Do contrário, o caminho deverá contemplar um novo arranjo, extraindo desse suposto conjunto de direitos os elementos capazes de lhe conferir conteúdo.

Ao final, o que se buscará é a identificação – e a descrição – de um direito à cidade que se expresse como direito à vida emancipada nas cidades.Isso só será possível se houver clareza acerca do potencial emancipatório do próprio direito. E do estudo, em separado, entre norma e interpretação. E é por este ponto que o capítulo se inicia.

1. Para começo de conversa: é o direito emancipatório?

Juristas, de um modo geral, adotam uma postura bastante generosa sobre os potenciais emancipatórios do direito, sobretudo porque a lei, em muitos casos, é o resultado material de processos renhidos de luta e reivindicação. Como se verá no item a seguir, a própria gramática dos direitos fundamentais e a sucessão das diversas gerações ou dimensões de tais direitos é indicativa de como os avanços observados nas leis e constituições são produto de processos históricos de disputa e de afirmação de demandas sociais, que aparecem de maneira organizada na forma de grandes movimentos de caráter coletivo.

Essa é uma posição bastante tradicional, a despeito de seu verniz progressista, e que remonta tanto ao universalismo próprio da Revolução Francesa quanto à ideia kantiana de que o homem é portador de direitos inatos, derivados da sua própria condição humana. Ela, porém, tem sido questionada pela Teoria do Direito há pelo menos 30 anos, desde que os estudos jurídicos começaram a fincar raízes em aspectos sociológicos mais estruturantes ou mesmo em diálogo com campos como a análise do discurso.

Pouca dúvida resta sobre a ausência de neutralidade do Direito enquanto norma. Afinal, produto de relações sociais conflituosas e, principalmente, resultado final de uma tomada de decisão que é política, o Direito, assim como a cidade, se apresenta como um retrato fiel de condicionantes sociopolíticas e econômicas de seu tempo. Daí a importância de que ordenamentos jurídicos sejam tributários de projetos democráticos densos, fortemente enraizados no tecido da sociedade. Mas o Direito não é só norma. Ele é também objeto de interpretação por um conjunto relativamente amplo de atores sociais, que atuam na lida da sua reivindicação ou, comumente, na judicialização dos conflitos decorrentes do seu descumprimento.

Essa interpretação, como o seu próprio objeto, tampouco pode ser denominada neutra. E, ao final, nem mesmo a ciência do Direito assim se apresenta, a despeito da obra mais representativa do direito moderno como uma "teoria pura". Mas, para seguir, é indispensável trazer a definição que preenche o núcleo do pensamento kelseniano, qual seja, o conceito de pureza. O próprio autor nos adianta esse pressuposto teórico no início da obra "Teoria Pura do Direito" e ela, em si, é dotada de grande singeleza. Com o autor:

> Quando a si própria se designa como 'pura' teoria do Direito, isto significa que ela se propõe a garantir um conhecimento apenas dirigido ao Direito e excluir deste conhecimento tudo que não pertença ao seu objetivo, tudo quanto não se possa, rigorosamente, determinar como Direito. Quer isto dizer que ela pretende libertar a ciência jurídica de todos os elementos que lhe são estranhos. Esse é o seu princípio metodológico fundamental[1].

[1] KELSEN, Hans. *Teoria Pura do Direito*. Trad. João Baptista Machado. 6ª ed. São Paulo: Martins Fontes, 1998, p. 1.

A assertiva revela que Hans Kelsen é um homem de seu tempo. Ao despir o Direito das influências de outras áreas do saber, nada mais fez do que repetir, no âmbito dos estudos jurídicos, os fundamentos do projeto filosófico da modernidade. O primado da razão, então, imporia ao pesquisador (e ao operador do direito) que se despisse ao máximo de sua subjetividade para conhecer adequadamente o objeto, livre das tendências e inclinações típicas do agir humano. E o projeto ainda se faria presente na segmentação especializada do conhecimento, associada à velha máxima do "dividir para conhecer".

Para Luiz Fernando Coelho, na apresentação da obra "A Pureza do Poder", de Luis Alberto Warat, a obra de Kelsen:

> É a tentativa mais interessante e expressiva de superação da velha dogmática jurídica, construída a partir da recepção do direito romano e consubstanciada nos paradigmas da ciência jurídica europeia, cujas manifestações mais importantes foram a escola da exegese, na França, a jurisprudência analítica no mundo da 'common law' e a jurisprudência conceitual no mundo germânico[2].

Dentro desse recorte teórico-temporal, decerto que a contribuição kelseniana significou um rompimento de paradigmas. Ao vislumbrar no *sollen* (a imputação) a categoria gnóstica fundamental do Direito, Kelsen efetuou uma depuração desse saber, dissociando-o de conteúdos éticos, políticos e morais que, no seu entender, prejudicavam sua apreensão pelo trabalho intelectual do jurista.

O capítulo sobre a interpretação é o último da obra "Teoria Pura do Direito". Traz, de início, o conceito de interpretação autêntica e de seu correspondente contrário, a interpretação não autêntica. Autêntica é a interpretação realizada por um órgão jurídico que aplica o Direito. Não autêntica, por sua vez, é o ato interpretativo realizado pela ciência jurídica e pelos indivíduos que, de acordo com Kelsen, *"precisam compreender*

[2] Coelho, Luiz Fernando. *Apresentação do livro A Pureza do Poder*, de Warat, Luis Alberto. Florianópolis: Editora da UFSC, 1983, p. 13.

e, portanto, determinar o sentido das normas jurídicas que por eles hão de ser observadas"[3].

Na sequência trata da relação entre normas jurídicas de diferentes escalões e o ato de aplicação do Direito: há, entre elas, uma relação de determinação ou vinculação (como, p. ex., na relação entre Constituição e lei, tanto na produção quanto no ato de execução e no ato de decisão judicial), mas, no caso específico da aplicação, haveria relativa indeterminação.

E o que seria essa indeterminação? Para Kelsen, é imprescindível:

> Ficar uma margem, ora maior ora menor, de livre apreciação, de tal forma que a norma do escalão superior tem sempre, em relação ao ato de produção normativa ou de execução que a aplica, o caráter de um quadro ou moldura a preencher por este ato. Mesmo uma ordem o mais pormenorizada possível tem de deixar àquele que a cumpre ou executa uma pluralidade de determinações a fazer. Se o órgão A emite um comando para que o órgão B prenda o súdito C, o órgão B tem de decidir, segundo o seu próprio critério, quando, onde e como realizará a ordem de prisão, decisões essas que dependem de circunstâncias externas que o órgão emissor do comando não previu e, em grande parte nem sequer podiam prever[4].

Esse parece ser o principal elemento da interpretação do Direito no pensamento de Kelsen, a admitir uma subjetividade, ainda que calcada numa contingência de ordem prática, no ato de interpretar. Isso fica mais claro ainda na distinção feita entre a indeterminação intencional e a não intencional do ato de aplicação do Direito. Ao abordar a segunda hipótese, Kelsen reconhece que o processo pode envolver *"a pluralidade de significações de uma palavra ou de uma sequência de palavras em que a norma se exprime"*[5]. Daí que pode o sentido verbal da norma não ser unívoco, o que dá abertura a um leque – que pode ser amplo – de significações possíveis perante o órgão que tem o dever de aplicar a lei.

Diante disso, para Kelsen,

[3] Kelsen, Hans. *Op. Cit.*, p. 387.

[4] Idem, p. 388.

[5] Idem, p. 389.

> Se por "interpretação" se entende a fixação por via cognoscitiva do sentido do objeto a interpretar, o resultado de uma interpretação jurídica somente pode ser a fixação da moldura que representa o Direito a interpretar e, consequentemente, o conhecimento das várias possibilidades que dentro desta moldura existem. Sendo assim, a interpretação de uma lei não deve necessariamente conduzir a uma única solução como sendo a única correta, mas possivelmente a várias soluções que – na medida em que apenas sejam aferidas pela lei a aplicar – têm igual valor, se bem que apenas uma delas se torne Direito positivo no ato do órgão aplicador do Direito – no ato do tribunal, especialmente[6].

A sentença estaria, então, contida na moldura, enquanto (uma) espécie de norma individual (do caso concreto). Ao admitir essa formulação, está Kelsen a romper com a Teoria do Direito anterior, que via na interpretação o processo intelectivo que chegaria à única solução correta. O jurista, assim, reconhece que não há método de interpretação capaz de chegar a essa resposta correta, mas apenas a uma resposta possível, sobretudo diante da velha polêmica da *voluntas legis* x *voluntaslegislatoris*, já abordado, entre outros, por Tercio Sampaio Ferraz Júnior[7].

Outro ponto do capítulo é a discussão sobre a interpretação como ato de conhecimento ou como ato de vontade. Ali, o autor assinala que a definição da resposta "correta" foge ao estudo da teoria do Direito, sendo, então, um problema afeito à política do Direito, tal como a atividade de criação normativa, a partir da constituição, que se proponha a obter as únicas leis justas (certas). E, assim como o legislador – limitado pela Constituição – o juiz, segundo os limites da moldura, possui uma função de criação dotada de grande liberdade e, por isso, uma função voluntária.

Essa função voluntária pode agregar elementos estranhos ao conhecimento do Direito positivo, tais como a moral, juízos de valor (bem comum, progresso, interesse do Estado), mas todos esses atributos são caracterizados de forma negativa no esquema da Teoria Pura, na medida em que não podem ter sua validade verificada. Daí que para Kelsen,

[6] Idem, p. 390.

[7] Ver: FERRAZ JR., Tercio Sampaio. *Introdução ao Estudo do Direito – Técnica, Decisão e Dominação.* 2ª ed. São Paulo: Editora Atlas, 1994, p. 267.

> Se queremos caracterizar não apenas a interpretação da lei pelos tribunais ou pelas autoridades administrativas, mas, de modo inteiramente geral, a interpretação jurídica realizada pelos órgãos aplicadores do Direito, devemos dizer: na aplicação do Direito por um órgão jurídico, a interpretação cognoscitiva (obtida por uma operação de conhecimento) do Direito a aplicar combina-se com um ato de vontade em que o órgão aplicador do Direito efetua uma escolha entre as possibilidades reveladas através daquela mesma interpretação cognoscitiva. Com este ato, ou é produzida uma norma de escalão inferior, ou é executado um ato de coerção estatuído na norma jurídica aplicada. Através deste ato de vontade se distingue a interpretação jurídica feita pelo órgão aplicador do Direito de toda e qualquer outra interpretação, especialmente da interpretação levada a cabo pela ciência jurídica[8].

A distinção remonta à discussão inicial sobre a interpretação autêntica, tendo em vista que nessa proposta teórica apenas a interpretação feita pelo órgão julgador cria Direito, responsável por resolver as antinomias e, se necessário, produzir norma individual fora da moldura que a lei a aplicar determina. Daí, aliás, a noção de jurisprudência, que permite a aplicação do Direito novo individual a casos idênticos quando, a sentença que a produz, transitada em julgado, se torna um precedente.

A função criadora é determinante, para Kelsen, na separação que há entre a interpretação autêntica e a interpretação da ciência jurídica, que não vincula a primeira e que se encerra na *"pura determinação cognoscitiva do sentido das normas jurídicas"*, limitada a *"estabelecer as possíveis significações e uma norma jurídica"* [9], o que se estende, por exemplo, ao trabalho do advogado, que é jurídico-político e não de produção da interpretação "acertada". As palavras da lei são plurívocas e, por isso, a missão da interpretação "científica" é mostrar o caminho para que a formulação das leis seja o mais inequívoca possível, de modo a se chegar a um grau máximo de segurança jurídica.

Não se pode acusar Hans Kelsen de ser incoerente dentro dos pressupostos metodológicos que ele próprio elegeu para construir sua teoria. Bem por isso, a organização das perguntas acerca da Teoria Pura do

[8] KELSEN, Hans. *Op. Cit.*, p. 394.

[9] Idem. Ibidem, p. 395.

Direito deve vir de fora e, preferencialmente, de dados os quais o autor não tinha acesso quando da elaboração de sua principal contribuição acadêmica.

Indagar sobre a pertinência (e os custos) da opção efetuada por Kelsen, nesse sentido, pode ter como ponto de partida as contribuições oferecidas pela Filosofia da Linguagem, que, no Direito, ganhou os contornos de uma teoria da linguagem jurídica.

O que significou a introdução da filosofia da linguagem nos estudos da ciência jurídica? Significou, decerto, a certeza de que o direito é uma construção discursiva e intersubjetiva. O homem fala. E ele se expressa por meio de uma linguagem que é indeterminada. E essa indeterminação atinge a forma segundo a qual a normatividade é expressa.

O ato de falar pressupõe uma racionalidade, de tal forma que o modo como a normatividade é linguisticamente (ou seja, racionalmente) construída não pode ficar de lado. Como saber se aquilo que o sujeito expressa corresponde à imagem que ele possui de determinada coisa no mundo? Assim, entendendo-se a normatividade como "linguagem que se dirige a outro", recoloca-se o problema da interpretação. Fica evidente a necessidade de se discutir a construção do conjunto simbólico da língua e, portanto, para se discutir a construção linguística da normatividade.

Para discutir esse tema, no contexto da obra de Kelsen e em cotejo com a dimensão linguística do direito, é preciso travar algumas discussões prévias, que remontam ao próprio atributo de pureza da teoria do autor. Luis Alberto Warat afirma, nesse sentido, que ao desnaturar a dimensão de poder na ciência, Kelsen desconsidera que essa relação existe, e:

> Revela-se sempre como uma luta ideológica pelas significações. E a epistemologia pode falar apropriadamente do poder, apresentando-o como uma condição de sentido das proposições científicas. Por isso a Teoria Pura, como uma epistemologia da ciência jurídica, legitimamente, pretende falar do poder como ideologia; inadequadamente, contudo, porque ao invés de analisar os efeitos significativos do poder nos discursos da Ciência Jurídica, pretende suprimi-los como uma condição de sua significação[10].

[10] WARAT, Luis Alberto. *Saber Crítico e Senso Comum Teórico dos Juristas.* In. Sequência, v. 3, n. 5. Florianópolis: Universidade Federal de Santa Catarina, 1982, p. 43.

Em texto anterior, Warat já assinalava que:

> A análise das verdades jurídicas exige a explicitação das relações de força que formam domínios de conhecimento e sujeitos como efeitos do poder e do próprio conhecimento. Nota-se que o conhecimento, na medida em que é purificado pela razão, limita, maldosamente, a percepção dos efeitos políticos das verdades. Tais efeitos apenas podem ser percebidos quando concebemos a história das verdades como jogo estratégico, como campo de luta semiológico, e não como uma história das ideias ou dos homens, desenvolvida progressivamente pelo espírito[11].

Daí que urge compreender:

> A trajetória epistemológica tradicional concebe o mundo social como sendo um sistema de regularidades objetivas e independentes. Esta proposta sugere a coisificação das relações sociais, o que permite concebê-las em seu estado ingênuo. É precisamente a perda dessa ingenuidade que vai permitir a formação de uma história das verdades, que nos mostre os efeitos políticos das significações na sociedade[12].

Nesse quadrante, a lei representa um marco institucional, e estes:

> Funcionam como lugares de interlocução repressiva, na medida em que estabelecem uma interpretação, polissemicamente controlada, das instâncias discursivas que se apropriam, chegando, em muitos casos, a estabelecer versões estereotipadas dos conceitos com uma clara função legitimadora[13].

Todos esses elementos compõem o chamado "senso comum teórico dos juristas", que encerra esses dados constitutivos das verdades jurídicas em conceitos encobertos por manta de aparente racionalidade. É o que afirma o autor, ao conceituar o referido "senso comum teórico dos juristas":

[11] Idem. Ibidem, p. 49.
[12] Idem. Ibidem, p. 50.
[13] Idem. Ibidem, p. 55.

> Representações, imagens, preconceitos valorativos, crenças teóricas, metáforas, metonímias, que funcionam como normas epistêmicas, governam a produção de um saber institucional legitimada como "Ciência do Direito" e "disciplinam ideologicamente as tarefas profissionais, operando como um código latente que influi não somente no pensamento dos juristas de ofício, mas também em seu pensar e agir?".[14]

As últimas linhas podem parecer produto de um preciosismo desmesurado, mas não é. Se a lei é produto de um ato político e se esse ato político é, no mais das vezes, decorrente de disputas, e se a cidade é um espaço prenhe de regulação, então há uma relação direta entre a regulação do território e o processo de disputa que, de uma maneira ou de outra, se expressa a partir e sobre ele.

Esse, aliás, um dos principais problemas da posição teórica que põe o direito à cidade como um direito radicalmente polissêmico. Ao poder ser tudo, ele pode também ser nada. E ao não se fixar um parâmetro mínimo para seu conteúdo substancial, abre-se a possibilidade, ainda maior, de torná-lo um campo em disputa, com enormes riscos para uma visão progressista sobre seu papel normativo.

Os sinais são claros. Nos países, de um modo geral, as normas relacionadas ao direito à cidade são bem mais recentes do que a própria urbanização enquanto fenômeno de algum modo global. O avanço tímido dessa pauta mostra como a resistência conservadora é forte, porque – e aí não cabe discordar de Harvey – pensar a cidade como um espaço coletivo, de fruição universal, generoso com os encontros e com a diferença, implica, hoje, enfrentar o capital financeiro – e sua capacidade de reprodução – como um obstáculo contundente a qualquer outra forma de compreensão do espaço da cidade.

E, sobretudo nos países subdesenvolvidos e em desenvolvimento, a consagração do direito de propriedade antes do seu temperamento através da função social ou mesmo de outras normas que incidem sobre o território, dão o indicativo claro do seu conteúdo privatístico e indivi-

[14] WARAT, Luis Alberto. *A Pureza do Poder*. Florianópolis: Editora da UFSC, 1983, p. 55.

dualista, que em nada coaduna com a ideia de um direito à cidade como direito à vida emancipada nas cidades.

Nesse sentido, necessário permanecer vigilante, seja em relação à neutralidade do direito, seja frente à neutralidade de sua interpretação, pois estes dois elementos podem, se tomados como axiomas, conduzir a um cenário de completa impossibilidade de fruição do direito à cidade.

2. A narrativa dos direitos fundamentais

No ponto anterior, ficou claro que nem o Direito, enquanto lei, nem a sua interpretação, são neutras. Esses, porém, não são pontos exclusivos dos estudos jurídicos e, felizmente, há outras interfaces que tornam a disputa pelo conteúdo do direito à cidade um pouco menos cruel e desigual. Importante, até aqui, foi evidenciar o caráter conflitivo do direito, o que pode, em alguma medida, explicar o conflito subjacente ao desenho polissêmico do direito à cidade.

De todo modo, este não é e nem pode ser um debate ingênuo ou retórico. Para afastar o risco de assim abordá-lo, é importante lembrar o caráter político que os direitos fundamentais assumiram ao longo da história. Eles não são o resultado jurídico, portanto, da benevolência do legislador, ou mesmo de sua ação eficaz orientada à evolução social. Pelo contrário, os direitos fundamentais representam a face institucionalizada de processos de disputa motivados pela irresignação social contra a opressão, a desigualdade e as precárias condições materiais de vida que cada momento histórico contém.

O caráter político dos direitos fundamentais, então, é um componente adicional no intrincado mosaico do Direito enquanto produto de uma sociedade, de uma época, de um arranjo de forças. Sua narrativa existe a despeito do conteúdo material da lei e a despeito de sua interpretação e, ao longo do tempo, tem sido um poderoso instrumento de equilíbrio contra maiorias eventuais e contra os choques causados pela oscilação ideológica de parlamentos.

Entretanto, independentemente do que se diga, os direitos fundamentais foram uma das mais importantes conquistas civilizatórias advindas do processo revolucionário francês de 1789, baseados na ideia de liberdade, ainda que naquele momento da história os 17 artigos da declaração original referiam-se a uma visão jusnaturalista e baseados na ideia kantiana de direitos inatos à condição humana.

No seu percurso constitutivo, a efetiva consolidação jurídica desse repertório de direitos só vem a partir do momento em que as modernas constituições – projetos jurídicos-políticos de nação – passam a incorporá-los e, também, depois de publicada a Declaração Internacional de Direitos Humanos, por ocasião da criação da Organização das Nações Unidas (ONU), que agregou componentes como a fraternidade (art. 1º), a igualdade (art. 7º) e a ideia de pertencimento (à comunidade, art. 29), que tornou tais direitos, para além de uma agenda idealista, positivos e universais[15].

De acordo com Norberto Bobbio,

> Quando os direitos do homem eram considerados unicamente como direitos naturais, a única defesa possível contra a sua violação pelo Estado era um direito igualmente natural, o chamado direito de resistência. Mais tarde, nas Constituições que reconheceram a proteção jurídica de alguns desses direitos, o direito natural de resistência transformou-se no direito positivo de promover uma ação judicial contra os próprios órgãos do Estado[16].

Falar sobre a universalidade dos direitos fundamentais não elimina, porém, uma dualidade que os acompanha até hoje: a coexistência de direitos fundamentais individuais, ou assim caracterizados, e direitos fundamentais de caráter coletivo. Por um lado, parece evidente que, por serem universais, tais direitos teriam uma face subjetiva, porque podem ser invocados por cada cidadão, individualmente, e coletiva, na medida em que têm a humanidade, como um todo, como destinatária. Por outro, essa dualidade pode ser vista sob o aspecto evolutivo, que se inicia com

[15] A incorporação dos direitos fundamentais pelas constituições não é linear e tampouco simultânea. Lembra DmitriDimoulis e Leonardo Martins que *"a primeira Constituição que garantiu uma longa lista de direitos sociais foi promulgada no México em 5 de fevereiro de 1917. Em seu primeiro capítulo encontram-se direitos sociais que pouco se diferenciam daqueles de uma Constituição moderna como a brasileira de 1988"*. Dimoulis, Dmitri e Martins, Leonardo. *Teoria Geral dos Direitos Fundamentais*. São Paulo: Editora Revista dos Tribunais, 2008, p. 32.

[16] Bobbio, Norberto. *A era dos direitos*. Trad. Carlos Nelson Coutinho. Rio de Janeiro: Campus, 1992, p. 31.

a garantia de direitos dos cidadãos e, por consequência, ingressa na sua dimensão coletiva. Compreender esse movimento é importante, porque, pelo que já se discutiu até aqui, o direito à cidade é um direito eminentemente coletivo, em razão da natureza específica do espaço urbano.

De acordo com Nelson Saule Júnior:

> O processo de universalização e multiplicação dos direitos configura um rompimento com o sistema tradicional de relação do indivíduo, sujeito de direitos somente no âmbito do Estado do qual é cidadão, de modo a estabelecer um novo cidadão, o cidadão do mundo, sujeito de direitos universais, reconhecido como um sujeito de direito internacional. A afirmação dos direitos na Declaração Universal dos Direitos Humanos e a gradual multiplicação de direitos mediante a especificação do homem abstrato e genérico, de acordo com o sexo (homem, mulher), idade (criança, adulto, idoso), condições de saúde, deficiências físicas e mentais, raça e etnia, é ao mesmo tempo universal e positiva, como afirma Bobbio[17].

Essa é uma distinção necessária. Como dito, existe um caminhar entre as gerações ou dimensões de direitos fundamentais que é marcada pela transição da perspectiva individualista desses direitos para uma perspectiva coletiva ou comum. É preciso ter cautela, porque, como dito, o trajeto não implica na eliminação do individual e sua dissolução no mar homogeneizante do coletivo: pelo contrário, o coletivo só faz sentido quando a autonomia do indivíduo está presente e é respeitada.

Dito isso, imperioso recordar que os direitos fundamentais podem ser divididos em gerações ou dimensões. Trata-se de um critério de organização que facilita a visualização de tais direitos, mas essa visualização só é possível porque cada época traz um conjunto de demandas sociais que, inseridos, como dito, em processos – por vezes violentos – de luta e reivindicação, culminam na sua incorporação pelos ordenamentos jurídicos pátrios, por meio da sua positivação.

A primeira geração ou dimensão, nesse sentido, compõe-se dos direitos derivados da perspectiva contratualista que marca o rompimento do

[17] SAULE JÚNIOR. Nelson. *A proteção jurídica da moradia nos assentamentos irregulares*. Porto Alegre: Sergio Antonio Fabris Editor, 2004, p. 27.

modelo absolutista e da emergência da república na Revolução Francesa. Ela se baseia numa perspectiva que opõe Estado e indivíduo, garantindo não apenas os direitos deste, mas os limites de interferência daquele. São os chamados direitos de liberdade, que se expressam positivamente, em relação ao indivíduo, e negativamente, em relação ao Estado.

Tem, como mencionado, uma vocação individualista: afinal, naquele momento da história, era indispensável afirmar a autonomia individual frente o gigantismo de um Estado que deixava de ser absolutista. Era o primeiro passo, a primeira medida concreta necessária à garantia de fruição de direitos pelo cidadão. À liberdade, somam-se os chamados direitos de igualdade. Sem eles, não haveria se falar em liberdade, porque permaneceriam as distorções decorrentes de uma sociedade estratificada e engessada, típica do absolutismo.

Note-se que, embora remontem à Revolução Francesa, e, naquele momento, não afirmasse – ao menos no texto – apenas o conjunto de direitos inatos aos cidadãos franceses, excluídos todos os demais, tais direitos só obtiveram reconhecimento universal através do Pacto Internacional dos Direitos Civis e Políticos, aprovado na XXI Assembleia Geral da ONU de 1966, portanto já no século XX.

A segunda geração ou dimensão de direitos fundamentais, por sua vez, assenta os direitos sociais, e há uma ligação direta entre a sua emergência e as dinâmicas próprias do espaço urbano. O final do século XIX viu se acentuar o processo de industrialização, que provocou processos migratórios intensos em direção aos centros urbanos e trouxe o agravamento das desigualdades sociais típicas da cidade. Então além da proteção jurídica do trabalhador, a pauta reivindicatória de então englobava também direitos econômicos, culturais e, principalmente sociais. Nessa pauta, o Estado deixa de ocupar um papel de garantidor da máxima liberdade e assume uma função ligada à concretização de direitos capazes de viabilizar a justiça social produto do sobredito processo de industrialização.

De acordo com Ingo Wolfgang Sarlet:

> A expressão "social" encontra justificativa, entre outros aspectos, na circunstância de que os direitos de segunda dimensão podem ser considerados uma densificação do princípio da justiça social, além de corresponderem a reivindicações das classes menos favorecidas, de modo especial da classe operária,

> a título de compensação, em virtude da extrema desigualdade que caracteriza as relações com a classe empregadora, notadamente detentora de um menor grau de poder econômico[18].

Veja-se, aqui, a cidade como lugar privilegiado para a reivindicação de direitos, e não apenas como um palco onde os direitos são usufruídos. Talvez tais movimentos não fossem possíveis fora do seu território, que permitiu, pela primeira vez na história da humanidade, um tipo de interação social peculiar que, num ambiente de iniquidades, produziu um motor poderoso de processos revolucionários.

Já a terceira geração ou dimensão de direitos fundamentais agrega os chamados direitos de solidariedade ou direitos de fraternidade, que qualificam a dimensão coletiva dos direitos agregando outros de titularidade igualmente coletiva ou difusa. Seus marcos constitutivos são a experiência totalitária das duas guerras mundiais que assolaram o globo no início do século XX, e que deram ensejo à compreensão de que não era possível prosseguir sem a garantia do direito à paz e à autodeterminação dos povos. Da mesma maneira, as externalidades negativas da industrialização desenfreada se fizeram perceber nas mudanças climáticas e na degradação das condições do meio ambiente natural por todo o mundo, o que trouxe a necessidade de tutelar juridicamente o patrimônio ecológico como um direito coletivo.

A trajetória das gerações ou dimensões, como dito, é marcada pela transição da garantia de direitos meramente individuais para construções mais complexas, baseadas na coletividade. Predomina aqui a perspectiva do republicanismo, segundo J. J. Gomes Canotilho. Para ele:

> A concepção republicana dos direitos e liberdades como direitos funcionalmente vinculados à garantia dos ideais de solidariedade e de fraternidade. A lógica intrínseca do republicanismo em torno dos direitos fundamentais exigia o reconhecimento, não de "direitos para si" e "para si", mas de direitos para outrem. Produtos da "lei natural" e da "razão apriorística" do sujeito, os direitos evoluem para produtos da "razão militante", justificativa de seu

[18] Sarlet, Ingo Wolfgang. *A eficácia dos direitos fundamentais*. Porto Alegre: Livraria do Advogado, 2002, p. 52.

reconhecimento e do dever do seu exercício altruisticamente (solidária e fraternalmente) vinculado. De forma aproximadamente rigorosa, dir-se-ia que o pensamento republicano procurara, assim, a saída da *subjetividade* para a *intersubjetividade*[19].

A teoria dos direitos fundamentais não é uníssona em relação a direitos de quarta geração. Essa posição albergaria, por exemplo, o direito à democracia como um direito que surge de um consenso global acerca dessa forma de governo como a mais adequada para produzir paz social, desenvolvimento humano e convivência da diversidade. Nada obstante, referido direito nada mais seria do que mera derivação dos direitos civis e políticos de primeira geração, talvez fortalecidos sob as óticas dos direitos coletivos e da solidariedade, alcançadas, respectivamente, na segunda e terceira gerações.

A sumária descrição das gerações ou dimensões de direitos fundamentais faz emergir uma ausência eloquente: o direito à cidade. É aqui que repousa talvez a principal questão deste capítulo. O direito à cidade estaria inserido em uma geração ou dimensão específica de direitos fundamentais? Ou seria o produto de uma articulação de direitos presentes ao longo de toda a narrativa de direitos fundamentais? Como efetuar a passagem de um repertório de direitos individuais para um direito coletivo, localizado territorialmente?

Antes de tudo: o direito à cidade é um direito fundamental?

A última pergunta pode ser respondida lembrando a posição do jovem Hegel acerca da dignidade da pessoa humana, que não é estática e nem apriorística como aquela desenvolvida por Immanuel Kant. Ela parte do princípio de que a dignidade só é conquistada no momento em que o indivíduo se torna cidadão. A dignidade, nesses termos, seria algo adquirido, e não inato à condição do ser humano enquanto tal.

Isso conduziria a uma condição de invisibilidade social, típica dos indivíduos que não têm as três dimensões do reconhecimento preenchidas, tais como as pessoas em situação de rua. Então, se é possível entender o direito à cidade como vida emancipada nas cidades, é ao mesmo

[19] CANOTILHO, J. J. Gomes. *Estudos sobre direitos fundamentais*. São Paulo: Editora Revista dos Tribunais/Coimbra Editora: Portugal, 2008, p. 34.

tempo possível afirmar que a dignidade está enraizada na ideia de vida emancipada, dependendo, portanto, do direito à cidade enquanto tal para que se realize em sua integralidade. Se o momento contemporâneo é o momento de maior urbanização da humanidade, necessário incluir esse dado – a urbanização – como uma contingência estrutural concreta à passagem do sujeito à cidadania ou, como dito, para que ele possa confirmar a aquisição da sua dignidade.

A aquisição da dignidade, nesse sentido, não sendo estática, e, por isso, é também historicamente situada, ou inclui o elemento histórico no interior de sua dinâmica. Ou seja: adquiri-la depende da superação de contingências e obstáculos que o tempo presente produz e, a rigor, cada momento da história tem seus limites próprios, produto do engendramento de situações específicas.

Então, ainda que o direito à cidade possa ser extraído via interpretação de direitos que estão na primeira geração (liberdade, igualdade), de caráter individual, na segunda geração (direitos sociais e culturais, vistos segundo um enfoque coletivo), de caráter coletivo, mas sem a conotação de "direito à cidade", e na terceira geração (tudo o que se erige sob o signo da solidariedade e da fraternidade), também de caráter coletivo, ele só faz sentido no instante em que a cidade se torna o elemento determinante de uma época, articulando e fazendo convergir tais direitos dentro de uma base comum de demandas sociais e de cidadania.

O direito à cidade como direito fundamental, então, conjugaria o conjunto de direitos individuais em torno de uma finalidade específica, que se expressa num direito de corte coletivo e que, apesar de universal, bebe na fonte do território como um componente adicional à sua gramática. Evidentemente, não há como precisar a emergência deste novo direito no interior da gramática de direitos fundamentais.

As fronteiras intergeracionais são porosas e, por isso, não há limites estanques tão evidentes a ponto de permitir a sua localização. Como se verá no item a seguir, a Carta de Atenas é dos anos 30 do século XX. Mas por todo este século o tema foi objeto de algum nível de interferência do direito internacional dos direitos humanos, ao longo de todas as conferências da Organização das Nações Unidas sobre o Habitat, até sua última edição em 2016.

Essa construção, contudo, não explica a ausência do direito à cidade da narrativa de direitos instituída a partir da Revolução Francesa. Não se identificou registro, ao longo do trabalho de pesquisa, do direito à cidade como um direito elencado no rol de cada geração ou dimensão de direitos fundamentais. Por que isso acontece?

Uma explicação possível para este fenômeno passa pela apropriação que o Direito faz da cidade como um espaço de fruição de direitos, mas não como direito em si. A modernidade, que consagrou o *dividir para conhecer* como traço constitutivo de sua maneira de se apreender o mundo tangível, foi, no pensamento jurídico, pouco amigável com construções teóricas complexas, que se apresentassem como agregadoras de um conjunto de direitos. A própria estruturação dos cursos jurídicos no Ocidente atesta a visão enciclopédica que se atribuiu ao Direito, como coletânea de saberes pouco afeito a intercâmbios constitutivos.

Ao enxergar o mundo em fatias, o Direito, *na cidade*, reproduziu um padrão incapaz de enxergá-la, ela própria, como direito. Some-se a isso a própria estrutura de ação e organização dos movimentos sociais que atuam nas cidades como catalisadores de direitos negligenciados ou violados. Durante todo o século XX, via de regra, sua estrutura foi temática: luta pelo direito à moradia adequada; luta contra a carestia; luta pelo direito ao transporte; luta pela preservação dos espaços públicos e dos lugares de memória nas cidades. Fragilizado enquanto tal, perdeu espaço frente a direitos política e ideologicamente mais fortes, como é o caso, por exemplo, do direito de propriedade, que picota a cidade em unidades particulares e torna difícil a sua apropriação coletiva, seja no plano simbólico – de como ela é percebida pelas pessoas – seja no plano prático, das condições de sua reprodução e transformação.

O direito à cidade aparecia, de certa forma, em faixas e como grito motivador. Interessava, todavia, a perspectiva da atuação temática, que, uma vez atendida pelo Estado, através da lei ou de ações articuladas em políticas públicas, se extinguia ou então adquiria novos contornos, adequados aos vazios da atuação estatal.

O cenário começa a mudar no momento em que as condições de vida nas cidades degradam-se de tal maneira que se torna impossível não vislumbrar seus problemas segundo imperativos sistêmicos. As jornadas de junho de 2013, que aconteceram nas grandes metrópoles brasileiras, expressam o início de uma maneira peculiar de se relacionar com a cidade: enfeixadas em torno da luta pelo direito social ao transporte, protagonizado pelo Movimento Passe Livre, foram o canal de expressão da irresignação popular com as precárias condições de vida nas cidades, produto – e essa a sua novidade – de uma conjunção de vários elementos até então vistos em separado: custo de vida, espoliação urbana produto da gentrificação, transporte, espaço público. Ainda que sem consciência do processo histórico e com uma postura política bastante volátil e cambiante, tal movimento inscreveu na cronologia da mobilização popular novos signos e pautas.

O mesmo movimento de incremento qualitativo se observa no Direito. A despeito do diagnóstico efetuado nos últimos parágrafos, é possível identificar uma tendência firme na área, em direção a uma ideia de direito à cidade. Nelson Saule Júnior, no Brasil, tem operado importante processo de articulação entre um direito que compõe o direito à cidade – a moradia – com temas de direitos humanos, sobretudo em seu regramento internacional.

De acordo com ele, o Comentário Geral n. 4 do Comitê de Direitos Econômicos, Sociais e Culturais da Organização das Nações Unidas (ONU) já indicava a necessidade de que a "moradia não deve ser interpretada de maneira estrita ou restritiva" (seção 7), devendo ser visto como interdependente com os demais direitos humanos. Afinal,

> O direito à moradia é vinculado integralmente a outros direitos humanos e aos princípios fundamentais que servem de premissa ao Pacto. Assim, pois "a dignidade inerente à pessoa humana", da qual os direitos contidos no Pacto derivam, requer que o termo "moradia" seja interpretado levando em conta outras diversas considerações, das quais o mais importante é que o direito à moradia deva ser assegurado a todas as pessoas, seja qual for sua renda ou seu acesso aos recursos econômicos. Em segundo lugar, a referência ao parágrafo 1º do artigo 11 deve ser entendida não apenas como o direito à moradia, mas à moradia adequada[20].

[20] SAULE JÚNIOR, Nelson. *Op. Cit.*, p. 102.

Essa articulação proposta por Nelson Saule Júnior representa uma abertura de clareira. Ao conectar a moradia ao tema geral dos direitos humanos, o autor abre a possibilidade de outros temas afeitos ao território urbanizado fazerem o mesmo percurso. O direito à cidade, então, seria uma singela derivação dessa maneira de olhar os temas urbanos, segundo o chão comum da normativa dos direitos humanos.

Para Saule, isso se tornou possível através da universalização e multiplicação dos direitos, acentuado com a sua inscrição no direito internacional dos direitos humanos, na medida em que isso:

> Configura um rompimento com o sistema tradicional de relação do indivíduo, sujeito de direitos somente no âmbito do Estado do qual é cidadão, de modo a estabelecer um novo cidadão, o cidadão do mundo, sujeito de direitos universais, reconhecido como um sujeito de direito internacional[21].

A conclusão deste item permite afirmar que o direito à cidade é sim um direito fundamental. Se a dignidade da pessoa humana é construída e não um dado em si, a urbanização, como signo distintivo do mundo contemporâneo oferece elementos que devem ser levados em conta na definição de seu conteúdo específico. E estando ela na base da gramática de direitos fundamentais, o direito à cidade, como conjunto de direitos de cidadania, porque típicos do cidadão-portador-de-dignidade é um direito fundamental.

Não parece, numa leitura preliminar, que este seja um problema grave, ou ao menos um obstáculo concreto à materialização desse direito. Os direitos de cidadania são elementos do direito à cidade que ora se apresenta como direito à vida emancipada nas cidades. São sua condição de possibilidade. Seu fundamento último.

Da mesma maneira que a luta por reconhecimento, tal como concebida pelo filósofo alemão Axel Honneth[22], abrange dimensões específicas e cada qual representa uma etapa concluída (ou não) de uma vida emancipada, se opera a composição do direito à cidade. Enxergá-los em

[21] Idem. Ibidem, p. 27.

[22] HONNETH, Axel. *Luta por reconhecimento: a gramática moral dos conflitos sociais.* Trad. Luiz Repa. 2ª ed. São Paulo: Editora 34, 2009.

separado é fundamental para se ter a visão do todo. Ou a verificação de sua garantia. Afinal, mesmo eles, isoladamente, estão marcados pela historicidade que coloca a cidade como um espaço de fruição de direitos, segundo a perspectiva hegeliana. Ambas as posições, portanto, são complementares e podem conviver.

E, mais importante do que isso, essa abertura – controlada, porque bem informada por um conjunto específico de direitos – é o ponto de partida para introduzir o conteúdo substancial do direito à cidade.

O direito à cidade não se limita a reivindicar elementos básicos de sobrevivência no meio urbano, mas também traz um conceito de cidadania para a cidade do presente e do futuro. Entendendo por cidadania igualdade de direitos sociais, políticos, econômicos e culturais, no contexto da cidade, e oferecer um conjunto de bens e serviços. Inclui-se, ainda, um conjunto de direitos urbanos como moradia, espaço público e equipamentos de igual qualidade, centralidade, mobilidade, visibilidade, integração com o tecido urbano, qualidade ambiental, entre outros, bem como os direitos à natureza, cultura, socioeconômicos ou políticos que tornam reais os anteriores - conhecimento da língua e cultura do lugar, emprego, formação continuada, renda básica ou salário cidadão, participação na elaboração e execução das políticas públicas, etc. É o que aponta Jordi Borja: *"O direito à cidade parte do princípio de que este conjunto de direitos forma um todo. Se não se tem todos de uma só vez, inclusive aqueles que já foram obtidos, deixam de ser direitos reais"*[23].

Relembre-se, por fim, que uma vez considerado direito fundamental, o direito à cidade torna-se dependente de uma proteção adicional, que se materializa na forma do princípio da proibição de retrocesso, valiosa contribuição fornecida pela teoria constitucional contemporânea.

Sobre essa perspectiva, há a lição de Carlos Alberto Molinaro, que sustenta:

> As cidades são 'alguma coisa mais' que os milhões de pessoas que as habitam. São maiores que as vicissitudes decorrentes da violência, das neuroses coletivas, das deficiências da malha urbana, da ocupação desordenada dos espaços.

[23] BORJA, Jordi. *Revolución urbana y derechosciudadanos.* Buenos Aires: Café de lasCiudades, 2008, p. 296.

As cidades são criações humanas de elevada complexidade de centralização, acumulação e distribuição de conhecimentos, inovações e informações. São também 'lugares de acolhida' de variada cultura, e dos saberes plurais de seus habitantes. Mas, acima de tudo, as cidades são espaços da existência, cuja densidade física e moral (formatada em uma moralidade pública) produziram, como anotou Durkheim, não só a divisão do trabalho social, mas também a solidariedade orgânica, não fundada nas semelhanças, sim no direito, seus princípios e regras objetiváveis que são condição da liberdade e da igualdade. Evidentemente esta densidade física e moral – embora fortaleça a dependência mútua – provocam a visibilidade das diferenças, colore a luta pela vida nos mais variados matizes, ora encoberta pela obscuridade, ora sob luminescente foco, onde os processos de diferenciação, divisão e especialização do trabalho e dos habitantes das cidades se dão. Por isso, como dizia o grande arquiteto Henri Lefebvre, que o direito a cidade é o direito à vida humana, transformada, renovada. O direito fundamental à vida sob a garantia do princípio do não retrocesso das condições onde se a exerce, implica o agir do poder público, em todos os níveis da federação, imputando-se um dever de proibição de infraproteção, um dever duplique que, ora implica o 'fazer' do Estado imediatamente vinculado à realização dos direitos fundamentais, ora um 'não fazer' que se revela na renúncia de atentar contra estes mesmos direitos, pois cada direito tem um conteúdo prima facie que estaria interligado por todas as posições que garantem os meios indispensáveis para assegurar a cobertura das necessidades básicas protegidas na ambiência normativa do direito; sem descurar que cada direito tem, ainda, um conteúdo definitivo interligado por todas as posições do direito prima facie que possam ser oponíveis não só ao Legislador, mas à Administração, e que não sejam restringíveis, com base nos critérios explicitados pela proibição de infraproteção (ou proteção deficiente, ou proibição de omissão). Quando se aponta para a proibição de infraproteção e também para o não retrocesso, há de se ter em conta que os limites de nosso mundo nos dão os limites de nossa linguagem[24].

[24] Molinaro, Carlos Alberto. Direito à Cidade e Proibição de Retrocesso. In. Benjamin, Antonio Herman, Cappeli, Sílvia e Lecey, Eladio. *Direito Ambiental, Mudanças Climáticas e Desastres – Impatos nas Cidades e no Patrimônio Cultural: Homenagem ao Prof. EckardRehbinder e à Senadora Marina Silva*. São Paulo: Imprensa Oficial do Estado de São Paulo, 2009, p. 33.

Trata-se de um debate ainda longe de terminar, mas que precisa, decisivamente, integrar a agenda de discussões sobre as cidades. Estas, afinal, são organismos dotados de enorme (e crescente...) complexidade e a interpretação e aplicação do Direito às questões de natureza territorial devem acompanhar este sentido de complexidade que envolve a matéria.

Conclusões

O presente capítulo discutiu o lugar do Direito como componente do conteúdo do direito à cidade como direito à vida emancipada nas cidades. Enorme o desafio, na medida em que se trata, como dito, da última área que chegou ao contexto dos estudos urbanos de maneira a encará-lo como um objeto de análise e não como algo a ser meramente normatizado, a partir da relação entre Estado e território. O direito, como se discutiu, não é neutro. E, não sendo neutro, expressa as disputas operadas no interior da própria democracia, como indicado no capítulo correspondente. A principal mola propulsora dessa dinâmica própria do direito – que, como dito, é a área normativa por natureza, daí a sua importância intrínseca a este trabalho – é a narrativa centrada na ideia de direitos fundamentais.

Como dito, o direito à cidade é um ilustre desconhecido dessa narrativa, cuja gramática é capaz de albergar a luta histórica pela afirmação do direito ao meio ambiente ecologicamente equilibrado, mas que não foi capaz de inserir a cidade como um direito fundamental. Situando-o no interior de uma perspectiva hegeliana, foipossível colocar o direito à cidade como condição de possibilidade para a cidadania nacontemporaneidade, lembrando que Hegel não adota uma ideia apriorística de dignidade, tal como o fez Kant.

Sendo então condição de possibilidade da dignidade da pessoa humana, o direito à cidade adquire nova e significativa centralidade na gramática de direitos fundamentais. Isso, todavia, não explica o silêncio em torno de sua ideia por parte da doutrina e, principalmente, por parte da lei. Urgia explicar este processo, que pode ser desdobrado em duas interfaces específicas.

A primeira refere-se à ausência de neutralidade da lei e de sua interpretação: fruto de processos históricos de luta política e social, exprimem, ambas, a visão dominante, ainda que no segundo caso seja possível construir uma narrativa contra majoritária que, contudo, tem enorme dificuldade de se afirmar nas arenas institucionais de mediação de conflitos.

A segunda, por sua vez, refere-se à tendência do direito – e aqui se inclui a atuação dos movimentos sociais, como motores da irresignação motivada pela privação desses direitos –de enxergar o fenômeno urbano de maneira fatiada. Moradia adequada, transporte, ocupação de espaços públicos, são componentes inatos do direito à cidade, mas foram, historicamente, vistos de forma fragmentária, o que trouxe enorme prejuízo à compreensão da cidade como um todo sistêmico e complexo.

Há um longo percurso ainda a ser percorrido nesse sentido, sobretudo quando se observa a normatividade internacional sobre o direito à cidade. A compreensão de seu conteúdo, que ainda é objeto de intensa disputa, é paulatina. Sensibilizar as nações e os organismos multilaterais é imprescindível para que esse caminho seja feito da melhor maneira possível.

O direito à vida emancipada nas cidades se materializa na presença de um conjunto de direitos e, como dito, esses direitos estão na base da ideia de dignidade da pessoa humana. Nele estão também os direitos civis e políticos, que garantem a mobilização popular nas situações de privação de direitos e, sobretudo, vinculam o direito à cidade a uma dependência profunda da ideia de democracia, em especial aquela de contornos e feições comunitárias, nos termos da abordagem de Axel Honneth. O cidadão, individualmente compreendido, torna-se protagonista da vida urbana, e, por isso, o direito à fruição do espaço público é estruturante.

E não qualquer espaço público, mas um espaço público produzido segundo seus desejos, necessidades e sonhos, e que colocam nele, o cidadão, o grau zero da escala de um planejamento urbano que extraia da razão todo o seu potencial criador e transformador, ao mesmo tempo em que a somatória dessas singularidades como constitutivas de uma coletividade vívida, aberta à diversidade, à intersubjetividade, à pluralidade de visões e de perspectivas que fizeram da cidade protagonista do mundo contemporâneo.

Somente assim o direito à cidade será capaz de se expressar, através dos tempos, como direito à vida emancipada nas cidades: como dinâmica imanente, capaz de inscrever a cidade como espaço vivo da transformação de uma vida melhor para todos.

Referências

BENJAMIN, Antonio Herman, CAPPELI, Sílvia e LECEY, Eladio. *Direito Ambiental, Mudanças Climáticas e Desastres – Impactos nas Cidades e no Patrimônio Cultural: Homenagem ao Prof. EckardRehbinder e à Senadora Marina Silva*. São Paulo: Imprensa Oficial do Estado de São Paulo, 2009.

BOBBIO, Norberto. *A era dos direitos*. Trad. Carlos Nelson Coutinho. Rio de Janeiro: Campus, 1992.

BORJA, Jordi. *Revolución urbana y derechosciudadanos*. Buenos Aires: Café de las-Ciudades, 2008.

CANOTILHO, J. J. Gomes. *Estudos sobre direitos fundamentais*. São Paulo: Editora Revista dos Tribunais/Coimbra Editora: Portugal, 2008.

COELHO, Luiz Fernando. *Apresentação do livro A Pureza do Poder*, de WARAT, Luis Alberto. Florianópolis: Editora da UFSC, 1983.

DIMOULIS, Dimitri e MARTINS, Leonardo. *Teoria Geral dos Direitos Fundamentais*. São Paulo: Editora Revista dos Tribunais, 2008

FERRAZ JR., Tercio Sampaio. *Introdução ao Estudo do Direito – Técnica, Decisão e Dominação*. 2ª ed. São Paulo: Editora Atlas, 1994.

HONNETH, Axel. *Luta por reconhecimento: a gramática moral dos conflitos sociais*. Trad. Luiz Repa. 2ª ed. São Paulo: Editora 34, 2009.

KELSEN, Hans. *Teoria Pura do Direito*. Trad. João Baptista Machado. 6ª ed. São Paulo: Martins Fontes, 1998.

SARLET, Ingo Wolfgang. *A eficácia dos direitos fundamentais*. Porto Alegre: Livraria do Advogado, 2002.

SAULE JÚNIOR. Nelson. *A proteção jurídica da moradia nos assentamentos irregulares*. Porto Alegre: Sergio Antonio Fabris Editor, 2004.

WARAT, Luis Alberto. *Saber Crítico e Senso Comum Teórico dos Juristas*. In. Sequência, v. 3, n. 5. Florianópolis: Universidade Federal de Santa Catarina, 1982.

4.
Elementos e Conflitos do Direito do Planejamento: Fundamentos à Compreensão da Relação do Plano Diretor com o Plano de Desenvolvimento Urbano Integrado

THIAGO MARRARA

1. Introdução[1]

Planejar é preciso! Estados democráticos são construídos e sustentados pelo povo a duras custas. Não podem agir aleatoriamente, desprendidos da vontade de seu criador, ignorantes das suas missões, irresponsáveis no uso dos recursos que arrecadam. Entes estatais que atuem sob impulsos imediatistas e personalistas do governante do momento negam o modelo democrático e, portanto, obstam a eficácia da própria Constituição da República.

O Estado democrático nasce a partir do povo, depende dele para sobreviver e opera a seu favor. As ações de todos os agentes, órgãos e entes que formam a máquina estatal necessitam se guiar pelos interesses públicos primários que a sociedade, por meio de seus representantes e de meios de participação direta, elege e cristaliza na Constituição.

[1] Agradeço a Pedro Campelo de Lima e Enzo Polizel pela leitura da 1ª versão desse texto e pelas sugestões de redação.

É para viabilizar essa harmonização entre ações concretas e objetivos maiores que existe o planejamento. Esse conceito não é sinônimo de autoritarismo, nem monopólio da esquerda ou da direita. Planejamento é exigência lógica que se impõe a todos os que pretendam agir de modo eficiente em direção a uma finalidade. Isso vale tanto para a vida privada, quanto para a vida das empresas e do próprio Estado.

Somente ao planejar, os entes públicos estarão em condições de promover de maneira eficaz os objetivos da Constituição, de concretizar com efetividade as várias políticas públicas que lhes são atribuídas pelos representantes do povo. Como dito alhures, "o Estado que, hoje, prescindir do planejamento tenderá, em realidade, a se tornar *arbitrário* pela negação dos desejos da população inscritos na Constituição e *ineficiente* pela incapacidade de concretizar, de modo racional, socialmente eficaz e econômico, os interesses públicos primários sob sua tutela".[2]

O reconhecimento da essencialidade do planejamento não significa que a tarefa em si seja simples. Longe disso. A função de planejar e a execução de planos colocam desafios imensos, sobretudo no contexto de estruturas organizacionais complexas, como a do Estado brasileiro. São muitos os poderes, muitos os entes federativos, muitas as competências e políticas a se criar e implementar num território continental, para uma sociedade diversa, desigual e plural.

Esses desafios também são postos ao legislador na sua competência para estabelecer normas sobre direito do planejamento e, ao fazê-lo, articular os mais diferentes sujeitos que se envolvem nessas tarefas para promover harmonia entre os inúmeros elementos que permeiam a atividade planejadora.

No direito urbanístico, a ausência de boas normas sobre planejamento pode ser fatal para a função social da cidade, ou seja, para que os tecidos urbanos se tornem capazes de oferecer infraestruturas e estruturas necessárias, coerentes e aptas a concretizar os direitos urbanos fundamentais: o direito ao lazer, à cultura e à integração; o direito à moradia;

[2] Marrara, Thiago. A atividade de planejamento na Administração Pública: o papel e o conteúdo das normas previstas no Anteprojeto da Nova Lei de Organização Administrativa. Revista Eletrônica de Direito do Estado, n. 27, 2011, p. 2 da edição digital.

o direito à mobilidade; o direito aos serviços públicos essenciais, como o saneamento, energia e iluminação; o direito ao ambiente equilibrado e o direito ao trabalho decente.

Tomando como premissa a essencialidade do planejamento e, mais que isso, da coordenação e articulação entre os planos (setoriais, locais e supralocais), nesse breve ensaio, proponho-me a resgatar algumas considerações sobre a teoria geral do planejamento que desenvolvi em estudos anteriores, dando especial enfoque às características, aos elementos e aos atores do planejamento, bem como à sua potencialidade conflitiva, principalmente em contextos federativos, como o brasileiro.

A partir desses fundamentos e no momento de comemoração dos 20 anos do Estatuto da Cidade, reflito sobre as relações entre o Plano Diretor e o Plano de Desenvolvimento Urbano Integrado. Em última instância, ainda que de modo conciso, pretendo ilustrar alguns pontos da legislação pátria no tocante ao direito do planejamento espacial urbano e suas insuficiências no tocante à prevenção e solução de conflitos de planejamento no ordenamento territorial.

2. O planejamento como processo complexo e suas características

É usual a confusão de termos técnicos do direito do planejamento, o que exige fixar, de antemão, o sentido que se dá a cada palavra. De especial relevância para este ensaio são os conceitos de planejamento e de plano, extremamente interrelacionados, mas bem diferentes um do outro.

O planejamento nada mais é que uma categoria procedimental. Fala-se de procedimento, dada a presença de uma sequência racional e ordenada de atos jurídicos e materiais. Mas isso não basta. O planejamento não é um procedimento, mas sim uma verdadeira categoria ou conjunto deles. Nenhum planejamento se esgota em um único e simples procedimento. Vários deles, incluindo atos e decisões, como resultados, somam-se para atingir o que se pode chamar de planejamento.

Como defendi em tese sobre o assunto, em um modelo abstrato e com pretensão interdisciplinar, é possível sustentar que o conjunto de procedimentos e atos que formam o planejamento se estrutura basicamente da seguinte forma:

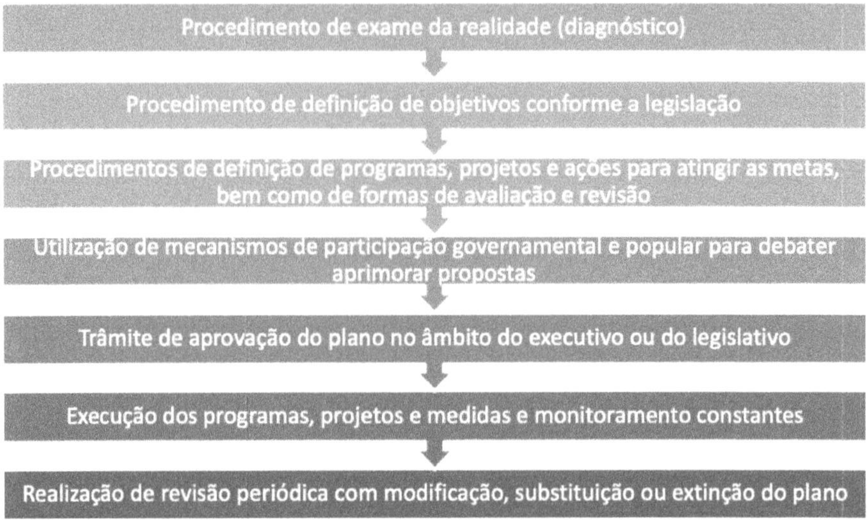

Fonte: elaboração própria[3]

Embora abstrato e genérico, esse modelo descritivo geral revela duas conclusões. A primeira é que o plano não se confunde com o planejamento. O plano é apenas um dos resultados possíveis do projeto de planejamento e, geralmente, surge na forma de ato administrativo ou de lei com grau de vinculatividade variável. Como tal, compõe-se de uma gama de: elementos normativos prescritivos, orientadores da conduta do Estado e de particulares (normas de condutas ou determinações);[12] elementos matemáticos; elementos gráficos, bem como elementos geográficos (como mapas).

A segunda conclusão é a de que o planejamento, por corresponder a um conjunto de procedimentos, geralmente envolve um amplo pacote de elementos materiais e muitos sujeitos, ou seja, atores que ora assumem sua elaboração, ora com ela colaboram de alguma forma. Essa gama de elementos não pode ser ignorada, pois, sob o ponto de vista jurídico, está

[3] Em mais detalhes, cf. MARRARA, Thiago. *Planungsrechtliche Konflikte in Bundesstaaten.* Hamburgo: Dr. Kovac, 2009, p. 51 e seguintes.

atrelada ao maior ou menor potencial conflitivo do planejamento, como se demonstrará nos próximos itens.

3. Características básicas do planejamento

Ainda no campo das definições dos conceitos fundamentais, a teoria jurídica explicita algumas características essenciais do planejamento como conjunto de procedimentos, que podem ser resumidas no seguinte:

- *Complexidade*: segundo Fürst,[4] a complexidade deriva da multiplicidade de elementos que constituem o planejamento, de seu procedimento, dos diversos interesses que envolvem e dos inúmeros sujeitos que dele participam. No direito urbanístico, essa complexidade é facilmente visualizada. Há planejamento ora de conteúdo setorial, vinculado a um ou outra política pública específica (como as de mobilidade urbana e habitação), ora mais geral, capaz de tratar e de afetar várias políticas simultaneamente (como o PD e o PDUI). Em termos subjetivos, há planejamento ora conduzido pela União, ora por entes subnacionais, como os Estados e Municípios, ora por meio de processo legislativo, ora no âmbito interno da Administração Pública. Não existe, pois, um modelo juridicamente rígido e simplista de planejar.
- *Orientação finalística*: a atividade de planejamento é realizada para que o Estado logre atingir finalidades públicas específicas e definidas no campo de cada política pública. Não existe planejamento sem fixação de objetivos e de metas! É exatamente por isso que se deve conduzir uma fase de prognóstico no planejamento, voltada para estabelecer democraticamente o cenário ideal que se deseja atingir num determinado prazo. No âmbito das cidades e das unidades regionais, para cada serviço público e função pública de interesse comum, portanto, é fundamental que se estabeleçam pontos de chegada, atrelados a metas concretas e de atingimento mensurável, sob pena de transformar o planejamento em mero simbolismo vazio e retórico.

[4] Fürst, Dietrich. Komplexität in der Planung (Stadt–, Regional- und Landesplanung) am Beispiel der Regionalplanung. *Archiv für Kommunalwissenschaften* (AfK), 1996, I, p. 20.

- *Seletividade:* o planejamento tem sempre algum foco por mais intersetorial que seja. Não é possível que alguém se planeje para tudo ao mesmo tempo, nem que se coloque a atingir um número excessivo de objetivos. A eficácia do planejamento depende de um conteúdo bem delimitado e de prioridades. O objeto deve ser bem recortado; os objetivos necessitam ser precisos; as metas, factíveis e priorizadas por sua importância e impacto para a sociedade. Essa mesma lógica vale para o planejamento urbanístico. Tem-se tornado praxe aprovar planos extremamente genéricos, que buscam abordar tudo o que é desejável simultaneamente, sem qualquer técnica de priorização. Também se notam planos com excesso de objetivos, muitas vezes definidos de modo aberto, sem qualquer possibilidade de avaliação de seu atingimento e de mensuração. Essa completa falta de seletividade torna muitas vezes inviável atingir o que se busca por meio do planejamento: transformar a realidade presente em uma realidade futura melhor.
- *Coerência:* se as informações, objetivos, metas e instrumentos do plano não forem manejados e organizados de modo coerente, harmônico, eles entrarão em choque constante e, possivelmente, um elemento gerará impacto negativo sobre outro. É preciso, como explica Schmidt-Aßmann,[5] que se imprima racionalidade ao plano, que se coordenem suas partes e elementos, bem como os sujeitos que o executam. Isso, porém, não basta. O planejamento pode ruir tanto por incoerência interna, quanto por contradições com outros planos. Daí a necessidade de se pensar a coerência em sentido micro e macroscópico, ou seja, de modo a também se promover a coordenação entre diferentes processos de planejamento e planos resultantes. É nesse contexto que se insere o debate, por exemplo, sobre a relação dos Planos Diretores com Planos de Desenvolvimento Urbano Integrado e com planos setoriais com impacto urbanístico.
- *Flexibilidade (ou adaptabilidade):* por tratar de terreno desconhecido (o futuro), o planejamento necessita guardar certo grau de flexibi-

[5] SCHMIDT-ASSMANN, Eberhard. Planung als administrative Handlungsform und Rechtsinstitut. In: BERKEMANN, Jörg et al. (org.). *Planung und Planungskontrolle.* Colônia: Carl Heymanns, 1995, p. 11.

lidade, ou melhor, necessita ser capaz de se amoldar ou se adaptar a cenários vindouros e a eventos imprevisíveis. "A flexibilidade é o que permitirá retificar efeitos indesejados do planejamento e corrigir seus rumos no intuito de atingir os objetivos públicos esperados".[6] Para isso, existem inúmeros mecanismos possíveis, como a previsão de alternativas de projetos e ações, a adoção de graus de discricionariedade na sua execução, bem como as técnicas de revisão periódica ou extraordinária. No direito urbanístico, essa flexibilidade fica evidente no Estatuto da Cidade, que prevê inúmeros mecanismos como alternativas para finalidades semelhantes, e estipula uma revisão periódica decenal para o plano diretor. Note-se, porém, que o grau de flexibilidade necessita ser dosado de modo a garantir a possibilidade de contornar eventos futuros inesperados, de um lado, mas sem comprometer por completo a previsibilidade e, portanto, a segurança jurídica dos atores envolvidos e atingidos, de outro. As expectativas legítimas das pessoas físicas e jurídicas que sofrem influências em suas esferas de direitos necessitam ser levadas em conta a todo momento, inclusive naqueles em que os planos venham a ser revisados e, eventualmente, modificados.

- *Criatividade (discricionariedade):* mais uma vez, por lidar com o futuro, o planejamento não só depende da capacidade humana de diagnosticar a situação atual e de prognosticar eventos vindouros para traçar o caminho de atingimento de objetivos, como também requer a seleção e a mistura criativa de soluções. Assim como a flexibilidade, a criatividade se vale especialmente de margens de escolha, de discricionariedade administrativa, seja no plano legislativo, seja no plano executivo. Como discricionariedade, a capacidade criativa, aplicada ao ciclo de planejamento, deve ser desenvolvida à luz dos princípios da Administração Pública, como a legalidade, a isonomia, a moralidade, a razoabilidade e, principalmente, em favor da promoção de direitos fundamentais. Deve, igualmente, levar em conta as diretrizes jurídicas de cada disciplina. Assim, sempre que tiver

[6] MARRARA, Thiago. A atividade de planejamento na Administração Pública: o papel e o conteúdo das normas previstas no Anteprojeto da Nova Lei de Organização Administrativa. *Revista Eletrônica de Direito do Estado*, n. 27, 2011, p. 5 da edição digital.

como conteúdo a política urbanística, o planejamento estará subordinado aos mandamentos gerais constantes no art. 2º do Estatuto da Cidade.

3. Elementos do planejamento estatal

Como conjunto procedimental extremamente complexo, o planejamento envolve por natureza múltiplos elementos, que se classificam em materiais e subjetivos.

Os *elementos objetivos ou materiais* são os procedimentos aplicados no ciclo de planejamento e os produtos desses procedimentos, consistentes em atos materiais, opinativos, administrativos e normativos, praticados ora pela Administração Pública, ora pelo Poder Legislativo. Dentro desses elementos, há outros, formados por comandos materiais ou jurídicos, ora propriamente vinculantes, ora com finalidade descritiva, ilustrativa ou de mera recomendação.

O mais importante desses produtos do planejamento é o plano, que pode assumir diversas naturezas jurídicas e ter conteúdo igualmente complexo. É preciso se afastar da ilusão de que o conteúdo do plano é homogêneo e deflagra sempre o mesmo efeito jurídico sobre as condutas de seus destinatários. Dentro de um mesmo e único plano, existem distintos elementos normativos, que se enquadram ora no conceito de princípios (fórmula concisas, com conteúdo relativamente vago e bastante adaptáveis às dinâmicas culturais, espaciais e temporais), ora no de regras (fórmulas mais detalhadas e precisas a estipular um comportamento sob pena de consequências jurídicas específicas).

Alguns elementos do plano têm conteúdo vinculante do comportamento dos destinatários e dos próprios planejadores (como as regras de avaliação e revisão nele mesmo estabelecidas). O poder vinculante naturalmente varia de acordo com a própria natureza do plano (legal ou administrativa), e de sua hierarquia dentro das fontes do direito. Há, porém, elementos no plano com finalidade meramente indicativa de comportamentos (*soft law*). Essas normas toleram comportamentos divergentes aos estabelecidos no próprio plano. O descumprimento do esperado não é visto como ilícito e não gera qualquer tipo de sanção específica, embora possa ser alvo de alguma técnica de desestímulo.

Os elementos materiais apontados se somam a elementos subjetivos! Atores diversos atuam e interagem, com maior ou menor intensidade, nos complexos procedimentos de planejamento estatal. Em termos abstratos, eles se dividem em inúmeras categorias. Em primeiro lugar, colocam-se os órgãos e agentes planejadores que, no geral, respondem pelas tarefas centrais de elaboração de diagnóstico, de redação de minutas de planos, de condução dos processos de instrução, incluindo a viabilização da participação popular, de adoção de medidas de divulgação e de implementação do plano, e da avaliação e revisão. Os planejadores ora são membros do Poder Executivo, ora do Poder Legislativo. O Judiciário a princípio não planeja, mas igualmente pode intervir nesse processo a pedido de órgãos de tutela de interesses individuais, coletivos ou difusos, ou dos próprios interessados.

É preciso ter em mente que o planejador nem sempre se reduz a um ou mais agentes do Poder Executivo. Alguns planos são desenvolvidos exclusivamente no campo do Poder Legislativo (planos programáticos e planos legais), enquanto outros dependem de uma ação conjunta desses dois poderes. Essa ação integrada de planejadores administrativos e legislativos se vislumbra com facilidade na normatização dos planos urbanísticos mais relevantes, como o Plano Diretor e o Plano de Desenvolvimento Urbano Integrado.

A atuação conjunta e obrigatória de planejadores de diferentes poderes tem, de um lado, efeitos favoráveis em termos de articulação e legitimação democrática. De outro lado, porém, ocasiona dificuldades em termos de eficiência do planejamento e da responsabilização por falhas. O direito positivo, nesses casos, necessita adotar formas de responsabilização mais sofisticadas por violação dos deveres de planejar, já que eventual responsabilização de membros de um único Poder tende a gerar distorções e injustiças. A questão difícil, porém, reside nas formas de responsabilização do legislativo nessa matéria.

O problema da responsabilidade se torna ainda mais desafiador ao se considerar que os planejadores não são os únicos atores do processo! O planejamento envolve igualmente os colaboradores e os destinatários. Nesse contexto, colaboradores indicam todas as pessoas físicas ou jurídicas contratadas ou autorizadas pela Administração Pública a contribuir no desenvolvimento de alguma das fases do planejamento, como na realização de diagnósticos, na instrução ou nas revisões técnicas do plano. Trata-se, basicamente, de um conjunto de prestadores de serviços especializados e de consultores técnicos.

Além disso, na categoria dos colaboradores podem ser inseridas as pessoas físicas ou jurídicas que se propõem a colaborar com o planejamento mediante instrumentos de participação popular, frequentemente obrigatória. Isso ocorre por manifestações escritas em consultas públicas sobre a minuta de certo plano, ou em audiências públicas para debate de aspectos de relevante interesse coletivo. No direito urbanístico, a abertura à participação de colaboradores é compulsória, pois deriva do princípio da gestão democrática das cidades. Na prática, contudo, o ordenamento nem sempre evidencia como e em que medida essa participação necessita ocorrer nas mais diversas formas de planejamento de políticas urbanas, restringindo-se a estabelecer regras um pouco mais densas apenas para os grandes planos, como o Diretor e o de Desenvolvimento Urbano Integrado.

A figura dos colaboradores não se confunde com a dos destinatários do planejamento, *i.e.*, pessoas físicas ou jurídicas que serão potencialmente atingidas pelos comandos dos planos em seus direitos individuais, coletivos ou difusos, bem como em seus interesses juridicamente tutelados. Em termos processuais, os destinatários são verdadeiros interessados. Por isso, detêm direitos subjetivos muito mais amplos que meros colaboradores, sobretudo em termos de contraditório e ampla defesa, ao longo das fases administrativas do planejamento.

A participação e importância dos colaboradores e destinatários tendem a se elevar em cenários de planejamento democrático. Em contraste, nas circunstâncias de planejamento autoritário, as tarefas típicas do processo de planejar se concentram na figura oficial do planejador estatal, afastando-se a atuação de terceiros, seja por mera colaboração, seja para defesa de seus direitos e interesses.

Além de sua incompatibilidade com a Constituição da República, o pior risco desses processos autoritários consiste no empobrecimento da instrução necessária. Com o afastamento de colaboradores e destinatários, o Estado perde a oportunidade de ouvir, de obter críticas, sugestões, contribuições, de modo que tende a incorrer em mais falhas e a elaborar planos menos aderentes e harmônicos aos interesses e direitos da coletividade – planos que, por isso mesmo, estão sujeitos a maior questionamento, judicialização e instabilidade

Como dito alhures, essa concepção autoritária do planejamento é inaceitável no Brasil não só pelos seus riscos de fracasso, mas sobretudo por ser incompatível com os direitos fundamentais de manifestação e de ampla defesa, além de completamente violadora do modelo democrático, "em que o planejamento não é instrumento a serviço da manutenção da dominação a qualquer custo, mas sim um processo de promoção da eficiência do Estado no cumprimento dos interesses públicos primários escolhidos pelo povo e consagrados na Carta Constitucional. E se é assim, o processo de planejamento administrativo no contexto pós 1988 deve ser dirigido pelas metas constitucionais e vir recheado de amplos mecanismos de interação entre o agente planejador e a sociedade".[7]

A despeito de eventuais violações a essa lógica, no sentido de negar o caráter democrático do planejamento, inclusive na seara urbanística, o que pretendo, por aqui, é simplesmente demonstrar que todo e qualquer sistema de planejamento estatal envolve de maneira inevitável elementos materiais ou objetivos variados (procedimentos, decisões e demais atos) e elementos subjetivos abrangentes (estatais ou não estatais), que superam a tradicional figura do planejador.

Esses elementos variam qualitativa e quantitativamente de acordo com os campos do planejamento, além de poderem ser combinados em arranjos próprios a cada situação. Em última instância, isso gera a riqueza e a complexidade natural do fenômeno do planejamento. Ocasiona, por conseguinte, a potencialidade conflitiva típica e bastante difícil de equacionar no direito do planejamento – conflituosidade que não se resume a mera incompatibilidade entre dois planos, nem se deixa resolver por técnicas clássicas e básicas, como as de superação de colisão entre regras jurídicas (prevalência da norma superior, prevalência da norma especial ou prevalência da norma posterior).

[7] MARRARA, Thiago. A atividade de planejamento na Administração Pública: o papel e o conteúdo das normas previstas no Anteprojeto da Nova Lei de Organização Administrativa. *Revista Eletrônica de Direito do Estado*, n. 27, 2011, p. 9 da edição digital.

4. Conflituosidade no planejamento: proposta de mapeamento

O mapeamento da conflituosidade no planejamento e a construção de mecanismos capazes de atenuá-la são grandemente dependentes da compreensão dos referidos elementos materiais e subjetivos que formam essa atividade estatal. Em outras palavras: se ignorarmos os referidos elementos, não conseguiremos visualizar os conflitos potenciais, nem entender sua natureza, nem propor soluções para preveni-los e superá-los

Há uma razão simples para essa afirmação: os conflitos de planejamento nada mais são que choques entre os sujeitos (na defesa de seus respectivos poderes, interesses e direitos) ou choques entre os elementos do planejamento (entre processos, entre objetivos, entre normas ou entre ações executórias). Como qualquer planejamento tem elementos subjetivos e materiais dinâmicos, qualquer planejamento apresenta um potencial conflitivo imanente![8]

Ao se considerar os conflitos potenciais apenas em relação aos elementos materiais, chega-se a três tipos centrais de problemas jurídicos. O primeiro diz respeito a conflitos entre competências, exercidas (ou não) pelos diversos sujeitos envolvidos, seja na elaboração de planos, seja na sua execução. O segundo tipo de conflito envolve os processos de planejamento, por exemplo, que se distribuem ora pela Administração, ora pelo Legislativo, ora abarcando temas gerais, ora temas setoriais. O terceiro conflito tem relação com o choque de normas de planejamento, ou seja, diz respeito a antinomias de normas de um plano com outro e antinomias internas entre duas ou mais normas de um mesmo plano.[9] É possível, assim, desenhar abstratamente o potencial de conflito de planejamento pelos seus elementos materiais da seguinte forma:

[8] Em detalhes sobre a potencialidade de conflitos no planejamento territorial, cf. MARRARA, Thiago. Planungsrechtliche Konflikte in Bundesstaaten. Hamburgo: Dr. Kovac, 2009, p. 93 e seguintes.

[9] Cf. MARRARA, Thiago. *Planungsrechtliche Konflikte in Bundesstaaten*. Hamburgo: Dr. Kovac, 2009, p. 107-108.

QUADRO 1: *Tipologia dos conflitos materiais*

Tipologia de conflito	Natureza jurídica do conflito
1. Conflito entre dois ou mais objetivos de planejamento	Conflito de competências, conflito de procedimentos ou conflitos de normas
2. Conflito entre um objetivo e o processo de planejamento	
3. Conflito entre um objetivo e um plano	
4. Conflito entre dois ou mais processos de planejamento	
5. Conflito entre o planejamento e o plano	
6. Conflito entre dois ou mais planos	

Fonte: elaboração própria

A tema não se encerra aqui. É possível enxergar os conflitos sob uma ótica distinta e que, como dito, leve em conta não os elementos materiais do planejamento, mas os sujeitos envolvidos, a saber: os planejadores, os colaboradores e os interessados. A matriz de conflitos que deriva, sob o ponto de vista abstrato, do cruzamento de poderes, direitos e interesses desses vários sujeitos é imensa, razão pela qual não será aqui tratada. Pretendo tão somente realçar o potencial conflitivo, levando em consideração uma única figura: a do planejador.

Alguns poderiam indagar: como um único sujeito seria fonte de conflitos de planejamento? A razão não é complicada: a distribuição de poderes dentro do Estado em sentidos vertical e horizontal, somada à descentralização administrativa e à desconcentração em órgãos incontáveis, transforma a figura aparentemente única do planejador em um mar de sujeitos que nem sempre agem de modo coerente e harmônico. A seguir, buscarei demonstrar essa afirmação a partir de uma escala reduzida que leva em conta apenas a divisão vertical e horizontal do poder estatal.

No modelo brasileiro, em termos organizacionais, o Estado se descentraliza politicamente em uma federação tripartite, inaugurada pela Constituição de 1988 (art. 1º e 18), que abandonou a estrutura bipartite das Cartas Magnas anteriores. Isso significa que União, Estados e Municípios atuam como entes políticos no desenvolvimento de processos de planejamento com relativa autonomia. Nesse contexto, é concebível e natural que os diversos níveis entrem em choque de planejamento, de modo a originar potenciais conflitos horizontais, verticais e diagonais, tal como ilustra o quadro a seguir.

QUADRO 2: *Tipologia dos conflitos federativos*

Tipologia de conflito	**Natureza jurídica do conflito**
1. Conflito de planejamento entre União e Estados	Conflito vertical (unidades federativas de nível distinto)
2. Conflito entre União e Município	
3. Conflito entre Estado e Município	Conflito horizontal (unidades federativas do mesmo nível)
4. Conflito entre dois ou mais Estados federados	
5. Conflito entre dois ou mais Municípios	Conflito diagonal
6. Conflito entre Estado federado e Município localizado em outro Estado	

Fonte: elaboração própria

No campo do direito urbanístico, em especial, esse potencial conflitivo fica bastante evidente por força da distribuição constitucional de competência. A Constituição da República confere à União competência legislativa concorrente para editar normas gerais (art. 24, inciso I) e o poder de editar (e executar) planos nacionais e regionais de ordenação do território (art. 21, IX). Além da atuação compulsória municipal garantida e imposta no art. 30 e no art. 182, os Estados federados e, principalmente, a União expedem normas de direito urbanístico, desenvolvem processos de planejamento e executam suas ações.

A União ainda tem a seu favor a competência para expedir diretrizes gerais de desenvolvimento urbano e de políticas setoriais (art. 21, inciso XX), como a de saneamento básico, o que lhe abre espaço para influenciar o planejamento de entes subnacionais. Isso, não raramente, ocasiona conflitos diversos, sobretudo entre planos setoriais nacionais e planos locais – como os relativos à instalação de aeroportos e de infraestruturas de energia e telecomunicações por concessionárias federais em áreas urbanas sob gestão municipal.[10]

O problema não acaba por aí. Voltando ao campo abstrato, os conflitos de planejamento se acentuam e se multiplicam em razão de um segundo fator: a divisão funcional de poderes, que, no nosso modelo, abrange o Legislativo, o Executivo e o Judiciário.

Os dois primeiros operam de modo estratégico no campo do planejamento, de um lado, porque o Executivo concentra funções técnicas e, por sua essência, é o responsável pela maior parte do planejamento, desde o diagnóstico até a execução e avaliação. Já o Legislativo tem um papel não desprezível, mormente no campo dos planos programáticos (planos de diretrizes) e dos planos legais (com medidas concretas) aprovados por meio do processo legislativo formal. Isso mostra que, embora esse Poder atue de forma reduzida nos campos executórios, ele tem um papel relevantíssimo no diagnóstico, no estabelecimento de objetivos e na aprovação de alguns planos com medidas concretas. Ademais, exerce um papel constitucionalmente garantido de controle, empregando, para tanto, seus poderes de solicitação de informações e de avaliação de gestão, inclusive com o suporte de Tribunais de Contas.

Levando em conta os sujeitos, no plano teórico, torna-se possível imaginar uma segunda matriz de conflitos baseada nos planejadores estatais, mas, agora, à luz da distribuição funcional de poderes. Em termos jurídicos, esses conflitos podem ser internos ao legislativo, internos ao Executivo ou envolver ambos os poderes.

[10] Um exemplo desses conflitos pode ser examinado no texto de SAAD, Amauri Feres. Autorização federal para exploração de aeródromo civil público e posturas urbanísticas municipais. Princípio federativo. Conflito entre interesses públicos. *Revista de Contratos Públicos*, n. 9, 2016, p. 217 e seguintes.

QUADRO 3: *Tipologia dos conflitos entre poderes*

Tipologia de conflito	Natureza jurídica do conflito
1. Conflito entre dois ou mais planejamentos programáticos	Conflitos intralegislativos
2. Conflito entre planejamento programático e planejamento legal	
3. Conflito entre planejamentos legais	
4. Conflito entre planejamento programático e planejamento administrativo	Conflitos entre o legislativo e o executivo
5. Conflito entre planejamento legal e planejamento administrativo	
6. Conflito entre planejamentos administrativos	Conflitos intra-administrativos

Fonte: elaboração própria

5. Relações entre Plano Diretor e PDUI: problemas e soluções

Reconhecido o potencial conflitivo, teórico e imanente, do direito do planejamento, principalmente em estruturas federadas e baseadas na separação de poderes, resta verificar se e como o direito urbanístico lida com o assunto.

Muitos são, porém, os tipos de planos urbanísticos. Há planos locais e supralocais, planos gerais de ordenação do território e planos setoriais que se dedicam a viabilizar uma política específica no espaço urbano, como a de transporte coletivo, a de saneamento e a de habitação. Não há como se discutir todos esses aspectos por ora. Neste ensaio, elaborado por ocasião do aniversário de 20 do Estatuto da Cidade, restrinjo-me a tecer algumas considerações sobre uma relação particular: a do Plano Diretor com o Plano de Desenvolvimento Urbano Integrado.[11]

[11] Em detalhes sobre a figura, cf. o trabalho aprofundado de MENCIO, Mariana. O regime jurídico do Plano Diretor das Regiões Metropolitanas. PUC/SP: tese de doutorado em direito urbanístico, 2013.

Para se vislumbrar os problemas e desafios dessa relação entre planos locais e planos regionais de ordenação do território, é imprescindível que se tenha em mente a disciplina jurídica de cada deles a partir dos diplomas nacionais.

Datado de 2001, o Estatuto da Cidade cuida do Plano Diretor em inúmeros dispositivos e estabelece seu regime jurídico nacional, incluindo regras de edição obrigatória por certos Municípios. Seu capítulo III prescreve que o Plano Diretor estipulará os requisitos para o cumprimento da função social da propriedade urbana e tratará dos instrumentos de política urbanística que cada Município, por meio dos representantes eleitos do povo local, decidir criar com o objetivo de promover seu desenvolvimento e, assim, concretizar direitos fundamentais e elevar a qualidade de vida da população.

Por essas amplas finalidades e pela inegável influência recíproca entre o rural e o urbano, o Plano Diretor abrange todo o território municipal. Embora seu conteúdo mínimo obrigatório seja relativamente restrito pelo art. 42 do Estatuto, na prática, o texto desses planos costuma ser extenso e marcado por um conteúdo bastante principiológico e aberto. Essa modelagem, frequente no Brasil, transforma o plano diretor em um guia para o desenvolvimento de políticas de desenvolvimento e para políticas setoriais das mais diversas. Entretanto, ao mesmo tempo, costuma lhe atribuir um caráter demasiadamente genérico e, por vezes, simbólico.

É usual que se incluam no plano dezenas de temas misturados, com um grau muito elevado de superficialidade e, por conseguinte, baixa concretude. Assim, conquanto dotado de bom grau de legitimidade democrática, nem sempre seus mandamentos são objetivos e passíveis de concretização e mensuração. Daí resulta a necessidade de que ele venha a ser posteriormente detalhado e regulamentado em variadas leis e decretos municipais – o que nem sempre ocorre, tornando letra morta seus instrumentos e objetivos.

No plano do gerenciamento de potencial conflitivo, o regime do Plano Diretor dado pelo Estatuto da Cidade é, infelizmente, bastante insatisfatório. Há inúmeras lacunas normativas que, na prática, revelam a pouca ou nula preocupação do legislador com o direito do planejamento numa perspectiva mais alargada. Alguns exemplos evidenciam essa asserção.

Em primeiro lugar, o Estatuto não trata da coordenação do Plano Diretor local com planos setoriais do próprio Município. Em segundo, não há menção de como harmonizá-lo com Planos Diretores de outros Municípios vizinhos ou pertencentes a uma mesma unidade regional. Em terceiro lugar, não há normas que relacionem a política local com políticas regionais, ainda que, na época da criação do Estatuto da Cidade, a regionalização já configurasse um fenômeno marcante da realidade urbana brasileira.

Para fins de reforma e aprimoramento do texto do Estatuto e no intuito de resolver as duas primeiras deficiências, seria salutar, *de lege ferenda*, que suas normas passassem, entre outras coisas, a: (i) permitir a elaboração de planos diretores conjuntos, intermunicipais, para Municípios fronteiriços; (ii) articular os prestadores de serviços públicos estratégicos para o exercício de direitos urbanos fundamentais, criando normas claras sobre a relação de políticas e planos setoriais com a ordenação geral do território urbano;[12] (iii) obrigar a realização de audiências governamentais conjuntas, num sentido de impor a participação de, ao menos, Municípios vizinhos em algum ambiente formal de articulação interfederativa horizontal. Isso serviria para evitar choques entre políticas de desenvolvimento vizinhas, que, não raro, acabam por inviabilizar o exercício de certos direitos urbanos pelas externalidades negativas que geram.

Em parte, alguns desses avanços já poderiam ter sido promovidos em 2015, quando o Congresso Nacional editou o Estatuto da Metrópole e, nele, moldou a disciplina jurídica do Plano de Desenvolvimento Urbano Integrado – PDUI, como um dos instrumentos de gestão das unidades regionais existentes no direito brasileiro por força do art. 25, § 3º da Constituição da República. Não foi, porém, o que sucedeu. O novo Esta-

[12] Em 2015, a Lei n. 13.116 inseriu uma nova diretriz geral no art. 2º do Estatuto da Cidade que fala de "tratamento prioritários às obras e edificações de infraestrutura de energia, telecomunicações, abastecimento de água e saneamento". Essas diretrizes, demasiadamente vaga, passa a ideia de que as políticas setoriais teriam certa preferência, mas não diz em relação a que. Os planos setoriais locais, estaduais e federais afastariam comandos genéricos do Plano Diretor? Seria aplicável nessa matéria a primazia do comando jurídico especial? A resposta não está clara e necessita de futuro aprofundamento legislativo.

tuto infelizmente não modificou de modo significativo o regime do Plano Diretor no intuito de pensá-lo sob uma lógica metropolitana.

Ainda assim, as normas do Estatuto da Metrópole avançaram em alguns aspectos.

Em primeiro lugar, o Estatuto conferiu ao PDUI natureza programática e legal, exigindo que suas previsões gozem de ampla legitimação democrática, o que necessariamente envolve a oitiva de todos os entes políticos interessados. Na sua atual redação, dada pela Lei n. 13.683/2018, o art. 10, § 4º estabelece que o Plano de Desenvolvimento será elaborado de modo conjunto e cooperado pelos representantes do Estado, dos Municípios integrantes da unidade regional e da sociedade civil organizada. Nesse aspecto, a nova redação do Estatuto avançou bastante em relação à redação ordinária. Afinal, destaca, de forma inquestionável, que a elaboração é dependente de trabalho conjunto de todos, não podendo ser o projeto imposto por qualquer ente federativo aos outros.

É importante considerar, porém, que existem diferenças marcantes entre os dois planos de ordenação territorial aqui debatidos. O PDUI é aprovado por lei estadual, enquanto o PD depende de lei local. O PDUI tem foco em grandes diretrizes, enquanto o PD se dedica obrigatoriamente a instrumentos de política urbana. Isso revela que o plano regional é ainda mais programático que os planos locais. O art. 12, § 1º do Estatuto da Metrópole confirma essa lógica ao estabelecer que o PDUI conterá, entre outros comandos, "*diretrizes* para as funções públicas de interesse comum..."; "*diretrizes* para a articulação intersetorial das políticas públicas afetas à unidade territorial urbana"; "*diretrizes mínimas* para implementação de efetiva política pública de regularização fundiária" etc.

Essa lógica é positiva, em certa medida, pois confere bastante flexibilidade e adaptabilidade ao PDUI, impedindo que aniquile as autonomias locais. No entanto, há o risco de que esses planos se tornem muito genéricos e superficiais por dois fatores contidos no art. 12, § 1º: (i) o acento marcante no estabelecimento de meras diretrizes (conceito jurídico que se inclui no chamado "soft law") e (ii) a falta de qualquer previsão sobre a inclusão dos instrumentos de política regional no plano.

Isso mesmo! De maneira estarrecedora, o Estatuto da Metrópole, no art. 9º, estipula uma lista de instrumentos extremamente interessantes de gestão regional, mas, no art. 12, § 1º, não prevê que os Planos tratem desses instrumentos. Isso gera a impressão de que os PDUI foram muito esvaziados pelo próprio Congresso no seu conteúdo e, por conseguinte, na sua utilidade e efetividade. O Estatuto, de um lado, cria uma política regional para o Brasil, mas, de outro, trata o plano de maneira que essa mesma política tenha efeito praticamente imperceptível, ou seja, de modo que os membros das unidades regionais continuem a agir livremente, como se isolados estivessem.

Apesar desses problemas, existe, ainda, um segundo avanço do Estatuto da Metrópole na temática discutida, a saber: a presença de normas que cuidam da relação dos Planos de Desenvolvimento Urbano Integrado com os Planos Diretores. O Estatuto da Cidade, como dito, ignorou por completo essa questão. Diversamente, o Estatuto da Metrópole busca enfrentá-la, ainda que de forma inicial e tímida.

Sobre o assunto, o art. 6º do Estatuto de 2015 prevê, como princípio da governança interfederativa das regiões metropolitanas e aglomerações urbanas, a autonomia dos entes da federação e a observância das peculiaridades regionais e locais. Nesse sentido, o art. 10, § 2º indica que a elaboração do PDUI não eximirá o Município integrante da unidade regional de formular seu plano diretor. Esse comando serve como uma garantia da autonomia municipal, mas, ao mesmo tempo, pode ser criticado, pois deixa de autorizar a substituição do plano diretor isolado por alguma técnica de planejamento conjunto de dois ou mais entes participantes da unidade regional. Seria salutar que essa faculdade tivesse sido garantida pelo direito positivo.

Independentemente disso, o art. 6º já revela que o PDUI não absorve o conteúdo dos Planos Diretores e traz uma resposta importante à relação desses dois diplomas.[13] Não há subordinação hierárquica entre eles, mas sim uma repartição de conteúdo. O PDUI traz diretrizes, é mais geral. O Plano Diretor concretiza essas diretrizes de acordo com as peculiaridades de cada localidade e adota os instrumentos mais adequados para cada realidade. Não há superposição de planos, senão distribuição

[13] Em detalhes sobre a relação de paralelismo ou hierarquia entre o PDUI e o Plano Diretor, cf. MENCIO, Mariana; TEGON, Luiz Felipe. Art. 9º a 12. In: MARRARA, Thiago (org.). *Estatuto da metrópole comentado*. Ribeirão Preto: USP (FDRP), 2021, no prelo (edição digital), s.p.

de conteúdo. Cada plano tem uma missão dentro da lógica de ordenação do território.

Afirmar que os planos não estão sobrepostos, em relação de hierarquia normativa, não significa que eles possam ser editados sem a devida harmonização. Nesse sentido, o art. 10, § 3º do Estatuto da Metrópole impõe aos Municípios compatibilizarem seus planos diretores ao PDUI. Já o art. 12, § 1º afirma que o próprio PDU deverá conter diretrizes tanto de articulação dos Municípios, quanto de articulação intersetorial de políticas públicas. Ambos os dispositivos necessitam ser lidos com a devida cautela.

A exigência de que o plano regional traga mecanismos de articulação não se confunde nem embute uma autorização legal para que a esfera regional aniquile as autonomias municipais. O PDUI deve tratar de articulação, criar os mecanismos e espaços para que isso ocorra de maneira permanente. Não pode, entretanto, invadir o espaço local e, indevidamente, passar a tratar de assuntos de interesse predominantemente local e sem relação com funções públicas de interesse comum que digam respeito à governança regional. Nesse sentido, bem ilustram Mariana Mêncio e Luiz Felipe Tegon que o plano regional jamais poderia ignorar ou modificar as definições dos limites de zona urbana e zona rural dadas pelas legislações locais dos Municípios integrados na unidade regional.[14]

Conclusões

As últimas décadas foram dedicadas a convencer e a orientar os governantes e gestores públicos brasileiros a respeito da essencialidade do planejamento como técnica de concretização da Constituição dentro de um sistema democrático. Isso se viu muito claramente no direito urbanístico. O Congresso editou inúmeras leis nacionais para tornar realidade o planejamento territorial em escala local e supralocal, em perspectiva geral e setorial. Nesse movimento, surgiram o Estatuto da Cidade, o Estatuto da Metrópole e diplomas especiais diversos, como a Lei das Diretrizes Nacionais de Saneamento Básico, a Lei da Política Nacional de Resíduos Sólidos e a Lei de Mobilidade.

[14] MENCIO, Mariana; TEGON, Luiz Felipe. Art. 9 a 12. In: MARRARA, Thiago (org.). *Estatuto da metrópole comentado*. Ribeirão Preto: USP (FDRP), 2021, no prelo (edição digital), s.p.

Esse movimento de densificação normativa do direito urbanístico e de crescente regramento do planejamento geral e setorial do território é, porém, apenas a primeira etapa de um processo mais complexo. Uma vez consolidada a cultura de planejamento territorial e compreendida sua relevância pelo Estado, pela sociedade e pelo mercado, será então imprescindível que a academia e o legislador passem a se dedicar a uma tarefa mais complexa: o gerenciamento da conflituosidade do planejamento.

Esse pequeno ensaio buscou realçar essa temática. Abordou as características do planejamento e, na sua complexidade, destacou a presença de elementos materiais e subjetivos como o objetivo de mapear teoricamente matrizes conflitivas. A partir disso, tornou-se possível olhar com perspectiva crítica para relação entre o Plano Diretor e o Plano de Desenvolvimento Urbano Integrado.

Apesar de se ter apresentado algumas sugestões *de lege ferenda*, o objetivo da análise que empreendi não foi resolver todos os problemas da relação jurídica entre planos urbanísticos gerais, locais e regionais, mas sim, e principalmente, estimular reflexões sobre os desafios que se colocam para a harmonização do planejamento estatal num contexto federativo diverso como o brasileiro. Espero, pois, que esse texto comemorativo dos 20 anos do Estatuto da Cidade sirva como fonte de inquietações a motivar novas pesquisas sobre a conflituosidade no direito do planejamento e sobre caminhos para superá-la.

Referências

FÜRST, Dietrich. Komplexität in der Planung (Stadt–, Regional- und Landesplanung) am Beispiel der Regionalplanung. *Archiv für Kommunalwissenschaften* (AfK), 1996, I.

MARRARA, Thiago (org.). Estatuto da metrópole comentado. Ribeirão Preto: USP (FDRP), 2021, no prelo (edição digital).

MARRARA, Thiago. A atividade de planejamento na Administração Pública: o papel e o conteúdo das normas previstas no Anteprojeto da Nova Lei de Organização Administrativa. Revista Eletrônica de Direito do Estado, n. 27, 2011.

MARRARA, Thiago. Planungsrechtliche Konflikte in Bundesstaaten. Hamburgo: Dr. Kovac, 2009.

MENCIO, Mariana. O regime jurídico do Plano Diretor das Regiões Metropolitanas. PUC/SP: tese de doutorado em direito urbanístico, 2013.

MENCIO, Mariana; TEGON, Luiz Felipe. Art. 9 a 12. In: MARRARA, Thiago (org.). Estatuto da metrópole comentado. Ribeirão Preto: USP (FDRP), 2021, no prelo (edição digital).

SAAD, Amauri Feres. Autorização federal para exploração de aeródromo civil público e posturas urbanísticas municipais. Princípio federativo. Conflito entre interesses públicos. *Revista de Contratos Públicos,* n. 9, 2016.

SCHMIDT-ASSMANN, Eberhard. Planung als administrative Handlungsform und Rechtsinstitut. In: BERKEMANN, Jörg et al. (org.). Planung und Planungskontrolle. Colônia: Carl Heymanns, 1995.

5.
Articulação entre os Entes Federativos e a Iniciativa Privada na Efetivação do Interesse Social

PAULO AFONSO CAVICHIOLI CARMONA

Introdução

Em matéria urbanística, o Poder Público não é o único fomentador de políticas públicas sociais, pois o gestor público nem sempre se identifica com as reivindicações sociais ou simplesmente as medidas adotadas são insuficientes frente à demanda social crescente, diante de orçamentos públicos cada vez mais apertados em oposição ao aumento das desigualdades sociais e a baixa arrecadação.

Assim, diante da constatação de que a oferta de políticas públicas em nenhum momento foi exclusiva da ação estatal, é fácil constatar que a sociedade civil organizada não deixou de ofertar ou participar destas políticas públicas.

De outro lado, seja de forma direta ou indireta, é o Estado quem tem o poder de decisão, com base nas leis que cria e na implantação de políticas públicas, ou seja, o Estado é que procede a normatização, regulação, financiamento, monitoramento e avaliação das políticas públicas.

Acontece que a palavra 'Estado' exprime um elemento amplo. Nos dizeres do jusfilósofo alemão Georg Jellinek,[1] "Estado é a corporação

[1] JELLINEK, Georg. *Teoria General del Estado*. Buenos Aires: Albatroz, 1954, p. 12.

territorial dotada de um poder de mando originário", ou seja, é composto por três elementos essenciais: povo, território e governo soberano, sendo o povo o componente humano, o território a base física e o governo soberano o elemento condutor do Estado.

Anote-se que o Estado encerra um conceito muito diferente de Administração Pública ou até mesmo de administração pública. Administração Pública – conceito utilizado no sentido subjetivo, formal ou orgânico – é o conjunto de sujeitos que desempenham a atividade administrativa, ou seja, é formado por agentes, órgãos e entidades públicas; já administração pública – no sentido objetivo, material ou funcional – é sinônimo de atividade ou função administrativa, isto é, a gestão, nos termos da lei e da moralidade administrativa, de bens, interesses e serviços públicos visando o bem comum.[2]

Desta forma, o Estado brasileiro envolve todos os entes federados – União, Estados-membros, Distrito Federal e Municípios (art. 1º, CF) – bem como todos os Poderes da República – Executivo, Legislativo e Judiciário (art. 2º, CF).

Como se sabe, o Brasil adota o modelo federalista de Estado, o que exige uma intensa articulação entre os entes federativos e entre eles e a iniciativa privada na efetivação dos interesses sociais.

1. Formas de Estado

Forma de Estado é a maneira pela qual o poder político é exercido dentro do território. O poder político pode ser exercido de duas maneiras, quais sejam: forma unitária ou federativa.

Falar-se-á que um Estado é unitário quando houver apenas uma unidade de poder sobre o território, pessoas e bens, tal como na França, Portugal, Chile, Uruguai, Paraguai etc.

De outro lado, se há uma repartição de poderes no espaço territorial, o que gerará uma multiplicidade de organizações governamentais, distribuídas de forma regional, estaremos diante do Estado federal.

Por outras palavras, no Estado unitário há uma forte centralização nas decisões políticas, uma vez que há apenas uma fonte de poder, o órgão

[2] Gasparini, Diógenes. *Direito Administrativo*. 11ª ed. São Paulo: Saraiva, 2006, p. 56.

central. Ao contrário, no Estado federal há descentralização ou repartição dos centros de poder, pois ao lado do poder central surgem entidades regionais autônomas.

Conforme ensina Roque Antônio Carrazza "Federação (de foedus, foedoris, aliança, pacto) é uma associação, uma união institucional de Estados, que dá lugar a um novo Estado (o Estado Federal), diverso dos que dele participam (os Estados-membros)".[3]

Na lição de Konrad Hesse, federação é

> uma união de várias organizações estatais e ordens jurídicas, e, precisamente, aquelas dos 'Estados-membros', e aquelas do 'estado total', em que estado-total e Estados-membros são coordenados mutuamente na forma que as competências estatais entre eles são repartidas, que aos Estados-membros, por meio de um órgão especial, são concedidas determinadas possibilidades de influência sobre o estado-total, ao estado-total determinadas possibilidades de influência sobre os Estados-membros e que uma certa homogeneidade das ordens do estado-total e dos Estados-membros é produzida e garantida.[4]

Portanto, federação é modelo constitucional em que se prevê a descentralização do poder estatal com pluralidade de centros de poderes autônomos, coordenados pelo poder central, este sim, exercendo a soberania externa porque é o único que representa e tem presença em todo o território nacional.

Neste passo, convém destacar que soberania e autonomia relevam conceitos inconfundíveis. Para o Direito Internacional, o único detentor de soberania é o Estado federal, pois os entes federados são titulares de autonomia federativa, isto é, possuem órgãos governamentais próprios e competências exclusivas.

[3] Carrazza, Roque Antônio. *Curso de Direito Constitucional Tributário*. 19ª ed. São Paulo: Malheiros, 2004, p. 113.

[4] Hesse, Konrad. *Elementos de Direito Constitucional da República Federal da Alemanha*. Trad 20ª ed. alemã por Luís Afonso Heck, Porto Alegre: Sérgio Antônio Fabris Editor, 1998, p. 178.

A palavra autonomia deriva do grego e significa o direito de reger-se por suas próprias leis, o que indica que a pessoa autônoma possui a faculdade de traçar as normas de sua conduta. Note-se, no entanto, que a autonomia é sempre relativa pois esbarra na soberania, que pertence ao Estado brasileiro e é exercida pela União.

Na feliz síntese de Diogo de Figueiredo Moreira Neto, "autonomia federativa é a medida constitucional do exercício da soberania e competência federativa, a expressão positiva dessa partilha".[5]

Com efeito, a descentralização política – aquela que ocorre quando o ente descentralizado exerce atribuições próprias que não decorrem do ente central – é a situação jurídica dos Estados-membros, o Distrito Federal e os Municípios, em relação à União, já que cada um deles tem competência legislativa própria, com fundamento na Constituição Federal.

Dito de outra forma, os entes federados não atuam por delegação ou concessão do governo central, pois possuem autonomia (poder de editar suas leis). Tal espécie de descentralização – a política – é própria do Estado federado, ao contrário daquela denominada descentralização administrativa, típica do Estado unitário.

2. Origens históricas do federalismo

O federalismo foi construído a partir do paradigma norte americano.

Os primeiros núcleos de população inglesa no território dos Estados Unidos datam somente do século XVII: os ingleses criaram colônias na Virgínia (1607), em Plymouth (1620) em Massachusetts (1630), em Maryland (1632); a colônia de Nova York, fundada pelos holandeses, torna-se inglesa em 1664; a colônia da Pensilvânia, originariamente sueca, torna-se também inglesa em 1681.[6]

Assim, as treze colônias inglesas, que já estavam assim constituídas desde 1722, em 1776, aglutinaram-se sob o modelo de Confederação, declarou-se, então, que cada Estado poderia conservar a sua soberania, a

[5] Moreira Neto, Diogo de Figueiredo. *A Competência Legislativa e Executiva do Município em Matéria Ambiental*. Revista de Informação Legislativa, v. 111, p. 123/138, jul./set. 1991.

[6] David, René. *Os grandes sistemas do direito contemporâneo*. (Trad. Hermínio A. Carvalho). 4ª ed. São Paulo: Martins Fontes, 2002, p. 449.

sua liberdade e sua independência, não haveria um governo central, mas uma Confederação de Estados soberanos.

Com o passar do tempo, os americanos verificaram a fragilidade da sua união confederal, que se tornou incapaz de resolver os seus problemas internos, principalmente os econômicos, razão pela qual resolveram se unir de outra forma: um Estado soberano apenas, porém assegurada autonomia política das antigas colônias, agora denominadas Estados federados.

Conforme afirma Mario Lúcio Quintão Soares, o federalismo é um produto histórico da "transformação da confederação dos 13 Estados, sucessores das ex-colônias inglesas, em novo tipo de Estado, denominado Estado Federal, através da Convenção de Filadélfia, que elaborou a Constituição de 1787".[7]

O Estado brasileiro nasceu como uma monarquia centralizadora por conta da Constituição de 1824, ou seja, era um Estado unitário com forte centralização no poder da Corte, sobrando pouca ou nenhuma autonomia para as Províncias do então Império brasileiro.

Com o surgimento do movimento republicano, em especial pelo Partido Republicano Paulista, ganhou força a ideia de se constituir uma república organizada em Estado federal, o que efetivamente veio a ocorrer com a Constituição de 1891, embora durante toda a história republicana sempre existiu uma forte tendência de centralizar as decisões nas mãos da União.

A Constituição de 1891, de cunho liberal, confirmou o federalismo dual, consagrou à tripartição dos poderes nos moldes clássicos propostos por Montesquieu, introduziu forma presidencial de governo, e como rompeu com o regime monarquista, desconheceu privilégios e separou o Estado da Igreja.

Deste modo, podemos observar que o federalismo brasileiro percorreu de forma inversa do modelo norte-americano. O poder centralizado é que foi repartido entre as diferentes ex-províncias brasileiras. A federação brasileira resultou da desagregação do Estado unitário, enquanto a

[7] Soares, Mario Lucio Quintão. *Teoria do Estado: o substrato clássico e os novos paradigmas como pré-compreensão para o direito constitucional.* Belo Horizonte: Del Rey, 2001, p. 407.

federação norte-americana resultou da agregação de Estados-membros soberanos.

A República Velha perdurou até a Revolução de 1930, quando Getúlio Vargas assumiu o poder e tornou o Estado centralizador, colocando em cheque o federalismo brasileiro diante da valorização do nacionalismo e do intervencionismo estatal.

Com a queda do Estado Novo em outubro de 1945, foi elaborada a Constituição de 1946, que priorizou o restabelecimento do federalismo brasileiro.

Em 1961, no entanto, com a renúncia do Presidente Jânio Quadros e posse do vice-presidente João Goulart, e o Brasil viveu um período de agitação política que culminou no golpe militar de 1964. Este regime perdurou por mais de vinte anos e, durante este lapso temporal, além dos atos institucionais, foi outorgada a Constituição de 1967, modificada em 1969, por meio da Emenda Constitucional nº 1, que acentuou a concentração de competências em prol da União fortalecendo consideravelmente as prerrogativas do Presidente da República, com a consequente quebra do federalismo cooperativo.

Fruto do movimento "Diretas Já", em 1985 assume um civil a Presidência da República, abrindo espaço para redemocratização do país e a convocação de uma Assembleia Constituinte, que promulgou a nova Constituição Federal em 05 de outubro de 1988.

A atual Magna Carta estabelece em seu artigo 1º, caput, que a República Federativa do Brasil é formada pela união indissolúvel dos Estados, Municípios e Distrito Federal, o que significa que o princípio federativo é um dos princípios basilares do Estado Democrático de Direito brasileiro.

Note-se, ademais, que a cláusula federativa possui proteção máxima no sistema constitucional pátrio, diante do disposto no art. 60, § 4º, inc. I.

3. Modelos de repartição de competência constitucional

Em apertada síntese, podemos destacar quatro modelos de repartição de competências, quais sejam:

a) as que conjugam competências enumeradas à União competências remanescentes aos Estados – este modelo é originário e foi instituído pela primeira vez na Constituição dos EUA, do qual decorreram as classificações de poderes enumerados e remanescentes, poderes explícitos e implícitos; é a técnica predominante, adotada por EUA, Suíça, Argentina, ex-URSS e Austrália;

b) as que atribuem competências enumeradas aos Estados e remanescentes à União, a exemplo do Canadá; é o inverso do sistema anterior;
c) as que enumeram as competências das entidades federativas de forma exaustiva, cabendo à União os poderes residuais, tal como no México, Índia e Venezuela; vigora no Brasil para repartição de rendas tributárias, com competência residual para a União (artigos 145 a 162);
d) a dos poderes exclusivos e concorrentes, com existência de poderes compartilhados, os quais seriam exercidos tanto pela União quanto pelos Estados, como ocorre no Brasil e na República Federativa da Alemanha.[8]

Interessante notar que, na organização federativa haverá um poder central e haverá poderes locais, próprios das unidades federadas, sem que se estabeleça uma relação de subordinação entre esses poderes.

Duas são as teorias destinadas a elucidar a divisão de competências entre os entes políticos, a teoria dos poderes implícitos e a teoria da predominância do interesse. A primeira, de origem norte-americana, determina que, se foi atribuído ônus a um ente federado, deve ser reservado, ao menos implicitamente, o respectivo bônus a fim de ser efetivado o dever imposto pela ordem constitucional. A segunda teoria, por sua vez, determina que os interesses nacionais são de competência da União, os regionais dos Estados-membros e os locais aos Municípios, ou seja, a teoria usa como parâmetro a amplitude do interesse em jogo.

[8] Daniel Elazar, em sua obra *The Role of Federalism in Political Integration*, Jerusalem: Institute for Federal Studies, 1979, apresenta uma tabela apontando dezoito Estados independentes que adotam a forma federal, mas que possuem, cada qual, uma peculiaridade, razão pela qual não há um modelo único ou rígido de federalismo no mundo. Georges Vedel também apresenta inúmeros exemplos práticos a propósito de Estados federados muito diversos entre si (In: VEDEL, Georges. *Manuel élémentaire de droit constitutionnel*. Paris: Dalloz, 2002, p. 108).

4. Tipologias do federalismo

A doutrina costuma classificar o federalismo, quanto à separação das atribuições a cada ente federativo, em integrativo, dual e cooperativo.

O federalismo integrativo é marcado pela superioridade hierárquica da União Federal em relação aos Estados-membros.

No federalismo dual, exemplificado pelo modelo clássico adotado pelos EUA até a segunda década no século XX, ocorre uma separação bem delineada das competências de cada ente federativo.

O federalismo norte-americano adotou o paradigma de sistema de repartição dualista, com competências enumeradas e remanescentes, caracterizando o que a doutrina convencionou chamar de repartição horizontal. Outros Estados seguiram o modelo norte-americano e adotaram nas suas Constituições Federais a técnica de compartilhar competência, como a Constituição da Argentina, de 1853, do México, de 1917, e da Suíça, de 1874.

Com o decorrer do tempo, o federalismo dualista foi perdendo seu espaço para o que se convencionou chamar de federalismo cooperativo, que não dispõe de fronteiras claras na questão de distribuição de competência dentre os níveis autônomos de poder. O objetivo é a livre cooperação entre a União e as demais unidades federadas.

O federalismo de cooperação fez nascer a competência concorrente, com uma atuação coordenada dos entes federativos, incompatível com a repartição vertical de poderes.

No campo do Direito Constitucional positivo, embora textos anteriores, como o da referida Constituição Argentina de 1853, mencionassem competências concorrentes ou não privativas, é na Constituição alemã de Weimar de 1919 que encontramos regras disciplinadoras da forma pela qual agiriam concorrentemente União e Estados.

O federalismo cooperativo ganhou espaço após a grande crise de 1929, no qual, ao contrário do federalismo dual, não se funda numa separação bem precisa das atribuições e competências de cada ente que compõe o pacto federativo.

Em 1891, com o advento da Constituição Republicana, o Brasil adotou, no texto magno, um federalismo dual (espelhado no nome "Estados Unidos do Brazil"), embora, na prática, o período tenha sido marcado pela excessiva utilização do instituto da intervenção federal nas "unidades autônomas".

O modelo dual foi logo substituído pelo cooperativo com a Constituição de 1934, que promoveu uma maior centralização do poder em favor da União, subsistindo até a atualidade. Como observa Celso Ribeiro Bastos sobre a Constituição de 1988:

> O Estado brasileiro na nova Constituição ganha níveis de centralização superiores à maioria dos Estados que se consideram unitários e que, pela via de uma descentralização por regiões ou por províncias, consegue um nível de transferência de competências tanto legislativas quanto de execução muito superior àquele alcançado pelo Estado brasileiro.[9]

As Constituições Federais, com exceção da Constituição Imperial de 1824, trataram do tema da repartição da competência com absoluta singularidade, sendo que o rol de competências deferidas à União sempre colocou em questionamento a descentralização do Estado federal brasileiro.

Daí porque Raul Machado Horta assenta que, no sistema federal brasileiro, deve-se falar em federalismo centrípeto e centrífugo, afirmando ainda que o ideal é o equilíbrio entre os dois extremos:

A repartição de competências, responsável pela definição constitucional do campo próprio de cada ordenamento, poderá acentuar a centralização, concentrando na Federação ou União a maior soma de poderes, ou conduzir à descentralização, reduzindo os poderes federais e ampliando os poderes estaduais, ou ainda, afastando-se das soluções extremas, dosar as competências federais e estaduais, de modo a instaurar na Constituição Federal o equilíbrio entre o ordenamento central e os ordenamentos parciais. No primeiro caso, a centralização de poderes configura o federalismo centrípeto; no segundo, a descentralização conduz ao federalismo

[9] Bastos, Celso Ribeiro. *Curso de Direito Constitucional.* São Paulo: Celso Bastos Editor, 2002, p. 487.

centrífugo, e no terceiro, o equilíbrio na dosagem das atribuições conferidas aos ordenamentos implantará o federalismo de equilíbrio.[10]

5. O sistema de repartição de competências urbanísticas

A federação é um verdadeiro princípio a assegurar a autonomia dos entes regionais e implicar a rígida repartição de competências, o que dá ensejo ao princípio da isonomia das pessoas políticas.

O sistema constitucional brasileiro estabelece o princípio da autonomia municipal, particularidade que a diferencia do conceito tradicional e lógico-jurídico de federação. Isso também encerra, de certo modo, uma anomalia, pois o Município não tem no Poder Central representatividade, vez que no sistema bicameral, a Câmara dos Deputados é formada por representantes do povo e o Senado Federal por representantes dos Estados e do Distrito Federal.

Ademais, todas as competências dos entes constitucionais são diretamente extraídas da Constituição Federal que, por isso, é também conhecida como a "Carta das Competências".

As normas urbanísticas podem emanar de todos os entes federados, cada um no seu campo de atuação, o que não é sempre fácil de estabelecer.

Em matéria urbanística, a União tem competência constitucional para elaborar e executar planos nacionais e regionais de ordenação do território e de desenvolvimento econômico e social e, ainda, instituir diretrizes para o desenvolvimento urbano, inclusive habitação, saneamento básico e transportes urbanos (art. 21, IX e XX).

É competência comum a todos os entes federados (art. 23): III – proteger os documentos, as obras e outros bens de valor histórico, artístico e cultural, os monumentos, as paisagens naturais notáveis e os sítios arqueológicos; IV – impedir a evasão, a destruição e a descaracterização de obras de arte e de outros bens de valor histórico, artístico ou cultural; VI – proteger o meio ambiente e combater a poluição em qualquer de suas formas; VII – preservar as florestas, a fauna e a flora; IX – promover programas de construção de moradias e a melhoria das condições habitacionais e de saneamento básico; X – combater as causas da pobreza e

[10] Horta, Raul Machado. *Repartição de competências na Constituição Federal de 1988*. Revista Forense, v. 315, julho/setembro 1991, p. 55.

os fatores de marginalização, promovendo a integração social dos setores desfavorecidos; XII – estabelecer e implantar política de educação para a segurança do trânsito.

O art. 24, inc. I, da Carta Constitucional, por sua vez, prescreve que compete à União, aos Estados e ao Distrito Federal legislar concorrentemente sobre direito tributário, financeiro, penitenciário, econômico e *urbanístico*, o que significa que a União tem competência para fazer normas gerais (§ 1º) e, respeitadas as normas gerais, os outros entes políticos legislam para si, de modo suplementar (§ 2º). No próprio art. 24, temos ainda a competência concorrente sobre: VI – florestas, caça, pesca, fauna, conservação da natureza, defesa do solo e dos recursos naturais, proteção do meio ambiente e controle da poluição; VII – proteção ao patrimônio histórico, cultural, artístico, turístico e paisagístico; VIII – responsabilidade por dano ao meio ambiente, ao consumidor, a bens e direitos de valor artístico, estético, histórico, turístico e paisagístico.

Os Municípios e o Distrito Federal possuem competência constitucional própria para estabelecer a política de desenvolvimento urbano, com o objetivo de ordenar o pleno desenvolvimento das funções sociais da cidade e garantir o bem-estar de seus habitantes (art. 182, *caput*) e para promover adequado ordenamento territorial, mediante planejamento e controle do uso, do parcelamento e da ocupação do solo urbano (art. 30, VII). Isso explica porque o papel dos entes locais é de grande importância em matéria de Direito Urbanístico.

Os Estados-membros, por sua vez, poderão, mediante lei complementar, instituir regiões metropolitanas, aglomerações urbanas e microrregiões, constituídas por agrupamentos de municípios limítrofes, para integrar a organização, o planejamento e a execução de funções públicas de interesse comum (art. 25, § 3º CF).

O art. 3º do Estatuto da Cidade, repetindo alguns dispositivos constitucionais, prescreve que compete à União, entre outras atribuições de interesse da política urbana: I – legislar sobre normas gerais de direito urbanístico (conforme art. 24, I, CF); II – legislar sobre normas para a cooperação entre a União, os Estados, o Distrito Federal e os Municípios em relação à política urbana, tendo em vista o equilíbrio do desenvolvimento e do bem-estar em âmbito nacional (nos termos do art. 23, parágrafo único, CF); III – promover, por iniciativa própria e em conjunto com os Estados, o Distrito Federal e os Municípios, programas de construção de moradias e melhoria das condições habitacionais, de saneamento básico, das calçadas, dos passeios públicos, do mobiliário urbano e dos demais espaços de uso público (redação dada pela Lei nº 13.146/2015, Estatuto da Pessoa com Deficiência)[11] (conforme art. 22, IX, CF); IV – instituir diretrizes para desenvolvimento urbano, inclusive habitação, saneamento básico, transporte e mobilidade urbana, que incluam regras de acessibilidade aos locais de uso público (redação dada pela Lei nº 13.146/2015, Estatuto da Pessoa com Deficiência)[12] (de acordo com o art. 21, XX, CF); V – elaborar e executar planos nacionais e regionais de ordenação do território e de desenvolvimento econômico e social (repetição do art. 21, IX, CF).

Uma das grandes dificuldades em matéria de competências legislativas, talvez a mais difícil, é estabelecer o que são normas gerais e qual a sua extensão.

Um exemplo para elucidar a questão: o disposto no art. 21, incisos IX (elaborar e executar planos nacionais e regionais de ordenação do território e de desenvolvimento econômico e social) e XX (instituir diretrizes para o desenvolvimento urbano, inclusive habitação, saneamento básico e transportes urbanos), demanda certa dificuldade porque o que se prevê acaba por imiscuir-se em competências estaduais (planos regionais) e em competências municipais (art. 30, incisos I, II e VIII).

6. As normas gerais: alcance e extensão da competência legislativa concorrente

O tema da caracterização das normas gerais ainda está em elaboração pela doutrina brasileira. Não se trata, portanto, de um tema já resolvido,

[11] A redação original era: "III – promover, por iniciativa própria e em conjunto com os Estados, o Distrito Federal e os Municípios, programas de construção de moradias e a melhoria das condições habitacionais e de saneamento básico".

[12] A redação original era: "IV – instituir diretrizes para o desenvolvimento urbano, inclusive habitação, saneamento básico e transportes urbanos"; a seguir, a Lei nº 13.116/2015 mudou a redação para: "IV – instituir diretrizes para o desenvolvimento urbano, inclusive habitação, saneamento básico, transportes urbanos e infraestrutura de energia e telecomunicações".

talvez porque seja impossível estabelecer com absoluta precisão a extensão do conceito em tela.

A competência sobre 'normas gerais' representa apenas uma faixa de uma problemática maior da mesma natureza que a tributária – esfera cujas discussões sobre o tema são mais antigas – haja vista que muitas são as competências constitucionais que utilizaram essa sistemática.

Por outras palavras, o conceito de "normas gerais" não é peculiar apenas ao Direito Tributário e as dificuldades hermenêuticas são comuns a outros ramos do Direito, como Direito Administrativo (em matéria de licitação, contratos e procedimentos administrativos), Direito Ambiental, Direito do Consumidor, Direito Econômico, Direito Educacional, Direito Financeiro e Orçamentário, Direito Penitenciário, Direito Urbanístico, Direito Previdenciário e em matéria de proteção à saúde.[13]

Uma passagem pitoresca demonstra bem a dificuldade que o tema encerra.

Rubens Gomes de Sousa revelou que o então deputado federal Aliomar Baleeiro – que também foi tributarista e ministro do STF – foi o responsável pela introdução da expressão no nível constitucional (por meio da emenda à CF/46), havia-lhe confessado que a expressão "normas gerais" não era dotada de qualquer sentido e que expressara um simples compromisso político, pois a sua ideia era atribuir competência privativa para a União legislar em matéria tributária, como ocorre em Direito Penal ou Civil. E, com isso, seria evitada a guerra fiscal entre os Estados-membros que vivenciamos atualmente). No entanto, ele encontrara enorme resistência política, especialmente da bancada municipalista, que temia o fantasma da centralização legislativa. Diante do debate político, o próprio Baleeiro encontrou uma solução de consenso, que foi a de delimitar essa competência, que ele queria ampla e privativa, pelas "normas gerais", expressão que, ao ser questionado quanto ao sentido, ele confessou que não tinha nenhum, que nada mais fora do que um compromisso político, que lhe havia ocorrido e que tinha dado certo. Eis o relato do tributarista:

[13] Vide, acerca do tema, o livro de nossa autoria: Carmona, Paulo Afonso Cavichioli. *Das normas gerais: alcance e extensão da competência legislativa concorrente.* Belo Horizonte: Fórum, 2010.

> Algo existe naquele livrinho "Andaimes da Constituição", em que ele confessa que sua primeira ideia, primeira e última, era atribuir à União competência para legislar sobre direito tributário, amplamente e sem a limitação contida no conceito de normas gerais, desde que esta legislação tivesse a feição de uma lei nacional, de preceitos endereçados ao legislador ordinário dos três poderes tributantes: União, Estados e Municípios. A única limitação, que ele próprio enxergava, era a de se tratar de preceitos comuns aos três legisladores. Afora isso, ele não via e não achava necessário delimitar, de outra maneira, a competência que queria fosse atribuída ao Legislador da União que já então ele concebia, neste setor e em outros paralelos, não como federal, mas sim como nacional. Entretanto, ele encontrou resistência política, de se esperar e muito forte, em nome da autonomia dos Estados e da autonomia dos Municípios, em nome de temores justificados ou não, de se abrir uma porta pela qual se introduzisse o fantasma da centralização legislativa. Falou-se nada menos do que na própria destruição do regime federativo, todos os exageros verbais, que o calor do debate político comporta e o próprio Aliomar Baleeiro encontrou uma solução de compromisso, que foi a de delimitar-se essa competência, que ele queria ampla, pelas normas gerais, expressão que, perguntado por mim quanto ao sentido que ele dava, no intuito de ter uma forma de interpretação autêntica, ele me confessou que não tinha nenhuma, que nada mais fora do que um compromisso político, que lhe havia ocorrido e que tinha dado certo. O importante era introduzir a ideia; a maneira de vestir a ideia, a sua roupagem era menos importante do que o seu recebimento no texto constitucional e o preço deste recebimento foi a expressão "normas gerais", delimitativa, sem dúvida, no âmbito da competência atribuída, mas em termos que nem ele próprio, Aliomar, elaborara ou raciocinara. Era o puro compromisso político.[14]

Ora, tais assertivas podem parecer absurdas, mas não nos surpreendem. É que o legislador é acima de tudo um político e sua linguagem é, invariavelmente, imprecisa, insegura, vaga e ambígua. Cumpre, isso sim, ao cientista do direito revelar o conteúdo e alcance das normas jurídicas positivadas.

[14] Sousa, Rubens Gomes de; Ataliba, Geraldo; Carvalho, Paulo de Barros. *Comentários ao Código Tributário Nacional: parte geral.* 2ª ed. São Paulo: RT, 1985, p. 4-5.

Daí porque, diante do sistema constitucional de repartições de competências, é imprescindível estabelecer a extensão do conceito de 'normas gerais'.

Como dito por Geraldo Ataliba, "a distinção necessária entre lei nacional e lei federal é da mais alta utilidade científica e absolutamente indispensável para a perfeita compreensão do sistema jurídico brasileiro", eis que "as normas gerais, como leis nacionais, são o mais importante instrumento de efetivação prática da harmonia entre as pessoas tributantes".[15]

Em primeiro lugar, cabe a seguinte indagação inicial: o conceito de normas gerais admite, sem se desfigurar, um tratamento genérico, abrangente a todos os ramos do Direito ou, ao contrário, o tratamento deve ser feito em cada ramo jurídico de modo a atender às suas peculiaridades?

Sem embargo de respeitáveis opiniões em contrário, acreditamos que é perfeitamente possível – e necessário – um tratamento genérico sobre o tema para, em seguida, apontar eventuais especificidades de cada ramo jurídico.

Por outro lado, cumpre frisar divergência na doutrina no tocante ao alcance das normas gerais. Com efeito, analisando o tema, Alice Gonzalez Borges identifica uma *visão tricotômica*, pois salienta que é possível identificar três tipos de normas:

a) normas exclusivamente federais – por aludirem que sua aplicação é restrita ao âmbito da União, bem como porque sendo extremamente detalhadas são normas concretas, de aplicação particularizada, cuja observância somente pode ser imposta à ordem federal;
b) normas cogentes em âmbito nacional – por ter a União competência privativa de legislar sobre determinadas matérias;
c) normas gerais propriamente ditas – são cogentes para as ordens locais e federal.[16]

[15] Ataliba, Geraldo. *Normas gerais de direito financeiro e tributário e autonomia dos Estados e municípios: limites à norma geral. Código Tributário Nacional.* Revista de Direito Público, v. 2, n. 10, out./dez. 1969, p. 51.

[16] Borges, Alice Maria Gonzalez. *Normas gerais no estatuto de licitações e contratos administrativos.* São Paulo: RT, 1991, p. 55.

Também apresenta uma visão tricotômica Diogo de Figueiredo Moreira Neto, sustentando que há três graus de generalização normativa: generalíssimo (normas-princípios), geral (normas gerais) e subgeral (normas particularizantes). Esclarece referido autor quanto ao conceito e ao alcance das normas gerais:

> Surge logo a dificuldade de estabelecer um conceito apriorístico e uniforme de normas gerais, que sirva de chave ou de equação para selecionar, entre as numerosas preceituações que as matérias comportam, quais as que podem ser retidas, como "gerais", na competência superior da União. Pode-se dizer, por exemplo, em pleno âmbito das expressões imprecisas, que as normas gerais serão os lineamentos fundamentais da matéria, serão as estipulações que apenas darão estrutura, plano e orientação. Pode-se conceituar ainda, pelo efeito indireto e fracionário de negativas, que serão aquelas que não especificarão, que não aplicarão soluções optativas, que não concretizarão procedimentos, que não criarão direções e serviços, que não selecionarão e discriminarão atividades, que não preceituarão para a emergência, para a oportunidade, a modalidade especial e para o caso ocorrente, que não condicionarão a aplicabilidade e adaptabilidade, que não descerão a minúcias e requisitos. Mas em nada disto estará um conceito compacto, previdente e seletivo, que possa servir de critério único para decidir entre o que sejam normas gerais e o que sejam normas especiais ou específicas.[17]

Geraldo Ataliba, por sua vez, seguido por Roque Carrazza, defende corrente *dicotômica*, ressaltando, porém, que o único ponto de contato entre as espécies é a origem comum (o legislador comum): a) *lei nacional* – veicula normas gerais, é produto legislativo do Estado federal, transcende a esfera de qualquer pessoa política; b) *lei federal* – vincula todo aparelho administrativo da União e todas as pessoas que a ela estejam subordinadas ou relacionadas.

Marçal Justen Filho, por sua vez, aponta com certeira precisão o alcance das normas gerais:

[17] MOREIRA NETO, Diogo de Figueiredo. *Competência concorrente limitada: o problema da conceituação das normas gerais*. Revista de Informação Legislativa, v. 25, n. 100, out./dez. 1988, p. 143.

> A cláusula "normas gerais" retrata solução de compromisso entre soluções concentradas e difusas para regulação jurídica de um instituto. Busca-se assegurar, por um lado, a manutenção da competência legislativa da União, sem suprimir o poder de cada ente federativo para dispor sobre determinados ângulos da mesma matéria. Através de fórmula dessa ordem, evita-se proliferação de regras distintas no âmbito de cada entidade federativa. Mais precisamente, a intenção é propiciar o surgimento de conjunto uniforme de regras acerca dos temas essenciais e fundamentais do instituto. Os entes federativos podem produzir regras próprias apenas naquilo que não infringir essa espécie de núcleo irredutível produzido pela lei federal. Embora a dificuldade de uma abordagem exaustiva, pode-se concluir que a Lei consagra uma estrutura normativa fundamental que comporta complementação por parte das demais entidades políticas. A lei local poderá ir além do disposto nas "normas gerais"; mas não poderá substituir por outros os princípios e institutos consagrados como tal.[18]

Sintetiza-se o que a doutrina entende por normas gerais por meio de catorze entendimentos diversos, muitas vezes complementares uns dos outros. A cada ideia apresentada identificaremos, logo em seguida, os juristas que compartilham o mesmo entendimento.[19]

Donde, as normas gerais:

1. *São principiológicas, ou seja, estabelecem princípios, diretrizes, fundamentos, critérios básicos, linhas mestras* – Alice Gonzales Borges, Burdeau, Celso Antônio Bandeira de Mello, Diogo de Figueiredo Moreira Neto, Eros Roberto Grau, Francisco Cavalcante Pontes de Miranda, José Afonso da Silva, Hely Lopes Meirelles, Marco Aurélio Greco, Maunz, Ottmar Bühler, Paulo de Barros Carvalho, Roque Antônio Carrazza;
2. *São nacionais, aplicando-se indistinta e uniformemente em todo território nacional pelos entes públicos* – Adilson Abreu Dallari, Alice Gonzales

[18] Justen Filho, Marçal. *Comentários à Lei de Licitações e contratos administrativos*. 9ª ed. São Paulo: Dialética, 2002, p. 17.

[19] Partiu-se do rol elencado por Diogo de Figueiredo Moreira Neto no texto citado e acrescentaram-se outros entendimentos e doutrinadores.

Borges, Carlos Alberto Alves de Carvalho Pinto, Celso Antônio Bandeira de Mello, Diogo de Figueiredo Moreira Neto, Geraldo Ataliba, Hely Lopes Meirelles, José Souto Maior Borges, Paulo de Barros Carvalho;

3. *Devem ser regras uniformes para todas as situações homogêneas* – Adilson Abreu Dallari, Carlos Alberto Alves de Carvalho Pinto, Pinto Falcão;
4. *Visam prevenir conflitos de atribuições entre as entidades locais, nos assuntos de competência concorrente das ordens federadas* – Alice Gonzales Borges, Diogo de Figueiredo Moreira Neto, Geraldo Ataliba, Hely Lopes Meirelles;
5. *Só cabem quando preencham lacunas constitucionais ou disponham sobre áreas de conflitos* – Geraldo Ataliba, Paulo de Barros Carvalho, Roque Antônio Carrazza;
6. *Visam uniformizar o essencial sem cercear o acidental* – Alice Gonzales Borges, Carlos Alberto Alves de Carvalho Pinto, Diogo de Figueiredo Moreira Neto;
7. *Devem referir-se a questões fundamentais* – Adilson Abreu Dallari, Francisco Cavalcante Pontes de Miranda;
8. *São limitativas na medida em que limitam, como princípios, a União, os Estados, os Municípios, o DF e os particulares* – Diogo de Figueiredo Moreira Neto;
9. *São limitadas, no sentido de não poderem violar a autonomia dos Estados, DF e Municípios* – Adilson Abreu Dallari, Francisco Cavalcante Pontes de Miranda, Lúcia Valle Figueiredo, Manoel Gonçalves Ferreira Filho, Paulo de Barros Carvalho;
10. *Sempre que existir a previsão de norma geral existe competência estadual sobre a matéria* – Marco Aurélio Greco;
11. *Não podem representar instrumentos de regulação da atividade de uma pessoa pública por outra também pública* – Geraldo Ataliba;
12. *Não são normas de aplicação direta* – Burdeau, Cláudio Pacheco;
13. *São as que cuidam de determinada matéria de maneira ampla* – Adilson Abreu Dallari;
14. *Estabelecem diretrizes sobre o cumprimento dos princípios constitucionais expressos e implícitos* – Lúcia Valle Figueiredo.

Como se pode perceber, "é muito difícil dizer o que é norma geral. Parece ser mais fácil chegar à norma geral pelo caminho inverso, dizendo o que não é norma geral", conforme acuradamente salienta o professor Adilson Abreu Dallari.[20]

Diante do emaranhado de ideias, surge, nitidamente, um elemento comum a ser destacado nessas afirmações: a ideia inegável de que há um sentido limitativo nas normas gerais.

São muitos os significados que a doutrina aponta para as normas gerais, porém três deles parecem ser consensuais:

(i) fixam princípios, critérios básicos, diretrizes, fundamentos;
(ii) não podem exaurir o assunto;
(iii) podem ser aplicados uniformemente em todo o país, pois não produzem desigualdades regionais.

De qualquer forma, conforme bem apontado pelo Ministro do STF, Carlos Velloso, a norma geral traz uma moldura do quadro a ser pintado pelos Estados, DF e Municípios.[21]

Todo esse sistema, calcado no federalismo cooperativo, exige não somente normas para a cooperação entre a União e os Estados, o Distrito Federal e os Municípios, tendo em vista o equilíbrio do desenvolvimento e do bem-estar em âmbito nacional (art. 23, par. único, CF), como também a cooperação entre os setores público e privado.

6. Princípio da cooperação entre os setores público e privado em matéria urbanística

Em busca de um equilíbrio entre os interesses em jogo, o Estatuto da Cidade estabeleceu como diretrizes: cooperação entre os governos, a iniciativa privada e os demais setores da sociedade no processo de urbanização, em atendimento ao interesse social, bem como isonomia de condições para os agentes públicos e privados na promoção de empreendimentos e atividades relativos ao processo de urbanização, atendido o

[20] DALLARI, Adilson Abreu. *Aspectos jurídicos da licitação*. 6ª ed. São Paulo: Saraiva, 2003, p. 20.

[21] ADI/MC 927-RS.

interesse social (art. 2º, incisos III e XVI).[22] Note-se que, em ambas as hipóteses, a lei preocupou-se em ressaltar a necessidade de atendimento ao "interesse social", o que aproxima o presente princípio da cooperação aos princípios da função social da propriedade e da cidade.

Uma forma de cooperação entre os setores público e privado aparece expressamente na CF/88 e consiste na cooperação das associações representativas no planejamento municipal (art. 29, XII).

Houve, nesse sentido, a partir da década de 90, notável crescimento de instrumentos de parceria do setor público com o setor privado. Citem-se, como exemplos, consórcios e convênios administrativos (Lei nº 8.666/93, art. 116), concessões e permissões comuns (Lei nº 8.987/95), contratos de gestão com as Organizações Sociais (Lei nº 9.637/98), termo de parceria com as Organizações da Sociedade Civil de Interesse Público – OSCIPs (Lei nº 9.790/99), operações urbanas consorciadas e consórcio imobiliário urbanístico (Lei nº 10.257/2001, artigos 32-34 e 46), parcerias público-privadas (Lei nº 11.079/2004), concessões florestais (Lei nº 11.284/2006, art. 3º, VII) e o regime jurídico das parcerias entre a administração pública e as organizações da sociedade civil – OSC (Lei nº 13.019/2014).

Convém assinalar, porém, que alguns autores preferem falar em subsidiariedade e não em cooperação entre os setores público e privado.

O princípio da subsidiariedade foi formulado pela doutrina social da Igreja Católica, principalmente nas Encíclicas *Rerum Novarum* (1891), do Papa Leão XIII, *Quadragesimo Anno* (1931), do Papa Pio XI, *Mater et Magistra* (1961), do Papa João XXIII e reafirmada, mais recentemente, na *Centesimus Annus* (1991), do Papa João Paulo II.

[22] Note-se que a norma do inc. XVI "não deve ser interpretada casuística e isoladamente, de forma a servir de amparo às pretensões de privatização das funções tipicamente estatais em prol do interesse privado. O fim a que essa norma se destina, ao que se chega com a leitura sistemática das demais que compõem o Estatuto da Cidade, é a realização do bem comum, a justa distribuição dos ônus e benefícios decorrentes do processo de urbanização, a democratização do acesso à terra e a promoção da garantia do direito à moradia, sendo que o Estatuto prevê, para isso, o papel ativo e empreendedor também do agente privado". In: MATTOS, Liana Portilho (org. e autora). *Estatuto da Cidade Comentado*. Belo Horizonte: Mandamentos, 2002, p. 98-99.

Tal princípio importa a abstenção da intervenção estatal onde a iniciativa privada é suficiente para atender adequadamente às necessidades públicas, observando a proporcionalidade dessa intervenção, especialmente quando o particular toma a iniciativa de propor ao Poder Público ações urbanísticas e assume a responsabilização pelos custos da operação de acordo com os parâmetros legais.

Acerca da subsidiriedade, pontifica Regina Helena Costa, ancorada na doutrina do espanhol Jesus Gonzalez Perez, que "o princípio comporta a abstenção de toda intervenção dos entes públicos onde o livre jogo da iniciativa privada é suficiente para atender adequadamente as necessidades públicas, observada, sempre, a proporcionalidade dessa mesma intervenção".[23]

Assim, há quem encontre fundamento constitucional do princípio da subsidiariedade no art. 173, *caput*, que, embora diga respeito à excepcionalidade da intervenção direta do Estado no domínio econômico, abarcaria, também, a política urbana e, portanto, o Direito Urbanístico.[24]

A ideia de subsidiariedade no Direito Urbanístico foi adotada pela Lei nº 13.874/2019, que instituiu a Declaração de Direitos de Liberdade Econômica, que engloba Direito Urbanístico (art. 1º, § 1º) e tem, dentre seus princípios, a intervenção subsidiária e excepcional do Estado sobre o exercício de atividades econômicas (art. 2º, III).

Note-se, entretanto, que eventual delegação de ações urbanísticas ao particular não exime o Poder Público de exercer a necessária e indispensável supervisão e fiscalização da atividade urbanística. Por isso mesmo, esclarece Daniela Libório:

> Para o Direito Urbanístico, este princípio sustenta suas normas e ações, tendo em vista que a tradição brasileira de visão privatista da propriedade dificulta a eficácia de suas normas. Assim a existência de tal mandamento

[23] Costa, Regina Helena. *Princípios de direito urbanístico na Constituição de 1988*. In: Dallari, Adilson Abreu; Figueiredo, Lúcia Valle (Coord.). *Temas de Direito Urbanístico 2*. São Paulo: RT, 1991, p. 117.

[24] Nesse sentido: Sant'anna, Mariana Senna. *Planejamento urbano e qualidade de vida – Da Constituição Federal ao plano diretor*. In: Dallari, Adilson Abreu; Di Sarno, Daniela Campos Libório (coord.). *Direito Urbanístico e Ambiental*. Belo Horizonte: Fórum, 2007, p. 147.

> respalda o legislador e o administrador público na perseguição dos atos que busquem harmonia e qualidade de vida para a coletividade, mesmo que, para isso, tenha de restringir certos interesses individuais.[25]

Como princípio do Direito Urbanístico, prefere-se a cooperação à subsidiariedade, pois este, ao contrário daquele, apresenta, ao mesmo tempo, uma contradição e uma insuficiência.

Na medida em que a subsidiariedade impõe limites à atuação do Estado e, simultaneamente, torna indispensável a ajuda e o estímulo estatal quando ineficiente ou insatisfatória a ação do particular para realizar suas próprias necessidades, o princípio em tela cria um paradoxo entre um dever de não ingerência e de ingerência.[26]

A insuficiência, por sua vez, decorre do papel determinante e preponderante que o Estado desempenha no urbanismo, que é uma função pública e que municia o Direito Urbanístico de instrumentos pelos quais o Poder Público atua no domínio privado para ordenar a realidade ao pleno desenvolvimento das funções sociais da cidade e da propriedade urbana. Assim, diante do caos urbanístico que atinge as cidades brasileiras, não há que esperar que a atuação estatal seja meramente subsidiária.

O próprio Estatuto da Cidade corrobora esse entendimento na medida em que estabelece que suas normas são de ordem pública e de interesse social (art. 1º, par. único, Lei nº 10.257/2001). Da mesma forma, a CF/88 determina aos Municípios (e ao DF) que promovam o adequado ordenamento territorial, mediante planejamento e controle do uso, do parcelamento e da ocupação do solo urbano (art. 30, VIII).

Com isso, não se quer, evidentemente, a substituição do caos privado pelo caos estatal. É importante o Estado não virar as costas para a economia urbana e o capital privado, que tem participação inevitável na dinâmica imobiliária urbana. O Estado, na função urbanística, cumpre papel de gestor, pactuador, coordenador e fiscalizador, estabelecendo permanentes mecanismos de contrapartida, indução ou até mesmo de proibição, quando necessária para garantia do bem-estar dos habitantes. Assim,

[25] Op. cit., p. 53.

[26] Nesse sentido: TORRES, Silvia Faber. *O princípio da subsidiariedade no Direito Público contemporâneo.* Rio de Janeiro: Renovar, 2001, p. 7.

é fundamental inserir o setor privado e a sociedade nos mecanismos de pactuação da regulação e do sistema decisório em matéria urbanística, sob pena de continuar a fissura entre a cidade real e a idealizada pelos técnicos do Poder Público.

Conclusões

Diante do sistema complexo de repartição constitucional e legal de competências urbanísticas e ante o modelo de federalismo cooperativo adotado pelo Brasil, tem-se que a política urbana, como qualquer política pública, deve ser formatada e executada pelo Estado, pois ele tem a primazia da responsabilidade na efetivação dos direitos sociais, por meio da implantação de políticas públicas, criadas e coordenadas pelo Estado, que não podem ser exercidas nem pelo mercado imobiliário nem pela sociedade civil organizada, mas que evidentemente tem a participação dos mesmos.

O Estado deve, de fato, desempenhar o papel central de normatização, regulamentação, direção, coordenação, incentivos e parte substancial do financiamento das políticas sociais públicas. Neste passo, surge, como diretriz do Estatuto da Cidade, a cooperação entre os governos, a iniciativa privada e os demais setores da sociedade no processo de urbanização, em atendimento ao interesse social (art. 2º, III).

As parcerias firmadas por meio de relações tradicionais entre o Estado e a sociedade civil organizada estão sendo modificadas substancialmente, passando por um processo de reestruturação devido à mudança do marco regulatório.

Tais fatores trazem tensões e desafios que vão além da implantação da política pública e se remetem às relações sociais mais amplas, constituídas historicamente.

O requisito para o avanço de um sistema normativo efetivo é fortalecer o diálogo entre os atores, promovendo a participação da sociedade civil e respeitando os saberes num processo de interlocução e pactuação, que deve ser de responsabilidade e de iniciativa do Estado, uma vez que o urbanismo constitui uma função pública.

Referências

ATALIBA, Geraldo. Normas gerais de direito financeiro e tributário e autonomia dos Estados e municípios: limites à norma geral. Código Tributário Nacional. Revista de Direito Público, v. 2, n. 10, out./dez. 1969, p. 45/80.

BASTOS, Celso Ribeiro. *Curso de Direito Constitucional.* São Paulo: Celso Bastos Editor, 2002.

BORGES, Alice Maria Gonzalez. *Normas gerais no estatuto de licitações e contratos administrativos.* São Paulo: RT, 1991.

CARMONA, Paulo Afonso Cavichioli. *Das normas gerais: alcance e extensão da competência legislativa concorrente.* Belo Horizonte: Fórum, 2010.

CARRAZZA, Roque Antônio. *Curso de Direito Constitucional Tributário.* 19ª ed. São Paulo: Malheiros, 2004, p. 113.

DALLARI, Adilson Abreu; FIGUEIREDO, Lúcia Valle (Coord.). *Temas de Direito Urbanístico 2.* São Paulo: RT, 1991.

DALLARI, Adilson Abreu. *Aspectos jurídicos da licitação.* 6ª ed. São Paulo: Saraiva, 2003.

DALLARI, Adilson Abreu; DI SARNO, Daniela Campos Libório (coord.). *Direito Urbanístico e Ambiental.* Belo Horizonte: Fórum, 2007.

DAVID, René. *Os grandes sistemas do direito contemporâneo*. (Trad. Hermínio A. Carvalho). 4ª ed. São Paulo: Martins Fontes, 2002, p. 449.

GASPARINI, Diógenes. *Direito Administrativo.* 11ª ed. São Paulo: Saraiva, 2006, p. 56.

HESSE, Konrad. *Elementos de Direito Constitucional da República Federal da Alemanha.* Trad 20ª ed. alemã por Luís Afonso Heck, Porto Alegre: Sérgio Antônio Fabris Editor, 1998, p. 178.

HORTA, Raul Machado. *Repartição de competências na Constituição Federal de 1988.* Revista Forense, Belo Horizonte, v. 87, n. 315, p. 55-66, jul./set. 1991.

JELLINEK, Georg. *Teoria General del Estado.* Buenos Aires: Albatroz, 1954.

JUSTEN FILHO, Marçal. *Comentários à Lei de Licitações e contratos administrativos.* 9ª ed. São Paulo: Dialética, 2002.

MATTOS, Liana Portilho (org. e autora). *Estatuto da Cidade Comentado.* Belo Horizonte: Mandamentos, 2002.

MOREIRA NETO, Diogo de Figueiredo. *A Competência Legislativa e Executiva do Município em Matéria Ambiental.* Revista de Informação Legislativa, v. 111, p. 123/138, jul./set. 1991.

Moreira Neto, Diogo de Figueiredo. *Competência concorrente limitada: o problema da conceituação das normas gerais*. Revista de Informação Legislativa, v. 25, p. 100/143, out./dez. 1988.

Soares, Mario Lucio Quintão. *Teoria do Estado: o substrato clássico e os novos paradigmas como pré-compreensão para o direito constitucional*. Belo Horizonte: Del Rey, 2001, p. 407.

Sousa, Rubens Gomes de; Ataliba, Geraldo; Carvalho, Paulo de Barros. Comentários ao Código Tributário Nacional: parte geral. 2ª ed. São Paulo: RT, 1985

Torres, Silvia Faber. *O princípio da subsidiariedade no Direito Público contemporâneo*. Rio de Janeiro: Renovar, 2001.

Vedel, Georges. *Manuel élémentaire de droit constitutionnel*. Paris: Dalloz, 2002.

6.
Contexto e Perspectivas da Articulação do Planejamento das Áreas Urbanas e Rurais a partir do Estatuto da Cidade

GUADALUPE MARIA JUNGERS ABIB DE ALMEIDA
MARIANA MENCIO

Introdução

O presente trabalho objetiva contextualizar a política urbana sob o enfoque do planejamento das áreas urbanas e rurais, a partir dos pressupostos jurídicos normativos instituídos pelo Estatuto da Cidade (Lei nº 10.257/2001). Para esta empreitada, resgataremos as competências e normas jurídicas incidentes, destacando as diversas dimensões funcionais desses territórios e, na perspectiva dos seus vinte anos de vigência, os desafios da aplicação dos instrumentos e das diretrizes vinculantes contidas no Estatuto da Cidade.

1. O contexto histórico normativo das competências incidentes nas áreas rurais e urbanas

No contexto jurídico normativo que antecedeu a aprovação do Estatuto da Cidade em 2001, destacamos que os critérios da destinação e da localização eram aqueles que tradicionalmente distinguiam os imóveis de uso rural ou urbano, nas zonas rurais e urbanas.

Os diplomas jurídicos do Parcelamento do Solo Urbano (Lei Federal nº6.766/1979) e da Política Agrária (Lei Federal nº 4.505/1964-Estatuto da Terra) preveem a utilização dos conceitos de solo urbano e rural e zona urbana/rural. A adoção da Teoria da Destinação, que qualifica o imóvel urbano como destinado à moradia, comércio e lazer e o rural como destinado à agricultura e pecuária, revela-se nos termos do artigo 4º do Estatuto da Terra. Por sua vez, o conceito de imóvel urbano era retirado, por exclusão, da definição do imóvel rural atribuída pelo Estatuto da Terra. Assim, imóvel urbano seria aquele não destinado à exploração extrativa, agrícola, pecuária ou agroindustrial, independentemente de sua localização (zona urbana ou rural). Neste caso, constituiria a finalidade do imóvel urbano o lazer, comércio, indústria e serviços.

De outro giro, quando o ordenamento jurídico distingue a qualidade do solo em termos de localização geográfica, os diplomas normativos referem-se a imóvel urbano ou rural, localizado em zona urbana ou rural com o intuito de viabilizar a relação jurídica tributária. Isto significa dizer que, para fins do Código Tributário Nacional (CTN) e Lei Federal nº 9.393/1996[1], o sistema jurídico adotou a Teoria da Localização do Imóvel.

Com relação à competência para tratar de questões relativas à política urbana e política agrária, a Constituição Federal de 1988, isola, em capítulos distintos, a política urbana, (Título VII – Capítulo II – artigos 182-183) e a política agrícola, fundiária e reforma agrária, (Título VII – Capítulo – artigos 184-191). Desta forma, em razão da repartição constitucional de competências, em regra a União assume para si a condução dos assuntos relacionados à política agrícola, enquanto os municípios tratam da competência relativa aos assuntos urbanos. Compete à União, por exemplo, nos termos do artigo 187 da Constituição Federal, o planejamento e a execução, na forma do Estatuto da Terra, da política agrícola, através dos instrumentos de crédito, incentivos fiscais, assistência técnica e extensão rural, seguro agrícola, cooperativismo, eletrificação rural e irrigação, bem como planejamento agrícola das atividades agroindustriais, agropecuárias, pesqueiras e florestais. De acordo com esta Lei, a Reforma Agrária e a Política Agrária são executadas pelo INCRA, autarquia federal, nos termos do artigo 16, parágrafo único.

[1] Dispõe sobre o Imposto sobre a Propriedade Territorial Rural – ITR, sobre pagamento da dívida representada por Títulos da Dívida Agrária e dá outras providências.

Por sua vez, foi atribuída aos municípios, pelo artigo 182 da Carta Magna, a competência para executar a política de desenvolvimento urbano, conforme diretrizes gerais fixadas em lei, com o objetivo ordenar o pleno desenvolvimento das funções sociais da cidade e garantir a qualidade de vida de seus habitantes. Da mesma forma, compete aos Municípios, nos termos do artigo 182, § 1º da Constituição Federal elaborar plano diretor, aprovado pela Câmara Municipal, obrigatório para cidades com mais de vinte mil habitantes, instrumento adequado para aferição do cumprimento da função social da propriedade urbana (§ 2º).

É importante ressaltar que do ponto de vista legislativo, a competência constitucional para tratar do direito urbanístico é concorrente, nos termos do artigo 24, isto é, exercida nos termos dos §1º à §4º, combinado com os artigos 182 c 30, inciso VIII pela União, Estados, Municípios e Distrito Federal. Isto significa dizer que a União deve expedir as diretrizes gerais para os municípios exercerem em seu território o controle da política urbana, embora o ente local assuma um papel de protagonismo na promoção do ordenamento dos espaços habitáveis de seu território, por meio do planejamento, controle do uso, parcelamento e ocupação do solo.

Pautada nesta competência legislativa sobre direito urbanístico requerida pelo art. 182 da Constituição Federal, o Estatuto da Cidade aprovado em 2001 passa a dispor sobre diretrizes gerais que deverão nortear a política urbana dos municípios brasileiros e determinou, no art. 2º, VII, a **necessária integração e complementaridade entre as atividades urbanas e rurais**, tendo em vista o **desenvolvimento socioeconômico do Município e do território sob sua área de influência**. Por sua vez, ao tratar das normas gerais que disciplinam o âmbito de abrangência do Plano Diretor, previu o art. 40, § 2º do Estatuto da Cidade, que esta lei municipal **deverá englobar o território do município como um todo**. Ao lado destes dispositivos legais, a Constituição Federal conferiu ao Município competência, nos termos do artigo 30, VIII c/c artigo 182, §1º para classificar os usos do solo urbano, com o propósito de promover as funções sociais da cidade, contidas no artigo 2º, I do Estatuto da Cidade, promovendo a qualificação em solo de uso urbano para fins residencial, industrial, comercial, de serviços e uso institucional.

Ao conjugarmos a leitura do art. 40, § 2º, c/c o art. 2º, VII, do Estatuto da Cidade, verificamos que o município poderá disciplinar a interação e relação entre as atividades urbanas e rurais, sejam elas localizadas em zonas urbanas e rurais, desde que tenham como finalidade a promoção do desenvolvimento socioeconômico do município e do território sob sua área de influência.

2. As competências e interfaces das políticas urbana e agrária: o território "como um todo"

Partindo de uma visão global e integrada, envolvendo os diversos setores da política urbana e que se relacionam com aspectos ambientais e até mesmo rurais, os autores Câmara[2], Silva[3], Meirelles[4], Saule Júnior[5], Sundfeld[6] e Castro[7] entendem que a Constituição Federal trata, apartadamente, a política urbana (arts. 182 e 183) da política agrária e fundiária (arts. 184-191), o que demonstra que o Direito Agrário seria um *limite* para o Direito Urbanístico.

Por outro lado, os mesmos autores argumentam que nem por isto o Plano Diretor deverá desconsiderar as influências que os territórios rurais

[2] Câmara, Jacintho Arruda, 2014, p. 325 in: Dallari, Adilson Abreu e Ferraz, Sérgio. *Estatuto da Cidade* (Comentários à Lei Federal nº 10.257/2001)- Coordenação de Adilson Abreu Dallari e Sérgio Ferraz. 4º edição. São Paulo: Malheiros Editores, 2014.

[3] Silva, José Afonso da. Direito Urbanístico Brasileiro, 8º edição, atualizada. São Paulo: Malheiros, 2018., p. 139

[4] Meirelles, Hely Lopes. Direito municipal brasileiro. 12. Ed. São Paulo: Malheiros, 2001. p. 509

[5] Junior, Nelson Saule. A competência do município para disciplinar o território rural, p. 50 in: Santoro, Paula (org.); Pinheiro, Edie (Org). O município e as áreas rurais. São Paulo, Instituto Pólis, 2004. Cadernos Pólis 8

[6] Sundfeld, Carlos Ari. O Estatuto da cidade e suas diretrizes gerais. In: *Estatuto da cidade* (Comentários à lei federal 10.257/2001)- Coordenação de Adilson Abreu Dallari e Sérgio Ferraz. 4º ed. São Paulo: Malheiros, 2014

[7] "Ação urbanística do município é plena na área urbana e restrita na área rural, pois que o ordenamento desta, para suas funções agrícolas, pecuárias e extrativistas, compete à União, só sendo lícito ao Município intervir na zona rural para coibir empreendimentos ou condutas prejudiciais à coletividade urbana ou para preservar ambientes naturais de interesse público local" (José Nilo de Castro e Renata Miranda Duarte. Alteração do perímetro urbano. Revista Brasileira de Direito Municipal. BH. Ano. 12, jul/set 2011).

exercem nas áreas urbanas. Neste sentido, enumeram os vários exemplos que o ordenamento jurídico revela, demonstrando a integração entre as áreas rurais e urbanas: a passagem de uma área da zona rural para a zona urbana, de acordo com o art. 182, § 1º da Constituição Federal, uma vez que compete ao Plano Diretor Municipal fixar a política de expansão urbana e, de outro lado, a hipótese de atuação indireta do Município na disciplina da zona rural, por exemplo, quando estiver diante de um imóvel rural que tenha perdido suas características de exploração agrícola, extrativa, pecuária ou agroindustrial, como no caso das chácaras de recreio que pretendam sofrer a incidência da Lei Federal de Parcelamento do Solo Urbano (6.766/1979).

Perfilhando este entendimento, Sundfeld[8] pondera que, embora reconheça o Direito Agrário como impedimento ao exercício da competência municipal urbanística, os dois ramos, ainda assim, apresentam correlações entre si:

> [...] Mas isso não quer dizer que o direito urbanístico seja alheio ao meio rural, pois a ele cabe a disciplina (a) da passagem de uma área da zona rural para a zona urbana (segundo o artigo 182, § 1º, da CF, cabe ao plano diretor municipal fixar a política de expansão urbana c/c artigo 53 da Lei 6766/1979), (b) da proteção dos recursos naturais necessários ao desenvolvimento da cidade como um todo (como as águas e o ar), independentemente da zona em que situados, (c) das relações em geral entre o meio rural e o meio urbano e (d) das questões espaciais do meio rural, naquilo que não esteja diretamente vinculado à política agrária.

2.1. O novo rural e as diversas dimensões envolvidas nesses territórios

A aproximação de atividades rurais e atividades urbanas na concepção do "território como um todo" está também relacionada ao fenômeno do "novo rural", expressão cunhada por Graziano da Silva[9] e abordada por

[8] SUNDFELD, Carlos Ari. O Estatuto da cidade e suas diretrizes gerais, p. 51. In: *Estatuto da cidade* (Comentários à lei federal 10.257/2001)- Coordenação de Adilson Abreu Dallari e Sérgio Ferraz. 4º ed. São Paulo: ,Malheiros, 2014.

[9] SILVA, José Graziano da. O novo rural brasileiro, Editora UNICAMP, Campinas, 1999.

outros autores como Veiga[10], que identificam a partir dos anos 90 o surgimento de *novas funções e atividades* do meio rural, decorrentes de diversos fatores, dentre eles, o avanço tecnológico e as modernas técnicas sobre o campo[11]. Esses fenômenos passam a caracterizar um **rural multifuncional**, sendo possível identificar, nas realidades dos municípios brasileiros, um conjunto de elementos e funções espaciais do uso do solo rural não relacionados diretamente à política agrária.

É importante ressaltar que o Estatuto da Cidade promoveu, de forma inovadora, o afastamento da falsa dicotomia existente entre a zona rural e urbana para fins de planejamento do território municipal e colocou, em seu lugar, a **necessidade de ordenar as complexas relações entre o rural e urbano,** assim como, considerar a **diversidade e peculiaridades de cada município.**

Neste sentido, vale a pena mencionar o conteúdo do Caderno Pólis 8 fruto do Seminário "O município e o solo rural" realizado pelo Instituto Polis em 15 de julho de 2003[12] que dentre as reflexões realizadas, destacamos a abordagem jurídica elaborada por Saule Júnior[13] sobre o exercício da competência do município para disciplinar o território rural. O autor afirma que a base constitucional do Estatuto da Cidade já perfilhava o caminho da interpretação conciliatória entre a articulação entre as atividades rurais e urbanas pelo Plano Diretor, com o intuito de alcançar a qualidade de vida digna e saudável dos habitantes: "A Constituição Federal não discrimina nenhuma forma de diferenciação entre os habitan-

[10] Veiga, José Eli da, A Dimensão Rural do Brasil. Programas de Seminários Acadêmicos. Seminário n. 04 FEA-USP, São Paulo. 2004

[11] Zuquim, Maria de Lourdes, p. 2. O lugar do rural nos planos diretores municipais. **Anais.** São Carlos: STT/CETEPE/EESC/USP, 2008.

[12] Vale ressaltar que parte do conteúdo foi retirado de reflexões obtidas pelo trabalho desenvolvido pelo Instituto Pólis na elaboração do Plano Diretor e de Política Municipal de Segurança Alimentar e Nutricional no município de Piracicaba, que tinham o propósito de aprofundar as questões emergentes da relação entre o Plano Diretor e a Segurança Alimentar. Santoro, Paula (org.); Pinheiro, Edie (Org). O município e as áreas rurais. São Paulo, Instituto Pólis, 2004. Cadernos Pólis 8 (64 páginas).

[13] Jùnior, Nelson Saule. A Competência do município para disciplinar o território rural, p. 44 in: Santoro, Paula (org.); Pinheiro, Edie (Org). O município e as áreas rurais. São Paulo, Instituto Pólis, 2004. Cadernos Pólis 8

tes do município, quanto ao local em que residam ser uma área urbana, rural, de preservação ambiental, de preservação histórica, de interesse turístico, ou de interesse social". Acrescenta que o desenvolvimento do núcleo urbano depende do desenvolvimento rural e vice-versa, uma vez que a população que vive na zona rural pode trabalhar na região urbana, além de utilizar a infraestrutura e os serviços urbanos, como o transporte coletivo, escolas, postos de saúde, hospitais, comércio e lazer.

A partir desta leitura ampla pautada na interação entre os usos do solo urbano e rural, percebemos, nitidamente, que várias funções e atividades existentes nas cidades e no campo são de interesse dos habitantes do município e são, do ponto de vista constitucional, competências concorrentes no âmbito legislativo (artigo 24) e comuns (artigo 23) na esfera administrativa e executória, abarcando as questões atinentes à proteção e preservação ambiental; proteção ao patrimônio histórico, cultural, artístico, turístico e paisagístico; educação, cultura, tecnologia, pesquisa, desenvolvimento e inovação; saúde; condições habitacionais e de saneamento básico e o combate as causas da pobreza e os fatores de marginalização, promovendo a integração social dos setores desfavorecidos.

Assim, o complexo de atividades do novo rural extrapola os limites da política agrária, e são coincidentes com a proteção ao meio ambiente, promoção da segurança alimentar, atividades de turismo e proteção ao patrimônio histórico, artístico e paisagístico, podendo inclusive, ainda abarcar a proteção de povos e comunidades tradicionais. É no território municipal que ocorre, de fato, a manutenção da biodiversidade, da qualidade dos mananciais, da proteção dos recursos naturais, maciços verdes, várzeas alagáveis, mangues, considerados áreas de preservação permanente que regulados pelo atual Código Florestal (Lei Federal n 12.651/2012), promovendo a sustentabilidade do território municipal, por meio da preservação dos recursos hídricos, da paisagem, da estabilidade geológica e da biodiversidade e proteção do solo (art. 3º, inciso II).

Do ponto de vista do desenvolvimento socioeconômico e o território sob sua influência, existem alterações de atividades desenvolvidas nos territórios rurais e urbanos, desde a simples mudança de uso, em razão da perda das finalidades rurais e o desenvolvimento de atividades urbanas, como por exemplo, sítios e chácaras de recreio, até a crescente conversão das terras rurais em urbanas para formação de parcelamentos do solo urbano. É possível também identificar neste fenômeno outro complexo de atividades rurais que não são agrárias, mas que combinam interações profundas com as atividades urbanas e que caracterizam as múltiplas funções dos territórios, que ao lado de atividades rurais, igualmente desenvolvem ocupações que geram emprego e renda nos setores da construção civil, artesanato, confecções. Este fenômeno é bem descrito por Saule Júnior[14] ao discorrer sobre a pluriatividade econômica das famílias que desenvolvem vários tipos de atividades rurais:

> Há também uma crescente conversão das terras rurais em urbanas, através da abertura de loteamentos habitacionais, ou mesmo da implantação de equipamentos de grande porte, como supermercados, postos de gasolina com lojas, indústrias ou distritos industriais. E também, a própria atividade rural pode desempenhar funções que não visam apenas a produção agrícola, mas a manutenção da biodiversidade, a preservação histórica, turística e outras, que não estão diretamente caracterizadas como funções rurais *stricto sensu.*

O incremento da construção do conteúdo de interação entre as atividades urbanas e rurais no planejamento territorial dos municípios também foi desenvolvido pela Nova Agenda Urbana documento construído por mais de 200 (duzentos) países através de três pré-conferências realizadas em 2014 (Nova York), 2015 (Nairobi) e 2016 (Surabaya) e elaborado em seu formato final em outubro de 2016 em Quito no Equador por ocasião da Habitat III, a Conferência das Nações Unidas sobre Habitação e Desenvolvimento Urbano Sustentável. No que toca ao tema de interação entre os usos rurais e urbanos do território, destacamos que o documento aponta como diretriz *a promoção de um planejamento urbano e territorial que garanta o uso sustentável do solo e dos recursos naturais ao buscar modelos de cidades compactas, policêntricas, com densidade e conectividade apropriadas e controle da dispersão urbana.* Ademais, a nova agenda procurou estabelecer vários mecanismos para combater a degradação ambiental, caracterizada pelo desenvolvimento de padrões de consumo e produção insustentá-

[14] Jùnior, Nelson Saule. A competência do município para disciplinar o território rural, p. 50 in: Santoro, Paula (org.); Pinheiro, Edie (Org). O município e as áreas rurais. São Paulo, Instituto Pólis, 2004. Cadernos Pólis 8

veis, perda da biodiversidade, pressões sobre os ecossistemas que geram poluição, desastres naturais e mudanças climáticas[15].

3. Dimensões e possibilidades da integração e complementaridade entre as atividades rurais e urbanas

Com base nos argumentos desenvolvidos anteriormente, foi possível identificar um conjunto de matérias que promovem a articulação no âmbito do território municipal entre o urbano e o rural, e que não se confundem com as competências da União no campo da política agrária. Ao conjugarmos a interpretação das diferentes fontes normativas e referências aqui colacionadas, empreendemos um recorte metodológico para destacar, dentre outras multifuncionalidades, a qualificação das seguintes interfaces entre o rural e o urbano: Controle e Planejamento das Zonas de Expansão Urbana, Proteção e Preservação Ambiental e a Promoção de Segurança Alimentar, articuladas no âmbito das *cidades resilientes* que estão diretamente relacionadas ao tratamento das mudanças climáticas e dos riscos geológicos e geotécnicos.

A partir do levantamento das questões relacionadas à articulação entre as atividades urbanas e rurais discorreremos, em breve síntese, sobre os desafios do município para planejar, organizar e executar a política urbana em seu território, levando em consideração as perspectivas de utilização de instrumentos do Estatuto da Cidade.

3.1. Planejamento e controle da expansão urbana

No planejamento e controle da expansão urbana, explica Santoro[16] que ora as regras para disciplina destas áreas são restritivas, gerando, por exemplo, forte espraiamento por meio de ocupação irregular, ora são regras liberais, criando dispersão urbana que por sua vez cria altos

[15] Alfonsin, Betânia de Moraes; Saltz, Alexandre; Filho, Gerson Tadeu Astolfi Vivan; Faccenda, Guilherme; Fernandes, Daniel E Muller, Renata. Das Ruas de Paris a Quito: O Direito à Cidade na Nova Agenda Urbana- Habitat III. Revista de Direito da Cidade, vol. 09, nº 3.

[16] Santoro, Paula Freire. Planejar a Expansão Urbana: Dilemas e Perspectivas São Paulo, 2012. Tese Doutorado Área de Concentração: Habitat) – FAUUSP. Orientador Nabil Georges Bonduki, p. 153.

custos ao Poder Público Municipal na implementação de infraestrutura urbana. Continua a autora, ponderando que a construção de cidades, com justa distribuição de ônus e benefícios no processo de urbanização, passa pela ideia de evitar a ocupação informal em áreas periféricas e aproveitar melhor áreas já equipadas com infraestrutura urbana. Contudo, o Estatuto da Cidade não apresenta instrumentos voltados para produção de novas urbanizações anteriores com qualidade. A maior parte dos instrumentos de política urbana do diploma legal federal foi moldado para dinâmicas de projetos urbanos e de mudança de uso ou adensamento construtivo, obtida a partir de realidades metropolitanas ou de áreas centrais. Por outro lado, a autora afirma que é possível utilizar alguns instrumentos do Estatuto da Cidade, como as Zonas Especiais de Interesse Social e a aplicação do Parcelamento, Edificação ou Utilização Compulsório – PEUC, a fim de colaborar para o controle da especulação imobiliária, ainda que não sirvam para *planejar* a expansão. Cita ademais, a possibilidade de uso da outorga onerosa de alteração de uso para as áreas de transição rural-urbanas, como forma de viabilizar a diretriz contida no artigo 2º, IX e X do Estatuto da Cidade e como forma de intervir em processos especulativos que resultem em valorizações excessivas da terra. É importante destacar a relevante análise empírica de leis de ordenamento territorial de 100 municípios do Estado de São Paulo (enfoque no Plano Diretor) feitas pela autora até o ano de 2011, com objetivo de aferir o controle, o planejamento e a gestão das áreas de transição rural-urbanas. Em resumo, foram identificados os seguintes instrumentos de controle: a) definição de limite da zona urbana e de expansão urbana que gera por oposição a zona rural, por meio da definição de perímetros urbanos com base na Lei Federal de Parcelamento do Solo e CTN; b) regras para alteração do perímetro urbano por meio de elaboração de parecer técnico, Estudo de Impacto de Vizinhança EIV, aprovação por conselho de desenvolvimento urbano, EIV e EIA para avaliar a capacidade de suporte da região ao receber uma nova ocupação ou impedir a expansão; c) realização de audiências públicas para deliberar sobre a expansão; d) comunicação e expedição de certidão de cancelamento pelo INCRA; e) criação de áreas de expansão urbana através de macrozonas em área rural sobre quais era possível parcelar com parâmetros urbanos sobre a área rural, viabilizando o parcelamento do tipo chácara, sítio de recreio e rancho; f) atualização de leis de parcelamento para contemplar figuras como loteamentos fechados e condomínios urbanos; g) previsão de HIS ou parâmetros especiais de moradia de baixa renda para fins de parcelamento h) Plano de urbanização específica para regularizar chácaras de recreio.

A Lei Federal 12.608/2012 responsável pela instituição da Política Nacional de Proteção e Defesa Civil introduziu nova redação ao artigo 42 do Estatuto da Cidade a partir do acréscimo do artigo 42-B no intuito de exigir dos municípios a elaboração de projeto específico para viabilizar a ampliação e alteração do perímetro urbano, que deverá apresentar, no mínimo, os seguintes requisitos:

> I – demarcação do novo perímetro urbano; II – delimitação dos trechos com restrições à urbanização e dos trechos sujeitos a controle especial em função de ameaça de desastres naturais; III – definição de diretrizes específicas e de áreas que serão utilizadas para infraestrutura, sistema viário, equipamentos e instalações públicas, urbanas e sociais; IV – definição de parâmetros de parcelamento, uso e ocupação do solo, de modo a promover a diversidade de usos e contribuir para a geração de emprego e renda; V- a previsão de áreas para habitação de interesse social por meio da demarcação de zonas especiais de interesse social e de outros instrumentos de política urbana, quando o uso habitacional for permitido; VI – definição de diretrizes e instrumentos específicos para proteção ambiental e do patrimônio histórico e cultural; e VII – definição de mecanismos para garantir a justa distribuição dos ônus e benefícios decorrentes do processo de urbanização do território de expansão urbana e a recuperação para a coletividade da valorização imobiliária resultante da ação do poder público.

Trata-se da exigência de um estudo específico para planejar a expansão urbana do município no que tange às relações das atividades urbanas e rurais, suprindo uma lacuna normativa. De acordo com o § 1º do referido artigo, o projeto específico deverá ser instituído por lei municipal e atender às diretrizes do plano diretor, quando houver. Por outro lado, o projeto específico poderá ser dispensado se o plano diretor apresentar as exigências estabelecidas no caput do artigo (§2º). Igualmente vale ressaltar que a exigência do projeto específico também foi ampliada para a aprovação de projetos de parcelamento do solo no novo perímetro urbano (§ 3º).

Neste ponto, lembramos que no tocante aos projetos de parcelamento do solo que envolvam chácaras de recreio, ranchos e sítios localizados em área rural e que tenham perdido suas características de exploração agrícola, extrativa, pecuária ou agroindustrial, não seria mais possível desmembrar imóvel rural com base nos artigos 94, 95 e 96 do Decreto Federal nº 59.428/66. Por força do artigo 96 do Decreto que regulamentava o Estatuto da Terra seria possível a aprovação de projetos de loteamentos rurais com vistas a formação de sítios de recreio, desde que tivesse perdido suas características produtivas, sendo necessário para tanto que fosse aprovado pelo IBRA ou INDA[17] por meio de um laudo técnico. Ocorre que este Decreto não poderá mais ser aplicado pois a Lei Federal nº 6.766/1979 vedou o parcelamento do solo urbano em área rural, pois esta operação, de acordo com o artigo 3º, só poderá ocorrer em área urbana. Sendo assim, coube ao artigo 53 da Lei Federal 6.766/1979 determinar a prévia audiência do INCRA e de aprovação da prefeitura da alteração de uso do solo rural para fins urbanos, além de obrigatoriamente, ser incluído, por lei municipal, no mínimo, em zona de expansão urbana[18]. Atualmente, a competência do INCRA é exercida por meio da Instrução Normativa nº 82 de 27/3/2015 que deixou de exercer o papel opinativo no momento da alteração da área urbana pelo município e passou a simplesmente a executar as atualizações cadastrais pertinentes (cancelamento do cadastrou ou atualização de área remanescente), uma vez que caberá ao Município o dever de incluir as chácaras ou sítios de recreio em zonas de expansão urbana para que seja permitido eventual parcelamento do solo urbano[19] . Este mesmo regime jurídico pode ser aplicado para qualquer outro aglomerado de casas, localizadas em área rural, que não sirva para atividades agropastoris, mas estejam destinadas ao turismo, ainda que preserve para visitação algumas características rurais. Podemos citar, por exemplo, o complexo de hotéis fazenda, que preservam seu caráter rústico, apresentam pequenas plantações e criação

[17] Órgão de aprovação de desmembramentos rurais na década de 60.

[18] Mukai, Toshio, Direito Urbano e Ambiental, Belo Horizonte, Forum: 2006 p. 149

[19] Nota Técnica do INCRA/DF/nº 2/2016.

de animais, mas com o intuito exclusivo de fornecer atrativo turístico para população. Neste caso, a hipótese também pode ser enquadrada na Instrução Normativa nº 82, combinada com o artigo 53 da Lei 6.766/1979, que permite parcelamento de área rural ou fora do perímetro urbano para fins urbanos, desde que seja declarada *zona de turismo*, caracterizada como estância hidromineral ou balneária. Somente após a adoção dessas duas providências é que será possível proceder à aprovação da construção turística pelo Município, em razão da determinação expressa do artigo 3º da Lei 6.766/1979 que só admite parcelamento do solo para fins urbanos em zonas urbanas, de expansão urbana ou de urbanização específica, definidas pelo plano diretor ou aprovadas por lei municipal.

Com relação ao controle das áreas de expansão urbana por meio de leis municipais que ampliaram e flexibilizaram padrões de parcelamento de uso e ocupação do solo, a Lei Federal nº 13.465/2017 alterou o artigo 2º §8º para permitir a regularização de loteamentos de acesso controlado, sendo vedado impedir acesso a pedestres ou condutores de veículos, não residentes, devidamente identificados ou cadastrados. Isto significa dizer que por meio dos planos diretores os municípios deverão acrescentar, em sua legislação, normas que sejam adequadas as diretrizes do Estatuto da Cidade no sentido de propiciar a justa distribuição dos ônus e bônus do processo de urbanização (art. 2º IV e IX) e o planejamento do desenvolvimento das cidades de forma a evitar e corrigir as distorções do crescimento urbano e seus efeitos negativos sobre o meio ambiente. Neste sentido, a ampliação do perímetro urbano para viabilizar a regularização fundiária urbana de imóveis que deixaram de cumprir suas finalidades rurais deverá obedecer aos requisitos do artigo 42-B do Estatuto da Cidade, sem configurar parcelamentos excessivos ou inadequados em relação à infraestrutura urbana (artigo 2º, inciso VI, c do Estatuto da Cidade) de forma a evitar potencialmente negativos sobre o meio ambiente natural ou construído, o conforto ou a segurança dos habitantes locais.

3.2. Proteção e preservação ambiental e o pressuposto do desenvolvimento sustentável

O Estatuto da Cidade determina, como diretrizes gerais do artigo 2º aplicáveis aos municípios em geral, várias normas relacionadas à proteção ambiental que dizem respeito aos recursos naturais localizados e utilizados em áreas rurais. Em última análise o planejamento territorial do município deve alcançar a **garantia do direito as cidades sustentáveis,** que dentre um de seus componentes encontramos o saneamento ambiental (artigo 2º, inciso I), consistente nos termos do inciso XII do mesmo artigo na proteção, preservação e recuperação do meio ambiente natural e construído, do patrimônio cultural, histórico, artístico, paisagístico e arqueológico, bem como na adoção de padrões de produção e consumo de bens e serviços e de expansão urbana compatíveis com os limites da sustentabilidade ambiental, social e econômica do município e do território sobre sua área de influência.

Da mesma forma, dispõe o artigo 2º, inciso VII que a ordenação e controle do uso do solo deve ser feita de forma a evitar a poluição e a degradação ambiental (g), bem como a exposição da população a riscos de desastres. Com base nestas premissas gerais, o município no exercício de sua competência de planejamento territorial deverá articular as atividades rurais e urbanas com o intuito de proteger os recursos ambientais, que por sua vez, diminui o risco de exposição da população a riscos de desastres. O município poderá promover a ordenação do seu território como um todo utilizando instrumentos obtidos da conjugação do Estatuto da Cidade, da Lei Federal nº 12.608/2012 (Lei da Política Nacional de Proteção e Defesa Civil) do Código Florestal (Lei Federal nº12.651/2012) e da Lei Federal nº 14.119/2021 (Lei que instituiu a Política Nacional de Pagamentos por Serviços Ambientais), e, nos termos do artigo 4º, inciso III, alínea b e inciso V, alíneas a do Estatuto da Cidade, podem utilizar o zoneamento ambiental, a desapropriação e a instituição de unidades de conservação.

No que toca à Lei Federal nº 12.608/2012 dispõe o artigo 3º, parágrafo único que as ações desta política pública estão intimamente integradas às políticas de ordenamento territorial, desenvolvimento urbano, saúde, meio ambiente, mudanças climáticas, gestão de recursos hídricos, geologia, infraestrutura, educação, ciência e tecnologia e às demais políticas setoriais, tendo em vista a promoção do desenvolvimento sustentável (artigo 5º incisos I, IV, VI e X). Neste ponto, destacamos o conteúdo previsto para os planos diretores dos municípios (art. 42-A do Estatuto da Cidade) incluídos no cadastro nacional[20] dotados de áreas suscetíveis à ocorrência de deslizamentos de grande impacto, inundações bruscas ou processos geológicos ou hidrológicos correlatos, que deverão abranger, dentre outras medidas: parâmetros de parcelamento, uso e ocupação do solo, de modo a promover a diversidade de usos e a contribuir para a geração de emprego e renda; diretrizes para a regularização fundiária de assentamentos urbanos irregulares e identificação e diretrizes para a preservação e ocupação das áreas verdes municipais.

De outra parte, com base nos artigos 4º, incisos I à IX e 6º e 41 do Código Florestal (Lei Federal n 12.651/2012), 41, inciso I, alíneas d, g e h, combinado com o artigo Art. 5º , inciso III e 9 º, inciso II da Lei Federal n 14.119/2021, o município por meio da integração entre as zonas rurais e urbanas deverá promover a proteção das áreas de preservação permanente, reserva legal e instituir em seu plano diretor áreas privadas em zonas urbanas como forma de viabilizar ações de pagamentos ou incentivos a serviços ambientais , como retribuição, monetária ou não, às atividades de conservação e melhoria dos ecossistemas e que gerem serviços ambientais. Para tanto poderá usar, isolada ou cumulativamente, a conservação das águas e dos serviços hídricos, a conservação e o melhoramento do solo e a manutenção das próprias áreas de Preservação Permanente e de Reserva Legal. A proteção e recuperação das áreas de preservação permanente e reserva legal no campo da regulação do uso do solo local, busca viabilizar a preservação dos recursos hídricos, promover a estabilidade geológica, reabilitar processos ecológicos e conservar a biodiversidade. Já a utilização do pagamento por serviços ambientais poderá promover o desenvolvimento social, ambiental, econômico e cultural das populações em área rural e urbana e dos produtores rurais.

Como forma de concretizar a aplicação dos referidos conteúdos no plano diretor municipal, citamos o exemplo dos dois Planos Diretores da Cidade de São Paulo[21]. O primeiro deles de 2002 (Lei Municipal nº

[20] Decreto Federal n. 10.692 de 03 de maio de 2021, institui o Cadastro Nacional de Municípios com Areas Suscetíveis à ocorrência de Deslizamentos de grande impacto, Inundações Bruscas ou Processos Geológicos ou Hidrológicos Correlatos.

[21] SEPE, Patrícia Marra; PEREIRA, Hélia Maria Santa Bárbara. O conceito de Serviços Ambientais e o Novo Plano Diretor de São Paulo: Uma Nova abordagem para a gestão

13.430/2002) adotou a rede hídrica como elemento estruturador do município ao lado da rede viária, rede de transporte e a rede de centralidades[22]. Além disto, definiu um macrozoneamento baseado em condicionantes ambientais, criou as zonas especiais dentre elas a Zona Especial de Preservação Ambiental (ZEPAM)[23] e previu a adoção de instrumentos ambientais e urbanístico pelo artigo 198, tais como: zoneamento ambiental, licenciamento ambiental, avaliação de impacto ambiental, estudo de impacto ambiental e respectivo relatório (EIA-RIMA), estudo de impacto de vizinhança e respectivo relatório (EIV/RIVI), avaliação ambiental estratégica (AAE), termo de compromisso ambiental (TCA),termo de ajuste de conduta (TAC), sistema municipal de informações ambientais, relatório de qualidade do meio ambiente, certificação ambiental. Já o segundo Plano Diretor de julho de 2014 (Lei 16.050/2014) incorpora novos princípios norteadores às políticas públicas de ordenamento territorial e de gestão urbano ambiental a partir de uma abordagem ecossistêmica para a cidade, levando em consideração a interação dos sistemas urbanos e ambientais, bem como o retorno da previsão legal de área rural

ambiental urbana? P. 2 Anais da Sessão Temática da XVI ENANPUR de Belo Horizonte-2015. Sessão Temática 4- Natureza, reprodução social e bens comuns.

22 Em uma tentativa de resgatar um elemento que fortemente condicionou a ocupação da cidade, ainda que de maneira informal, que é a densa e intrincada rede de rios e córregos afluentes do rio Tietê, em sua grande maioria, originalmente existe na cidade de São Paulo in: SEPE, Patrícia Marra; PEREIRA, Hélia Maria Santa Bárbara. O conceito de Serviços Ambientais e o Novo Plano Diretor de São Paulo: Uma Nova abordagem para a gestão ambiental urbana? P. 2 Anais da Sessão Temática da XVI Enanpur de Belo Horizonte- 2015. Sessão Temática 4- Natureza, reprodução social e bens comuns

23 Foram grafadas no PDE de 2002 e posteriormente na Lei 13.885/2004 como ZEPAM 152 áreas (lotes e glebas) na cidade, sendo 105 ZEPAMs na Macrozona de Proteção Ambiental-MPA, totalizando 94,61 Km^2 e 47 na Macrozona de Estruturação e Qualificação Urbana – MEQU, com 10,54 Km^2. O PDE e a lei municipal 13.885/04 restringiram os direitos construtivos nas áreas delimitadas como ZEPAM, "congelando-as", como forma de evitar que sejam incorporadas à estrutura urbana como densidades construtivas adicionais. A taxa de ocupação e os coeficientes de aproveitamento básico e máximo permitidos nesta zona de uso são de 0,1, ou seja, dez por cento da área total do terreno in: SEPE, Patrícia Marra; PEREIRA, Hélia Maria Santa Bárbara. O conceito de Serviços Ambientais e o Novo Plano Diretor de São Paulo: Uma Nova abordagem para a gestão ambiental urbana? P. 2 Anais da Sessão Temática da XVI Enanpur de Belo Horizonte- 2015. Sessão Temática 4- Natureza, reprodução social e bens comuns

(rural multifuncional) e a introdução do conceito de serviços ambientais ou ecossistêmicos.

3.3. Segurança alimentar

Outra interface que deve ser considerada no planejamento territorial do município, como decorrente da interação entre a atividade urbana e rural, é referente à promoção da Segurança Alimentar, amplamente prevista na Nova Agenda Urbana e que reconecta os habitantes dos centros urbanos às fontes primárias de sua subsistência alimentar.

No âmbito da promoção da segurança alimentar dos territórios municipais, a interpretação conjunta dos incisos VII e VIII do artigo 2º do Estatuto da Cidade, determina que os municípios viabilizem a necessária integração e complementariedade entre as atividades urbanas e rurais por meio da adoção de padrões de produção e consumo de bens e serviços e de expansão urbana compatíveis com os limites da sustentabilidade ambiental, social e econômica do município e do território sob sua área de influência. A compreensão das razões pelas quais o planejamento deve buscar a consecução das duas diretrizes por meio dos instrumentos do Estatuto da Cidade foi bem demonstrada por Niehbur[24] ao destacar razões de alívio a demanda pelo transporte de alimentos a longa distância, o estímulo a práticas orgânicas de produção rural, usualmente associadas à agricultura em pequena escala:

> A aproximação ou integração entre a cidade e o campo é potencialmente geradora de efeitos positivos nas diversas variáveis que tornam as cidades ambientes sustentáveis. Os municípios devem almejar o estreitamento das relações e das atividades dos âmbitos urbanos e rurais, porque, entre outros motivos: (i) alivia a demanda sobre infraestrutura pública e mobilidade; (ii) contribui para redução da pressão sobre os ecossistemas e recursos naturais; (iii) funciona como elemento diversificador da economia, incrementando renda e gerando empregos no âmbito local; (iv) pode melhorar a saúde dos cidadãos; (v) reforça a identidade cultural da região

[24] NIEHBUR, Pedro de Menezes. A Cidade e o Alimento: Fundamentos para a compreensão da Integração dos Meios Urbano e Rural enquanto diretriz da Política Urbana, p. 10 Revista de Direito da Cidade, vol. 10, nº 3. ISSN 2317-7721 pp. 1713-1736

Como forma de demonstrar a implementação deste conteúdo interativo entre os universos urbanos e rurais, destacamos o relato da experiência do Plano Diretor de São Paulo de 2014 (Lei Municipal 16050/2014) que reconheceu a relevância das práticas de agricultura urbana no interior da cidade e da existência de áreas rurais nos extremos, de modo a conter o processo de crescimento horizontal da aglomeração urbana e de garantir o uso social, sustentável e de preservação de ecossistemas naturais, configurando, conforme Ramos[25], o estímulo e apoio à prática de agricultura urbana e periurbana. No capítulo da estruturação e ordenação territorial delimitou-se uma Macroárea de Controle e Qualificação Urbana Ambiental que prevê entre seus objetivos "o apoio e incentivo à agricultura urbana e periurbana". Por sua vez, a Macroárea de Conservação Urbana e Uso Sustentável está integrada a zona rural do município e tem por objetivos: a proteção da paisagem rural considerando seu valor ambiental, histórico e cultural; a promoção do desenvolvimento da zona rural com sustentabilidade ambiental, econômica e social, e estímulo à agricultura orgânica. Igualmente foi prevista na Macroárea de Preservação dos Ecossistemas Naturais a delimitação de zona rural. O Capítulo II que trata da Regulação do Parcelamento, Uso e Ocupação do Solo e da Paisagem Urbana e estão as diretrizes que visam criar nas áreas rurais, um padrão de uso e ocupação compatível com as diretrizes do desenvolvimento econômico sustentável previstas, em especial as relacionadas às cadeias produtivas da agricultura e do turismo sustentáveis, e no Capítulo III dispõe sobre os Instrumentos de Política Urbana e Gestão Ambiental (subseção VII), prevendo o Pagamento por Serviços Ambientais, prevista a conversão da agricultura familiar convencional para a agricultura orgânica. Da mesma forma, a promoção à atividade agrícola aparece, também, no novo plano na parte referente Da Política e dos Sistemas Urbanos e Ambientais em seu Capítulo I (Da Política de Desenvolvimento Econômico Sustentável) e propõe como objetivos a promoção do desenvolvimento sustentável da zona rural com o apoio

[25] RAMOS, Soraia de Fátima. Agricultura Urbana e o Novo Plano Diretor Estratégico do Município de São Paulo: promoção à sustentabilidade ambiental e à saúde nas metrópoles. v. 9, n. 11, novembro 2014 Análises e Indicadores do Agronegócio. IEA (agricultura.sp.gov.br) Acesso em 12/04/2021

à agricultura familiar, em especial orgânica, ao turismo sustentável, em especial de base comunitária, com a inclusão da estratégia de criação de Polos de Desenvolvimento Rural Sustentável, especificando as condições necessárias à sua efetivação no art. 190 e 191 da Seção V. Já no Capítulo II que versa sobre a Política Ambiental, aparece em suas diretrizes "estimular a agricultura familiar urbana e periurbana, incentivando a agricultura orgânica e a diminuição do uso de agrotóxicos". Deste modo, no plano diretor de São Paulo a existência de zonas rurais e a previsão de estímulos para o desenvolvimento da agricultura urbana, no interior de áreas anteriormente urbanas, demonstra a superação da velha dicotomia do "campo-cidade", como forma de promover a sustentabilidade ambiental a partir da segurança alimentar.

E por fim, vale a pena mencionar o relato da interessante experiência de construção de horta urbana na favela de Manguinhos, localizada na zona norte do Rio de Janeiro ao lado da fábrica de Bio-Manguinhos da Fiocruz[26]. A horta foi criada em 2013 em um terreno que abrigava uma grande cracolândia, onde circulavam 200 a 300 usuários de drogas. A instalação do projeto aconteceu após a chegada da UPP (Unidade de Polícia Pacificadora), mas já integrava um programa da prefeitura do Rio de Janeiro desde o ano de 2006, que procurava fortalecer a segurança alimentar da comunidade local. Em 2020, a ONU incluiu o projeto na lista de ações consideradas essenciais para alcançar os Objetivos do Desenvolvimento Sustentável, que abrange 49 plantações espalhadas pela cidade, 25 em escolas e 24 em comunidades, somando 3.720 canteiros, 24 hectares e mais de 80 toneladas colhidas por ano. A experiência retrata muito bem a interação entre o urbano e rural tendo em vista o desenvolvimento das atividades socioeconômicas do município.

4. Articulação entre as atividades rurais e urbanas: aplicação de instrumentos do Estatuto da Cidade

Diante da ampla abrangência e interfaces entre as atividades rurais e urbanas, que não se confundem com o tradicional objeto do direito agrário, é possível conciliar, no âmbito da aplicação do plano diretor munici-

[26] Jornal Folha de São Paulo, caderno cotidiano (B4), versão impressa de 25 de abril de 2021

pal, vários instrumentos de política ambiental e urbana, nos termos do artigo 4º, contidos não apenas no Estatuto da Cidade, mas em diplomas correlatos que foram editados ao longo destes vinte anos de existência.

A despeito de não termos mencionado, ao longo do texto, a transferência do direito de construir, faremos uma análise prospectiva sobre os desafios da aplicação do Estatuto da Cidade a partir deste instrumento ao lado do Estudo de Impacto de Vizinhança EIV e da Outorga onerosa de Alteração de Uso na proteção dos recursos naturais e no controle das áreas de expansão urbana. Ao procedermos a leitura geral do Estatuto da Cidade, percebemos que sua estrutura lógica é baseada na aplicação de instrumentos voltados à planos diretores participativos que tenham como objetivo a organização, planejamento e execução de medidas voltadas à disciplina das áreas urbanas, ainda que exista uma preocupação voltada ao universo rural. Instrumentos como Operações Urbanas Consorciadas, Outorga Onerosa do Direito de Construir, Parcelamento, Edificação e Utilização Compulsória são voltados à realidade de grandes cidades, pertencentes à regiões metropolitanas que apresentam imóveis abandonados, desocupados, forte pressão do mercado imobiliário, pouca área verde, exigências de provimento de moradia e uma forte cobrança por parte do poder local para provimento de equipamentos comunitários e infraestrutura urbana. Diante deste contexto, a reflexão recai sobre a possibilidade de aplicação dos instrumentos da outorga onerosa de alteração de uso, transferência do direito de construir e Estudo de Impacto de Vizinhança em áreas rurais e de expansão urbana. Vale ressaltar que estas últimas áreas, são representadas por um *continuum* entre os imóveis rurais que deixaram de apresentar suas finalidades de produção agrária, iniciaram prestação de serviços com forte viés urbano (lazer, promoção de atividades turísticas, venda de produtos artesanais) localizados em áreas com características iniciais urbanas, que tendem a sofrer a implementação destes equipamentos e futura transformação urbana, e sujeitas à pressão por construção de loteamentos fechados e condomínios em áreas de preservação do patrimônio histórico, cultural e artístico e que, muitas vezes, podem até mesmo representar a prestação de serviços ambientais de preservação de ecossistemas locais e manutenção dos corpos hídricos. Caso estejam localizadas em área de expansão urbana ou ainda em área rural, seria possível o uso dos instrumentos mencionados como forma de promover a articulação entre as atividades rurais e urbanas?

Se procedermos à interpretação literal do Estatuto da Cidade, vamos encontrar óbice na aplicação da Transferência do Direito de Construir e Estudo de Impacto de Vizinhança, previstos, respectivamente nos artigos 35 e 36. Isto porque a transferência do direito de construir é direcionada aos proprietários de imóvel urbano, privado ou público, a exercer em outro local, ou alienar, mediante escritura pública o direito de construir previsto no plano diretor ou legislação urbanística correlata quando o imóvel urbano for considerado necessário para fins de preservação, decorrentes de interesse histórico, ambiental, paisagístico, social ou cultural (art. 35, inciso II). Da mesma forma, o Estudo de Impacto de Vizinhança decorrerá de previsão de lei municipal que definirá empreendimentos e atividades privados ou públicos em área urbana para obter a licença ou autorização de construção, ampliação ou funcionamento a cargo do Poder Executivo Municipal, devendo analisar os efeitos positivos e negativos (art. 37, incisos I a VII) de empreendimentos que geram impactos de adensamento populacional, equipamentos urbanos e comunitários, uso e ocupação do solo, valorização imobiliária, geração de tráfego e demanda por transporte público, ventilação e iluminação e paisagem urbana e patrimônio natural e cultural.

De outro lado, se realizarmos a interpretação finalística, por exemplo, poderemos entender que a transferência do direito de construir pode ser aplicada ao imóvel, independentemente de sua localização. Vale dizer, se o imóvel estiver localizado em área rural com vistas à transformação em expansão urbana, e servir para finalidades de lazer ou turismo histórico, não seria adequado preservar a área com atributos ambientais e históricos e permitir que o proprietário exerça seu direito de construir em outro local? Na prática, à luz das diretrizes do artigo 2º do Estatuto da Cidade, efetivamente não haveria, nesse caso, uma maior interação entre as atividades urbanas e rurais com vistas à promoção do desenvolvimento econômico dos territórios adjacentes?

A mesma lógica poderá ser utilizada para aplicação do Estudo de Impacto de Vizinhança. A passagem das zonas rurais para urbanas em função de projetos de parcelamento do solo ou até mesmo grandes empreendimentos imobiliários como loteamento fechado ou condomínio, poderia justificar um diagnóstico aprofundado dos impactos desta alteração de zoneamento rural para o urbano, no sentido de compreender os efeitos do crescimento das futuras áreas urbanas e prospecção das demandas de provimento de infraestrutura pelo município e os custos correspondentes. Isto significa dizer, caberia a utilização do EIV para propiciar ao município o exame das condições para a conversão de empreendimentos que sofrerão a incidência da lei de parcelamento do solo urbano (Lei Federal nº 6.766/1979)? Da mesma forma, caberia a exigência do EIV para fins de regularização fundiária de imóveis que não cumprem sua destinação agrária (artigo 11, inciso I da Lei 13.465/2017) com o propósito de avaliar a capacidade do município ofertar equipamentos urbanos e comunitários, transporte, serviços públicos adequados a população tal como previsto no artigo 2, inciso V? É possível utilizar o EIV como forma de abarcar área rural que poderá ser convertida em área urbana, com requisitos específicos na lei municipal, para propiciar a construção de empreendimentos como loteamentos fechados e condomínios de forma sustentável?

Com relação ao instrumento da outorga onerosa de alteração de uso, pela própria leitura do artigo 29 e 30 como já foi tratado anteriormente, o instrumento não qualifica o tipo de zona ou área que poderá ser utilizado. Neste sentido, parece bem adequado para estabelecer contrapartidas aos municípios com fim de cumprir a diretriz do artigo 2º, IX de justa distribuição dos benefícios e ônus decorrentes do processo de urbanização. Ademais a própria estrutura do dispositivo propicia interpretações voltadas à aplicação do instrumento na mudança de zoneamento rural para urbano, assim como, conversão de zonas residenciais em comerciais ou uso misto.

Conclusões

As reflexões expostas buscaram resgatar o contexto jurídico normativo das competências exercidas sobre as áreas urbanas e rurais, sendo evidenciado que o Estatuto da Cidade altera este panorama ao consagrar a necessidade de **integração e complementaridade** entre as atividades urbanas e rurais. Essa perspectiva ganha destaque face a multifuncionalidade e pluriatividade atualmente identificadas nos territórios rurais e periurbanos.

Nesse sentido, remanesce a competência constitucional do Município para planejar e controlar a expansão urbana, sendo o plano diretor municipal o fundamental instrumento para a promoção da integração entre o urbano e o rural, tanto do ponto de vista do ordenamento territorial como para construção de políticas setoriais especificas incidentes nestes territórios. Identificamos alguns limites à aplicação de instrumentos do Estatuto da Cidade para esta empreitada, mas que poderão se converter em perspectiva, após vinte anos de sua vigência, com base na leitura dos problemas enfrentados.

A diversidade das realidades, complexidades e carências dos municípios brasileiros é fato inconteste, tornando a articulação e a integração de políticas públicas nas zonas rurais e urbanas o grande desafio na aplicação do Estatuto da Cidade, e soma-se, em alguns casos, a necessidade de ações de cooperação e coordenação federativa.

Referências

ABIB DE ALMEIDA, Guadalupe Maria Jungers. A política municipal de desenvolvimento e expansão urbana na zona costeira e a cooperação entre os entes federativos. Revista Interesse Público. Ano 17, n. 92. pp. 119-140. Belo Horizonte. 2015

ALFONSIN, Betânia de Moraes; SALTZ, Alexandre; FILHO, Gerson Tadeu Astolfi Vivan; FACCENDA, Guilherme; FERNANDES, Daniel E MULLER, Renata. Das Ruas de Paris a Quito: O Direito à Cidade na Nova Agenda Urbana- Habitat III. Revista de Direito da Cidade, vol. 09, nº 3.

CÂMARA, Jacintho Arruda, 2014, p. 325 in: DALLARI, Adilson Abreu e FERRAZ, Sérgio. *Estatuto da Cidade* (Comentários à Lei Federal nº 10.257/2001)- Coordenação de Adilson Abreu Dallari e Sérgio Ferraz. 4º edição. São Paulo: Malheiros Editores, 2014.

CASTRO, José Nilo de; DUARTE, Renata Miranda. Alteração do perímetro urbano. Revista Brasileira de Direito Municipal. Belo Horizonte. Ano. 12, jul/set 2011.

JUNIOR, Nelson Saule. A competência do município para disciplinar o território rural, p. 50 in: SANTORO, Paula (org.); PINHEIRO, Edie (Org). O município e as áreas rurais. São Paulo, Instituto Pólis, Cadernos Pólis 8, 2004.

MENCIO, Mariana. "Interfaces entre Zona Rural e Urbana e o Exercício de Competência Municipal no âmbito da Disciplina do Uso e Ocupação do Solo

Urbano" publicado no Boletim de Direito Municipal da Editora NDJ, nº 7, Ano XXIX, Julho de 2013.

—. A regularização fundiária de núcleos urbanos informais localizados em áreas rurais prevista pela lei federal nº 13.465/2017 e o exercício da competência municipal na disciplina do ordenamento territorial local. Cadernos da Defensoria Pública do Estado de São Paulo / Escola da Defensoria Pública do Estado de São Paulo. – Vol. 1 (2016) – . – São Paulo: EDEPE, 2016- . ISSN 2526-5199 ISBN 978-85-92898-18-2 (v. 3, nº. 17, 2018).

MUKAI, Toshio. Direito Urbano e ambiental. Belo Horizonte: Fórum, 2006.

NIEBUR, Pedro de Menezes. A Cidade e o Alimento: Fundamentos para a compreensão da Integração dos Meios Urbano e Rural enquanto diretriz da Política Urbana, p. 10 Revista de Direito da Cidade, vol. 10, nº 3. ISSN 2317-7721

RAMOS, Soraia de Fátima. Agricultura Urbana e o Novo Plano Diretor Estratégico do Município de São Paulo: promoção à sustentabilidade ambiental e à saúde nas metrópoles. v. 9, n. 11, novembro 2014 Análises e Indicadores do Agronegócio. IEA (agricultura.sp.gov.br) Acesso em 12 abril 2021

SANTORO, Paula. Planejar a Expansão Urbana: Dilemas e Perspectivas São Paulo, 2012. Tese Doutorado Área de Concentração: Habitat) – FAUUSP. Orientador Nabil Georges Bonduki

SEPE, Patrícia Marra; PEREIRA, Hélia Maria Santa Bárbara. O conceito de Serviços Ambientais e o Novo Plano Diretor de São Paulo: Uma Nova abordagem para a gestão ambiental urbana? P. 2 Anais da Sessão Temática da XVI Enanpur de Belo Horizonte- Sessão Temática 4- Natureza, reprodução social e bens comuns. 2015

SILVA, José Graziano da. O novo rural brasileiro, Editora UNICAMP, Campinas, 1999.

SILVA, José Afonso da. Direito Urbanístico Brasileiro, 8º edição, atualizada. São Paulo: Malheiros, 2018.

SUNDFELD, Carlos Ari. O Estatuto da cidade e suas diretrizes gerais. In: *Estatuto da cidade* (Comentários à lei federal 10.257/2001) – Coordenação de Adilson Abreu Dallari e Sérgio Ferraz. 4º ed. São Paulo: Malheiros, 2014.

TRAVASSOS, Luciana; PORTES, Bruno; MORI, Anna Kaiser; SANTIS, Fabio de; BELLENZANI, Maria Lúcia; ARAÚJO, Gabriel Araújo; FERNANDES, Bruna de Souza CAPÍTULO 13. A importância do rural na Região Metropolitana de São Paulo: serviços ecossistêmicos e a produção do espaço. In: Dilemas ambientais-urbanos em duas metrópoles latino-americanas: São Paulo e Cidade do

México no século XXI/Pedro Roberto Jacobi (Organizador), Mario Federico Bassols Ricárdez (Organizador), Pedro Henrique Campello Torres (Organizador), et al- Jundiaí-SP: Paco Editorial, 2021.

VEIGA, José Eli da, A Dimensão Rural do Brasil. Programas de Seminários Acadêmicos. Seminário n. 04 FEA-USP, São Paulo. 2004

ZUQUIM, Maria de Lourdes, p. 2. O lugar do rural nos planos diretores municipais. **Anais.** São Carlos: STT/CETEPE/EESC/USP, 2008.

7.
Orçamento Participativo e o Exercício da Cidadania no Controle Orçamentário – Monitoramento e Teto de Gastos Públicos

GIANPAOLO POGGIO SMANIO
JOSÉ CARLOS JUNQUEIRA SAMPAIO MEIRELLES
MÁRCIO NOVAES CAVALCANTI

Introdução

O orçamento participativo foi um marco no exercício da cidadania. A participação do cidadão na gestão do orçamento é fundamental para que os recursos públicos sejam destinados a garantir o bem-estar social. Com o desenvolvimento de normas de monitoramento orçamentário é possível garantir ao cidadão o acompanhamento da gestão fiscal.

Mas a garantia ao cidadão de que os recursos que lhe pertencem sejam bem administrados passa pela discussão da utilização de regras de restrição fiscal nos Municípios, como a fixação do teto de gastos. Esse debate deve ser feito com base em estudos econométricos e de finanças públicas, com a análise dos benefícios efetivos e dos custos, a fim de que as narrativas ideológicas não prejudiquem a possibilidade de o cidadão debater como devem ser utilizados os recursos escassos de que dispõe.

A primeira parte deste artigo vai tratar da importância que a participação na elaboração e na fiscalização do orçamento público têm para a cidadania. O orçamento participativo é um instrumento à disposição do cidadão para cuidar dos recursos públicos, nesta que é uma das dimensões do conceito de cidadania, e pode ser aprimorado.

No segundo capítulo vamos abordar a importância do monitoramento dos gastos públicos sob uma perspectiva diferente, o da influência do desperdício do gasto municipal no equilíbrio da federação. O monitoramento com o objetivo de evitar o desperdício municipal em benefício também da federação encontra respaldo em teorias econômicas que justificam as leis de controle orçamentário em áreas econômicas de moeda comum, o que se aplica à federação brasileira, conforme será visto no segundo capítulo.

Por fim, o terceiro capítulo trará a discussão da importância de leis de controle orçamentário, como normas que estabelecem o teto de gastos públicos, sob um ponto de vista econômico e de finanças públicas, longe das narrativas ideológicas sobre o tema. O capítulo explicará as consequências benéficas que a imposição de um teto de gastos nos municípios traz para o equilíbrio macroeconômico da federação.

1. Orçamento participativo e a importância do monitoramento e o teto de gastos para o exercício da cidadania

O Estatuto da Cidade, Lei nº 10.257/2001, em seu Capítulo IV, artigos 43 a 45, traça os contornos do que é a gestão democrática da cidade. Fazendo referência à gestão orçamentária participativa, prevista na alínea "f" do inciso III do artigo 4º desta lei, o artigo 44 estabelece que o orçamento participativo incluirá a realização de debates, audiências e consultas públicas, sobre as propostas do plano plurianual, da lei de diretrizes orçamentárias e do orçamento anual.

A partir da legislação de Porto Alegre, surgiram diversas adaptações ao padrão criado no Estado gaúcho. Considerando também as experiências internacionais, alguns modelos se estabeleceram e são eles[1]: (a) adaptação do modelo de Porto Alegre; (b) participação de proximidade; (c) consulta das finanças públicas; (d) participação de atores diversificados; (e) orçamento participativo comunitário; (f) participação de grupos

[1] Sintomer, Yves. Herzberg, Carsten. Allegretti, Giovanni. Rocke, Anja. Diálogo Global nº 25. *Aprendendo com o Sul: O Orçamento Participativo no Mundo – um convite à cooperação Global.* Publicado por: Engagement Global gGmbh Service fur Entwicklungsinitiativen. Março 2012, p. 11.

organizados. A distinção entre tais modelos diz respeito não só à participação de indivíduos ou de grupos, mas também no que diz respeito ao objeto da discussão – investimentos, projetos ou políticas.

Contudo, independentemente do modelo adotado, o orçamento participativo é um dos aspectos da expressão da dimensão horizontal da cidadania, conforme estabelecido pela Constituição de 1988 e de acordo com SMANIO[2] que estabelece que a dimensão da cidadania a ser desenvolvida é "...uma condição objetiva de acesso a direitos, mas também de comprometimento com os interesses da comunidade...".

E dentre os interesses da comunidade está a participação do cidadão na gestão orçamentária, na busca do equilíbrio fiscal e na escolha da aplicação dos recursos orçamentários. Nesse sentido, é interesse do cidadão fiscalizar o orçamento, devendo ser garantido o direito ao monitoramento orçamentário, não só visando alcançar e receber os benefícios que devem ser garantidos pelo Estado, mas também com a finalidade de exigir uma gestão fiscal que busque o equilíbrio das contas públicas.

Decorridas duas décadas da edição do Estatuto da Cidade e da criação do orçamento participativo, e após diversos estudos a respeito dos impactos macroeconômicos causados pelo desequilíbrio fiscal, surgiram novas normas de controle orçamentário. São instrumentos legais para a proteção do cidadão e fundamentais para que o cidadão tenha o direito de ter acesso, com transparência, aos gastos públicos. São também normas que limitam o gasto público e geram benefícios macroeconômicos ao país e ao cidadão. É importante refletir a respeito do monitoramento orçamentário e sua importância para o cidadão e também sobre o teto de gastos públicos, e sua importância para a estabilidade econômica. Estas normas que podem ser adotadas pelos municípios em benefícios dos cidadãos e da federação brasileira.

[2] SMANIO, Gianpaolo Poggio. *A conceituação da cidadania brasileira e a Constituição Federal de 1988*. In: MORAES, Alexandre de (Org.). Os 20 anos da Constituição da República Federativa do Brasil. São Paulo: Atlas, 2008, p. 337.

2. O monitoramento dos gastos públicos municipais como medida que contribui para a estabilidade macroeconômica da federação brasileira

É incrível pensar que o monitoramento das contas públicas municipais, com a finalidade de eliminar o déficit público municipal, pode ter como consequência a saúde financeira da federação brasileira. Ao analisarmos a estrutura fiscal da federação brasileira constatamos que essa afirmação é verdadeira, o que nos leva a concluir que a estabilidade macroeconômica do Brasil depende, dentre outros fatores, também do monitoramento do orçamento municipal pelos cidadãos munícipes.

A federação fiscal brasileira possui duas características principais. A primeira é a de que é composta por unidades (União, Estados, Distrito Federal e Municípios) com alto grau de autonomia fiscal e tributária. A segunda é o cooperativismo, assegurado por transferências automáticas de recursos fiscais entre os entes, nos termos dos artigos 157 a 162 da Constituição da República.

Dessas características decorrem consequências econômicas e financeiras à federação como um todo. Da excessiva autonomia fiscal e tributária decorre a necessidade de um controle mais rigoroso das contas dos entes da federação, uma vez que o comportamento imoral dos governantes (Moral Hazard) leva a desperdícios ou gastos excessivos, desequilibrando as contas dos entes federativos.

Do cooperativismo, garantido pelas transferências automáticas de recursos fiscais, também decorre a imperatividade do monitoramento das contas públicas, pois a garantia de recebimento de recursos por administradores irresponsáveis também leva ao déficit público.

Aliás, a fragilidade fiscal dos municípios e a excessiva dependência de recursos da União foi constatada pelo Tribunal de Contas da União (TCU) no Relatório Sistêmico de Fiscalização (FISC) sobre o financiamento regional, realizado a partir de uma auditoria, submetido ao Plenário e convertido no AC 1655/2017[3].

[3] BRASIL. Tribunal de Contas da União. AC-1655-29/17-P. Disponível em:< file:///Users/usuariopadrao/Downloads/1655-2017.pdf:> Acesso em 01 nov. 2019.

As conclusões a partir dos dados coletados foram compiladas por CAVALCANTI[4]:

> Os dados demonstram que há um risco grande de insustentabilidade fiscal e de dependência dos Estados e Municípios, pois a União responde por mais de 30% (trinta por cento) dos recursos que financiam os Estados, mais de 50% (cinquenta por cento) dos recursos que financiam os Municípios e mais de 40% (quarenta por cento) dos Estados e Municípios apresentaram uma situação fiscal temerária.
>
> Outras conclusões constantes do acórdão do TCU são as seguintes: Em média 42% (quarenta e dois por cento) dos recursos dos Estados são oriundos de fontes externas, sendo a União responsável por 31% (trinta e um por cento) do total; em média 88% (oitenta e oito por cento) dos recursos dos Municípios são oriundos de fontes externas, sendo a União responsável por 51% (cinquenta e um por cento) do total; em 2014, 40% (quarenta por cento) dos Estados não conseguiam gerar mais do que 50% (cinquenta por cento) dos seus recursos e nesse mesmo ano, 87% (oitenta e sete por cento) dos Municípios não conseguiram gerar sequer 25% (vinte e cinco por cento) dos seus recursos; em 2014, em 33% (trinta e três por cento) dos Estados os recursos oriundos da União corresponderam a mais de 40% (quarenta por cento) do total e, nesse mesmo ano, em 44% (quarenta e quatro por cento) dos Municípios os recursos provenientes da União corresponderam a mais de 50% (cinquenta por cento) do total.
>
> No que diz respeito à situação fiscal: em 2014, 44% (quarenta e quatro por cento) dos Estados foram considerados com situação fiscal fraca e, nesse mesmo ano, o percentual de Municípios com situação fiscal fraca foi de 42% (quarenta e dois por cento); em 2014, 33% (trinta e três por cento) dos Estados foram considerados em situação fiscal forte, mas dependentes da União e 37% (trinta e sete por cento) dos Estados foram considerados independentes, mas com situação fiscal fraca. Alagoas e Piauí foram considerados dependentes e com situação fiscal fraca; em 2014 apenas 1% (um por cento) dos Municípios foram considerados independentes (cerca de 50 Municípios);

[4] CAVALCANTI, Márcio Novaes. *O Aperfeiçoamento das normas de finanças públicas para o equilíbrio fiscal dos entes da federação no desenvolvimento de um novo pacto federativo.* Orientadora: Pierdoná, Zélia Luiza. Dissertação de Mestrado – UPM – 2020, p. 101.

em 2014, 41% (quarenta e um por cento) dos Municípios foram considerados dependentes e com situação fiscal fraca.

Essa situação de dependência dos recursos da União por parte de Estados e Municípios gera riscos para a União e leva também ao desperdício de recursos públicos, pois parte dos recursos da União é destinado a suprir Estados e Municípios que, muitas vezes, fazem uma gestão inadequada das contas públicas. Assim, o desequilíbrio dos entes da federação leva a uma situação de risco de insustentabilidade fiscal para a União.

Em síntese, a situação de dependência e de gestão fiscal frágil na maioria dos Estados e Municípios pode levar a União a uma situação de risco fiscal e desperdício de recursos públicos, pois parte dos recursos públicos da União Federal sustentam as necessidades de Estados e Municípios, sendo que muitos deles possuem uma gestão fiscal e orçamentária fraca. Como consequência, desperdício, desvio, ou má gestão de recursos públicos é um problema crônico. Essa falta de equilíbrio dos membros da federação pode levar a uma falta de equilíbrio da federação, e esta é a razão pela qual deve haver monitoramento da gestão fiscal e orçamentária dos membros da federação brasileira.

Exemplo efetivo de monitoramento orçamentário, advertência aos gestores e dissuasão através da fixação de punições e multas aos gestores irresponsáveis, é a legislação adotada pela União Europeia. O Regulamento do Conselho 1.466/97[5] foi adotado com o objetivo de fixar normas para assegurar a fiscalização dos programas de estabilidade e de convergência. Tem um objetivo preventivo claro e foi projetado para impedir, na fase inicial do lançamento do Euro, a ocorrência de déficits gerais e excessivos dos governos nacionais e para promover a vigilância e a coordenação de políticas econômicas.

O Regulamento do Conselho 1.467/97[6] estabelece um procedimento detalhado de monitoramento de países que apresentem déficits orça-

[5] UNIÃO EUROPEIA. Regulamento do Conselho Europeu nº 1.466/97, 07 jul. 1997. *Jornal Oficial da União Europeia nº L 209/1, de 02 ago. 1997*. Disponível em:< https://eur-lex.europa.eu/legal-content/PT/ALL/?uri=CELEX%3A31997R1466>. Acesso em 30 ago. 2019.

[6] UNIÃO EUROPEIA. Regulamento do Conselho Europeu nº 1.467/97, 07 jul. 1997. *Jornal Oficial da União Europeia nº L 209/6, de 02 ago. 1997*. Disponível em:< https://eur-lex.

mentários excessivos. Os países são advertidos e é estabelecido um diálogo com a finalidade de dissuadir o país a permanecer em uma situação de déficit. Os artigos 11 a 16 deste Regulamento (1.467/97) estabelecem sanções que variam de 0,2% do PIB a 0,5% do PIB que podem ser impostas aos países. Estas multas constituem outras receitas e seu montante é destinado a um fundo europeu destinado a salvaguardar a estabilidade financeira na zona do Euro.

Posteriormente, a vigilância fiscal e os mecanismos de correção de déficit excessivo na área do Euro foram aprimorados a partir de 2013. A intenção era avaliar previamente as propostas orçamentárias dos países da área do Euro e assegurar a correção dos déficits excessivos. Foi editado o Regulamento (EU) nº 473/2013[7]. Este Regulamento tem as seguintes finalidades: (i) aprimorar a vigilância das políticas orçamentárias nos países da área do Euro mediante, por exemplo, uma avaliação coordenada de suas propostas orçamentárias pela Comissão Europeia no período do ano correspondente ao outono; (ii) introduzir uma avaliação europeia das propostas orçamentárias num prazo coordenado no período do outono para os países da área do Euro; (iii) aperfeiçoar as estruturas orçamentárias nacionais requerendo a criação de organismos independentes para tal fim.

Este Regulamento se aplica a todos os países da área do Euro, com regras especiais para os países que estão sujeitos aos procedimentos para correção de déficit excessivo. Também foi editado pela Comissão outro regulamento em complementação. Trata-se do Regulamento nº 877/2013[8]. Este procedimento para correção de déficit excessivo com-

europa.eu/legal-content/PT/ALL/?uri=CELEX:31997R1467. Acesso em 30 ago. 2019.

[7] UNIÃO EUROPEIA. Regulamento da União Europeia nº 473/2013 do Parlamento Europeu e do Conselho de 21 mai. 2013 que estabelece disposições comuns para o acompanhamento e a avaliação dos projetos de planos orçamentários e para a correção do déficit excessivo dos Estados-Membros da área do euro de 21 mai. 2013. *Jornal Oficial da União Europeia nº 140/11, de 27 mai. 2013*. Disponível em:< https://eur-lex.europa.eu/legal-content/PT/TXT/?uri=CELEX%3A32013R0473>. Acesso em 30 ago. 2019.

[8] UNIÃO EUROPEIA. Regulamento Delegado da União Europeia nº 877/2013 da Comissão de 27 jun. 2013 que complementa o Regulamento (UE) nº 473/2013 do Parlamento Europeu e do Conselho que estabelece disposições comuns para o acompanhamento e a avaliação dos projetos de planos orçamentários e para a correção do déficit excessivo dos

preende uma série de regras desenhadas para trazer o déficit para baixo do limite de 3% do PIB definido no Tratado da União Europeia e no Pacto de Estabilidade – sempre considerando que um país está em déficit para um ano sempre que os seus gastos para esse ano forem superiores às suas receitas para o mesmo ano.

Caso a proposta orçamentária estiver em desacordo com as regras orçamentárias comuns, a Comissão poderá pedir ao país em questão que encaminhe à Comissão uma nova proposta orçamentária dentro de um prazo de 03 (três) semanas contado da emissão da manifestação da Comissão. Além disso, o Regulamento obriga os países da área do Euro a instituírem organismos independentes que sejam responsáveis por monitorar a conformidade das propostas orçamentárias com as regras fiscais relevantes e produzir, ou eventualmente endossar, previsões macroeconômicas que sustentem o orçamento anual e os planos fiscais de médio prazo.

Além disso, os países da área do euro enquadrados nos procedimentos para correção de déficit excessivo estão sujeitos a regras mais severas para a prestação de informações. Este Regulamento dá à Comissão uma nova ferramenta para reagir mais rapidamente, mediante e emissão de um aviso, quando um país corre o risco de desrespeitar os requisitos de enquadramento nos procedimentos para correção de déficit excessivo.

Este exemplo demonstra que se é possível o estabelecimento de legislação para monitorar, advertir, dialogar, dissuadir e até, ao final, multar países com comportamento orçamentário excessivo, com a finalidade de manter a estabilidade macroeconômica na área do Euro, também é importante e possível que os cidadãos dos municípios brasileiros tenham à sua disposição normas com o mesmo objetivo e que tenham a finalidade de assegurar a estabilidade na federação brasileira.

Estados-Membros da área do euro. **Jornal Oficial da União Europeia nº L 244/23, de 13 set. 2013.** Disponível em:< https://eur-lex.europa.eu/legal-content/PT/TXT/PDF/?uri=CELEX:32013R0877&from=EN>.Acesso em 30 ago. 2019.

3. A conveniência de se discutir o teto de gastos públicos municipal em uma esfera distante das narrativas ideológicas

O efeito transbordamento (*spillover effect*) que decorre do risco subsoberano é uma realidade na federação brasileira. Em função da fragilidade fiscal dos Municípios e da dependência dos Municípios das transferências automáticas de recursos de outros entes da federação, conforme ficou comprovado pelo AC 1655/2017 do TCU, a discussão não ideológica da fixação de um teto para os gastos públicos dos municípios pode ser feita.

Nos últimos 30 (trinta) anos um número crescente de países incorporou regras numéricas na condução de suas políticas fiscais. Regras fiscais são definidas pela teoria econômica como uma restrição duradoura à política fiscal, mediante a fixação de limites numéricos sobre agregados orçamentários. A literatura costuma considerar quatro tipos de regras fiscais, conforme JESUS ET AL[9], a saber: regras de saldo orçamentário, regras de dívida, regras de despesas e regras de receita, aplicáveis ao governo central (ou geral) ou ao setor público.

O uso de tais regras leva os países que as adotam a ter déficits fiscais e dívidas menores, se comparados aos países sem tais regras. Os resultados positivos da adoção de metas fiscais levaram mais de 90 (noventa) países a adotarem algum tipo de regra na condução da política fiscal, e, dentre tais países, estão todos os que pertencem ao G-20 e à OCDE.

De acordo com o Banco Mundial, a frequência dos tipos de regras fiscais entre os países que as adotam é demonstrada pelo seguinte Gráfico que demonstra a frequência com que ocorrem os tipos de regras fiscais[10]:

[9] JESUS, Diego Pitta de; Besarria, Cássio da Nóbrega; e Maia, Sinézio Fernandes. *Os Efeitos Macroeconômicos dos Choques de Política Monetária sob Restrição Fiscal: uma análise por meio de um modelo DSGE.* XXIII Prêmio do Tesouro Nacional – 2018. P. 05. Disponível em:< https://www.enap.gov.br/documentos/a_enap/premiacoes/3o-lugar-diego-pitta-de-jesus-096.pdf>. Acesso em 29 ago. 2019.

[10] JESUS, Diego Pitta de; Besarria, Cássio da Nóbrega; e Maia, Sinézio Fernandes. *Os Efeitos Macroeconômicos dos Choques de Política Monetária sob Restrição Fiscal: uma análise por meio de um modelo DSGE.* XXIII Prêmio do Tesouro Nacional – 2018, p. 08. Figura 01 Apud Banco Mundial. Disponível em:< https://www.enap.gov.br/documentos/a_enap/premiacoes/3o-lugar-diego-pitta-de-jesus-096.pdf>. Acesso em 29 ago. 2019.

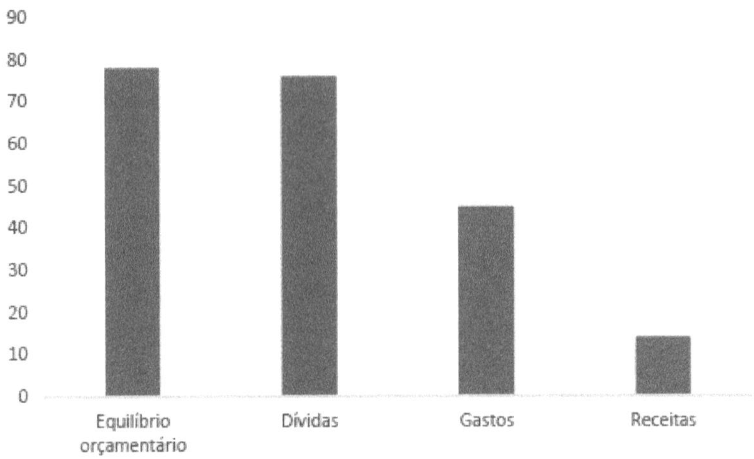

Fonte: Jesus, Diego Pitta de; Besarria, Cássio da Nóbrega; e Maia, Sinézio Fernandes. *Os Efeitos Macroeconômicos dos Choques de Política Monetária sob Restrição Fiscal: uma análise por meio de um modelo DSGE.* XXIII Prêmio do Tesouro Nacional – 2018, p. 08. Figura 01 Apud Banco Mundial. Disponível em:< https://www.enap.gov.br/documentos/a_enap/premiacoes/3o-lugar-diego-pitta-de-jesus-096.pdf>. Acesso em 29 ago. 2019.

Não convém abordar neste artigo as motivações que levaram à adoção da EC 95/16 no Brasil (Emenda do Teto de Gastos), uma vez que a motivação principal está relacionada ao abandono do regime de metas fiscais pelo governo federal. O que convém abordar são os efeitos esperados do novo regime fiscal e que de acordo com FONSECA (2017) são[11]: (i) estabilizar a dívida pública e criar condições para a retomada do crescimento; (ii) evitar o retorno da inflação elevada; (iii) possibilitar o realismo

[11] Fonseca, Augusto César de Carvalho. *A Emenda Constitucional nº 95 como Mecanismo de Revitalização do Regime de Metas Fiscais.* XXI Prêmio Tesouro Nacional – 2017. p. 37. Apud Henriques, L. G. Gestão Macrofiscal do Orçamento. Aula do Curso de Aspectos Fiscais e Macroeconômicos do Orçamento. Escola Nacional de Administração Pública – ENAP. Brasília, 2017. Disponível em https://goo.gl/K1GvHC, p. 73. Disponível em: < https://sisweb.tesouro.gov.br/apex/apex_util.get_blob?s=9851071832319&a=2521&c=218903920635965140&p=3&k1=1575&k2=&ck=M1KTNZfz_fWxInIIx9mCkxOL_paIo-JRh4wH_zdWLktBg7HEtGHLRWV3T235FD-VG-4_7BtQjCQ2Gk15Q8EzJgg&rt=IR>. Acesso em 29 ago. 2019.

orçamentário desestimulando a utilização de receitas não recorrentes no orçamento para equilibrar o orçamento; (iv) permitir a avaliação de políticas públicas pela sua efetividade comparada, com maior protagonismo do Congresso Nacional; e (v) trazer maior pressão para o aperfeiçoamento de políticas públicas. Percebe-se que embora os efeitos sejam desenhados para o governo federal, seriam benéficos e positivos também para os governos municipais.

Ao tratar dos objetivos esperados a partir da EC 95/16, a curto, médio e longo prazos, Fonseca[12] conclui que a EC 95/16 contribuiria para a revitalização do regime de metas fiscais, pois passaria a inibir a criação de mecanismos para burlar o objetivo principal das metas fiscais, conforme previsto na Lei de Responsabilidade Fiscal, ainda que de forma legal, e também fortaleceria o debate na elaboração do orçamento público.

É importante mencionar que a adoção dessa nova regra fiscal motivou também o desenvolvimento de estudos econométricos para a análise dos impactos econômicos e sociais das políticas de austeridade fiscal. No estudo de JESUS ET AL[13] foi executado um exercício que pressupõe que o governo poderia adotar a EC 95/16 ou uma regra fiscal alternativa. Os principais resultados obtidos sugerem que os efeitos macroeconômicos dos choques monetários em uma economia semelhante à do Brasil estão em conformidade com o que foi encontrado na literatura e que as magnitudes das respostas dependem significativamente da regra de política fiscal adotada.

Demonstram Jesus et al que uma vez combinada a redução da atividade econômica com queda na arrecadação e crescimento das despe-

[12] Fonseca, Augusto César de Carvalho. *A Emenda Constitucional nº 95 como Mecanismo de Revitalização do Regime de Metas Fiscais*. XXI Prêmio Tesouro Nacional – 2017, p. 46. Disponível em: < https://sisweb.tesouro.gov.br/apex/apex_util.get_blob?s=9851071832319&a=2521&c=218903920635965140&p=3&k1=1575&k2=&ck=M1KTNZfz_fWxInIIx9mCkxOL_paIoJRh4wH_zdWLktBg7HEtGHLRWV3T235FD-VG-4_7BtQjCQ2Gk15Q8EzJgg&rt=IR>. Acesso em 29 ago. 2019.

[13] Jesus, Diego Pitta de; Besarria, Cássio da Nóbrega; e Maia, Sinézio Fernandes. *Os Efeitos Macroeconômicos dos Choques de Política Monetária sob Restrição Fiscal: uma análise por meio de um modelo DSGE*. XXIII Prêmio do Tesouro Nacional – 2018, p. 04. Disponível em:< https://www.enap.gov.br/documentos/a_enap/premiacoes/3o-lugar-diego-pitta-de-jesus-096.pdf>. Acesso em 29 ago. 2019.

sas, os indicadores de dívida pública passaram a crescer rapidamente e a sua sustentabilidade passou a ser um ponto de destaque no debate. Foi nesse contexto que foi implementada em 2016 a regra do teto do gasto público (EC 95/16). A fim de acompanhar o crescimento da despesa do governo com e sem a EC 95/16, projetaram ambos os cenários e o gráfico abaixo demonstra que até o ano de 2027 há uma diferença das despesas, mas dentro de um intervalo de confiança (linhas tracejadas). Contudo, a partir de 2027, a linha vermelha que indica o cenário com a EC 95/16 se distancia consideravelmente do cenário sem a regra do teto de gasto público, linha azul, conforme Gráfico de projeção da despesa do governo com e sem a EC 95/16[14].

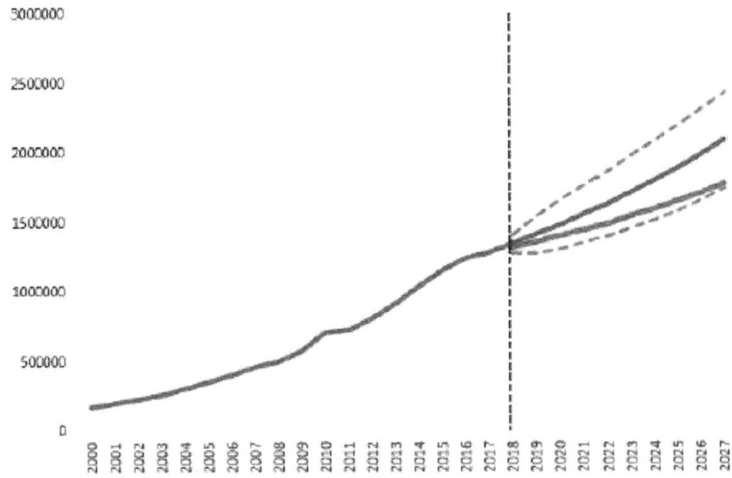

Fonte: Jesus, Diego Pitta de; Besarria, Cássio da Nóbrega; e Maia, Sinézio Fernandes. *Os Efeitos Macroeconômicos dos Choques de Política Monetária sob Restrição Fiscal: uma análise por meio de um modelo DSGE.* XXIII Prêmio do Tesouro Nacional – 2018. p. 11. Disponível em:< https://www.enap.gov.br/documentos/a_enap/premiacoes/3o-lugar-diego-pitta-de-jesus-096.pdf>. Acesso em 29 ago. 2019.

[14] Jesus, Diego Pitta de; Besarria, Cássio da Nóbrega; e Maia, Sinézio Fernandes. *Os Efeitos Macroeconômicos dos Choques de Política Monetária sob Restrição Fiscal: uma análise por meio de um modelo DSGE.* XXIII Prêmio do Tesouro Nacional – 2018, p. 11. Disponível em:< https://www.enap.gov.br/documentos/a_enap/premiacoes/3o-lugar-diego-pitta-de-jesus-096.pdf>. Acesso em 29 ago. 2019.

Em outra comparação interessante, proporcionada pelo mesmo estudo, os autores projetaram a trajetória das despesas do governo central a partir do ano 2000, com e sem a EC 95/16, como se ela existisse desde o ano 2000. No Gráfico[15] abaixo, que demonstra as despesas do governo central com regra de saldo orçamentário e com a EC 95/16, no período de 2000 a 2010, a linha azul mostra a trajetória da despesa efetiva do governo central com a regra de saldo orçamentário e a linha verde representa a despesa do governo central corrigida pela inflação, conforme EC 95/16:

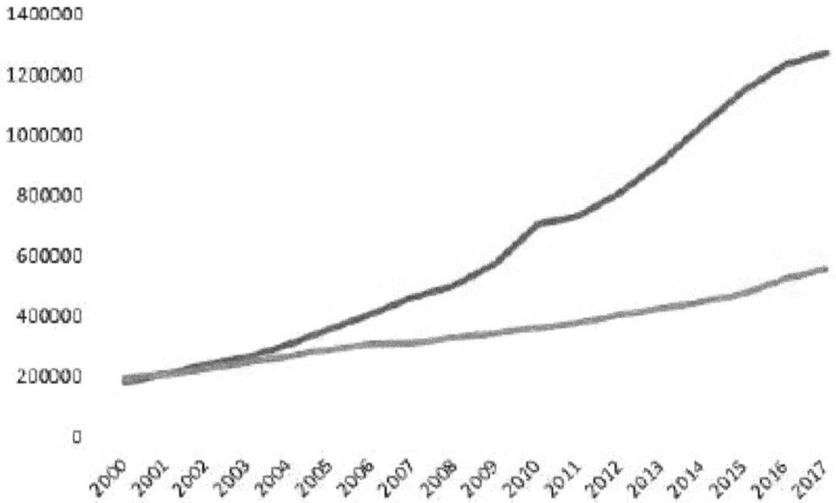

Fonte: Jesus, Diego Pitta de; Besarria, Cássio da Nóbrega; e Maia, Sinézio Fernandes. *Os Efeitos Macroeconômicos dos Choques de Política Monetária sob Restrição Fiscal: uma análise por meio de um modelo DSGE.* XXIII Prêmio do Tesouro Nacional – 2018, p. 12. Disponível em:< https://www.enap.gov.br/documentos/a_enap/premiacoes/3o-lugar-diego-pitta-de-jesus-096.pdf>. Acesso em 29 ago. 2019.

[15] Jesus, Diego Pitta de; Besarria, Cássio da Nóbrega; e Maia, Sinézio Fernandes. *Os Efeitos Macroeconômicos dos Choques de Política Monetária sob Restrição Fiscal: uma análise por meio de um modelo DSGE.* XXIII Prêmio do Tesouro Nacional – 2018. p. 12. Disponível em:< https://www.enap.gov.br/documentos/a_enap/premiacoes/3o-lugar-diego-pitta-de-jesus-096.pdf>. Acesso em 29 ago. 2019.

A diferença entre os dados efetivos e o esperado a partir da implementação da emenda do teto do gasto público, a EC 95/16, é crescente.

Outro estudo é uma análise a respeito do impacto dos choques de incerteza sobre a situação fiscal no Brasil e analisa o impacto sobre as receitas, despesas e transferências fiscais, mas não abrange regras fiscais mais rígidas e nem a emenda do teto de gastos públicos. A conclusão de Barbosa[16] que merece ser mencionada:

> Esta monografia mostrou que choques de incerteza apresentam-se como um desafio para o cumprimento de regras fiscais que se baseiem na eliminação do déficit fiscal primário. Um elemento importante é que a incerteza não tem uma origem específica, podendo muitas vezes surgir a despeito da forma em que é conduzida a política fiscal e monetária de um país. Assim, é importante que governos, especialmente de países emergentes, estejam aptos para atuar diante de choques de incerteza.

É importante notar a ressalva feita no que diz respeito à origem do choque de incerteza no sentido de que choques de incerteza não tem uma origem específica e podem surgir a despeito dos cuidados com a política fiscal e monetária. Contudo, a condução criteriosa da política fiscal, com regras claras, como as restrições existentes na EC 95/16, representa antídoto a choques de incerteza com origem na condução da política fiscal.

O que se conclui a partir da leitura dos estudos, é que a adoção de regras fiscais, particularmente o controle de gastos públicos, tem como consequência benefícios macroeconômicos. Essas conclusões decorrem de estudos econométricos e dados objetivos, afastando narrativas ideológicas sobre o tema. Por conta disso, eventual fixação de teto de gastos nos municípios é uma discussão que deve ser levada a efeito, tendo em vista os benefícios macroeconômicos para o município e para a federação, e também por possibilitar a discussão, com a participação dos cidadãos, sobre qual a prioridade que deve ser dada aos recursos públicos.

[16] Barbosa, Rafael Barros. *Impactos de Choques de Incerteza sobre a situação Fiscal no Brasil.* XXIII Prêmio do Tesouro Nacional – 2018, p. 75. Disponível em:< https://www.enap.gov.br/documentos/a_enap/premiacoes/1o-lugar-rafael-barros-barbosa-027.pdf>. Acesso em: 29 ago. 2019.

Conclusões

O Estatuto da Cidade trouxe a possibilidade da instituição do orçamento participativo, o que permite ao cidadão munícipe participar da gestão orçamentária, exercitando direito constitucional fundamental.

Nas últimas duas décadas diversos estudos econômicos e de finanças públicas levaram ao desenvolvimento de normas de controle orçamentário, dentre as quais normas de monitoramento de gastos públicos e regras de restrição fiscal, como a imposição de um teto para os gastos públicos.

A estrutura do federalismo fiscal brasileiro está baseada na autonomia orçamentária e tributária dos entes federados e nas transferências automáticas de recursos fiscais. Estas peculiaridades de nossa federação, somadas à fragilidade da gestão fiscal municipal e à dependência de recursos de terceiros por parte dos Municípios, conforme constatado pelo TCU, levam a uma situação de risco sistêmico para a federação.

O cidadão munícipe tem o direito e o dever de zelar pelas finanças públicas de sua cidade, não só para que os recursos fiscais sejam devidamente utilizados, mas também pelo fato de que essa gestão responsável é benéfica à federação como um todo.

Há exemplos de leis de monitoramento orçamentário, advertência e dissuasão, como é o caso de alguns regulamentos europeus. A adaptação de tais regulamentos para a normatização nos municípios brasileiros traria benefícios não só para o Município, mas para a federação.

O debate sobre leis que estabelecem um teto para os gastos públicos não pode estar preso a narrativas ideológicas. Há estudos econométricos que demonstram os benefícios que regras de restrição fiscal trazem para a economia. A discussão sobre a implementação de regras de restrição fiscal nos Municípios deve ser feita, a fim de que se evite uma situação de risco sistêmico para o país. Esta discussão quanto à implementação desse tipo de lei deve ser feita também para que o cidadão do Município possa decidir quais devem ser as prioridades do Município em que vive, a fim de que os recursos fiscais, escassos, sejam bem aplicados, de acordo com a vontade do povo, e sem desperdícios.

Referências

Barbosa, Rafael Barros. *Impactos de Choques de Incerteza sobre a situação Fiscal no Brasil.* XXIII Prêmio do Tesouro Nacional – 2018. Disponível em:< https://

www.enap.gov.br/documentos/a_enap/premiacoes/1o-lugar-rafael-barros-barbosa-027.pdf>. Acesso em 29 ago. 2019.

BRASIL. Tribunal de Contas da União. AC-1655-29/17-P. Disponível em:< file:///Users/usuariopadrao/Downloads/1655-2017.pdf:> Acesso em 01 nov. 2019.

Bucci, Maria Paula Dallari. *Fundamentos para uma Teoria Jurídica das Políticas Públicas*. São Paulo: Saraiva, 2013, cap. 3.

Bucci, Maria Paula. *O conceito de políticas públicas em direito*. In: BUCCI, Maria Paula Dallari (org.). Políticas Públicas: reflexões sobre o conceito jurídico. São Paulo: Editora Saraiva, 2006.

Carvalho, José Augusto Moreira de. *O Federalismo Fiscal Brasileiro e o Desvio de Recursos*. Orientador: Oliveira, Regis Fernandes. Tese de Doutorado – FADUSP – 2010.

Cavalcanti, Márcio Novaes. *O Aperfeiçoamento das normas de finanças públicas para o equilíbrio fiscal dos entes da federação no desenvolvimento de um novo pacto federativo*. Orientadora: Pierdoná, Zélia Luiza. Dissertação de Mestrado – UPM – 2020.

Comparato, Fábio Konder. *A nova cidadania*. Revista Lua Nova, São Paulo, n. 28-29, abr. 1993. Disponível em <http://www.scielo.br/scielo.php?script=sci_arttext&pid=S0102-64451993000100005&lng=en&nrm=iso>. Acesso em 6 ago.2013.

Costa, V. Ferreira e Abrucio, F. *Reforma do Estado e o Contexto Federativo Brasileiro*. Revista Veja, páginas amarelas, edição 1590, ano 32, nº 12 (12.03.1999).

De Grauwe, Paul, *The Economics of Monetary Integration*. 11th Ed., Great Britain, Oxford University Press, 2016.

_ The Economics of Monetary Integration. 3th Ed., Great Britain, Oxford University Press, 1997.

Draibe, Sonia M. *Estado de Bem-Estar, Desenvolvimento Econômico e Cidadania: algumas lições da literatura contemporânea*. In Políticas Públicas no Brasil. (Gilberto Hochman, Marta Arretche, Eduardo Marques orgs.) Editora Fiocruz, 2ª impressão.

Fonseca, Augusto César de Carvalho. *A Emenda Constitucional nº 95 como Mecanismo de Revitalização do Regime de Metas Fiscais*. XXI Prêmio Tesouro Nacional – 2017. p. 37. Apud Henriques, L. G. Gestão Macrofiscal do Orçamento. Aula do Curso de Aspectos Fiscais e Macroeconômicos do Orçamento. Escola Nacional de Administração Pública – ENAP. Brasília, 2017. Disponível em https://

goo.gl/K1GvHC. Disponível em: < https://sisweb.tesouro.gov.br/apex/apex_util.get_blob?s=9851071832319&a=2521&c=21890392063596514O&p=3&k1=1575&k2=&ck=M1KTNZfz_fWxInIIx9mCkxOL_paIoJRh4wH_zdWLktBg7HEtGHLRWV3T235FD-VG-4_7BtQjCQ2Gk15Q8EzJgg&rt=IR>. Acesso em 29 ago. 2019.

Franco, Gustavo. *A Federação Europeia e a Nossa.* O Estado de São Paulo de 28.03.1999.

Herrera, Carlos Miguel. Estado, Constituição e Direitos Sociais. In Revista da Faculdade de Direito da Universidade de São Paulo, v. 102, p. 371-395, 2007. Disponível em: <http://www.revistas.usp.br/rfdusp/article/viewFile/67760/70368>. Acesso em 9 jun. 2014.

Jesus, Diego Pitta de; Besarria, Cássio da Nóbrega; e Maia, Sinézio Fernandes. *Os Efeitos Macroeconômicos dos Choques de Política Monetária sob Restrição Fiscal: uma análise por meio de um modelo DSGE.* XXIII Prêmio do Tesouro Nacional – 2018. Disponível em:< https://www.enap.gov.br/documentos/a_enap/premiacoes/3o-lugar-diego-pitta-de-jesus-096.pdf>. Acesso em 29 ago. 2019.

Lopes, Ana Maria D'Ávila. *A Cidadania na Constituição Federal Brasileira de 1988.* In: Bonavides, Paulo; Lima, Francisco Gerson Marques de; Bedê, Fayga Silveira. *Constituição e democracia: estudos em homenagem ao prof. J. J. Gomes Canotilho.* São Paulo, SP: Malheiros, 2006.

Mundell, Robert A. *A Theory of Optimum Currency Areas.* The American Economic Review – Vol. 51, nº 04 – September, 1961.

Nunes, Selene Peres Peres e Nunes, Ricardo da Costa. *O Processo Orçamentário na Lei de Responsabilidade Fiscal: Instrumento de Planejamento.* Figueiredo, Carlos Maurício e Nóbrega, Marcos, Organizadores. Administração Pública Direito administrativo, financeiro e gestão pública: prática, inovações e polêmicas. São Paulo: RT, 2002.

Sintomer, Yves. Herzberg, Carsten. Allegretti, Giovanni. Rocke, Anja. Diálogo Global nº 25. *Aprendendo com o Sul: O Orçamento Participativo no Mundo – um convite à cooperação Global.* Publicado por: Engagement Global gGmbh Service fur Entwicklungsinitiativen. Março 2012.

Smanio, Gianpaolo Poggio. *A conceituação da cidadania brasileira e a Constituição Federal de 1988.* In: MORAES, Alexandre de (Org.). *Os 20 anos da Constituição da República Federativa do Brasil.* São Paulo: Atlas, 2008.

TSOUKALIS, Loukas. *The New European Economy Revisited*, New York. Oxford University Press 1997.

UNIÃO EUROPEIA. Regulamento do Conselho Europeu nº 1.466/97, 07 jul. 1997. Jornal Oficial da União Europeia nº L 209/1, de 02 ago. 1997. Disponível em: <https://eur-lex.europa.eu/legal-content/PT/ALL/?uri=CELEX%3A31997R1466>. Acesso em 30 ago. 2019.

UNIÃO EUROPEIA. Regulamento do Conselho Europeu nº 1.467/97, 07 jul. 1997. Jornal Oficial da União Europeia nº L 209/6, de 02 ago. 1997. Disponível em:< https://eur-lex.europa.eu/legal-content/PT/ALL/?uri=CELEX:31997R1467. Acesso em: 30 ago. 2019.

UNIÃO EUROPEIA. Regulamento da União Europeia nº 473/2013 do Parlamento Europeu e do Conselho de 21 mai. 2013 que estabelece disposições comuns para o acompanhamento e a avaliação dos projetos de planos orçamentários e para a correção do déficit excessivo dos Estados-Membros da área do euro de 21 mai. 2013. Jornal Oficial da União Europeia nº 140/11, de 27 mai. 2013. Disponível em:< https://eur-lex.europa.eu/legal-content/PT/TXT/?uri=CELEX%3A32013R0473>. Acesso em: 30 ago. 2019.

UNIÃO EUROPEIA. Regulamento Delegado da União Europeia nº 877/2013 da Comissão de 27 jun. 2013 que complementa o Regulamento (UE) nº 473/2013 do Parlamento Europeu e do Conselho que estabelece disposições comuns para o acompanhamento e a avaliação dos projetos de planos orçamentários e para a correção do déficit excessivo dos Estados-Membros da área do euro. Jornal Oficial da União Europeia nº L 244/23, de 13 set. 2013. Disponível em:< https://eur-lex.europa.eu/legal-content/PT/TXT/PDF/?uri=CELEX:32013R0877&from=EN>.Acesso em 30 ago. 2019.

8.
A Contribuição de Melhoria como Instrumento de Construção de Cidades Mais Justas. Um Poder-Dever Constitucional que Compõe o Estatuto da Cidade

CINTIA ESTEFANIA FERNANDES

Introdução

O presente trabalho parte de uma Hipótese clara: pagar Contribuição de Melhoria no Brasil é um dever fundamental.

Partindo de uma análise dos princípios e do ordenamento constitucional e infraconstitucional, de maneira sistemática, verifica-se que a recuperação total da mais-valia da terra originada dos atos poder público pertence à coletividade e a ela deve retornar para a construção de cidades mais justas, solidárias, concretizando a justa distribuição de cargas e benefícios decorrentes do processo de urbanização, art. 2º, incisos IX e XI do Estatuto da Cidade, Lei 10.257/2001.

Tal constatação é possível por meio da leitura dos objetivos fundamentais da República Federativa do Brasil, do princípio da Função Social da Propriedade e das Cidades, da Responsabilidade Territorial dos Municípios, da Supremacia do Interesse Público sobre o Particular e da Isonomia, além da disposição expressa no texto constitucional, referente à Contribuição de Melhoria, art. 145, III, e do que prescreve o Estatuto da Cidade, art. 4º; IV, b, a Lei de Responsabilidade Fiscal e o Regulamento do Imposto Sobre a Renda o qual determina a integração no custo de aquisição de bens imóveis, do valor pago a título de Contribuição de Melhoria em face de obra pública, sendo de hialina clareza que toda a valorização deve ser recuperada por este instrumento.

Aponta-se o bem sucedido modelo colombiano como exemplo emblemático para futuras ações.

Enfrenta-se as principais questões que tentam inviabilizar a cobrança do tributo, como o argumento da bitributação e a possível incompatibilização da isonomia com a cobrança da contribuição.

1. Contribuição de Melhoria e o dever fundamental de pagar tributos

Tem-se como objetivo discorrer sobre um importante instrumento legal e constitucional de recuperação de *plusvalia*, a Contribuição de Melhoria[1], que figura como instrumento tributário determinante para o desenvolvimento da Federação brasileira[2], em especial para os Municípios, contribuindo para a autonomia deste Ente Federativo Pátrio e para a observância da função social da propriedade constitucionalmente prescrita no âmago conceitual da propriedade urbana, visando a utilização sustentável do solo urbano, a observância do princípio do benefício, do enriquecimento sem causa e da igualdade, devolvendo à coletividade os

[1] Segundo destaca Silva, Edgard Neves da. Contribuição de Melhoria. Curso de Direito Tributário. Coord. Ives Gandra da Silva Martins. 8 ed. São Paulo: Saraiva, 2001, p. 779), a Contribuição de Melhoria na Inglaterra é conhecida como, *betterment tax;* Estados Unidos, *special assessment;* França, *contribution sur les plus values;* Itália, *contributi di meglioria;* Espanha, *contribución de mejoras.*

[2] No Brasil este tributo foi cobrado desde o século XIX quando ainda era colônia de Portugal: na imposição de Fintas para a edificação de obras públicas na Bahia (1812), na Constituição surgiu em 1934, art. 124, incidindo sobre a valorização; na Constituição de 1946, art. 30, exige o limite geral e o individual; na Constituição de 1967 e Emenda n. 1/69, estabeleceu-se o limite total e o limite individual; com a Emenda Constitucional 23/83, o limite individual é excluído, permanecendo só o limite global (custo da obra), esta Emenda, em nossa modesta opinião, revoga os dispositivos do CTN, arts. 81 e 82 e o Decreto-lei 195/67; por fim a CF/88, não prevê limites expressos, apenas determinando a cobrança em face de obra pública, o que implica numa análise sistemática de todo o sistema constitucional e infraconstitucional para se chegar a uma interpretação adequada, caminho que se pretende trilhar neste trabalho.

investimentos que lhe pertencem e confirmando a responsabilidade territorial dos Municípios brasileiros[3].

Hodiernamente tem-se no Brasil um Estado Social Democrático de Direito, o qual claramente tem em seu ordenamento jurídico os pressupostos necessários para a sua materialização, conforme prescreve o art. 1.º da Constituição Federal (CF) de 1988:

> Art. 1.º. A República Federativa do Brasil, formada pela união indissolúvel dos Estados e Municípios e do Distrito Federal, constitui-se em Estado democrático de Direito.

Assim, para se alcançar a concretização deste Estado Social Democrático de Direito, deve-se pautar nos objetivos fundamentais da República Federativa do Brasil, formada pela União, Estados, Distrito Federal e Municípios, estabelecidos no art. 3.º da CF/88, princípios estes que possuem função de princípios gerais de toda a ordem jurídica:

> Art. 3.º. Constituem objetivos fundamentais da República Federativa do Brasil:
> I – construir uma sociedade livre, justa e solidária;
> II – garantir o desenvolvimento nacional;
> III – erradicar a pobreza e a marginalização e reduzir as desigualdades sociais e regionais.
> IV – promover o bem de todos, sem preconceitos de origem, raça, sexo, cor, idade e quaisquer outras formas de discriminação.

[3] Seguindo o escólio de Castro, José Nilo de. *A Disputa pela cidadania e as novas concepções de cidade. In* Revista de Direito Municipal, Belo Horizonte, a. 4., n. 7, p. 34-39, jan./fev./mar.2003, p. 34-35): "O Município é a base territorial das ações humanas e o único espaço onde se realiza o princípio democrático pela participação popular e pelo princípio da cooperação. [...] Há que se ressaltar efetivamente a força do Município. Depoimentos históricos revelam-se oportunos: Napoleão Bonaparte, na entrada do século XIX, escreveu da campanha a um de seus Ministros: 'Vou começar a fortuna da França pela prosperidade dos Municípios'". A. François Vivien, em sua obra Études Administratives, de 1845, sentenciou positivamente que "Cést dans la commune que naissent les premiers sentiments que attachement lês hommes au sol natal"

Dentre muitas injustiças, permitir que a mais valia originada dos atos do poder público por meio de recursos coletivos, enriqueçam uns poucos em detrimento dos demais, aumentando o preço da terra ou impedindo o uso do solo com serviços (objeto escasso e essencial para se viver em sociedade dignamente), é aceitar que os objetivos fundamentais da República Federativa do Brasil sejam ceifados, pois no século XXI, manter um imóvel não utilizado ou subutilizado, apenas para imobilizar capital e aguardar que o mesmo aumente, é ato que vai de encontro com um dos principais instrumentos para o desenvolvimento nacional, isto é, o uso adequado da terra, a qual se bem utilizada permite a consagração de uma sociedade mais justa e solidária, auxilia na erradicação da pobreza e da marginalização.

Permitir que a mais-valia da terra, originada pelo poder público não reverta para toda a coletividade, é afrontar os objetivos fundamentais da República Federativa do Brasil, nos termos do art. 3.º da CF/88.

A fragilização do sistema não é admissível, devendo ser mantida intacta a vontade suprema do texto magno, nos termos do escólio de Bonavides[4]:

> Poderosas forças coligadas numa composição política contra o regime constitucional de 1988 intentam apoderar-se do aparelho estatal para introduzir retrocessos na lei maior e revogar importantes avanços sociais, fazendo assim inevitável um antagonismo fatal entre o Estado e a Sociedade. [...] **Mas não acontecerá, se o Estado social for a própria Sociedade brasileira concentrada num pensamento de união e apoio a valores igualitários e humanistas que legitima a presente Constituição do Brasil. (...)**
>
> O Estado social brasileiro é, portanto, de terceira geração, em face desses aperfeiçoamentos: um Estado que não concede apenas direitos sociais básicos, mas os garante.
>
> Com efeito, não é possível compreender o constitucionalismo do Estado social brasileiro contido na Carta de 1988 se fecharmos os olhos à teoria dos direitos sociais fundamentais, ao princípio da igualdade, aos institutos processuais que garantem aqueles direitos. (Destaques nossos).

[4] Bonavides, Paulo, *Curso de direito constitucional*. 11. ed. ver. atual. e aum. São Paulo: Malheiros, 2001, p. 336; 338-339.

Dentro do contexto constitucional, tem-se que ter em mente a importância do Ente Municipal na consecução dos objetivos basilares da sociedade, isto é, na realização da democracia, por meio da busca da efetivação de medidas não só fiscais como também extrafiscais, visto que anfitrião do espaço urbano, visceralmente ligado à necessidade de solução da crise espacial do seu território, da proteção do meio ambiente, enfim, da necessidade da busca do bem-estar social em um plano concreto.

A responsabilidade territorial dos Municípios prescrita expressamente na Constituição de 1988, art. 30, inciso VIII, só será efetivamente exercida se os instrumentos para o adequado ordenamento territorial forem utilizados, dentre eles a Contribuição de Melhoria, viabilizando com isto o adequado planejamento, parcelamento e ocupação do solo, impedindo a retenção de imóveis para fins meramente especulatórios, os quais sem instrumentos constritivos permanecem não utilizados ou subutilizados, o que vai de encontro não só com os objetivos fundamentais do Brasil, como com a função social da propriedade e o princípio da igualdade.[5]

> Art. 30. Compete aos Municípios:
> I – legislar sobre assuntos de interesse local;
> II – suplementar a legislação federal e a estadual no que couber;
> (...)

[5] Pertinente a colocação de Lívia Maria Armentano Koenigstein Zago (2001, p. 327), ao observar que "o ser humano, hoje, mais do '*sapiens* é urbano', o homem da cidade, que vive na cidade, que depende da cidade. [...] Pela carência de planejamento, de investimentos, de visão, de uma política séria e adequada, a cidade bem-estar transformou-se em cidade do mal-estar individual e coletivo. Agigantou-se, tornou-se caótica e protagonista de dramas, de miséria, solidão, *stress*, de desumanidade. 2. Este panorama aliado, no século passado, ainda tão perto e já tão distante, aos movimentos de sociabilização (dos sentimentos, da propriedade, da empresa), da democratização e do ressurgimento da ênfase nos direitos humanos e sociais são condutores de disposições expressas na Constituição brasileira sobre a função social da propriedade, sobre a urbanização e sobre a exigência da lei federal disciplinadora garantidora da vida nas cidades. [...] Assim sendo, a função social é elemento integrante e constitutivo do próprio conceito de propriedade, não se admitindo, hoje, falar-se ou conceituar-se a propriedade despida de sua função social."

> VIII – promover, no que couber, adequado ordenamento territorial, mediante planejamento e controle do uso, do parcelamento e da ocupação do solo urbano;

No Brasil, se for observada a alma dos ditames constitucionais, ter-se-á como pressuposto máximo a realização da **igualdade material**, do bem-estar coletivo que contém dentre os seus instrumentos a municipalização e, através dela, não só a tributação fiscal e extrafiscal, mas também instrumentos de desenvolvimento urbanístico, que buscam o desenvolvimento econômico e social, **dentre estes instrumentos é fundamental o resgate da Contribuição de Melhoria.**

Considerando a necessidade de se salvaguardar o bem-estar coletivo, é imperioso que os municípios brasileiros voltem suas atenções e atuações para a propriedade imobiliária, visando a que esta cumpra a sua função social, uma vez que somente com sua correta utilização ter-se-á o atendimento da democratização das cidades, isto é, uma cidade voltada para todos que nela habitam e não apenas para a minoria que hoje dispõe dos benefícios da cidade legal. Para isso, se faz necessária a implementação de uma tributação eficiente e de uma ordenação urbanística adequada, através dos instrumentos dispostos na Constituição Federal e no Estatuto da Cidade, Lei Federal 10.257, de 10 de julho de 2001.

A propriedade passou a ter uma significação pública, diretamente ligada aos direitos sociais previstos na Constituição Federal (CF), só podendo ser exercida desde que em consonância com os preceitos que enunciam estes direitos.

Com a precisão que lhe é peculiar, Edésio Fernandes[6] leciona:

> Rompendo de vez com a tradição civilista e com a concepção individualista do direito de propriedade imobiliária que têm orientado grande parte da doutrina jurídica e das interpretações dos tribunais ao longo do processo de urbanização intensiva, e culminando assim um processo de reforma jurídica que começou na década de 1930, o que a Constituição de 1988 e o Esta-

[6] FERNANDES, Edésio. Um novo estatuto para as cidades brasileiras. In: OSÓRIO, Letícia Marques (Org.). Estatuto da Cidade e reforma urbana: novas perspectivas para as cidades brasileiras. Porto Alegre: Sergio Antonio Fabris, p. 9, 2002.

tuto da Cidade propõem é uma mudança do paradigma da função social da propriedade e da cidade através da reforma da ordem jurídico-urbanística municipal.

Cumpre se ter como máxima absoluta a inexistência de propriedade desconectada da sua função social, o que se abstrai do disposto nos arts. 5.º, XXII e XXIII, 1.º, III, 3.º, I, II e III, 24, I, 30, VIII, 156, 170, caput, II e III, 182 e 183, todos da CF/88.[7] A função social da propriedade deve ser entendida como aquela que atende o bem-estar da coletividade por meio da convivência harmoniosa dos indivíduos em sociedade.

Pressuposto também inarredável se verifica a partir da Emenda Constitucional 26, de 14 de fevereiro de 2000, na qual se tem, dentre os direitos fundamentais, nos termos do art. 6.º da CF/88, o direito social de moradia, o qual não se confunde com o direito de propriedade, corroborando a necessidade de uma adequada política urbana e tributação imobiliária.

Partindo-se das premissas apontadas, tem-se que é condição *sine qua non* o reconhecimento de um novo marco jurídico, o marco jurídico da propriedade vinculada à função social e à igualdade coletiva da terra, a propriedade que só pode ser reconhecida após regulamentada e tributada pelo Estado, a qual sempre que sofre alguma intervenção pública da qual decorre mais valia, deve ser necessariamente revertida à coletividade que lhe deu origem.

A terra pertence a todos, pelo menos um mínimo de sua porção espacial tem que ser socializado, todos os que aqui habitam temporariamente têm direito a ter acesso ela, têm direito a terra com serviços mínimos, esta é a dívida que tem que ser custeada pelo capitalismo àqueles que foram rechaçados de seu sistema, só existe propriedade, juridicamente sustentável, quando a mesma estiver cumprindo a sua função social *lato sensu*.

[7] CF/88: "**art. 5.º** [...]XXIII – é garantido o direito de propriedade; XXIII – a propriedade atenderá a sua função social; **art. 24.** Compete à União, aos Estados e ao Distrito Federal legislar concorrentemente sobre: I – direito tributário, financeiro, penitenciário, econômico e urbanístico; **art. 30.** Compete aos Municípios: [...] VIII – promover, no que couber, adequação do ordenamento territorial, mediante planejamento e controle do uso, do parcelamento e da ocupação do solo urbano [...]".

Nos dias atuais a especulação imobiliária e a retenção de mais-valia pública, é um ato de enriquecimento sem causa, incompatível com a juridicidade pós-moderna, eis que afronta a igualdade material imposta pela coletividade e a função social da cidade, aprisionando um princípio antigo, mas que cada vez mais terá que imperar para regularizar o espaço público e a busca pelo espaço urbano (terra escassa), a supremacia do interesse público sobre o particular.

Temos que superar o "mito da propriedade", como nos ensinam os professores de filosofia e direito da Universidade de Nova York, Liam Murphy e Thomas Nagel, "Os direitos de propriedade são direitos que as pessoas têm sobre aquilo que lhes resta depois de cobrados os impostos, e não antes" (2005, p. 240).

Temos que ir além, agregando ao conceito supratranscrito o conceito de mais valia. Diríamos nós: os direitos de propriedade são direitos que as pessoas têm sobre aquilo que lhes resta depois de cobrados os tributos e depois de recuperadas as mais valias decorrentes dos atos do poder público, e não antes, sendo assim, **pagar Contribuição de Melhoria é dever fundamental do contribuinte.**

O Município possui meios para fazer valer as suas competências, dentre eles, instrumentos jurídicos tributários, voltados não só à arrecadação de receitas, mas também ao controle de condutas positivas ou negativas que levem ao bem comum, como a exigência do Imposto Predial e Territorial Urbano (IPTU), do Imposto Sobre a Transmissão de Bens Imóveis (ITBI) e da Contribuição de Melhoria (CME). Além disso, conta com instrumentos urbanísticos que visam concretizar a função social das cidades e recuperar as mais-valias originadas do poder público, como o parcelamento e a edificação compulsórios, o IPTU progressivo no tempo, a desapropriação, a outorga onerosa do direito de construir, a transferência de potencial construtivo, a usucapião especial urbana, os estudos de impacto de vizinhança, e as operações urbanas consorciadas, tudo conforme disposição constitucional e legal, no caso, Lei 10.257/2001 (Estatuto da Cidade).

Cabe no presente texto, ainda que rapidamente, traçar as diretrizes referentes a um instrumento a muito esquecido pela Federação brasileira, **mas que pulsa vigorosamente na Constituição Federal de 1988 e nas legislações infraconstitucionais mais importantes do país, como**

o Estatuto da Cidade e a Lei de Responsabilidade Fiscal, eis que reconhecidamente se trata de um tributo vital para a realização dos objetivos fundamentais da República, da justiça fiscal, e da observância da função social da propriedade e das cidades, o que deve ser observado por toda a Federação brasileira, mas que deve reverter, como veremos, para os Municípios, realizando os ditames do Direito Urbanístico, observando, assim, os ditames constitucionais, o Estatuto da Cidade[8] e a Lei de Responsabilidade Fiscal.[9]

O Brasil, formado pela União, pelos Estados, pelos Municípios e pelo Distrito Federal, tem suas competências delimitadas exaustiva e expressamente pelo texto constitucional brasileiro, as quais decorrem do que estabelecem os princípios federativo, da autonomia municipal e distrital, destacando-se dentre as várias competências, *a competência tributária.*

O Código Tributário Nacional (CTN) brasileiro prescreve em seu art. 7.º:

> Art. 7.º. A competência tributária é indelegável, salvo atribuição das funções de arrecadar ou fiscalizar tributos, ou de executar leis, serviços, atos ou decisões administrativas em matéria tributária conferida por uma pessoa jurídica de direito público a outra.

Dentre as competências tributárias comuns, isto é, da União, dos Estados, do Distrito Federal e dos Municípios, se encontra a de instituir e arrecadar e fiscalizar a Contribuição de Melhoria, eis que a partir da CF/88 e do Estatuto da Cidade, não mais é possível, nos termos dos arts. 5.º, XXIII (direito e garantia fundamental), se ter uma propriedade sem função social, o que se configura pela impossibilidade de retenção de imóvel para fins especulativos, que resulte subutilização ou não utilização; obrigatoriedade de uma justa distribuição dos benefícios e ônus

[8] Lei 10.257/01, Art. 4.o. Para fins desta Lei, serão utilizados, entre outros instrumentos IV- Institutos tributários e financeiros: b) contribuição de melhoria;

[9] Lei complementar 101, de 4 de maio de 2000, Lei de Responsabilidade Fiscal. "**Art. 11.** Constituem requisitos essenciais da responsabilidade na gestão fiscal a instituição, previsão e efetiva arrecadação de **todos os tributos da competência constitucional do Ente da Federação.**".

decorrentes do processo de urbanização; adequação dos instrumentos de política econômica, tributária e financeira e dos gastos aos objetivos do desenvolvimento urbano; e recuperação dos investimentos do poder público de que tenha resultado a valorização de imóveis urbanos.[10]

Ex positis, **existe um dever fundamental de pagar Contribuição de Melhoria, assim como, um poder-dever da Administração Pública em instituí-la e cobrá-la.**

2. A Contribuição de Melhoria no Brasil

A Contribuição de Melhoria é um Tributo que se configura como um fundamental instrumento para o desenvolvimento do espaço urbano, do cumprimento da função social da propriedade e do atendimento ao princípio da responsabilidade territorial. Mesmo estando previsto constitucional e legalmente não está sendo arrecadado por praticamente nenhum Ente Federado.

No Brasil é um tributo de competência não só municipal, mas também estadual e federal, nos termos do que estabelece o art. 145, III[11], da CF/88, arts. 81 e 82 do CTN e o Decreto-lei 195/67.

Segundo dados do Ministério da Fazenda, a União e os Estados, nada arrecadam de Contribuição de Melhoria. Verificamos que os poucos Municípios brasileiros que o arrecadam, restringem-se a exigi-lo nos casos de tratamento superficial betuminoso e de asfaltamento de ruas.

Trata-se de um dos instrumentos tributários destinados à ordenação da cidade, nos termos do que dispõe o art. 4.º da Lei 10.257/2001, Estatuto da Cidade, sendo devido em face de uma atividade estatal decorrente de uma obra pública[12] que acarreta um benefício individual, ou seja, a valorização do imóvel particular.

Há a necessidade de vontade política e técnica para efetivar a exigência tributária.

[10] Art. 2.º, incisos VI, "e", XI, da Lei 10.257/01.

[11] Art. 145. A União, os Estados, o Distrito Federal e os Municípios poderão instituir os seguintes tributos:
III – contribuição de melhoria, decorrente de obras públicas.

[12] O custo da obra abrange todas as atividades vinculadas ao empreendimento, por exemplo, estudos, projetos, fiscalização, desapropriação, administração, execução, financiamentos, prêmios de reembolso etc.

3. Os mitos e desafios da Contribuição de Melhoria no Brasil

Somente com a recuperação da efetiva parcela que enriquece o contribuinte com o esforço coletivo, é que será possível devolver a esta mesma coletividade um benefício de mesma envergadura. Tem-se que devolver à sociedade o que a massa coletiva gerou ao particular.

A valorização é o signo presuntivo de riqueza que deve ser recuperado pela Contribuição de Melhoria, pois é o valor que realmente agrega ao imóvel do particular por ato do poder público, devendo ser superados todos os mitos e falsas perspectivas negativas que envolvem o tributo, conforme a seguir resta observado.

Esta exigência não caracterizaria uma bitributação? Não.

Um tributo segundo prescreve o art. 3º do CTN é, "toda prestação pecuniária compulsória, em moeda ou cujo valor nela se possa exprimir, que não constitua sanção de ato ilícito, instituída em lei e cobrada mediante atividade administrativa plenamente vinculada."

Primeiramente cumpre destacar que solo criado não é tributo, mas uma obrigação de dar, criada de forma legítima pelo Estatuto da Cidade, não sendo cobrado pela valorização em face de obra pública, mas sim em face de determinações urbanísticas, direito que pertence ao Estado (Princípio da Responsabilidade Territorial dos Municípios) e que pode ser cobrado pelo Estado, através de um preço público.

Para se ter um tributo tem-se como condição *sine qua non* a compulsoriedade, o que inexiste em relação ao solo criado, o qual somente será pago se o proprietário QUISER construir acima do coeficiente de aproveitamento, caracterizando-se como remuneração compensatória à utilização de espaço público.

Relativamente ao Imposto de Renda, o fato gerador é auferir renda ou provento de qualquer natureza, sendo que a base de cálculo é o valor da renda ou provento auferido, já a Contribuição de Melhoria, tem como fato gerador a valorização imobiliária decorrente de obra pública e a base de cálculo deve ser o montante da valorização em face da obra, além disso, segundo o ordenamento jurídico vigente, os impostos são tributos não vinculados, já a Contribuição de Melhoria é um tributo indiretamente vinculado à realização da obra pública da qual decorra a valorização, tratam-se de dois tributos distintos e autônomos, assim devendo ser considerados, conforme o que expressamente determina a Constituição Federal de 1988.

Além disso, existe uma previsão no Regulamento do Imposto de Renda que permite integrar no custo de aquisição de bens imóveis[13] o valor pago a título de Contribuição de Melhoria, o que implica em mais um fundamento para se afirmar a obrigatoriedade da recuperação da valorização por meio da Contribuição[14].

A Contribuição de Melhoria também não se confunde com a taxa, pois esta é cobrada em face de um serviço púbico prestado de forma específica e divisível ou pelo exercício regular de poder de polícia, enquanto aquela decorre da realização de obra pública da qual decorra *valorização*.

Por fim a base de cálculo da Contribuição de Melhoria não se confunde com o IPTU, este é um imposto, não vinculado, cuja base de cálculo é o valor venal do imóvel (art. 156, I da CF/88), diverso da Contribuição, tributo indiretamente vinculado, cuja base de cálculo é a valorização do imóvel em face de obra pública (art. 145, III da CF/88), limitada pelo preço da obra, segundo os Tribunais superiores.

E a isonomia? Primeiramente utilizaremos um argumento basilar, os erros do passado, não justificam a manutenção desses erros no presente e no futuro. A Contribuição de Melhoria tem que ser cobrada sempre que houver obra pública da qual decorra valorização imobiliária. O discurso ora enfrentado é frágil e inconsequente, pois o lançamento do tributo (art. 142, CTN) é ato administrativo **vinculado**, não sendo possível ter escolhas neste plano. O único limitador constitucional a nosso ver em relação à cobrança deste tributo, é o princípio do mínimo vital, onde não será possível cobrar tributo de um contribuinte que para isto tenha que suprimir o mínimo necessário para uma existência digna, o que deverá ser legislado pelo ente tributante, através de isenções expressas em lei,

[13] Quando da venda do imóvel, a Contribuição de Melhoria sendo parte integrante do custo do bem, produzirá a apuração de um menor ganho de capital e, portanto, de menor imposto de renda a pagar (que é calculado a alíquota de 15% sobre o ganho de capital).

[14] O art. 17 do DL 195/67, autoriza o contribuinte da contribuição de melhoria deduzir do imposto sobre a renda, devido sobre a valorização imobiliária resultante de obra pública, a importância que houver pago, a título de contribuição de melhoria, como também dispõe o art. 128, parágrafo 7.o, VI, do Regulamento do Imposto de Renda. Ver também a Instrução Normativa da Secretaria da Receita Federal nº 84 de 11 de outubro de 2001, art. 17, I, "F").

como por exemplo, o proprietário de um único imóvel residencial de área construída não superior a 70 m2, cujo valor venal do imóvel não ultrapasse a R$140.000,00, com padrão simples de acabamento, cada Município deverá observar a sua própria realidade.

A expulsão dos pobres das áreas com serviços deve ser estudada pelo administrador, que como detentor da responsabilidade territorial deverá criar mecanismos que impeçam a marginalização dos pobres nas grandes cidades, planejando o solo urbano no sentido de mesclar não só o uso do solo, como os atores do mesmo, além disso, o ideal é sempre cobrar a Contribuição de Melhoria das áreas novas, priorizando a incidência sobre a terra e não sobre as construções já existentes e concentrando a incidência do tributo em áreas urbanizadas valorizadas por grandes projetos.

De qualquer forma, tem-se que separar as questões urbanísticas, políticas, sociais e econômicas, da obrigação tributária, a qual deve ser exigida a partir do momento que ocorra o fato jurídico tributário previsto na norma.

A ausência de conscientização dos Municípios brasileiros quanto a importância de se cobrar Contribuição de Melhoria, bem como de se tratar de eficiente instrumento de desenvolvimento de política urbana para fins de recuperação da mais-valida do solo, é extraída com hialina clareza dos resultados das pesquisas da rede de avaliação e capacitação para a implementação dos planos diretores participativos em todo o Brasil.

Deve-se repensar o planejamento municipal no sentido de se atentar para a necessidade de se garantir a repartição equitativa das cargas e benefícios nas cidades.

Outra questão a ser superada, é a apuração do cálculo deste tributo, que deve decorrer da tecnologia e da expertise já utilizada para fins de cobrança de IPTU, por meio de Plantas de Valores Genéricos Atualizadas e Cadastros Territoriais Multifinalitários Urbanos.

4. Contribuição de Melhoria e o poder-dever de instituição e arrecadação

A Contribuição de Melhoria é **um tributo indiretamente vinculado a uma atuação estatal**, que tem que ser gerido de forma responsável, brindando a moralidade, a transparência e a eficiência administrativa.

Para que haja uma adequada análise e compreensão do tributo ora em estudo, temos que dissecar a regra-matriz de incidência tributária do mesmo, isto é, a análise da estrutura legal da Contribuição de Melhoria, o que nos permite verificar que, a **Hipótese de Incidência Tributária** contida na norma é formada pelo **critério material** que se caracteriza pela conduta jurídica relevante vinculada a **ser proprietário, detentor do domínio útil ou possuidor com ânimo de dono, de imóvel valorizado por obra pública, da qual advenha valorização direta ou indireta aos imóveis localizados na zona de influência.**

Como **critério temporal**, tem-se o **momento da conclusão da obra** que resultar em valorização e como **critério espacial, o território municipal, estadual, federal ou distrital do local da obra.**

Considerando a legislação brasileira posta e tida como vigente pela maioria da doutrina e jurisprudência, **não é possível a cobrança antes do término da obra pública, pois a valorização imobiliária somente se verifica com o benefício auferido pelo sujeito passivo.**

Na **Consequência Tributária** (onde se tem a possível relação jurídica tributária), tem-se o **critério pessoal**, sendo sujeito ativo a **União, os Estados, o Distrito Federal e os Municípios** (Ente Federado que realizou a obra pública); na **sujeição passiva**, verifica-se o **proprietário, o titular do domínio útil ou o possuidor *ad usucapionem* do imóvel beneficiado, direta ou indiretamente, por obra pública.**

O **critério quantitativo** tem como **base de cálculo** a ser considerada três entendimentos doutrinários e jurisprudenciais distintos:

1) **limite geral** – considera-se o custo parcial ou total da obra pública rateado proporcionalmente entre os imóveis incluídos na zona de influência e a situação do imóvel (testada, área, finalidade de exploração econômica e outros elementos a serem considerados, isolada ou conjuntamente);[15]
2) **limite individual** – considera-se apenas o valor resultante da valorização do imóvel; [16]

[15] STF, RE 153.195-9, Relator: Min. Néri da Silveira.

[16] Parte dos doutrinadores, como Geraldo Ataliba, Valdir de Oliveira Rocha, Aires Barreto, Roque Carrazza, lecionam que o critério para a apuração da base de cálculo é o limite individual de valorização do imóvel.

3) **limite geral e limite individual** – tanto a valorização do imóvel como o custo da obra pública devem ser considerados para a apuração da base de cálculo.[17]

A base de cálculo é o principal tema que tem que ser enfrentado para que se viabilize a implementação da Contribuição de Melhoria no Brasil.

Recuperação do custo da obra onde haja benefício individual ou Contribuição de Melhoria onde haja valorização imobiliária individual? Qual a interpretação que deve ser concretizada por meio da leitura sistemática da Constituição Federal de 1988, da Lei de Responsabilidade Fiscal e do Estatuto da Cidade?

Segundo a interpretação do Superior Tribunal de Justiça (STJ) e do Supremo Tribunal Federal (STF), o que se tem no Brasil é um tributo que une a recuperação do custo da obra pública e a exatidão da valorização imobiliária de cada imóvel contido na zona de influência, considerando sua testada, área, finalidade de exploração econômica dentre outros elementos[18].

A **valorização**, segundo precedente do STJ, é a **diferença entre o valor do imóvel antes do início da obra e o valor dele após a sua conclusão.**

[17] Este é o entendimento atual do Superior Tribunal de Justiça (Resp. 280248, RSTJ v. 162, p. 180) e do Supremo Tribunal Federal, bem como de autores como Hugo de Brito Machado, Ives Gandra da Silva Martins e Aliomar Baleeiro. EMENTA – TRIBUTÁRIO – **CONTRIBUIÇÃO DE MELHORIA** – CTN ARTS. 81 E 82. 1. A **contribuição de melhoria** tem como limite geral o custo da obra, e como limite individual a valorização do imóvel beneficiado. 2. Prevalece o entendimento no STF e no STJ **de** que não houve alteração do CTN pelo DL 195/67. 3. É ilegal a **contribuição de melhoria** instituída sem observância do limite individual **de** cada contribuinte. 4. Recurso especial conhecido e provido. REsp 362788 / RS; Rel.: Min. Eliana Calmon; T. 2.; J. 28/05/2002; D.J. 05/08/2002, p. 284. EMENTA – TRIBUTÁRIO. RECURSO ESPECIAL. **CONTRIBUIÇÃO DE MELHORIA.** EDITAL. 1. "A partir do D.L. 195/67, a publicação do edital é necessária para cobrança da **contribuição de melhoria.** Pode, entretanto, ser **posterior à realização da obra pública**" (REsp 84.417, Rel. Min. Américo Luz). Precedentes da 1ª e 2ª Turma. 2. Recurso especial improvido. REsp 143998 / SP; Rel.: Min Castro Meira; T. 2.; j. 08/03/2005; DJ.13/06/2005, p. 217.

[18] Ver art. 3º do Decreto-lei 195/1967.

Segundo o STJ, **deverá o Município publicar lei específica para cada obra** que ensejar a cobrança de Contribuição de Melhoria.[19]

Quanto ao **edital da obra**[20] no Brasil, este **pode ser publicado durante a obra ou após a sua conclusão, mas deve ser publicado antes do lançamento do tributo**, com os respectivos elementos, devendo ser **observado o prazo para o contribuinte impugnar**[21].

O STJ aceita a **contratação de sociedade de economia mista** que emite duplicata, letra de câmbio, notas promissórias, para a cobrança do preço, através da instituição de Planos Comunitários, configurando-se, nesses casos, contratos de cunho privado, sendo que nos casos em que o cidadão opta pela não-adesão a tais planos, haverá a exigência tributária.[22]

[19] STJ – Ministro FRANCISCO FALCÃO; EDCL no RESP 739342 / RS; EMBARGOS DE DECLARAÇÃO NO RECURSO ESPECIAL 2005/0054599-7; DJ 19/06/2006 p. 110; 1T; PROCESSO CIVIL E TRIBUTÁRIO. EMBARGOS DE DECLARAÇÃO. RECURSO ESPECIAL. **CONTRIBUIÇÃO DE MELHORIA. LEI ESPECÍFICA PARA CADA OBRA. NECESSIDADE.** I – O aresto embargado assentou o entendimento sobre a necessidade de lei específica para cada obra, presente o propósito da Municipalidade em instituir Contribuição de Melhoria. II – Nesse contexto, esclareceu que a cobrança de tributo por simples ato administrativo da autoridade competente fere, ademais, o princípio da anterioridade, ou não-surpresa para alguns, na medida em que impõe a potestade tributária sem permitir ao contribuinte organizar devidamente seu orçamento, nos moldes preconizados pela Constituição Federal (art. 150, III, "a"). III – Embargos de Declaração rejeitados.

[20] O **edital da obra deverá conter**: delimitação das áreas direta e indiretamente beneficiadas e a relação dos imóveis nelas compreendidos; memorial descritivo do projeto; orçamento total ou parcial do custo das obras; determinação da parcela do custo das obras a ser ressarcida pela contribuição, com o plano de rateio entre os imóveis beneficiados, conforme prevê o art. 5º do DL 195/1967.

[21] O contribuinte terá o **prazo de 30 (trinta dias)**, a começar da data da publicação do edital para impugnação, cabendo ao impugnante o ônus da prova. (art. 6º do DL 195/1967)

[22] STJ – EMENTA – RECURSO ESPECIAL. CONVERSÃO **DE** RECURSO EXTRAORDINÁRIO. LIMITES. FALTA **DE** PREQUESTIONAMENTO. OBRA **DE** INTERESSE PÚBLICO. **CONTRIBUIÇÃO DE MELHORIA. POSSIBILIDADE DE CRIAÇÃO DE SOCIEDADE DE ECONOMIA MISTA.** 1. Na conversão do recurso extraordinário em recurso especial, por força da Constituição **de** 1998, não pode o recorrente extrapolar os limites do recurso inicialmente interposto. 2. O recurso especial não se presta ao exame **de** matéria **de** índole constitucional, **de** competência exclusiva da Suprema Corte, nos termos do artigo 102 da Constituição Federal. 3. "Inadmissível recurso especial quanto à questão que, a despeito da oposição **de** embargos declaratórios, não foi apreciada pelo tribunal *a quo*" Súmula 211/STJ. 4. **O município está autorizado a promover a execução de obra**

As **obras públicas que podem ensejar a cobrança do tributo**, são abertura e pavimentação de ruas e estradas, redes elétricas e telefônicas, canalização, drenagem, esgotos pluviais, saneamento básico, redes de abastecimento de água e esgoto, praças, parques, arborização, urbanização, pontes, viadutos, trincheiras, passarelas, túneis, sistemas subterrâneos de transportes, recuperação de áreas degradadas, dentre vários outros tipos de melhoramentos que desencadeiem valorização do imóvel do particular. Sempre a obra deverá ser nova, não sendo possível a cobrança decorrente de reparo.

A Contribuição de Melhoria é um tributo que só pode ser cobrado **uma única vez, não cabendo sua incidência nos casos de reparação**, além disso, é um tributo cuja arrecadação não possui destinação específica, isto é, a receita derivada de sua cobrança pode ser utilizada em qualquer investimento ou despesa pública.

O **lançamento** desse tributo se dá de ofício, isto é, por iniciativa do Ente tributante, **podendo o contribuinte ser notificado por edital ou diretamente (verificar a lei local), podendo ser impugnado administrativamente no prazo legal.**

Pode-se apontar diversas **vantagens** na cobrança desse tributo, no que tange aos Municípios como: a justiça tributária; o financiamento de novas obras públicas através da receita arrecadada; a menor dependência dos Municípios quanto às transferências de receitas de outros Entes Federados; o fortalecimento dos Municípios através do aumento de sua autonomia financeira; a desmotivação da especulação imobiliária diante da diminuição do preço da terra, seja urbana, seja rural; a cobrança de um tributo que não é sonegável; a possibilidade de se criar um círculo de investimentos na cidade; uma melhor ordenação territorial diante da

de interesse público, como é o caso da destinada à coleta de esgotos, por meio da instituição da contribuição de melhoria, pois se cuida de uma das hipóteses de obra pública que está especificada no diploma legal de regência dessa espécie tributária. 5. Não há vedação legal a que o município organize uma sociedade de economia mista e esta possa executar o serviço mediante a livre adesão dos particulares, ante a evidência de que a execução do serviço viria a valorizar os imóveis lindeiros. 6. Recurso Especial parcialmente conhecido e improvido. REsp 49668 / SP; Rel.: Min. Castro Meira; T. 2.; J. 15/04/2004; D.J. 28/06/2004, p. 213.

existência de uma maior oferta de terras e através de novas obras originadas das receitas públicas.

No momento em que os entes tributantes, e no caso os Municípios, não implementam a Contribuição de Melhoria no Brasil, estão inobservando a Lei de Responsabilidade Fiscal, Lei 101/2000, nos termos do art. 11, visto que estão voluntariamente deixando de arrecadar receita tributária, além disso, o gestor público que não arrecada este tributo não pode receber transferências voluntárias seja da União, seja dos Estados, não pode obter garantias e nem contratar operações de crédito.

Conforme ensina Cleucio Santos Nunes:

> "A contribuição de melhoria, no caso de transferências voluntárias, poderá ocorrer como forma de diminuição dos valores de contrapartida exigidos pelo concedente (...)
> De acordo com a obra, se esta estiver inserida no rol do art. 2º do Decreto-lei 195/1967 deverá o ente político beneficiário exigir contribuição de melhoria dos particulares beneficiados com a construção (...)
> Caso a obra seja executada com recursos transferidos e sem contrapartida, o que só pode ocorrer nos casos de transferências obrigatórias, é curial que o concedente exija contribuição de melhoria, devendo a receita tributária da contribuição amortizar os valores aplicados no empreendimento. É lícito ao ente concedente, entretanto, a delegação de competência para arrecadar a contribuição de melhoria, por meio de convênio, à unidade federada beneficiária da obra"[23]

Os Entes Federados fundamentam a sua omissão tributária, na dificuldade de apuração do quantum *debeatur* do tributo. Tal argumento não se justifica, visto que, se houver empenho da equipe que maneja a base de cálculo do IPTU, poderão os cálculos, equipamentos e técnicas já utilizados, servirem de base para a apuração de um resultado desejável para fins de cobrança da Contribuição de Melhoria.

[23] Nunes, Cleucio Santos. *Exigência de Contribuição de Melhoria nos Casos de Transferências de Receitas para a Execução de Obra Pública. In* Revista Dialética de Direito Tributário. V. 156, p. 29-43.

Quanto a uma fórmula pronta e acabada, esta não existe. Não existe uma fórmula fechada para se estabelecer o significado de zona de influência e a apuração da existência de valorização.

Interessante observar os critérios sugeridos por, Jorge Hernández Rivera[24] para determinar a zona de influência:

"El tipo de obra o conjunto de obras a ejecutar; el tipo de beneficios generados por la obra; condiciones Socioeconómicas; características de los Predios y usos; límites físicos (asociados a infraestructura); límites naturales (cerros, corrientes de agua); límites jurídicos (limites, normas)".

Destaca ainda, a possibilidade de se utilizar métodos econométricos que convergem a zero ou regressões que tendam a zero, ou métodos indiretos., que nos pareceu bastante interessantes, conforme a seguir expomos:

"Modelos Origen Destino:
Definición de Oferta: de infraestructura física (Vías); de Transporte (Público-Privado).
Definición de Demanda: encuestas a la población (de donde sale; para donde va; cuando; con qué frecuencia; qué medio de transporte usa.
Se puede determinar la ubicación de las zonas de mayor oferta y demanda de la vía a construir: Indirectamente, Zona de Influencia

Os fatores de benefício são expostos por Rivera (2006, p. 45), através da seguinte fórmula:

$$Contribución_i = \frac{Area\ Virtual_i}{\sum A_{Virtuales}} * Monto\ Distribuible$$

Apenas para fins de comparação, no Estado do Paraná, a Secretaria de Estado do Desenvolvimento Urbano (SEDU, 2005, p. 45), sugere uma

[24] RIVERA, Jorge Hernandez. Compendio de buenas prácticas del cobro de la Valorización. Colombia: 2006, p.34 a 36

fórmula similar só que mais simplificada, onde Avl= Afl*(Fb), destacando que a forma de rateio se dará por faixas identificadas pelos seus respectivos pesos, e que quanto maior for o número de faixas, mais justa se torna a distribuição do ônus financeiro aos contribuintes.

As fórmulas matemáticas enquanto não disciplinadas legalmente estarão nas mãos do corpo técnico responsável pela exigência do tributo, o que torna o cálculo possível, desde que haja vontade política para a cobrança da Contribuição de Melhoria, devendo ser observada a jurisprudência dos Tribunais Superiores, no sentido de que se tenha como base de cálculo a valorização (limite individual) decorrente de obra pública, limitada a cobrança também pelo total custo da obra (limite geral), considerando-se valorização, a diferença existente entre o valor do imóvel antes e depois da obra pública.[25]

Diante das dificuldades mais frequentes que tentam justificar esta inoperância tributária contumaz estão as seguintes afirmações:

1) É praticamente impossível determinar a zona de influência da obra pública, para fins de cálculo da valorização;
2) Há iniquidade quando se cobra tributo de obras novas e não se cobra de obras antigas;
3) Há a expulsão dos pobres das áreas valorizadas em face da cobrança do tributo, o que causa "gentrificação";
4) Há bitributação, seja em relação ao imposto de renda, às taxas, e à exigência do solo criado.

Verifica-se que, acima de problemas técnicos, está a insensibilidade quanto aos benefícios de uma receita que está aguardando para ser arrecadada.

[25] Segundo MAYRINK, Cristina Padovani "o problema do cálculo pertence mais aos matemáticos, economistas e engenheiros, do que aos juristas. Antes de mais nada, são necessários, efetivamente, determinados procedimentos técnicos comuns ao IPTU (**como a aerofotogrametria, o mosaico terrestre corrigido, a interpretação contínua de chapas fotográficas, critérios arquitetônicos de construção, a definição de testada, profundidade, a área, o zoneamento), por este caminho, com apoio em normas firmes, instrumentos largos em bem definidos darão suporte ao lançamento e arrecadação do tributo."** ***Op cit.***, **p. 64/65.**

A prova de que os argumentos contrários à cobrança são insustentáveis se verifica por meio da bem sucedida experiência colombiana, que pretendemos rapidamente analisar.

Deverão os Municípios se conscientizar de que existem meios para o arrefecimento de suas carências financeiras e, mais do que isso, para tornar a propriedade urbana consentânea com o interesse comum.

5. A experiência colombiana

A análise da experiência colombiana em termos de cobrança de Contribuição de Melhoria, é fundamental para todos os países da América Latina e principalmente para o Brasil, que pouco sabe sobre tão bem sucedido exemplo.

A Colômbia[26], ao contrário do Brasil, possui dois instrumentos tributários para recuperar *plusvalías*, a *Contribución de Valorización* e a *Paticipación en Plusvalías*, o que faz com que seja possível recuperar o custo da obra que beneficia o patrimônio privado e também recuperar a valorização que adere ao imóvel e que muitas vezes supera o custo da obra pública, admite ainda, a recuperação da valorização que decorre de atos alheios à obra pública e que também se originam do poder público, como a alteração de legislação para fins de expansão urbana, de alteração de usos (uso rural para uso urbano), etc..

Interessante observar que o valor a ser pago a título de *Contribución de Valorización* na Colômbia, possui três limitadores: a capacidade contributiva do sujeito passivo; os benefícios recebidos por cada imóvel; e, por último, ***o custo da obra, além disso, se admite a cobrança do tributo em face do benefício geral, podendo se cobrar de toda a cidade beneficiada.***

Por meio da Contribución de Valorización, a Colombia está conseguindo se transformar em um modelo de planejamento urbano bem sucedido, tendo sido firmado em Bogotá o Acordo 180 de 2005, o qual foi estabelecido em quatro fases, 2006-2008, 2009-2011, 2012-2014, 2015-2017, em face da construção de ruas, pontes, passarelas e parques, cujo montante a ser distribuído, foi previsto em US$902 milhões de dólares.

[26] A Constituição colombiana prevê: **Artículo 82 ... Las entidades públicas participarán en la plusvalía que genere su acción urbanística y ....**

Hoje a Contribuição de Melhoria na Colômbia é modelo de recuperação da mais-valia do solo urbano pelo poder público, sendo também um grande instrumento para o desenvolvimento da infraestrutura urbana, cujo custo é rateado com toda a população beneficiada pela obra pública.

Na Colômbia a adimplência e aceitação de tal tributo é tão grande que se tornou referência de segurança para obtenção de créditos junto às instituições bancárias internacionais.

Conclusões

Se raciocinarmos pela lógica do mercado, qualquer valorização criada pelo setor privado lhe pertence e por ele deve ser recuperada, outra não pode ser a lógica para fins de análise dos atos do poder público.

Sendo assim, a leitura interpretativa do Sistema Constitucional e legal vigente, nos leva a entender que a função social da propriedade e da cidade, a responsabilidade territorial, a supremacia do interesse público sobre o particular e a ISONOMIA, fazem do dever de pagar e cobrar Contribuição de Melhoria, um dever fundamental.

Os Municípios fundamentam a sua omissão tributária na dificuldade de apuração do *quantum debeatur*, de qualquer sorte, considerando a determinação constitucional e legal, deverá ocorrer o empenho da equipe designada para o manejo Contribuição de Melhoria, utilizando-se da infraestrutura já existente para o cálculo do IPTU, visando um resultado desejável.

Sempre que houver benefício ou valorização imobiliária decorrente de obra pública, o exercício da competência tributária deve servir como instrumento para se impedir **o enriquecimento sem causa de terceiros estranhos à Administração Pública**.

Deverão os gestores públicos e no caso os gestores públicos municipais, se conscientizar do poder-dever decorrente de suas competências tributárias, bem como, que existem meios ainda não desenvolvidos para o arrefecimento de suas carências financeiras, assim como para a efetivação do exercício de sua responsabilidade territorial, tornando a propriedade urbana consentânea com o bem comum e o **Direito à Cidade** firmado pela Constituição Federal e o Estatuto da Cidade, visando a existência de cidades mais justas, inclusivas, sustentáveis, eficientes e eficazes.

Referências

ATALIBA, Geraldo. Natureza jurídica da contribuição de melhoria. São Paulo: Revista dos Tribunais, 1964.

BONAVIDES, Paulo. Do Estado liberal ao Estado social. 7. ed. São Paulo: Malheiros, 2001.

—. Curso de direito constitucional. 11. ed. ver. atual. e aum. São Paulo: Malheiros, 2001.

CADAVID, Alberto Fernández. La contribución de valorización en Colombia. 2 ed. Bogotá: Temis Librería., 1981.

CARVALHO, Paulo de Barros. Curso de Direito Tributário. 13. ed. rev. atual. São Paulo: Saraiva, 2000.

CASTRO, José Nilo de. A Disputa pela cidadania e as novas concepções de cidade. Revista de Direito Municipal, Belo Horizonte, a. 4., n. 7, p. 34-39, jan./fev./mar.2003.

COPELLO, Maria Mercedes Maldonado. Instrumentos de gestion del suelo. Algunos elementos de contexto. Bogotá. 2003. Texto presentado en Curso de profundización sobre políticas de suelo urbano en América Latina de Lincoln Institute of Land Policy, 2007.

FERNANDES, Cintia Estefania. IPTU. Texto e contexto. São Paulo: Quartier Latin, 2005.

— Os Planos Diretores Municipais Pós-Estatuto da Cidade: balanço Crítico e perspectivas. Cadernos Técnicos – CD anexo. Org. Orlando A. Santos Junior e Daniel Todtmann Montandon. Rio de Janeiro: Letra Capital: Observatório das Cidades: IPPUR/UFRJ, 2011.

— Contribuição de Melhoria: Caderno Técnico de Regulamentação e Implementação de Instrumentos do Estatuto da Cidade. Pereira, Gislene; Fernandes, Cintia Estefania; Chulipa Möller, Luiz Fernando; Cavalcanti, Carolina. 5 vol. Coleção Cadernos Técnicos de Regulamentação e Implementação de Instrumentos do Estatuto da Cidade. 95p. Secretaria Nacional de Desenvolvimento Regional e Urbano; Programa de Fortalecimento das Capacidades Governativas dos Entes Subnacionais e Lincoln Institute of Land Policy. Brasília: Ministério das Cidades, 2018.

FERNANDES, Edésio. Um novo estatuto para as cidades brasileiras. In: OSÓRIO, Letícia Marques (Org.). Estatuto da Cidade e reforma urbana: novas perspectivas para as cidades brasileiras. Porto Alegre: Sergio Antonio Fabris, p. 7-13, 2002.

— Aspectos jurídicos de los programas de regularización de la tenencia de la tierra urbana em Latinoamérica. Texto apresentado no Curso de profundización sobre políticas de suelo urbano en América Latina de Lincoln Institute of Land Policy, 2007.

Furtado, Fernanda e Smolka, Martim O. Recuperação de mais-valias fundiárias na América Latina: bravura ou bravata?. Texto apresentado no Curso de profundización sobre políticas de suelo urbano en América Latina de Lincoln Institute of Land Policy, 2007.

Grau, Eros Roberto. A ordem econômica na Constituição de 1988: interpretação e crítica. 4. ed. rev. atual. São Paulo: Malheiros, 1998.

Jaramillo, Samuel. Los Fundamentos econômicos de la "participación en plusvalías". Extracto del documento "Los fundamentos económicos de la participación en plusvalías" preparado para el CIDE Universidad de los Andes y el Lincoln Institute of Land Policy, 2003.

— La experiencia colombiana: la contribución de valorización y la participación en plusavalias. Colombia: Lincoln Institute Research Report, 2000.

Cuenya, Beatriz. Recuperación de plusvalías urbanas: Aspectos conceptuales y gama de instrumentos. Rosario: Centro de Estudios Urbanos y Regionales (CEUR), Lincoln Institute of Land Policy e Mucipalidad de Rosario.

Losa, Salvador Santana. Estructura jurídica de las contribuciones especiales y otros ingresos derivados del principio de beneficio. México: Indetec, 1992.

Machado, Hugo de Brito. Os limites da contribuição de melhoria. Revista Dialética de Direito Tributário, São Paulo, v. 21, p. 60-65.

Möller, Luiz Fernando Chulipa. Contribución de Mejoras: un caso real en Brasil. Brasil: 2006. Texto sendo publicado pelo Lincoln Institute of Land Policy.

Morales-Schechinger, Carlos. Políticas de suelo urbano, accesibilidad de los pobres y recuperación de plusvalías. Texto apresentado no Curso de profundización sobre políticas de suelo urbano en América Latina de Lincoln Institute of Land Policy, 2007.

Murphy, Liam e Nagel, Thomas. O mito da propriedade: os impostos e a justiça. Tradução Marcelo Brandão Cipolla. São Paulo: Martins Fontes, 2005.

Nunes, Cleucio Santos. Exigência de Contribuição de Melhoria nos Casos de Transferências de Receitas para a Execução de Obra Pública. *In* Revista Dialética de Direito Tributário, São Paulo, v. 156, p. 29-43.

Rivera, Jorge Hernandez. Compendio de buenas prácticas del cobro de la Valorización. Colombia: 2006. Ponencia presentada en el Foro Nacional de Implemantación de Instrumentos de Gestión del Suelo.

Roldan, Juan Guilhermo Gómez. Contribución de valorización en plusvalías. Presentación para el Seminário recuperación de plusvalías en Colombia. Lonja de propiedad raiz de Medellín y del Valle del Aburra, Universidad de los Andes-Cider, Lincoln Institute of Land Policy. Medellín: Marzo 3 de 2005

SEDU – Secretaria do Estado do Desenvolvimento Urbano. Serviço Social Autônomo Paranacidade. Programa de Qualificação para Gestão Municipal. Tributo Contribuição de Melhoria. Curitiba: Sedu, Estado do Paraná, 2005.

Silva, Edgard Neves da. Contribuição de Melhoria. Curso de Direito Tributário. Coord. Ives Gandra da Silva Martins. 8 ed. São Paulo: Saraiva, 2001, p. 779 a 792.

Smolka, Martim O. Precios elevados (e inacccesibles) de la tierra habilitada/urbanizada. In Os desafios da gestão urbana: discussões sobre a complexidade de governar a cidade", Freire, Mila and Brasil, F. (eds) – WB/EDI, FJP jointly with IPEA e ESAF – forthcoming. Texto apresentado no Curso de profundización sobre políticas de suelo urbano en América Latina de Lincoln Institute of Land Policy, 2007.

9.
Estatuto da Cidade e Mobilidade Urbana: Avanços, Desafios e Perspectivas

ANTONIO CECÍLIO MOREIRA PIRES
LILIAN REGINA GABRIEL MOREIRA PIRES

Introdução

A urbanização[1] é fenômeno crescente, globalizado, associado ao processo industrial e intimamente relacionado com o modelo capitalista. Segundo a ONU, atualmente 55% da população mundial vive em áreas urbanas e a expectativa é de que esta proporção aumente para 70% até 2050[2], não por outra razão que a preocupação e atenção com a vida urbana ganhou luzes e é objeto de estudos e formas de governança, visando garantir a qualidade de vida e desenvolvimento sustentável das cidades.

Os países membros das Nações Unidas, em 2015, adotaram uma agenda global com 5 eixos: paz, pessoas, planeta, prosperidade e parcerias. A denominada Agenda 2030 para o Desenvolvimento Sustentá-

[1] O crescimento das cidades no Brasil está intimamente ligado ao início com processo do desenvolvimento baseado na industrialização e foi marcado pelo crescimento desordenado das cidades. O resultado foi um desenvolvimento urbano espraiado, desigual e que provocou hiatos socais de grandes proporções com péssima qualidade de vida para parcela considerável da população.

[2] https://news.un.org/pt/story/2019/02/1660701. Acesso em junho 2021.

vel tem por objetivo elevar o desenvolvimento do mundo e melhorar a qualidade de vida de todas as pessoas. Para tanto, foram estabelecidos 17 Objetivos de Desenvolvimento Sustentável (ODS) com 169 metas – a serem alcançadas por meio de uma ação conjunta entre diferentes níveis de governo, organizações, empresas e a sociedade nos âmbitos internacional e nacional.

Há esforço mundial para o alcance dos Objetivos de Desenvolvimento Sustentável[3] e, também, para a implementação da Nova Agenda Urbana[4], cujas metas são: planejamento urbano com uso sustentável dos recursos naturais, controle da dispersão urbana, desenho de cidades compactas e conectadas, tudo de modo a garantir o desenvolvimento sustentável, a erradicação da fome, e a qualidade de vida de modo igualitário.

Essa preocupação com as cidades e de como o desenvolvimento desses centros urbanos pode contribuir para a melhoria da qualidade de vida ficou mais evidente e, claro, diante da emergência sanitária mundial trazida pelo novo Coronavírus (COVID-19)[5].

Nesse cenário, celebrar, analisar e repensar o significado do Estatuto da Cidade, aprovado no dia 10 de julho de 2001, e que completa vinte anos de existência, se faz necessário, impulsionando novos rumos e desafios. Nessa data, é importante lembrar que no campo legislativo muito foi conquistado com o estabelecimento dos objetivos para o desenvolvimento das funções sociais da cidade e da propriedade, com o estabelecimento das diretrizes para a busca pela sustentabilidade ambiental, social e econômica dos núcleos urbanos, com a abertura, ainda que tímida, de espaço de participação popular e a consolidação da ideia de planejamento. Não

[3] https://odsbrasil.gov.br. Acesso em junho 2021.

[4] https://uploads.habitat3.org/hb3/NUA-Portuguese.pdf. Acesso em junho 2021.

[5] Não há mais como negar o importante papel exercido pelo urbano, onde viver e conviver afirma a essencialidade do bem comum da cidade e que é território que necessita de atenção, boa gestão e que pertence a todos. O espaço público passa a ser o lar de muitos, objeto de desejo e congraçamento de outros, claramente fica explícito que não é somente espaço físico, mas espaço de e para pessoas. O Desejo de estar e conviver recebe outro valor, por outro lado e, em especial no Brasil, a população de rua sobre exponencialmente. O IPEA registra que chegamos a 222 mil brasileiros nessa condição e com tendência em aumentar com a crise econômica acentuada pelo covid19. https://www.ipea.gov.br/portal/index.php?option=com_content&view=article&id=35811. Acesso em junho 2021.

obstante, ainda temos desafios a enfrentar para alcançarmos a efetividade do direito à cidade.

Fato incontroverso é que a urbanização se consolidou com o espraiamento dos centros urbanos, gerando um território contraditório e desigual. Encontramos, nas cidades, dentro do mesmo território, um paradoxo: espaços de oportunidades e comodidades e espaços desprovidos de qualquer qualidade de vida, com serviços e moradias precárias ou, muitas vezes, com ausência de serviços, e, portanto, temos uma cidade com desigualdades e problemas urbanos reais e que suprimem, para boa parte da população citadina, qualidade de vida, possibilidades de desenvolvimento pessoal, cultural e econômico que os centros urbanos favorecem e disponibilizam.

Na realidade cotidiana da periferia existem barreiras para acesso aos postos de trabalho, a serviços e comodidades de modo geral, isto porque são necessários longos deslocamentos em transporte público superlotado e com alto custo[6]. Diante das barreiras impostas para a locomoção a lugares, serviços e garantia de direitos, no repensar do Estatuto da Cidade, em razão do seu aniversário de 20 anos, nosso recorte será para os desafios da mobilidade urbana.

2. A política urbana

O direito à mobilidade urbana é um dos componentes do direito à cidade. Com efeito, as cidades devem permitir a circulação das pessoas e cargas em condições harmoniosas e adequadas. Em razão disso, certo é dizer que as cidades devem ser dotadas de um adequado sistema de mobilidade.

O Brasil, em seu processo de industrialização, definiu que a integração territorial seria articulada via rede de transporte e, para o desenvolvimento, a opção eleita foi a rodoviarista[7] (fordista). Para efeito de con-

[6] https://www.ipea.gov.br/portal/images/stories/PDFs/TDs/td_1813.pdf. Acesso em junho 2021.

[7] "No ano de 1950, foi designada a Comissão de Desenvolvimento da Indústria (CDI), subordinada ao Ministério da Fazenda. No ano de 1952, foi criada uma subcomissão da CDI – a de Jipes, Tratores, Caminhões e Automóveis – e, essa tinha duas obrigações principais: uma era analisar as ações imprescindíveis à promoção de novas assessorias à

textualização rememoramos que o Plano de Metas do governo Juscelino Kubitschek (JK) delineou seu enfoque para o sistema rodoviário, induzindo a demanda de veículos pesados e leves.

Com o estímulo para o veículo automotor o desenho das ruas se voltou precipuamente para o carro e esse (i) consome espaço, (ii) polui e (iii) causa congestionamento. De outro lado, temos o adensamento de vários locais e a periferização de muitas cidades, onde o tempo de deslocamento até os locais que possam ter trabalho e do acesso a possíveis serviços é muito longo e custoso para essa parte da população.

Assim, o padrão de mobilidade está conectado e é, em última análise, reflexo do processo de urbanização, e, no caso do Brasil, houve estímulo para o uso intenso do transporte individual e pouca atenção ao transporte público. Não por outra razão que, para tratar da rede de mobilidade, em todos os seus aspectos, é necessário ter clareza sobre o processo de urbanização.

Em razão disso, vale trazer, ainda que brevemente, alguns apontamentos sobre a reforma urbana no país e o consequente plexo regulatório que se formou.

É fato que, com o processo de industrialização, a partir da década de 30, o deslocamento populacional para áreas urbanas foi grande e as cidades, por sua vez, não possuíam a infraestrutura necessária para esse contingente de pessoas. O resultado foi que os benefícios da urbanização não foram democratizados e os hiatos sociais passaram a ser realidade, cresceram e se agravaram.

Frente a uma realidade indiscutível, a sociedade civil se organizou e em 1985 surgiu o Movimento Nacional pela Reforma Urbana (MNRU)[8],

indústria automobilística, e a outra era sugerir providências e incitações direcionadas para a implementação deste segmento industrial". KELLER, M. *Colisão: GM, Toyota, Volkswagen: a corrida para dominar o Século XXI*. Rio de Janeiro: Campus, 1994, p. 301.

[8] Em meio a esse percurso pós-1964, que culminou na Constituinte de 1988, foi criado, em janeiro de 1985, o Movimento Nacional pela Reforma Urbana. Contar a sua história é contar a trajetória de uma bandeira de luta que unificou e articulou diversos atores sociais. No principio, a luta do Movimento tinha um caráter local, como a reivindicação por moradia. Mas com o fim do regime militar, passou a incorporar a ideia de cidade, a cidade de todos, a casa além da casa, a casa com asfalto, com serviços públicos, com escola, com transporte, com direito a uma vida social. Nelson Saule Junior e Karina Uzzo, in a

com a finalidade de "reduzir os níveis de injustiça social no meio urbano e promover uma maior democratização do planejamento e da gestão das cidades"[9].

A articulação das reivindicações se concretizou na Constituição Federal de 1988 e, pela primeira vez na história constitucional brasileira, temos um capítulo dedicado à política urbana[10]. Por conseguinte, decorrente do regramento do texto constitucional, foi editado o Estatuto da Cidade, que estabelece normas de ordem pública e interesse social que regulam o uso da propriedade urbana em prol do bem coletivo, da segurança e do bem-estar dos cidadãos, bem como do equilíbrio ambiental[11].O arcabouço legislativo sobre a matéria urbanística está assim disciplinado:

trajetória da refirma urbana no Brasil, Ciudades para todos, disponível em http://www.redbcm.com.br/arquivos/Bibliografia/a%20trajectoria%20n%20saule%20k%20uzzo.pdf. Acesso em junho de 2021.

[9] Souza, Marcelo Lopes. de. *Mudar a cidade: uma introdução crítica ao planejamento e à gestão urbanos.* Rio de Janeiro: Bertrand Brasil, 2002.

[10] Em um mundo em que as cidades são espaços coletivos urbanizados – ou em vias de se urbanizar –, as forças progressistas passavam a reivindicar mecanismos de controle público do exercício do direito à propriedade. Com a emenda popular, o direito público brasileiro passou não somente a garantir a propriedade privada e o interesse individual, mas a assegurar o interesse coletivo quanto aos usos individuais da propriedade. Assim, a propriedade deixou de ser somente vinculada ao direito civil, matéria de caráter privado, e passou a ser disciplinada pelo direito público. Separou-se o direito de propriedade do direito de construir, que tem outra natureza, que é a de concessão do poder público; estabeleceram-se penalizações com atribuição normativa, calcadas em uma série de instrumentos jurídicos e urbanísticos, impondo ao proprietário do solo urbano ocioso – que se vê sustentado pela especulação imobiliária, ou mantém seu imóvel não utilizado, subutilizado ou não edificado – graves sanções, inclusive a desapropriação. Outros avanços conquistados nessa época foram a afirmação e o efetivo estabelecimento da autonomia municipal e a ampliação da participação da população na gestão das cidades, tanto com os mecanismos institucionais diretos como plebiscito, referendo, iniciativa popular e consulta pública, quanto com outras formas de participação direta como os conselhos, as conferências, os Fóruns, as audiências públicas. Saule Júnior, Nelson; Uzzo, Karina, in *A trajetória da refirma urbana no Brasil, Cidades para todos,* Disponível em http://www.redbcm.com.br/arquivos/Bibliografia/a%20trajectoria%20n%20saule%20k%20uzzo.pdf. Acesso em junho de 2021.

[11] Pires, Antonio Cecilio Moreira. Pires, Lilian R.G. M. Pires. *Estado e Mobilidade urbana. in Mobilidade Urbana: desafios da* sustentabilidade. São Paulo: Editora Ponto e Linha, 2016,

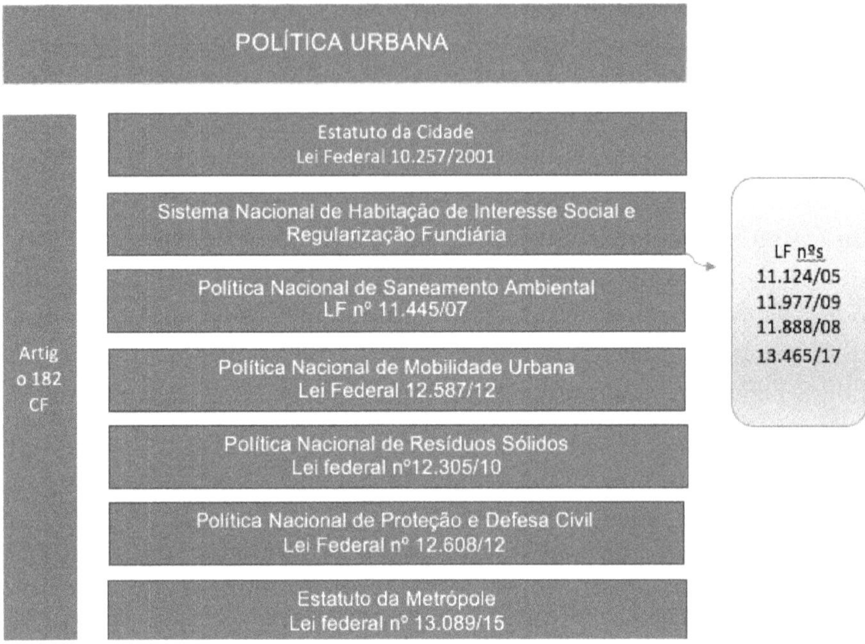

fonte: elaboração pessoal

Especificamente sobre os Planos Diretores, o art. 41, do Estatuto da Cidade, estabeleceu a obrigatoriedade para que os municípios elaborassem seus Planos Diretores como ferramenta essencial de desenvolvimento urbano, previsto no art. 2º. Ainda, o §2º do artigo 41, determinou que nas cidades com mais de quinhentos mil habitantes, seria obrigatório a elaboração de um plano de transporte urbano integrado. Este plano deve ser compatível com o Plano Diretor.

O arcabouçou legislativo é extenso. Entretanto, a cultura do planejamento com a participação popular de certa maneira se sedimentou do ponto de vista legislativo, mas ainda está longe de refletir um resultado eficiente, com a concretização do direito à cidade e democratização da terra e dos espaços.

p.11. Disponível em: http://cidadeemmovimento.org/wp-content/uploads/2016/10/Mobilidade-Urbana-Desafios-e-Sustentabilidade.pdf. Acesso em julho 2021.

O transporte é caro para a população, conforme se infere a seguir:

Gráfico 26
Custos pessoais e públicos da mobilidade por modo de transporte, 2018[1]

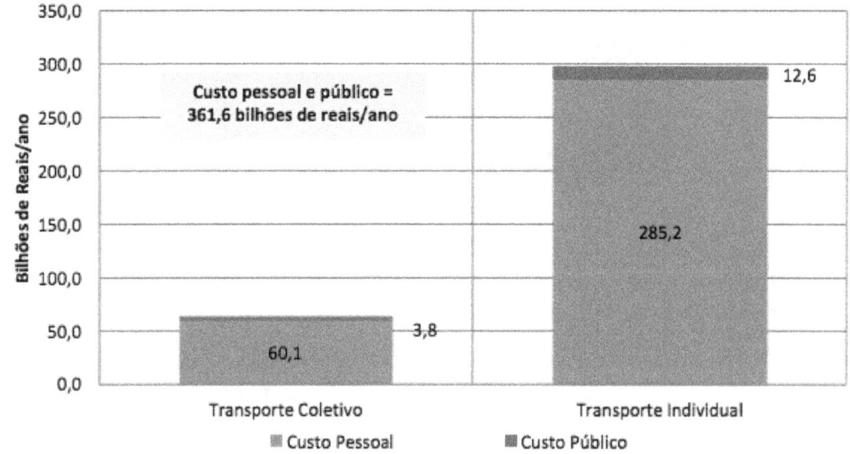

1. Valores de dezembro de 2018.

O custo público é estimado em R$ 16,4 bilhões por ano, sendo a maioria relacionada ao uso dos modos individuais (manutenção de vias) (77%).[12]

A utilização de combustível fóssil, por sua vez, é altamente poluente[13]:

[12] http://files.antp.org.br/simob/sistema-de-informacoes-da-mobilidade--simob--2018.pdf. Acesso em julho 2021.

[13] http://files.antp.org.br/simob/sistema-de-informacoes-da-mobilidade--simob--2018.pdf. Acesso em julho 2021

Gráfico 17
Distribuição percentual dos poluentes locais emitidos pelos veículos por modo de transporte, 2018

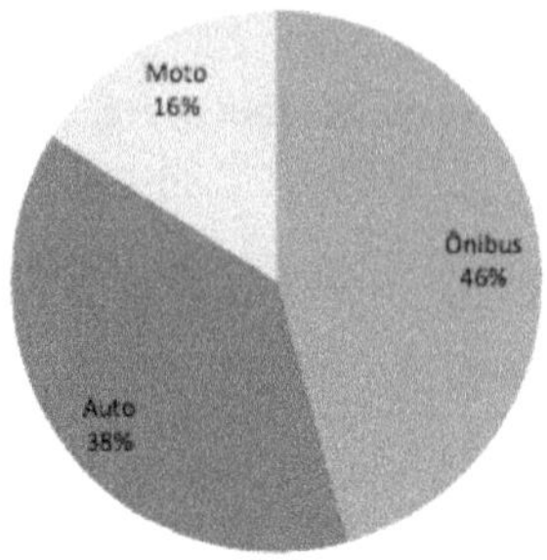

Considerando a emissão de CO_{2eq}, os veículos usados pelas pessoas emitem 31,0 milhões de toneladas de poluentes por ano nos seus deslocamentos. A maior parte (65%) é emitida pelos automóveis, seguida pelos ônibus (30%).

O trânsito, a seu turno, é responsável por acidentes[14] seguidos ou não de morte, havendo, ainda, externalidades negativas dessa realidade:

Gráfico 23
Distribuição percentual do custo de acidentes por porte do município, 2018 (com dados de acidentes de 2017)

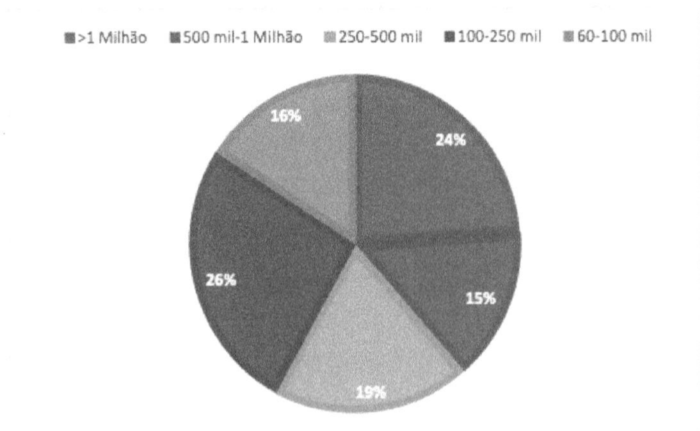

14 http://files.antp.org.br/simob/sistema-de-informacoes-da-mobilidade--simob--2018.pdf. Acesso em julho 2021.

Especificamente com relação à mobilidade, o direito à cidade é prejudicado fortemente, posto que a população periférica sofre com fluxo pendular para ter acesso ao trabalho, a serviços públicos, lazer e a todas possibilidades dos centros urbanos. Diante dessa realidade, uma mobilidade integrada[15], a Nova Agenda Urbana, os Objetivos de Desenvolvimento Sustentável (ODS), as práticas Ambientais, Sociais e Governança (ASG)[16], surgem como possibilidades eficazes de inclusão urbana e, aliado a isso, é necessário que as políticas públicas e a regulação estejam atentas, conectadas e adequadas a realidade e necessidades das cidades.

3. Lei de mobilidade urbana

A rede de mobilidade urbana é sistema complexo, composto por infraestrutura urbana, por normas jurídicas, organizações e procedimentos de fiscalização e controle do uso da infraestrutura, por serviços de transporte de passageiros e cargas, por mecanismos institucionais, regulatórios e financeiros de gestão estratégica. Essa concepção abrangente e holística é recente.

Afora isso, temos, ainda, a questão do conceito de mobilidade que é significativamente novo. Não muito distante, a locomoção era vista somente pela lente do veículo, ou seja, todos os desenhos de atuação estatal estavam voltados para a rua e sua dimensão para o veículo. Não havia a compreensão de que a rua e sua adjacente calçada, na qualidade de bem público, possui vínculo direto com seus usuários e suas funcionalidades e possibilidades de uso devem atender a todos: idosos, crianças, pessoas com mobilidade reduzida, mulheres, homens, jovens e adultos.

[15] Surgiram novas tecnologias e os aplicativos de Mobilidade, como Serviço *Mobility As A Service* (MAAS), Mobilidade como Serviço, que otimizam a integração modal e facilitam os deslocamentos.

[16] Com iniciativa liderada pela ONU, foi publicado o relatório, em 2005, "Who Cares Wins" (Ganha quem se importa), que trouxe recomendações para a inclusão de aspectos ambientais, sociais e de governança no mercado financeiro (de capitais). Na sequência há o pacto sobre os princípios para o investimento responsável. Disponível em: https://d306pr3pise04h.cloudfront.net/docs/issues_doc%2FFinancial_markets%2Fwho_cares_who_wins.pdf. Acesso em __ 2021. O Decreto Federal 10.531/2020 institui a Estratégia Federal de Desenvolvimento para o Brasil (EFB), que é composta de 5 eixos: econômico, institucional, infraestrutura, ambiental e social.

Deveras, a mudança de paradigma tem início com o marco normativo que instituiu a Política Nacional de Mobilidade, por meio da Lei Federal 12.587/2012[17], sendo que, antes do diploma legal em comento, não havia legislação que apresentasse questões relevantes e concentradas sobre mobilidade. A dimensão humana, cada vez mais, se insere no conceito de cidades para pessoas e, cidade para pessoas pressupõe, dentre outros aspectos, possibilidades de locomoção em todos seus modais a pé, de bicicleta, no transporte público e, o mais importante, possibilita que todos democraticamente possam usufruir das possibilidades advindas desses centros urbanos.

Logo, é de se concluir que as cidades devem ser planejadas, considerando a dimensão a humana e, portanto, se faz imperioso observar as necessidades de seus residentes. Em 2013, ficou claro que a mobilidade, em especial o transporte coletivo, era e é fato gerador de insatisfação da população. Assim, o ano de 2013 foi marcado por embates que inseriram o tema como prioritário nas negociações entre Poder Público e Sociedade Civil. O movimento do passe livre questionou o valor das tarifas e trouxe novas luzes para esse serviço público essencial[18].

[17] O Projeto de Lei (PL) nº 4.203 foi proposto em 1989 e visava instituir normas sobre o sistema de transporte coletivo. Posteriormente, em 1991, surgiu o PL nº 870, que dispunha sobre diretrizes nacionais de transporte coletivo urbano. O PL nº 1.777 determinava a regulamentação do transporte coletivo rodoviário. O PL nº 2.594 tratava sobre as diretrizes nacionais do transporte coletivo urbano. Esses quatro projetos foram arquivados definitivamente em 1995. O PL nº 694 de 1995, de autoria do deputado Alberto Goldman, tratava novamente do transporte coletivo. Em seguida, foram apresentados os PLs nº 1.974/96, que mais uma vez trouxe à baila a discussão sobre o transporte do transporte coletivo rodoviário, e nº 2.234/99, sobre o transporte coletivo urbano, os quais foram apensados ao PL nº 694/95, por tratarem do mesmo tema. Em 2003 foi instituída Comissão Especial para apreciar o PL nº 694/95 e dar parecer sobre ele. O extinto Conselho das Cidades em 2004, elaborou uma proposta mais ampla – PL nº 1.687/2007 – à qual também foi apensada ao PL nº 694/95. Após tantas tramitações legislativas, o PL nº 694/95 seguiu para o Senado Federal sob a denominação de Projeto de Lei da Câmara (PLC) nº 166/2010. Em 2010, a matéria foi apreciada. Em dezembro de 2011, sem alterações de mérito, o Senado remeteu o PLC ao presidente, que sancionou a nova Lei da Política Nacional de Mobilidade Urbana (PNMU) em 3 de janeiro de 2012.

[18] E não podemos esquecer que com a pandemia ficou evidente a essencialidade do transporte coletivo de passageiros, primeiro porque sem ele trabalhadores e pessoas que

Em 2015, a Emenda Constitucional nº 90 incluiu o transporte como direito social[19], sendo de competência do município o transporte coletivo de passageiros[20]. É bom que se diga, por relevante, que o processo de compreensão holística sobre a mobilidade foi iniciado e se rompeu o dogma das ruas para veículos.

Isso tanto é verdade, que a lei que instituiu a política de mobilidade urbana veio a estabelecer, também, que esse tema – mobilidade urbana – é instrumento da política de desenvolvimento urbano, cujo objetivo é a integração dos modos de transporte para acesso universal à cidade, à melhoria da acessibilidade e mobilidade de pessoas e cargas, além de ter instituído o Sistema Nacional de Mobilidade, que é um conjunto organizado de modais de transporte, serviço e infraestrutura, devendo estar de acordo com plano diretor municipal, regional e metropolitano.

A legislação em comento está dividida em sete capítulos (i) o primeiro trata das disposições gerais, consolidando conceitos e objetivos a serem atingidos; (ii) o segundo dispõe sobre as diretrizes do transporte público coletivo; (iii) o terceiro prevê o direito dos usuários e formas de participação da sociedade civil no planejamento, na fiscalização e avaliação da PNM; (iv) o quarto define as atribuições da União, dos Estados e dos municípios a respeito da mobilidade urbana; (v) o quinto versa sobre as diretrizes de planejamento e gestão dos sistemas de mobilidade; (vi) o sexto trata dos instrumentos de apoio à mobilidade; e vii) o sétimo determina o grau de alcance da lei.

A aplicabilidade da Lei consiste na elaboração de planos de mobilidade urbana para municípios com mais de 20 mil habitantes. A título de controle, aqueles municípios que não promoverem a elaboração do plano de mobilidade não receberão repasses federais para o financiamento de

necessitam e atendimento médico não chegam ao seu destino, bem como que parte da população que não teve o privilégio de fazer *home office* se utilizou dele para tentar manter seu emprego. Um serviço que não pode parar e que não recebeu ajuda organizada por parte do Estado.

[19] Art. 6º. São direitos sociais a educação, a saúde, a alimentação, o trabalho, a moradia, <u>o transporte</u>, o lazer, a segurança, a previdência social, a proteção à maternidade e à infância, a assistência aos desamparados, na forma desta Constituição.

[20] Artigo 30, inciso V, [Cabe ao município] organizar e prestar, diretamente ou sob regime de concessão ou permissão, os serviços públicos de interesse local, incluído o de transporte coletivo, **que tem caráter essencial**.

obras de infraestrutura e execução das diretrizes da Lei de Mobilidade Urbana. O prazo para elaboração dos planos de mobilidade, inicialmente, foi de três anos, posterirormente alterado, por meio da Lei Federal 14.000/2020, com nova data limite para 12 de abril de 2022 – para municípios com mais de 250 mil habitantes – e 12 de abril de 2023 – para os municípios com população de até 250 mil habitantes.

Sobreleva relembrar que planejamento e plano não se confundem, sendo que o primeiro se constitui de uma série de procedimentos complexos, envolvendo trabalho técnico multidisciplinar com muitos sujeitos; e o segundo (plano) é o resultado do planejamento e se materializa na forma da Lei.

Mais uma vez, o planejamento[21] é de obrigatoriedade *sine qua non*, o que reforça nossa afirmação sobre a cultura do planejar que, por si só, denota um avanço, embora não resolva a efetividade do desenvolvimento sustentável e, em especial, a mitigação dos custos ambientais, sociais e econômicos dos deslocamentos[22] e acesso amplo e democrático do espaço urbano.

4. Novidades e desafios sobre mobilidade urbana

Como traçado até aqui, o conceito holístico de mobilidade é novo e o marco legal posto pela Lei Federal nº 12.587/2021 e apresenta inúmeros arranjos e possibilidades para a melhoria da locomoção e ganhos para a saúde e qualidade de vida. Nesta oportunidade, apresentamos alguns pontos que julgamos importantes para o debate e caminhos para a da mobilidade sustentável, são eles: transporte coletivo de passageiro, mobilidade ativa e transição para o abando das fontes fósseis no transporte com a eletrificação da frota.

[21] Chamamos atenção para o fato de que o planejamento possui intrinsicamente certo grau de conflito e esse é um tema que merece reflexão e discussões para seu enfrentamento, que não é objeto desse ensaio trazer questões relativas a esta conflituosidade. Sobre esse tema sugerimos ver cf. Thiago Marrara, in Planungsrechtliche Konflikte in Bundesstaaten. Hamburgo: Dr. Kovac, 2009, p. 93 e seguintes.

[22] Artigo 6º, IV, da Lei de Mobilidade Urbana

4.1. Transporte coletivo e seu financiamento

Uma das boas novidades da Lei de Mobilidade Urbana, com relação ao transporte coletivo de passageiro, diz respeito à política tarifária que, de acordo com o IPEA, é o "conjunto de medidas, regras e normas estabelecidas pelo poder público que delimitam a forma de financiamento da operação desses sistemas e a cobrança de contrapartida financeira por parte dos usuários[23]."

Tais medidas serão definidas pelo poder público e estabelecerão a forma de financiamento da operação do sistema e a cobrança da contrapartida que será paga pelo usuário. Note-se que a legislação apresenta de forma segregada a (i) tarifa pública; e (ii) tarifa de remuneração, conforme artigo 9º da Lei de Mobilidade[24].

As sabendas, o Estado pode diretamente prestar o serviço ou, por meio de delegação, transferir sua execução para a iniciativa privada, nos termos do artigo 175 da Constituição Federal, cuja regulamentação veio por meio da edição da Lei Federal de Concessão nº 8987/1995 e, posteriormente, foram instituídas normas para contratação de Parceria Público Privada – Lei Federal 11.79/2004.

Disso decorre que o serviço de transporte coletivo poderá ser prestado diretamente pelo Estado ou será delegado. O procedimento licitatório deverá obedecer a Lei de Licitações e Contratos[25] e, a seu turno, a Lei de Concessão ou Lei das Parcerias Público Privadas, bem como deverá fixar metas de qualidade e desempenho, incentivos e penalidades, identifica-

[23] http://repositorio.ipea.gov.br/bitstream/11058/6635/1/td_2192.pdf. Acesso em julho 2021.

[24] Art. 9º. O regime econômico e financeiro da concessão e o da permissão do serviço de transporte público coletivo serão estabelecidos no respectivo edital de licitação, sendo a tarifa de remuneração da prestação de serviço de transporte público coletivo resultante do processo licitatório da outorga do poder público. § 1º A tarifa de remuneração da prestação do serviço de transporte público coletivo deverá ser constituída pelo preço público cobrado do usuário pelos serviços somado à receita oriunda de outras fontes de custeio, de forma a cobrir os reais custos do serviço prestado ao usuário por operador público ou privado, além da remuneração do prestador. § 2º O preço público cobrado do usuário pelo uso do transporte público coletivo denomina-se tarifa pública, sendo instituída por ato específico do poder público outorgante.

[25] Lei de Licitação em vigor 8.666/1993 e 14.133/2021 e Lei de Concessão 8.987/1995.

ção de receitas alternativas (acessórias), alocação de riscos econômico-financeiros entre as partes.

Na delegação, portanto, a tarifa de remuneração será decorrente de processo licitatório e resultará da competitividade entre as empresas ou consórcio de empresas, sagrando-se vencedor o licitante que ofertar menor tarifa, com reajuste definido no instrumento contratual de concessão.

Essa medida torna o contrato mais previsível ao longo do tempo e os eventuais desequilíbrios ficam mais claros de se visualizar e serão tratados e discutidos nas eventuais revisões de preço. Com essa medida clara de remuneração, as políticas públicas sobre descontos e gratuidades serão tratadas de forma independente e sem interferência direta na tarifa de remuneração que já estará fixada no contrato.

Ainda sobre a tarifa de remuneração, o artigo 9º, §1º, da Lei de Mobilidade estabelece que ela será o resultado do somatório da arrecadação da tarifa pública (aquela que é cobrada do usuário) e de outras fontes de custeio, vinculando que o uso da receita se destina a (i) cobrir os custos do serviço prestado; e (ii) remunerar o prestador.

A situação de déficit ou superávit tarifário fica clara, na medida em que a Lei também regra que o déficit será coberto por fontes de custeio: receitas extratarifárias, alternativas, subsídios orçamentários[26], subsídios cruzados[27] intrassetorial[28] e intersetorial[29]. A Lei não detalhou ou especificou quais seriam as receitas extratarifárias e aqui remetemos, a título de

[26] O subsídio orçamentário deve observar e atender a Lei de Responsabilidade Fiscal e sua implementação acompanhada de controles efetivos e atentos. Como possibilidades podemos listar a desoneração tributária, aportes nas parcerias público privadas, bilhete do desempregado.

[27] "... subsídio cruzado entre passageiros, quando os pagantes são diretamente sobretaxados ao custear, por exemplo, as gratuidades existentes. Essa situação é mais grave quando os pagantes de menor renda, mais propensos ao uso do transporte público, arcam com gratuidades concedidas a pessoas pertencentes aos estratos de renda mais altos (estudantes e idosos de alta renda, por exemplo)." http://repositorio.ipea.gov.br/bitstream/11058/1365/1/Nota_Tecnica_Tarifa%C3%A7%C3%A3o_e_financiamento_do_transporte_p%C3%BAblico_urbano.pdf. Acesso em julho 2021.

[28] São soluções e apoios dentro do próprio setor como modais únicos ou modais diversificados (ex. ônibus, metrô, trem), câmaras de compensação tarifária

[29] São soluções e apoio de outros setores diferentes do setor de transportes como exemplo

sugestão, a leitura da tabela nº 05 produzida na Nota Técnica: Tarifação e financiamento do transporte público urbano produzido pelo Ipea[30].

As diretrizes para a regulação do transporte coletivo e o regime econômico-financeiro das contratações são de fato pontos novidadeiros, inseridos na Lei. Contudo, no Brasil, o transporte público é mantido[31] pela arrecadação de tarifa paga pelos usuários, não se discutindo a possibilidade de outras fontes para subsídio, pelo que isso se constitui em um dos desafios aqui trazidos.

Inconteste é que com os serviços de transporte baseados em plataformas digitais, o compartilhamento de bicicletas e patinetes, novas opções de locomoção foram apresentadas aos usuários e, consequentemente, os "operadores de transporte público viram a sua demanda cair mais de 25% entre os anos de 2013 e 2019"[32]. Aliado a esse fato, a crise sanitária mundial, ocasionada pela pandemia do COVID-19, impôs distanciamento social e medidas restritivas ao funcionamento das atividades econômicas para evitar a propagação da doença, o que reduziu a demanda drasticamente no transporte coletivo[33] e colocou o serviço em colapso mundial.

A queda de demanda afeta diretamente o serviço, penalizando aqueles que mais precisam desse meio de locomoção. Não por outra razão, que o financiamento do transporte público é assunto que precisa urgentemente ser enfrentado, principalmente em razão do fato que o financiamento, via arrecadação tarifária (aquela paga pelo usuário), está inadequado frente a um serviço de qualidade com custo.

a Taxa de Contribuição para o Transporte cobrada na França; Taxa sobre a gasolina em Bogotá.

[30] http://repositorio.ipea.gov.br/bitstream/11058/1365/1/Nota_Tecnica_Tarifa%C3%A7%C3%A3o_e_financiamento_do_transporte_p%C3%BAblico_urbano.pdf. Acesso em julho 2021.

[31] http://repositorio.ipea.gov.br/bitstream/11058/1365/1/Nota_Tecnica_Tarifa%c3%a7%c3%a3o_e_financiamento_do_transporte_p%c3%bablico_urbano.pdf. Acesso em julho 2021.

[32] https://blogdoibre.fgv.br/posts/modernizacao-e-saida-para-crise-do-transporte-publico. Acesso em julho 2021.

[33] em 2020 a queda anual foi de 61%. Ver Boletim da Associação Nacional de Transportes Urbanos –NTU. https://ntu.org.br/novo/upload/Publicacao/Pub637474260048364846.pdf. Acesso em julho 2021.

Nessa linha, o artigo 5º da Lei define como princípio da política de mobilidade a "justa distribuição dos benefícios e ônus decorrentes do uso dos diferentes modos e serviços" e a "equidade no uso do espaço público de circulação, vias e logradouros". Consequentemente, reconhece a desigualdade no uso das vias e logradouros e do custo do uso desses espaços pelos diferentes modos de transporte. Interessante se revela a avaliação do *Word Resources Institute* sobre o custo da infraestrutura:

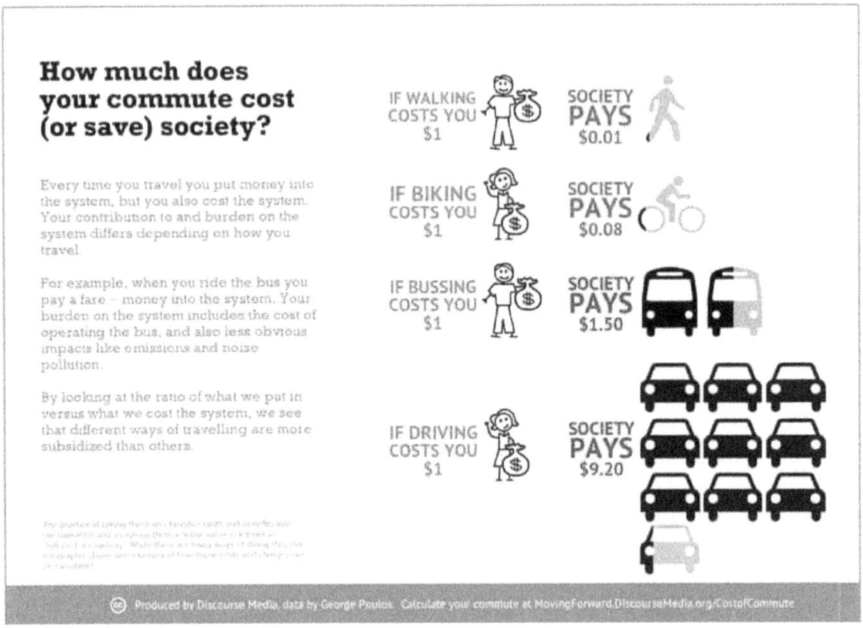

Fonte: What is the full cost of your commute?[34]

De todo modo, a Lei de Mobilidade apresenta rol exemplificativo de instrumentos de gestão do transporte, nos termos do artigo 23 e seus respectivos incisos. Assim, é possível a estruturação de aplicação de tributos sobre modos e serviços pelo uso da infraestrutura urbana, políticas de estacionamento de uso público e privado. Em outro giro, perfeitamente possível definir políticas de taxação ou subsídio, no sentido de priorizar

[34] https://thediscourse.ca/scarborough/full-cost-commute. Acesso agosto 2021.

modos de transporte mais sustentáveis e ambientalmente amigáveis – por exemplo, pedágios urbanos, cobrança de estacionamento na via pública, subsídio às tarifas etc.

4.2. Sustentabilidade na mobilidade

Cidades saudáveis, seguras, vivas e sustentáveis são uma necessidade para o desenvolvimento sustentável, tendo a mobilidade papel fundamental nessa conquista.

A qualidade do ar e os gases efeito estufa se perfazem em problemas de ordem mundial, advindos dos veículos com motor a combustão fóssil. De acordo com IBGE, o total de veículos em circulação no país é de aproximadamente 107.938.371[35]. De acordo com Cetesb, a "Organização Mundial da Saúde (OMS) estima que mais de 4 milhões de pessoas morrem prematuramente no mundo, em decorrência da poluição do ar. Sobremais disso, cerca de 90% da população mundial está exposta a níveis de concentração de poluentes acima dos recomendados pela OMS"[36].

GRÁFICO 2

Distribuição das emissões de CO_2 por modo na média dos centros urbanos brasileiros – extensão média viagens iguais

(Em %)

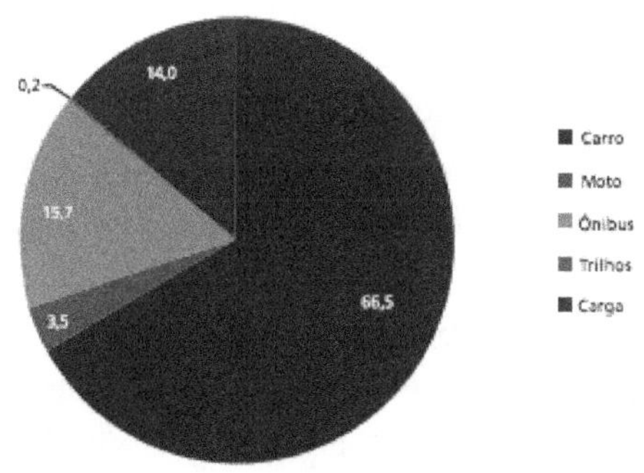

Fonte: Ipea[37]

[35] https://cidades.ibge.gov.br/brasil/pesquisa/22/28120. Acesso em julho 2021.

[36] https://cetesb.sp.gov.br/veicular/. Acesso em julho 2021.

[37] http://repositorio.ipea.gov.br/bitstream/11058/5574/1/BRU_n05_emiss%C3%B5es.pdf. Acesso em julho 2021.

Além disso, o tempo perdido no trânsito para deslocamentos diários é consideravelmente significativo, possuindo dimensão econômica, na medida em que afeta a produtividade no trabalho e dimensão do bem-estar, pois atinge o tempo de convívio com a família, inibe o tempo de lazer e de exercício físicos que certamente impactam na saúde do trabalhador.

Não por outra razão que é urgente alterar a situação atual e a lei de mobilidade com seus princípios, diretriz e princípios conduz para o desenvolvimento sustentável das cidades, estabelecendo de forma clara a prioridade para os modos não motorizados de transportes e para integração desses modos com o transporte público.

Temos que, aliado ao incentivo dos modos de locomoção sustentável, a mudança efetiva e completa acontecerá no momento em que for reduzida a demanda por transportes e deslocamentos. Observe-se que isso se relaciona com o modo que o território está desenhado e com estimulo para reconfigurar a cidade para cidades mais compactas e calmas.

O plano diretor da cidade de São Paulo inovou, ao menos de forma legal, e esperamos que sua implementação efetivamente ocorra e não seja desvirtuada na revisão, que ocorre a partir desde ano de 2021. Sobre o desenho do território e mobilidade trazemos o registro de He Nem Kim Seo:

> A rede de estruturação e transformação urbana, assim como as Zonas de Centralidade determinadas pela lei de zoneamento de 2004 (ainda em vigor), são as áreas da cidade onde se almeja ocupar e transformar de forma intensa, onde é necessário um processo de transformação do uso do solo, com o adensamento populacional e construtivo articulado a uma qualificação urbanística dos espaços públicos, mudança dos padrões construtivos e ampliação da oferta de serviços e equipamentos públicos estimulando os usos mistos. No novo Plano Diretor, estas áreas são dispostas ao longo do sistema de transporte público coletivo de média e alta capacidade como o trem, metrô, monotrilho, VLT (Veículo Leve sobre Trilhos), VLP (Veículo Leve sobre Pneus) e corredores de ônibus municipais e intermunicipais com operação em faixa exclusiva localizado à esquerda.[38]

[38] Seo, He Nem Kim. *Novo plano diretor de São Paulo e o sistema de mobilidade.* In Mobilidade urbana: desafios da sustentabilidade. São Paulo: Editora Ponto e Linha. 2016, p. 57/58.

Com relação às calçadas[39], temos que estas integram a categoria de bem público[40] de uso comum do povo, portanto, é parte da via pública e de responsabilidade estatal. Não obstante, os munícipios brasileiros determinam que a responsabilidade pela manutenção da aludida calçada é do proprietário lindeiro. Essa transferência de obrigação resulta em uma cidade com obstáculos para aqueles com mobilidade reduzida e gera um desconforto para a caminhabilidade de modo geral. Em outro dizer, o pedestre tem o seu direito de mobilidade suprimido, além da falta de segurança, que afasta as pessoas do convívio e da fruição dos espaços.

De outro lado, temos que a bicicleta possui relevante papel na concretização da cidade sustentável, na medida em que é um meio eficiente e com benefícios ambientais e para a saúde. Impende considerar que a bicicleta é meio de transporte eficiente em distâncias curtas. Destarte, a infraestrutura cicloviária, a instalação de paraciclos e bicicletários nas estações de transporte, bem como a possibilidade do seu embarque no transporte coletivo em determinados horários, aliado aos sistemas de bicicletas compartilhadas, são elementos que colaboram para o incentivo desse modal e, consequentemente, para a sustentabilidade urbana:

> Assim como os demais modos de transporte, a bicicleta não é a única solução para os deslocamentos em uma cidade. Porém, sua associação a um sistema de transporte estruturante conectado e acessível parece ser a forma não só

[39] Decisão paradigmática que afirma a função social da calçada: "Em cidades tomadas por veículos automotores, a maior parte deles a serviço de minoria privilegiada, calçadas integram o mínimo existencial de espaço público dos pedestres, a maioria da população. Na qualidade de genuínas artérias de circulação dos que precisam ou preferem caminhar, constituem expressão cotidiana do direito de locomoção. No Estado Social de Direito, o ato de se deslocar a pé em segurança e com conforto qualifica-se como direito de todos, com atenção redobrada para a acessibilidade dos mais vulneráveis, aí incluídos idosos, crianças e pessoas com deficiência. Mister atinar que, no dia a dia da cidade contemporânea, o universo complexo da mobilidade urbana reserva papel crítico às calçadas, não se esgotando no fluxo de carros e na construção de ruas, avenidas, estradas, pontes e viadutos." REsp 1846075/2020-DF, relator Ministro Herman Benjamin, DJe 18/05/2020.

[40] Os artigos 98 e 99 do Código Civil definem os bens públicos.

mais eficiente, mas mais justa de se construir ambientes urbanos sustentáveis. [41]

Por fim, como já dito, um dos grandes poluentes são os motores a combustão. A modificação da utilização de combustível (não fóssil) é medida que se impõe e a eletrificação das frotas é um dos caminhos para a melhoria ambiental, com redução de gases de efeito estufa, ensejando a busca de estímulos para a eletromobilidade. Em estudo apresentado no Conibem Lisboa 2019 apontamos que:

> No horizonte da realidade e diante do questionamento de como fomentar e estimular esse mercado, fizemos um recorte a partir das seguintes ponderações (i) o transporte coletivo de passageiros é uma das grandes fontes de emissão de gases GEE (ii) o Brasil conta com 5.570 municípios (iii) O conjunto das 27 capitais totaliza 49,7 milhões de habitantes, representando 23,8% da população do país. (iv) pouco mais da metade da população brasileira (57,0% ou 118,9 milhões de habitantes) vive em 5,7% dos municípios (317), que são aqueles com mais de 100 mil habitantes. Os municípios com mais de 500 mil habitantes (46) concentram 31,2% da população do país (64,9 milhões de habitantes).[42]

Portanto, estimular a eletrificação é um caminho importante e um meio eficiente de se contribuir com a questão ambiental. As possibilidades passam pela indução tributária, pela inserção da obrigação de transição da frota de ônibus na licitação para delegação do transporte coletivo, pela aquisição de frota de veículos para utilização dos poderes públicos e pela infraestrutura de carregamento.

[41] MARQUES, Rafaela. *A bicicleta como uma aliada no acesso ao transporte coletivo.* ITDP Brasil, Rio de Janeiro, 22 de set. de 2016. Disponível em: https://itdpbrasil.org/a-bicicleta-como-uma-aliada-no-acesso-ao-transporte-coletivo/. Acesso em julho 2021.

[42] PIRES, Lilian Regina Gabriel Moreira. PIRES, Antonio Cecílio Moreira. STEVANATO, Eduardo Stevanato Pereira. *Meio ambiente, mobilidade e eletromobilidade, um plano de incentivo para o Brasil.* Publicado nos anais da Conferência Ibero-Brasileira de Energia-Conibem-2019. https://iberojur.com/wp-content/uploads/2020/08/Anais-CONIBEN_.pdf. Acesso em julho 2021.

Por derradeiro, não podemos deixar de registrar que a integração entre meios de transportes, das tarifas com a possibilidade de utilização de uma única forma de pagamento nas viagens, aliado a sistema de informação confiável, onde seja possível desenhar seu trajeto da forma mais rápida e confortável, são medidas que estimulam e formam um círculo virtuoso para mobilidade inclusiva, justa e igualitária.

Conclusões

A inserção da Política Urbana na Constituição Federal, o marco regulatório brasileiro – Estatuto da Cidade – reconhecido internacionalmente, e as demais legislações urbanísticas, sem dúvida demonstram que sob a perspectiva legislativa avançamos. Contudo, não alcançamos a superação das cidades brasileiras assimétricas e desiguais.

A ideia central do Estatuto da Cidade foi modificar a natureza do planejamento territorial urbano, mas ainda temos uma visão tradicional de planejamento regulatório que é fraco em interferir na estrutura da propriedade imobiliária e consequentemente na estrutura da mobilidade urbana.

O aniversário de 20 anos do Estatuto da Cidade nos faz renovar as possibilidades que o planejamento efetivo pode trazer ao longo do tempo. Obriga-nos a reforçar que as pessoas são o centro da decisão desse planejar e que organizar os espaços e territórios é um processo contínuo, que visa e tem como objetivo a melhoria da qualidade de vida e o desenvolvimento sustentável.

A emergência sanitária trazida pelo COVID-19 e a situação dramática em que o mundo se encontra deixa clara a necessidade de organizarmos e planejarmos esses centros urbanos. A Mobilidade exerce papel fundamental nessa estrutura e no exercício pleno ao direito à cidade, tem potencial transformador e acelerador da sustentabilidade.

É preciso ter coragem e vontade para implementar as possibilidades oferecidas pelo Plano de Mobilidade. Nessa oportunidade, trouxemos alguns pontos, diante de outras tantas, que podem surgir e dentre elas um olhar atento para o financiamento do transporte coletivo de passageiro, o impulsionar para a mobilidade ativa e descarbonização das cidades, passos para que o desenvolvimento sustentável seja uma meta a ser alcançada de forma clara, mensurável, efetiva e para que possamos ter eficácia e efetividade ao direito a cidade.

Referências

KELLER, M. Colisão: GM, Toyota, Volkswagen: a corrida para dominar o Século XXI. Rio de Janeiro: Campus, 1994.

MARQUES, Rafaela. *A bicicleta como uma aliada no acesso ao transporte coletivo.* Rio de Janeiro: ITDP Brasil, 22 de set. de 2016.

MARRARA, Thiago. Planungsrechtliche Konflikte in Bundesstaaten. Hamburgo: Dr. Kovac, 2009.

SAULE JÚNIOR, Nelson; UZZO, Karina, in *A trajetória da refirma urbana no Brasil, Ciudades para todos.*

PIRES, Antonio Cecílio Moreira. PIRES, Lilian R.G. M. Pires. *Estado e Mobilidade urbana.* in Mobilidade Urbana:desafios da sustentabilidade. Editora Ponto e Linha, São Paulo, 2016.

PIRES, Lilian Regina Gabriel Moreira. PIRES, Antonio Cecílio Moreira. STEVANATO, Eduardo Souza Pereira. *Meio ambiente, mobilidade e eletromobilidade, um plano de incentivo para o Brasil.* Publicado nos anais da Conferência Ibero-Brasileira de Energia-Conibem-2019.

SEO, He Nem Kim. Novo plano diretor de São Paulo e o sistema de mobilidade. In Mobilidade urbana: desafios da sustentabilidade. São Paulo: Editora Ponto e Linha, 2016.

SOUZA, Marcelo Lopes. de. *Mudar a cidade:* uma introdução crítica ao planejamento e à gestão urbanos. Rio de Janeiro: Bertrand Brasil, 2002.

Sitos eletrônico visitados:

https://news.un.org/pt/story/2019/02/1660701. Acesso em junho 2021.

https://odsbrasil.gov.br. Acesso em junho 2021.

https://uploads.habitat3.org/hb3/NUA-Portuguese.pdf. Acesso em junho 2021.

https://www.ipea.gov.br/portal/index.php?option=com_content&view=article&id=35811. Acesso em junho 2021.

https://www.ipea.gov.br/portal/images/stories/PDFs/TDs/td_1813.pdf. Acesso em julho 2021.

http://www.redbcm.com.br/arquivos/Bibliografia/a%20trajectoria%20n%20saule%20k%20uzzo.pdf. Acesso em junho de 2021.

http://cidadeemmovimento.org/wp-content/uploads/2016/10/Mobilidade--Urbana-Desafios-e-Sustentabilidade.pdf. Acesso em julho 2021.

http://files.antp.org.br/simob/sistema-de-informacoes-da-mobilidade--simob--2018.pdf. Acesso em julho 2021.

http://files.antp.org.br/simob/sistema-de-informacoes-da-mobilidade--simob--2018.pdf. Acesso em julho 2021.

https://d306pr3pise04h.cloudfront.net/docs/issues_doc%2FFinancial_markets%2Fwho_cares_who_wins.pdf. Acesso em julho 2021.

http://repositorio.ipea.gov.br/bitstream301058/6635/1/td_2192.pdf. Acesso em julho 2021.

http://repositorio.ipea.gov.br/bitstream/11058/1365/1/Nota_Tecnica_Tarifa%C3%A7%C3%A3o_e_financiamento_do_transporte_p%C3%BAblico_urbano.pdf. Acesso em julho 2021.

https://ntu.org.br/novo/upload/Publicacao/Pub637474260048364846.pdf. Acesso em julho 2021.

https://cidades.ibge.gov.br/brasil/pesquisa/22/28120. Acesso em julho 2021.

https://cetesb.sp.gov.br/veicular/. Acesso em julho 2021.

http://repositorio.ipea.gov.br/bitstream/11058/5574/1/BRU_n05_emiss%C3%B5es.pdf. Acesso em julho 2021.

https://itdpbrasil.org/a-bicicleta-como-uma-aliada-no-acesso-ao-transporte--coletivo/. Acesso em julho 2021.

https://iberojur.com/wp-content/uploads/2020/08/Anais-CONIBEN_.pdf. Acesso em julho 2021.

-https://thediscourse.ca/scarborough/full-cost-commute. Acesso agosto 2021.

10.
Vinte Anos de Estatuto da Cidade: Avanços, Desafios e o Papel da Bicicleta na Construção de Cidades Mais Humanas e Sustentáveis

JULIANA CRISTINA CERQUEIRA MINORELLO
MARIANA LOURENÇO DE MATOS DA CRUZ
RENATA CRUZ RABELLO

Introdução

O Estatuto da Cidade, aprovado no dia 10 de julho de 2001, completa neste ano duas décadas de vigência. Embora existam muitas conquistas a se comemorar, como a ampliação dos espaços de participação popular, o estabelecimento de diretrizes para garantir a função social da cidade e a busca pela sustentabilidade ambiental, social e econômica dos núcleos urbanos, ainda temos uma série de desafios a enfrentar para concretização do direito positivado pelo estatuto. Permanecem os desafios relacionados à materialização do direito à cidade, como a dificuldade de mobilidade para acesso a postos de trabalho, educação e serviços públicos.

A intensificação do processo de urbanização das cidades e as desigualdades sociais culminaram em um desenho urbano polarizado. Observa-se que, nas regiões centrais, onde geralmente vivem as pessoas de maior poder aquisitivo, concentram-se as melhores moradias, oportunidades de educação e renda e serviços públicos de qualidade. Por outro lado, nas regiões periféricas, onde vivem as pessoas mais pobres com alta densidade populacional, os referidos serviços são escassos ou precários.

O direito à cidade fica ainda mais prejudicado quando consideramos que, para ter acesso aos postos de trabalho, educação e lazer, os moradores das áreas periféricas enfrentam um grande desafio mobilidade ao realizarem esse fluxo pendular periferia-centro, de suas casas à região central, e centro-periferia, no retorno às suas casas à noite. Além de lidarem geralmente com transportes públicos superlotados e engarrafamentos extensos, o custo desse transporte é uma barreira importante ao acesso ao centro. Resta evidente, assim, que o direito à cidade, apesar de previsto no Estatuto, encontra obstáculos fáticos para se concretizar.

O agravamento deste desafio, com o aumento da população urbana, exige que as políticas públicas e os instrumentos regulatórios se adequem constantemente à nova realidade das cidades. Nesse sentido, o fomento a uma mobilidade ativa integrada ao transporte público e as novas ferramentas de Ambiental, Social e Governança (ASG), bem como a nova agenda urbana e os Objetivos de Desenvolvimento Sustentável (ODS), despontam como exemplos eficazes de inclusão urbana adotados por diversos municípios ao redor do mundo.

Com a mudança da realidade ao longo dos anos, também surgiram novas tecnologias que poderão tornar mais eficazes os mecanismos de materialização do direito à cidade e de justiça urbana previstos no Estatuto. Os aplicativos de Mobilidade como Serviço (MAAS[1]), por exemplo, otimizam a integração modal e facilitam os deslocamentos.

As cidades são como organismos vivos que se transformam constantemente e influenciam os hábitos de seus habitantes. Entendemos que os instrumentos normativos devem interagir com essa cidade de forma simbiótica e dinâmica, de forma a garantir que o ideal normativo-principiológico estabelecido como fundamento das cidades seja de fato concretizado por meio das políticas públicas. Essa data tão importante se mostra, então, como um convite para refletirmos sobre os avanços decorrentes do Estatuto e as possibilidades de melhoria para progredirmos na concretização cada vez mais efetiva dos direitos e deveres previstos no Estatuto.

[1] MAAS Sigla em inglês *Mobility As A Service*, que significa Mobilidade como Serviço.

1. Mobilidade ativa integrada ao transporte coletivo

O desenvolvimento econômico do país intensificou as desigualdades sociais e a marginalização nas áreas urbanas. Com o aumento da industrialização do país, ampliaram-se, também, as migrações internas, onde contingentes populacionais eram atraídos por melhores condições de vida nos centros urbanos. Contudo, em razão da grande especulação imobiliária, grande parte dessa população passou a habitar locais distantes dos centros e dos serviços públicos, originando-se, assim, os bairros periféricos, desprovidos de serviços públicos e distantes dos locais onde se concentram os postos de trabalho, educação e estruturas de lazer.[2]

> A dinâmica de produção dos espaços urbanos, ao gerar uma melhoria, cria simultaneamente e constantemente milhares de desalojados e desapropriados que cedem seus locais de moradia para grupos de renda que podem pagar o preço de um progresso que se opera através de uma enorme especulação imobiliária. Tal trama urbana só pode levar à fixação das camadas pobres em zonas desprovidas de serviços públicos, até o dia em que, com o crescimento da metrópole, também desses locais tenderão a ser expulsos se porventura sua iniciativa política ainda continuar bloqueada[3]

Com intuito de estabelecer mecanismos de inclusão socioespacial e combater essa realidade de marginalização, a criação do Estatuto da Cidade engajou diversos atores da administração pública, movimentos sociais, acadêmicos e diversas instituições. O Estatuto estabeleceu algumas diretrizes, como o direito a cidades sustentáveis, que significa o direito de todas as pessoas do ambiente urbano "à terra urbana, à moradia, ao saneamento ambiental, à infraestrutura urbana, ao transporte e serviços públicos, ao trabalho e ao lazer, não só para as gerações atuais,

[2] Oliveira, Aline Meneguini de. *Urbanização brasileira e marginalidade: os olhares socioeconômico e sociocultural em contraponto.* Revista Faac, Bauru, v. 2, n. 1, p. 55-68, abr./set. 2012. Disponível em: <https://www3.faac.unesp.br/revistafaac/index.php/ revista/article/download/75/41 > Acesso em: 24 de maio de 2021.

[3] Kowarick, L. *Capitalismo e marginalidade na América Latina.* 4. ed. Rio de Janeiro: Paz e Terra, 1985, p. 85.

como também para as futuras".[4] Considerando a natureza descentralizada do federalismo brasileiro, a concretização efetiva desse marco regulatório foi colocada em grande medida nas mãos das administrações municipais[5]. Assim, o art. 41 do Capítulo III estabeleceu a obrigatoriedade dos municípios elaborarem seus Planos Diretores como ferramenta essencial de desenvolvimento urbano previsto no art. 2º da própria Lei, "visando garantir, a todos, o direito à cidade e a justa distribuição dos benefícios e ônus decorrentes do processo de urbanização"

> O Município, portanto, é responsável por formular a política urbana e fazer cumprir, através do Plano Diretor, as funções sociais da cidade, possibilitando acesso e garantindo o direito, a todos que nela vivem, à moradia, aos serviços e equipamentos urbanos, ao transporte público, ao saneamento básico, à saúde, à educação, à cultura e ao lazer, todos eles direitos intrínsecos aos que vivem na cidade.[6]

Tendo em vista que a mobilidade urbana exerce papel central para o exercício do direito à cidade, o Estatuto da cidade previu, também, no §2º do artigo 41 que, nas cidades com mais de quinhentos mil habitantes, é obrigatória a elaboração de um plano de transporte urbano integrado. Este plano deve ser compatível com o Plano Diretor ou nele inserido.

> Art. 41. O plano diretor é obrigatório para cidades:
> § 2º No caso de cidades com mais de quinhentos mil habitantes, deverá ser elaborado um plano de transporte urbano integrado, compatível com o plano diretor ou nele inserido. (Estatuto da Cidade)

[4] OLIVEIRA, Isabel Cristina Eiras de. *Estatuto da cidade: para compreender.* Rio de Janeiro: IBAM/DUMA, 2001. Disponível em: <http://www.ibam.org.br /media/arquivos/estudos/ estatuto_cidade.pdf>. Acesso em: 24 de abr. de 2021.

[5] FERNANDES, Edésio. *Estatuto da cidade, mais de 10 anos depois*. Revista UFMG, Belo Horizonte, v. 20, n.1, p.212-233, jan./jun. 2013. Disponível em: <https://www.ufmg.br/revistaufmg/downloads/20/10- estatuto_da_cidade_edesio_fernandes.pdf>. Acesso em: 22 de maio de 2021.

[6] OLIVEIRA, Isabel Cristina Eiras de. *Estatuto da cidade: para compreender.* Rio de Janeiro: IBAM/DUMA, 2001. Disponível em: <http://www.ibam.org.br /media/arquivos/estudos/ estatuto_cidade.pdf>. Acesso em: 24 de abr. de 2021.

Ainda que o Estatuto, como diretriz dos Planos Diretores e Plano de transporte urbano integrado, seja um marco regulatório fundamental para evoluirmos na direção da construção de cidades mais humanas e inclusivas, a dura realidade social e o desafio de implementação de políticas públicas eficazes na concretização das máximas nele previstas nos incita a refletir sobre quais medidas seriam efetivas para a consecução do direito à cidade, ainda mais considerando a complexificação do cenário urbano ao longo do tempo.

No decurso destes últimos 20 anos, as cidades e as realidades urbanas brasileiras têm passado por mudanças profundas. Em 2000, 81% dos 170 milhões de habitantes moravam em cidades. Segundo o censo de 2010, a porcentagem da população urbana passou a ser 84,4%, contando com 190 milhões de habitantes[7] no território nacional, com alcance de 212 milhões de habitantes em 2021[8]. Enquanto no censo de 2010 eram 283 municípios com mais de 100 mil habitantes, nas projeções de 2020 do IBGE são 326 municípios, ou seja, um aumento de 43 novos municípios com uma concentração populacional de mais de cem mil habitantes.[9]

O crescimento populacional nos centros urbanos do país tem acentuado a crise fundiária e habitacional, impulsionando o crescimento urbano informal[10]. A marginalização da parcela da população de baixo poder aquisitivo do acesso a serviços públicos, educação, emprego e lazer é agravada pelos problemas urbanos de transporte público e mobilidade, que dificultam ainda mais o exercício do direito à cidade.

A formação dos bairros periféricos e a concentração dos empregos, educação e serviços nas regiões centrais deram origem ao fenômeno pre-

[7] CENSO 2010: população do Brasil é de 190.732.684 pessoas. IBGE, 2010. Disponível em: <IBGE | censo 2010 | resultados | notícias | Censo 2010: população do Brasil é de 190.732.694 pessoas.>. Acesso em: 24 de abr. de 2021.

[8] NÚMEROS do Censo 2021. IBGE 2021. Disponível em: <https://censo2021.ibge.gov.br/sobre/numeros-do-censo.html.>. Acesso em: 24 de abr. de 2021.

[9] https://valor.globo.com/brasil/noticia/2020/08/27/dados-de-populacao-de-2020--mostram-reducao-gradual-de-taxas-de-crescimento-diz-ibge.ghtml

[10] FERNANDES, Edésio. *Estatuto da cidade, mais de 10 anos depois*. Revista UFMG, Belo Horizonte, v. 20, n.1, p.212-233, jan./jun. 2013. Disponível em: <https://www.ufmg.br/revistaufmg/downloads/20/10- estatuto_da_cidade_edesio_fernandes.pdf>. Acesso em: 22 de maio de 2021.

sente na maioria dos centros urbanos denominado deslocamento pendular, caracterizado pela locomoção entre o local de moradia e os locais onde se concentram empregos, educação e outros serviços.[11]

A intensificação do fluxo pendular ao longo dos anos ocasionou diversos impactos. De acordo com pesquisa Ipsos[12] realizada em 2019, os brasileiros gastam, em média, 1h20 para se deslocar (ida e volta) para as atividades principais do dia – praticamente 32 dias no ano. O custo com o congestionamento no país soma perdas de R$267 bilhões por ano, o que corresponde a cerca de 4% do Produto Interno Bruto (PIB) do Brasil. Com base no estudo do CEBRAP, se a maioria das viagens de até 8km fossem feitas de bicicleta, o tempo perdido no congestionamento se reduziria 11%. Apenas em São Paulo, isso significaria um aumento no PIB de R$225 milhões por ano[13].

Além disso, quando consideramos esse deslocamento feito de carro, temos que os automóveis são responsáveis por 72,6% das emissões de gases efeito estufa (GEE), vilões do aquecimento global[14]. De acordo com o patologista Paulo Saldiva, professor da Escola de Medicina da USP, os residentes de São Paulo perdem em média um ano e meio de vida por

[11] IBGE, Arranjos Populacionais e Concentrações Urbanas do Brasil. Disponível em: <https://biblioteca.ibge.gov.br/visualizacao/livros/liv93202.pdf>. IBGE Brasil, Rio de Janeiro, 2015. Acesso em: 5 de maio de 2021.

[12] Cruz, Elaine Patricia. Brasileiros gastam 32 dias do ano no trânsito, diz pesquisa. Valor Investe, São paulo, 30 de maio de 2019. Disponível em: <https://valorinveste.globo.com/objetivo/ organize-as-contas/noticia/2019/05/30/brasileiros-gastam-32-dias-do-ano-no-transito-diz-pesquisa.ghtml >. Acesso em: 22 de maio de 2021.

[13] Santos, Emily. Uso de bicicleta pode representar aumento de 225 milhões no PIB de São Paulo. Ciclo Vivo, São Paulo, 11 de maio de 2018. Disponível em: https://ciclovivo.com.br/arq-urb/mobilidade/uso-de-bicicleta-pode-representar-aumento-de-225 -milhoes-no-pib-de-sao-paulo/. Acesso em: 22 de maio de 2021.

[14] Barbosa, Vanessa. Carros representam 72,6% da emissão de gases efeito estufa em SP. Exame, São Paulo, 25 de maio de 2017. Disponível em: <https://exame.com/brasil/carros -representam-726-da-emissao-de-gases-efeito-estufa-em-sp/ >. Acesso em: 29 de maio de 2021.

causa dessa poluição[15]. O uso da bicicleta em todo seu potencial geraria uma economia de R$35 milhões ao SUS de São Paulo[16].

Quando olhamos da perspectiva da parcela mais pobre da população, temos como principal problema o alto custo do transporte . Segundo dados do IBGE de 2018, 60% da população brasileira vive com menos de um salário mínimo[17] mensal para manter sua família. Neste cenário, o custo desse transporte acaba impactando parcela significativa da renda familiar, superando inclusive os gastos com alimentação[18]. De acordo com Pesquisa de Orçamentos Familiares (POF), do Instituto Brasileiro de Geografia e Estatística (IBGE), gastos com transporte superam os gastos com alimentação. Enquanto os gastos com alimentação comprometeram 17,5% do orçamento familiar, as despesas com transportes representaram

[15] Felin, Bruno. Qual o impacto da poluição do ar na saúde?. WRI Brasil, 27 de julho de 2018. Disponível em: <https://wribrasil.org.br/pt/blog/2018/07/qual-o-impacto--da-poluicao-do- ar-na-saude?utm_source=google&utm_medium=cpc&utm_campaign=clima&gclid=CjwKCAiA8Jf-BRB-EiwAWDtEGi6LSRFTxH1qvm6qtsIaU-1VURqra5g9T1kGoa3nu1H4m3GXjG_ZgMRoCvBcQAvD_BwE >. Acesso em: 22 de maio de 2021.

[16] Mello, Daniel.Uso de bicicleta pode reduzir em R$ 34,4 milhões gastos do SUS em SP. Agência Brasil, São Paulo, 06 de junho de 2018. Disponível em: <https://agenciabrasil.ebc.com.br/economia/noticia/2018-06/uso-de-bicicleta-pode-reduzir-em-r-344-milhoes--gastos-do-sus-em-sp >. Acesso em: 2 de maio de 2021.

[17] RENDA média de mais da metade dos brasileiros é inferior a um salário mínimo. Época Negócios, 16 de outubro de 2019. Disponível em: <https://epocanegocios.globo.com/Brasil/noticia/2019/10/renda-media-de-mais-da-metade-dos-brasileiros-e-inferior-um--salario-minimo.html#:~:text=Pesquisa%20do%20IBGE%20mostra%20que,R%24%20928%20mensais%20em%202018&text=A%20renda%20m%C3%A9dia%20mensal%20de,um%20sal%C3%A1rio%20m%C3%ADnimo%20em%202018 >. Acesso em: 22 de maio de 2021.

[18] Silveira, Daniel. Peso do transporte no orçamento familiar ultrapassa o da alimentação pela primeira vez, aponta IBGE. G1, Rio de Janeiro, 4 de outubro de 2019. Disponível em: <https://g1.globo.com/economia/noticia/2019/10/04/peso-do-transporte-no-orcamento--familiar-ultrapassa-o-da-alimentacao-pela-primeira-vez-aponta-ibge.ghtml>. Acesso em: 22 de maio de 2021.

18,1%[19]. Nesse cenário, a combinação entre transporte público e bicicleta é a alternativa mais econômica[20].

Dessa forma, quando consideramos a questão econômica, tanto da perspectiva do PIB das cidades, como da renda familiar e de critérios de sustentabilidade e saúde, a bicicleta se mostra como modal mais eficaz para a ampliação do acesso à infraestrutura urbana, ainda mais quando considerada de forma integrada ao transporte público. Para as distâncias maiores, a bicicleta amplia a capilaridade ao transporte coletivo a um valor muito mais acessível. De acordo com estudo feito pela Mobike em Washington e Berlim, a implantação do sistema de bicicletas compartilhadas nestas cidades permitiu a ampliação do acesso a mais postos de trabalho em 37% e às escolas em 135%[21].

Pode-se entender, dessa forma, que a mobilidade ativa associada ao transporte coletivo contribui para a abrangência do acesso das pessoas à cidade como um todo, e portanto, é essencial que esteja contemplada no plano de mobilidade urbana.

> [...] um conjunto de políticas de transporte e circulação que visam proporcionar o acesso amplo e democrático ao espaço urbano, através da priorização dos modos não motorizados e coletivos de transportes, de forma efetiva, socialmente inclusiva e ecologicamente sustentável, baseado nas pessoas e não nos veículos.[22]

[19] Peleji, Alexandre. IBGE aponta que gastos com transporte superam os de alimentação no orçamento familiar. Diário do Transporte, 4 de outubro de 2019. Disponível em: <https://diariodotransporte.com.br/2019/10/04/ibge-aponta-que-gastos-com-transporte-superam-os-de-alimentacao-no-orcamento-familiar/ >. Acesso em: 24 de maio de 2021.

[20] Cardoso, Barbara e Yasbek, Priscila. Transporte por carro custa R$ 20 mil por ano em São Paulo, aponta estudo. GloboNews. São Paulo, 14 de janeiro de 2019. Disponível em: <https://g1.globo.com/sp/sao-paulo/noticia/2019/01/14/transporte-por-carro-custa-r-20-mil-por-ano-em-sao-paulo-aponta-estudo.ghtml >. Acesso em: 29 de maio de 2021.

[21] Mobike. How cycling changes cities. 12 de janeiro de 2018. Disponível em: <https://mobike.com /global/public/HowCyclingChangesCitiesMobike(1).pdf >. Acesso em: 2 de maio de 2021.

[22] BOARETO, Renato et all. *A bicicleta e as cidades: como inserir a bicicleta na política de mobilidade urbana* 2. ed. – São Paulo: Instituto de Energia e Meio Ambiente, 2010. Pag 16. Dispo-

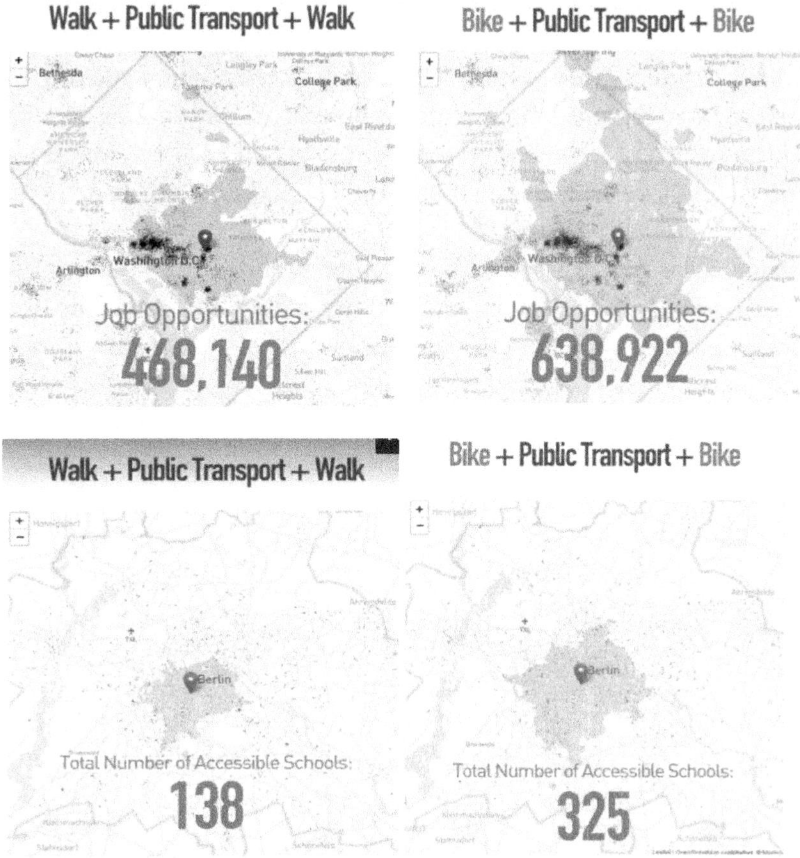

FIGURA 1 – Fonte: How Cycling changes cities: Insights on how bikesharing supports urban development.Credito: Mobike, 2018. Disponível em: (https://mobike.com/global/public/HowCyclingChangesCitiesMobike(1).pdf)

É necessário investir em infraestruturas que incentivam a mobilidade ativa para que seja possível contribuir com a transformação das cidades, e a integração tem papel fundamental em garantir a conectividade de dife-

nível em: <https://energiaeambiente.org.br/wp-content/uploads/2010/01/a_bicicleta_e_as_cidades.pdf> Acesso em 20 de maio de 2021 rentes modos de transporte, de forma a tornar os deslocamentos mais eficientes[23].

Nesse sentido, muitas cidades do mundo estão repensando seus desenhos urbanos, fomentando estruturas de bairros onde todos os serviços são acessíveis de bicicleta ou a pé. Paris, sob a liderança de sua prefeita, Anne Hidalgo, lidera esse movimento com o plano da cidade de 15 minutos ("*la ville du quart d'heure*").[24]

A ideia por trás desse modelo de cidade foi desenvolvida por Carlos Moreno, professor da Sorbonne que visava melhorar a qualidade de vida urbana. O conceito propõe a descentralização dos serviços de forma a garantir acesso às necessidades básicas dos cidadãos, como escolas, trabalhos, parques, comércio, sem que demorem mais de 15 minutos de bicicleta ou a pé, ao permitir que os moradores se sintam mais incluídos nos comércios e serviços de sua região.

FIGURA 2. Cidade de 15 minutos. Fonte: Prefeitura de Paris[25].

[23] A PALAVRA de ordem para qualificar a mobilidade urbana: integração. WRI Brasil, Porto Alegre, 27 de abr. de 2017. Disponível em: <https://wricidades.org/noticia/palavra-de-ordem-para-qualificar-mobilidade-urbana-integra%C3%A7%C3%A3o#:~:text=A%20palavra%20de%20ordem%20para,integra%C3%A7%C3%A3o%20%7C%20WRI%20Brasil%20Cidades%20Sustent%C3%A1veis> . Acesso em: 22 de maio de 2021.

[24] OVERSTREET, Kaley. Uma utopia para pedestres: a 'cidades de 15 minutos'. Arch Daily – O futuro das cidades, 23 de janeiro de 2021. Disponível em: https://www.archdaily.com.br/b r/955271/uma-utopia-para-pedestres-a-cidades-de-15-minutos , Acesso em: 24 de abr. de 2021.

[25] CIRILLO, Bruno. O projeto para tornar Paris uma 'cidade de 15 minutos'. Mobilize Brasil,

Ainda que a descentralização dos serviços possa parecer distante no cenário do Brasil, é possível sim avançar na direção de maior acessibilidade aos serviços, ao incentivar a mobilidade ativa e sua integração ao transporte público, alterando, assim, a estrutura da pirâmide de mobilidade urbana.

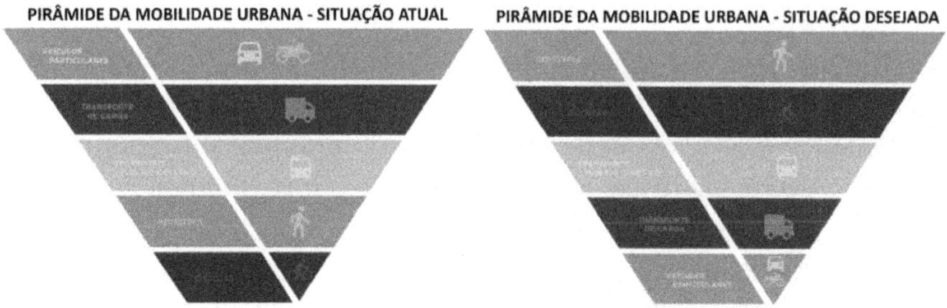

FIGURA 3. Fonte: Bicicleta nos Planos, 2019[26].

É importante ter consciência de que o planejamento das cidades foi sempre muito centrado na circulação de automóveis e não dos pedestres. E a consequência disso é a existência de espaços inseguros pela falta da presença das pessoas e vias preparadas para veículos motorizados em alta velocidade. Clarisse Linke, diretora executiva do Instituto de Políticas de Transporte e Desenvolvimento (ITDP, da sigla em inglês), revela que a construção de infraestruturas para o transporte ativo, como calçadas largas e de boa qualidade, ciclovias e ciclofaixas, estimulam que as pessoas passem a usar esses modos de deslocamento, e assim, estejam presentes na rua, o que acarreta em mais segurança no espaço urbano: "ir a pé ou de bicicleta precisa ser uma decisão óbvia e fácil" diz a especialista[27]. Em

26 de jan. de 2021. Disponível em: <https://www.mobilize.org.br/noticias/12461/o-projeto-para-tornar-paris-uma- cidade-de-15-minutos.html>. Acesso em: 22 de maio de 2021.

[26] http://bicicletanosplanos.org/%20como-fazer-na-sua-cidade/ot-politica-publica/

[27] A PALAVRA de ordem para qualificar a mobilidade urbana: integração. WRI Brasil, Porto Alegre, 27 de abr. de 2017. Disponível em: <https://wricidades.org/noticia/palavra-de-ordem-para-qualificar-mobilidade-urbana-integra%C3%A7%C3%A3o#:~:text=A%20

linha com essa estratégia, Paris quer promover a circulação de pedestres na capital, estabelecendo uma ciclovia em todas as ruas nos próximos três anos – ao mesmo tempo em que retira 60.000 vagas de estacionamento para veículos[28].

No tocante à integração modal, diversas cidades, ao perceber a importância dessa ferramenta para ampliação do direito à cidade, implementam soluções de integração física e tarifária da mobilidade ativa com o transporte público. A criação de soluções como MAAS (Mobilidade como Serviço, da sigla em inglês), como o aplicativo Whin da Finlândia[29], possibilita aos usuários escolherem as opções que mais se adequam às suas necessidades, seja o trajeto mais rápido, custo menor e afins, por meio da análise de dados dos transportes disponíveis em tempo real[30]. Segundo estudo da consultoria McKinsey & Co[31], a integração total entre os meios de transporte disponíveis na cidade permitiria acomodar 30% mais tráfego com redução de 10% no congestionamento.

Ainda que o desafio de mobilidade seja complexo, sua importância para a concretização do direito à cidade nos impele a refletir sobre políticas públicas eficazes. O fomento à mobilidade ativa integrada ao trans-

palavra%20de%20ordem%20para,integra%C3%A7%C3%A3o%20%7C%20WRI%20Brasil%20Cidades%20Sustent%C3%A1veis> . Acesso em: 22 de maio de 2021.

[28] Overstreet, Kaley. Uma utopia para pedestres: a 'cidades de 15 minutos'. Arch Daily – O futuro das cidades, 23 de janeiro de 2021. Disponível em: https://www.archdaily.com.br/b r/955271/uma-utopia-para-pedestres-a-cidades-de-15-minutos , Acesso em: 24 de abr. de 2021.

[29] Tanscheit, Paula. Aplicativos incentivam pessoas a se locomover sem carro. The City Fix Brasil/WRI Brasil. 12 de julho de 2016. Disponível em: https://www.thecityfixbrasil.org/2016 /07/12/novos-aplicativos-incentivam-pessoas-a-se-locomover-sem-carro/. Acesso em 22 de maio de 2021

[30] Correia, Fernando e outros. Da integração modal à mobilidade como um serviço: caminhos para o transporte sustentável. WRI Brasil, 16 de outubro de 2019. Disponível em: <https://wribrasil.org.br/pt/blog/2019/10/da-integracao-modal-mobilidade-como-um-servico-ou-maas-o-caminho-para-o-transporte-sustentavel >. Acesso em: 22 de maio de 2021.

[31] Hannon, Eric; Knupfer, Stefan; Stern, Sebastian; Nijssen,Jan Tijs. The road to Seamless urban Mobility. McKinsey Quarterly, 16 de janeiro de 2019, Disponível em: <https://www.mckinsey.com/business-functions/sustainability/our-insights/the-road-to-seamless-urban-mobility#> Acesso em: 25 de maio de 2021.

porte público, por meio da ampliação da infraestrutura dedicada aos ciclistas e pedestres e da incorporação das novas tecnologias, se mostra como ferramenta eficaz para a promoção da democratização do direito à cidade.

1.1. Bicicleta e infraestrutura

Ao considerar a necessidade do planejamento do transporte urbano integrado e a condição de cidade sustentável exigida pelo Estatuto da Cidade, a bicicleta pode ser considerada detentora de papel fundamental para a conquista desses objetivos.

> A bicicleta é um modo eficiente e de baixo custo que tem benefícios para o meio ambiente e para a saúde da população. Nas 20 maiores cidades brasileiras, ela também é o modo mais rápido para acessar estabelecimentos de saúde, educação e os postos de trabalho, mas apesar do enorme potencial, seu uso diário ainda é muito restrito no país[32].

O ITDP lançou o indicador *People Near Transit* (PNT), que significa proximidade ao transporte de média e alta capacidade, como medição de acessibilidade da cidade O PNT considera a população que reside dentro do raio de um quilômetro de estações de transporte público, um percurso a pé de 10 a 15 minutos, distância capaz de atrair usuários a esse modal, reduzindo dessa forma a dependência do automóvel. Além da distância, é essencial garantir segurança no trajeto dos pedestres, a partir da boa qualidade das vias e calçadas, faixas de travessia, existência de atrativos, como comércio local, proteção contra o sol e também infraestrutura cicloviária.

Cidades com maiores índices de PNT são mais sustentáveis, por se distanciar do modelo de desenvolvimento urbano centrado no automóvel. "Essa mudança, aliada a um desenho urbano orientado para as pessoas,

[32] ITDP avalia percentual de pessoas próximas a infraestruturas cicloviárias. ITDP Brasil, Rio de Janeiro, 15 de maio de 2020. Disponível em: <https://itdpbrasil.org/pnb/>. Acesso em: 5 de abr. de 2021.

privilegiando o acesso a pé e de bicicleta, transformarão as cidades em lugares melhores para se viver"[33].

A bicicleta possui papel fundamental no aumento dos índices de PNT. Considerada um meio de transporte muito eficiente em distâncias curtas, é capaz de reduzir o tempo de deslocamento até a estação de 30 minutos a pé para 10 minutos de bicicleta. Dessa forma, o ITDP mapeia os residentes em um raio de 3 quilômetros de sistemas de transporte de média e alta capacidade, distância possível e fácil a ser percorrida pela bicicleta, criando assim o indicador PNT+Bike. A infraestrutura ciclo inclusiva nessa área é essencial para viabilizar a integração segura e deve ser foco do investimento do poder público, em função do grande potencial da bicicleta para alimentar o sistema de transporte de massa.[34]

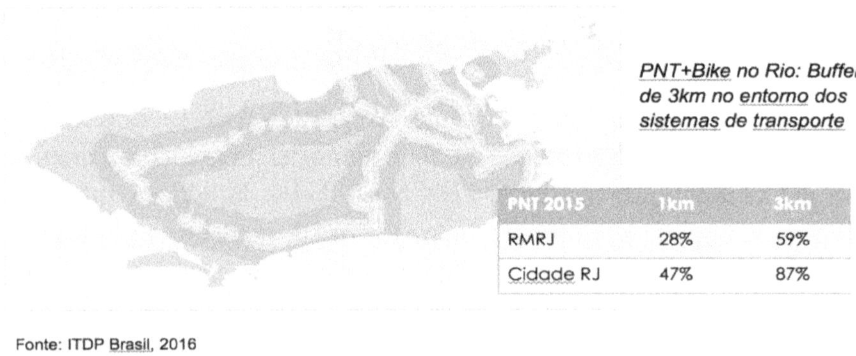

Figura 4. PNT+Bike no Rio. Fonte: MARQUES, ITDP Brasil, 2016.[35]

[33] Marques, Rafaela. ITDP lança o indicador PNT (People Near Transit). ITDP Brasil, Rio de Janeiro, 24 de ago. de 2015. Disponível em: <https://itdpbrasil.org/pnt/>. Acesso em: 2 de maio de 2021.

[34] Marques, Rafaela. *A bicicleta como uma aliada no acesso ao transporte coletivo*. ITDP Brasil, Rio de Janeiro, 22 de set. de 2016. Disponível em: <https://itdpbrasil.org/a-bicicleta-como-uma-aliada-no-acesso-ao-transporte-coletivo/>. Acesso em: 2 de maio de 2021.

[35] Marques, Rafaela. *A bicicleta como uma aliada no acesso ao transporte coletivo*. ITDP Brasil, Rio de Janeiro, 22 de set. de 2016. Disponível em: <https://itdpbrasil.org/a-bicicleta-como-uma-aliada-no-acesso-ao-transporte-coletivo/>. Acesso em: 2 de maio de 2021.

Como parte da infraestrutura cicloviária, deve-se implantar também paraciclos e bicicletários nas estações de transporte, para garantir o estacionamento seguro das bicicletas na intermodalidade. Outras questões também são importantes para incentivar e possibilitar o uso da bicicleta no cotidiano, como a permissão do seu embarque no transporte coletivo em determinados horários, a implementação de sistemas de bicicletas compartilhadas concomitantemente com medidas de desincentivo o uso do automóvel, como a redução dos limites de velocidade, a redistribuição do espaço viário e maiores taxas para seu uso (cobrança de estacionamento nas vias públicas e pedágio urbano).

> Assim como os demais modos de transporte, a bicicleta não é a única solução para os deslocamentos em uma cidade. Porém, sua associação a um sistema de transporte estruturante conectado e acessível parece ser a forma não só mais eficiente, mas mais justa de se construir ambientes urbanos sustentáveis. [36]

O *People Near Bike Lanes* (PNB) é um indicador que mostra o percentual de pessoas que moram em até 300 metros de uma infraestrutura cicloviária (ciclovias e ciclofaixas). Este número é apurado pelo ITDP Brasil a cada ano, a partir da rede cicloviária constante na plataforma CicloMapa[37].

A Transporte Ativo, organização da sociedade civil, realiza o estudo do perfil do ciclista no Brasil. Segundo sua análise, o aprimoramento da infraestrutura cicloviária e da percepção de segurança viária é uma das principais questões para o aumento da frequência do uso da bicicleta (Transporte Ativo, 2018). Por isso, residir próximo a essas infraestruturas pode estimular a população a adotar a bicicleta como meio de transporte.

Segundo análise feita por pesquisadores da Universidade de São Paulo, há aumento de 154% de chance de usar a bicicleta nos deslocamentos cotidianos das pessoas que moram perto de ciclovias e ciclofaixas e de

[36] MARQUES, Rafaela. *A bicicleta como uma aliada no acesso ao transporte coletivo*. ITDP Brasil, Rio de Janeiro, 22 de set. de 2016. Disponível em: <https://itdpbrasil.org/a-bicicleta-como-uma-aliada-no-acesso-ao-transporte-coletivo/>. Acesso em: 2 de maio de 2021.
[37] Plataforma CicloMapa – https://ciclomapa.org.br/

107% de quem mora perto de estações de trem e metrô (FLORINDO et al, 2018). O estudo revela que mesmo com o aumento da infraestrutura cicloviária a partir de 2016 na cidade de São Paulo, que gera demanda no uso da bicicleta, o número de ciclistas total continua muito baixo na cidade, cerca de 5,1% da população de adultos, e principalmente homens, o que demonstra longo caminho a ser percorrido para atrair mais pessoas a esse modal.

1.2 Bicicleta e tecnologia

A tecnologia apresenta potencial para contribuir no processo de adoção da bicicleta como meio de transporte cotidiano, tanto pelo desenvolvimento de aplicativos que facilitam a sugestão de rotas seguras, considerando a infraestrutura cicloviária; a integração modal e tarifária e o acesso aos sistemas de bicicletas compartilhadas.

Somente com a evolução tecnológica, foi possível avançar com os sistemas de bicicletas compartilhadas de larga escala em grandes cidades, como São Paulo e Rio de Janeiro, garantindo tanto a viabilidade a longo prazo quanto a confiança ao usuário, ambos importantes para assegurar o uso rotineiro para as atividades do dia a dia, seja no deslocamento para o trabalho, estudo, locais de lazer, seja para o uso recreacional.

Em 2020, no Brasil, teve o lançamento pela Tembici[38] das bicicletas compartilhadas elétricas, o que permite maior diversidade de usuários, com a possibilidade de incluir pessoas que teriam dificuldade de usar a bicicleta mecânica, propiciando rotas em aclive e maiores distâncias percorridas com menor esforço a preço acessível para o uso.

Todos esses fatores de avanços da tecnologia contribuem para a adoção de bicicletas nos deslocamentos da população, seja no trajeto completo ou na integração modal, de modo a garantir o rumo a cidades mais sustentáveis. É importante associar essa evolução à implantação de infraestrutura cicloviária nas cidades, com a priorização das proximidades do acesso do transporte público, como explicado anteriormente.

[38] Empresa que planeja e opera sistemas de bicicletas compartilhadas na América Latina

Além de auxiliar no acesso à cidade, a bicicleta apresenta outros benefícios, tanto para os ciclistas quanto para a cidade como um todo. Pedalar no dia a dia melhora a saúde, tanto física quanto mental. No contexto da pandemia, a bicicleta foi recomendada pela Organização Mundial da Saúde nos deslocamentos, como forma de limitar o contato físico e prevenir a doença[39]. Também possui ótimo custo benefício, importante para a economia financeira do ciclista e contribui para o meio ambiente, por não emitir gases de efeito estufa como os demais meios de transporte motorizados, sendo, assim, uma ferramenta eficaz de concretização da nova agenda urbana com foco na sustentabilidade.

2. Nova agenda urbana e a sustentabilidade

A garantia do direito a cidades sustentáveis para as presentes e futuras gerações é apontada como diretriz número I do Estatuto das Cidades, evidenciando que os impactos das políticas urbanas ultrapassam o horizonte geracional.

Apesar de o conceito de cidades sustentáveis ter se formado há décadas como aquelas que incorporam práticas sustentáveis em suas áreas essenciais como: saúde, educação, gestão de resíduos e mobilidade, é nessa última que concentra-se o maior potencial de transformação sustentável das cidades.

De acordo com estudo lançado pelo Instituto de Energia e Meio Ambiente (IEMA), em São Paulo os automóveis são responsáveis por 72,6% das emissões de gases de efeito estufa (GEE), porém apenas 28,25% dos deslocamentos são feitos com automóvel na cidade. Isto somado ao fato de que 1,2 é a média de ocupantes de cada carro na cidade, é um indicativo de que é possível avançar em escolhas mais eficientes e mais sustentáveis de transporte para grandes cidades.

[39] *OMS recomenda uso da bicicleta durante a pandemia.* Revista Bicicleta, Rio de Janeiro, 25 de abril de 2020. Disponível em: <https://revistabicicleta.com/destaque/oms-recomenda-usar-bicicleta-durante-a-pandemia//>. Acesso em: 2 de maio de 2021.

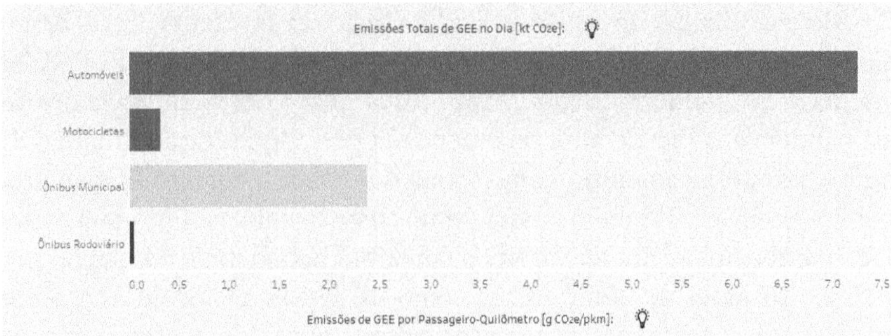

FIGURA 5 – Emissões totais de Gases de Efeito Estufa na cidade de São Paulo. Fonte: Inventário de Emissões Atmosféricas do Transporte Rodoviário de Passageiros do Município de São Paulo – IEMA, *Inventário de Emissões Atmosféricas do Transporte Rodoviário de Passageiros no Município de São Paulo* Disponível em: <http://emissoes.energiaeambiente.org.br/graficos> Acesso em 21 de maio de 2021

O estudo foi aplicado na cidade de São Paulo, mas a lógica pode ser transposta para as grandes cidades do país, e evidencia o grande potencial de transformação da mobilidade nas cidades. Algumas mudanças no sentido do aumento das viagens feitas de bicicleta já são percebidas ao compararmos as duas últimas pesquisas Origem Destino (2007 e 2017), que apontam um crescimento significativo na representatividade do modal. Apesar de não ser um dos principais modos utilizados pela população para seus deslocamentos (0,8% em 2017), durante o período pesquisado, o aumento de usuários de bicicletas foi de 7,2% e o aumento de viagens chegou a 45,2%. A ampliação da adesão ao modal muito se deve ao avanço da malha cicloviária que sofreu expansão na mesma época. Ainda, conforme essas pesquisas, a grande maioria das viagens feitas de bicicleta tem como principal motivo o deslocamento para o trabalho (67,3% em 2007 e 67,9% em 2017).

De acordo com estudo do CEBRAP (o impacto social do uso da bicicleta em São Paulo), 42% das viagens feitas de carro ou ônibus na cidade de São Paulo poderiam ser feitas de bicicletas, sendo que mais de 30% seriam "facilmente pedaláveis" ou seja, são deslocamentos de até 8km, realizados entre 6h e 20h.

A bicicleta se mostra, assim, como forte aliada para um avanço do direito à cidade em prol dos objetivos de criação do Estatuto da Cidade, como a ocupação e apropriação dos espaços públicos pela sociedade como forma de incentivo ao desenvolvimento local. Tendo em mente os 17 Objetivos para o Desenvolvimento Sustentável (ODS), as Nações Unidas relacionam o transporte ativo e sustentável, principalmente, a 7 ODSs (relacionados a áreas como crescimento econômico, saúde e segurança viária, consumo e produção sustentáveis, economia de emissão de carbono), mas a organização ressalta que o acesso ao transporte sustentável deve ser tratado como cabeça de chave pelas cidades para as discussões de desenvolvimento sustentável, uma vez que é condição necessária para o avanço de praticamente todos os objetivos de desenvolvimento sustentável.

> Transporte não é uma finalidade em si, mas um meio que permite às pessoas acesso a qualquer necessidade: emprego, mercados e bens, interação social, educação e uma série de outros serviços que contribuem para vidas saudáveis e plenas. (Relatório das Nações Unidas "Mobilizando o Transporte Sustentável pelo Desenvolvimento").

Para além da sustentabilidade ambiental, recentemente outro termo tem ganhado destaque: ESG – Environmental, Social and Governance (ASG em português: Ambiental, Social e Governança). Esse conceito vem se fortalecendo desde o início dos anos 2000 e ressalta o aspecto de preocupação com o mapeamento e mensuração de impacto dos investimentos feitos em ações públicas ou privadas, considerando os pilares de impacto Ambiental, Social e de Governança.

Cabe destacar que apesar das dificuldades de implementar suas ferramentas e diretrizes, o Estatuto da Cidade fez alusão aos pilares de ESG durante sua formulação – ao trazer assuntos como a previsão de realização de audiências públicas no processo de tomada de decisão de políticas públicas que impactem a organização e a vida nas cidades; o posicionamento de sustentabilidade ambiental, social e econômica como diretriz para o desenvolvimento das cidades. A atual Agenda ESG vem somar ao Estatuto ao pautar os atuais investimentos e tomadas de decisão sobre critérios sociais, ambientais e de governança. Assim a Agenda

ESG colabora para que as ferramentas e diretrizes propostas no Estatuto da Cidade efetivamente sejam colocadas em prática ao estabelecer critérios de mensuração de impacto e de fiscalização das políticas e investimentos públicos, trazendo à mesa a visão de que a prestação de contas (*accountability*) pela tomada de decisões deve ser feita a todos os grupos de interesse por ela afetados (*stakeholders*) – como a iniciativa privada e a sociedade civil, amplificando a voz destes grupos.

Até mesmo as fontes de financiamento focadas no poder público têm estabelecido o reporte de metas e métricas ESG como condicionantes para a realização de investimentos, como forma de mensurar o impacto das decisões de forma mais holística. A Moody's, uma das maiores agências de classificação de riscos anunciou que, em 2020, 50% de suas ações de recomendação de investimento no setor público já consideravam critérios ESG, como destacou seu Vice Presidente Sênior, Robard Williams: "questões sociais são core da qualidade de investimento governamental".

Com a pandemia da COVID-19 este tema ganhou ainda mais força dada a intensificação da desigualdade em razão da crise que acompanha e sucede à pandemia desde 2020, seja pelas diferentes condições de acesso a sistemas de saúde, pela possibilidade de crianças seguirem estudando na modalidade virtual, ou até entre os trabalhadores que podem continuar exercendo suas atividades em trabalho remoto e aqueles que não têm essa possibilidade. E é no cenário de crise social e sanitária que a bicicleta entra como importante alternativa para a mobilidade urbana por naturalmente garantir o distanciamento social e a não aglomeração no transporte coletivo, além de ser um modal acessível que fortalece o sistema imunológico para aquele que pedala, protegendo-o de contaminação – tanto que a Organização Mundial da Saúde (OMS) recomendou para quem precise se deslocar em tempos de pandemia, a locomoção a pé ou em bicicleta.

Segundo estudo do JPMorgan, mesmo no contexto de pandemia, diariamente a grande esmagadora maioria da camada de trabalhadores de mais baixa renda segue exercendo suas atividades profissionais de forma presencial, e é para este grupo que a bicicleta tem se mostrado como forte aliado para o transporte ativo e seguro, apresentando crescimento expressivo de usuários principalmente em regiões mais periféricas das grandes cidades, como é o caso de São Paulo: pesquisa realizada pela organização Ciclocidade em 2020 identificou o aumento de 70% no número de ciclistas na periferia da Zona Leste de São Paulo, se comparado à contagem de 2016. Dada essa posição de destaque que a bicicleta tomou, cidades de todo o mundo alteraram sua configuração para dar maior destaque para os ciclistas, com a instalação de ciclofaixas temporárias, bicicletários e até incentivos financeiros à compra e conserto de bicicletas. No caso do Brasil, ainda que de forma bastante tímida e graças à expressiva mobilização de organizações da sociedade civil e entidades de saúde, algumas cidades aproveitaram as ruas mais vazias para acelerar a implantação de ciclovias que já estavam previstas, outras implementaram programas de urbanismo tático para permitir atividades de lazer e de permanência ao ar livre – transformando o espaço público não só em local de circulação mas de convivência urbana segura. Parte desses avanços se deu graças às diretrizes ESG de prestação de contas aos grupos de interesse afetados pelas políticas públicas.

Essas mudanças provocadas pela revisão sobre o modo de ocupação e deslocamento das cidades em razão da pandemia acontecem em momento de grande potencial para gerar mudanças efetivas nas cidades, uma vez que coincidem com o prazo de revisão dos Plano Diretores, conforme previsto pelo Estatuto da Cidade (Art.30 §3º) e de forma participativa – que também tem se apresentado de forma adaptada com audiências públicas virtuais em razão da pandemia.

Como afirmou o urbanista Jaime Lerner, "a cidade não é o problema, é a solução!", mas é preciso definir bem quais políticas públicas implementar e quais ferramentas utilizar para torná-las mais humanas – e o Estatuto da Cidade é um grande aliado para a materialização do conjunto de intenções que cercam o planejamento urbano.

Conclusões

O Estatuto da Cidade surgiu como importante instrumento facilitador do acesso à cidade. Ao estabelecer diretrizes de equidade urbana, o Estatuto buscou contrapor-se a lógica perversa de segregação socioespacial, decorrente do processo de urbanização polarizada, pela qual indivíduos de maior poder aquisitivo têm acesso a habitação em locais providos de empregos, educação e serviços de qualidade e indivíduos com menor renda habitam as periferias e se deparam com a dificuldade de acesso aos recursos localizados nas áreas centrais.

Ao longo dos 20 anos de existência do Estatuto, a realidade fática se impôs como um desafio à materialização do que foi preconizado. Essa situação demanda políticas públicas eficazes para conter o agravamento da segregação urbana e para democratizar o acesso à cidade. Nesse contexto, o fomento à mobilidade ativa integrada e a implementação de ferramentas da nova agenda urbana sustentável se mostram como instrumentos eficazes que vêm sendo usados por muitos países.

A mobilidade ativa, por ter custo acessível, permite que as pessoas ampliem seu direito à cidade, além de contribuir com a redução de engarrafamentos e do impacto ambiental, acarreta a melhora da saúde dos indivíduos e amplia a renda familiar disponível.

Nesse sentido, as políticas públicas deveriam fomentar tanto o aumento da densidade populacional nos centros urbanos com habitação de interesse social, quanto a criação de oportunidades de emprego e lazer descentralizados, para evitar a necessidade de grandes deslocamentos diários. Isso tudo aliado à priorização da infraestrutura do pedestre e do ciclista e a criação de tecnologias de integração do transporte ativo ao transporte coletivo, refletiriam de forma positiva nova a lógica desejada da pirâmide da mobilidade urbana. Dessa forma, rumo à cidade de 15 minutos, o caminhar e pedalar poderiam ser na prática adotados no cotidiano das pessoas, como a escolha mais fácil, segura e saudável.

Outros aspectos fomentados na implementação das diretrizes do Estatuto são as novas agendas urbanas e de sustentabilidade, que vêm reforçar as estratégias para a consecução de seu objetivo, como a democratização do direito às cidades e que elas sejam sustentáveis e humanas para as futuras gerações. Alguns parâmetros mundiais auxiliam na implementação dessas iniciativas: os ODSs trazem para um cenário mais concreto o monitoramento do impacto que os investimentos e políticas públicas podem ter no futuro, e a agenda ESG traz à luz a importância da governança e a mensuração deste impacto para investimentos – ganhando cada vez mais espaço no processo de tomada de decisão.

É essencial que as políticas públicas busquem a eficaz implementação das ferramentas de maior equidade urbana previstas no Estatuto, para avançarmos rumo a uma sociedade mais paritária em que as pessoas consigam exercer democraticamente seu direito à cidade. Ainda que o cenário se mostre desafiador, o legado do passado nos obriga a caminhar na busca da concreta efetivação do que foi estabelecido, como compromisso de deixarmos uma herança urbana melhor para as futuras gerações.

Referências

A PALAVRA de ordem para qualificar a mobilidade urbana: integração. *WRI Brasil*, Porto Alegre, 27 de abr. de 2017. Disponível em: <https://wricidades.org/noticia/palavra-de-ordem-para-qualificar-mobilidade-urbana-integra%C3%A7%C3%A3o#:~:text=A%20palavra%20de%20ordem%20para,integra%C3%A7%C3%A3o%20%7C%20WRI%20Brasil%20Cidades%20Sustent%C3%A1veis> . Acesso em: 22 de maio de 2021.

BARBOSA, Vanessa. *Carros representam 72,6% da emissão de gases efeito estufa em SP.* Exame, São Paulo, 25 de maio de 2017. Disponível em: <https://exame.com/brasil/carros -representam-726-da-emissao-de-gases-efeito-estufa-em-sp/>. Acesso em: 29 de maio de 2021.

BICICLETA NOS PLANOS. *Porque e como usar o PlanMob como Política Pública para priorizar a bicicleta na mobilidade urbana.* Disponível em: <http://bicicletanosplanos.org/ como-fazer-na-sua-cidade/ ot-politica-publica/>. Acesso em: 29 de maio de 2021.

BOARETO, R. *A mobilidade urbana sustentável.* Revista dos Transportes Públicos – RTP, ANTP, São Paulo, ano 25, n. 100. p. 45-56. 3º trim.2003.

BOARETO, Renato at all. *A bicicleta e as cidades: como inserir a bicicleta na política de mobilidade urbana* 2. ed. – São Paulo: Instituto de Energia e Meio Ambiente, 2010. Pag 16. Disponível em: <https://energiaeambiente.org.br/wp-content/uploads/2010/01 /a_bicicleta_e_as_cidades.pdf> Acesso em 20 de maio de 2021

BRASIL. *Estatuto da Cidade: Lei 10.257 de 10 de julho de 2001.* 3. ed. Brasília: Câmara dos Deputados, Edições Câmara, 2010.

CARDOSO, Barbara e YASBEK, Priscila. *Transporte por carro custa R$ 20 mil por ano em São Paulo, aponta estudo.* GloboNews. São Paulo, 14 de janeiro de 2019. Disponível em: <https://g1.globo.com/sp/sao-paulo/noticia/2019/01/14/transporte-por-carro-custa-r-20-mil-por-ano-em-sao-paulo-aponta-estudo.ghtml >. Acesso em: 29 de maio de 2021.

CRUZ, Elaine Patricia. *Brasileiros gastam 32 dias do ano no trânsito, diz pesquisa.* Valor Investe, São paulo, 30 de maio de 2019. Disponível em: <https://valorinveste.

globo.com/objetivo/ organize-as-contas/noticia/2019/05/30/brasileiros--gastam-32-dias-do-ano-no-transito-diz-pesquisa.ghtml >. Acesso em: 22 de maio de 2021.

CENSO 2010: *população do Brasil é de 190.732.684 pessoas. IBGE, 2010.* Disponível em: <IBGE | censo 2010 | resultados | notícias | Censo 2010: população do Brasil é de 190.732.694 pessoas.>. Acesso em: 24 de abr. de 2021.

Cirillo, Bruno. *O projeto para tornar Paris uma 'cidade de 15 minutos'. Mobilize Brasil,* 26 de jan. de 2021. Disponível em: <https://www.mobilize.org.br/noticias/12461 /o-projeto-para-tornar-paris-uma- cidade-de-15-minutos.html>. Acesso em: 22 de maio de 2021.

Correia, Fernando e outros. *Da integração modal à mobilidade como um serviço: caminhos para o transporte sustentável***.** WRI Brasil, 16 de outubro de 2019. Disponível em: <https://wribrasil.org.br/pt/blog/2019/10/da-integracao--modal-mobilidade-como-um-servico-ou-maas-o-caminho-para-o-transporte-sustentavel >. Acesso em: 22 de maio de 2021.

Costa, Luma. Confederação Nacional dos Municípios. *Mobilidade Urbana e os Objetivos de Desenvolvimento Sustentável.* Disponível em: <https://observatoriodabicicleta.org.br/uploads/2021/02/ MobilidurbanaODSCNM.pdf> Acesso em 26 de maio de 2021.

Droste, Andrew. *ESG & Stakeholder Capitalism* Disponível em: <https://www.bloomberglaw.com/product/health/document/X7L5L2G4000000>. Acesso em 30 de maio de 2021.

Felin, Bruno. *Qual o impacto da poluição do ar na saúde?.* WRI Brasil, 27 de julho de 2018.Disponível em: <https://wribrasil.org.br/pt/blog/2018/07/qual-o--impacto-da-poluicao-do- ar-na-saude?utm_source=google&utm_medium=cpc&utm_campaign=clima&gclid=CjwKCAiA8Jf-BRB-EiwAWDtEGi6L-SRFTxH1qvm6qtsIaU1VURqra5g9T1kGoa3nu1H4m3GXjG_ZgMRoCvBc-QAvD_BwE >. Acesso em: 22 de maio de 2021.

Fernandes, Edésio. *Estatuto da cidade, mais de 10 anos depois.* Revista UFMG, Belo Horizonte, v. 20, n.1, p.212-233, jan./jun. 2013. Disponível em: <https://www.ufmg.br/revistauf mg/downloads/20/10- estatuto_da_cidade_edesio_fernandes.pdf>. Acesso em: 22 de maio de 2021.

Florindo, A.A.; Barrozo, L.V.; Turrell, G.; Barbosa, J.P.d.A.S.; Cabral--Miranda, W.; Cesar, C.L.G.; Goldbaum, **M.** *Cycling for Transportation in Sao Paulo City: Associations with Bike Paths, Train and Subway Stations***.** Int. J.

Environ. Res. Public Health 2018, 15, 562. Disponível em: <https://doi.org/10.3390/ijerph15040562>. Acesso em: 22 de maio de 2021.

GIL, Milene. *Cidades Sustentáveis.* Instituto Brasileiro de Sustentabilidade. Disponível em: <https://www.inbs.com.br/cidades-sustentaveis/>Acesso em 28 de maio de 2021.

GOMES, Alex *Viagens de bicicleta crescem 70% em periferia da capital.* Estadão. 25 de novembro de 2020. Disponível em: <https://sao-paulo.estadao.com.br/blogs/sao-paulo-na-bike/viagens-de -bicicleta-crescem-70 -em-periferia-da-capital/> Acesso em 27 de maio de 2021.

HANNON, Eric; KNUPFER, Stefan; STERN, Sebastian; NIJSSEN,Jan Tijs. *The road to Seamless urban Mobility.* McKinsey Quarterly, 16 de janeiro de 2019, Disponível em: <https://www.mckinsey.com/business-functions/sustainability/our-insights/the-road-to-seamless-urban-mobility#> Acesso em: 25 de maio de 2021.

ITDP avalia percentual de pessoas próximas a infraestruturas cicloviárias. ITDP Brasil, Rio de Janeiro, 15 de maio de 2020. Disponível em: <https://itdpbrasil.org/pnb/>. Acesso em: 5 de abr. de 2021.

IBGE, *Arranjos Populacionais e Concentrações Urbanas do Brasil.* Disponível em: <https://biblioteca.ibge.gov.br/visualizacao/livros/liv93202.pdf>. IBGE Brasil, Rio de Janeiro, 2015. Acesso em: 5 de maio de 2021.

IEMA, *Inventário de Emissões Atmosféricas do Transporte Rodoviário de Passageiros no Município de São Paulo* Disponível em: <http://emissoes.energiaeambiente.org.br/graficos> Acesso em 21 de maio de 2021

JUVYNS, Vincent. *A Covid-19 mostra que a abordagem ESG é mais importante do que nunca. J.P.Morgan Asset Management. Disponível em: <https://am.jpmorgan.com/br/pt/asset-manage ment /adv/esg-hub/ covid-19-shows-esg-matters-more-than-ever/> Acesso em 26 de maio de 2021.*

KOWARICK, L. *Capitalismo e marginalidade na América Latina.* 4. ed. Rio de Janeiro: Paz e Terra, 1985.

LIMA, Monique Lima e Tássia Kastner . *A mão invisível do ESG. Revista Você SA.* Disponível em: < https://vocesa.abril.com.br/especiais/a-mao-invisivel-do-esg/> Acesso em 27 de maio de 2021.

MARQUES, Rafaela. *A bicicleta como uma aliada no acesso ao transporte coletivo.* ITDP Brasil, Rio de Janeiro, 22 de set. de 2016. Disponível em: <https://itdpbrasil.org /a-bicicleta-como-uma-aliada-no-acesso-ao-transporte-coletivo/>. Acesso em: 2 de maio de 2021.

Marques, Rafaela. *ITDP lança o indicador PNT (People Near Transit).* ITDP Brasil, Rio de Janeiro, 24 de ago. de 2015. Disponível em: <https://itdpbrasil.org/pnt/>. Acesso em: 2 de maio de 2021.

Mello, Daniel.*Uso de bicicleta pode reduzir em R$ 34,4 milhões gastos do SUS em SP.* Agência Brasil, São Paulo, 06 de junho de 2018. Disponível em: <https://agenciabrasil.ebc.com.br/economia/noticia/2018-06/uso-de-bicicleta-pode-reduzir-em-r-344-milhoes-gastos-do-sus-em-sp >. Acesso em: 2 de maio de 2021.

Mobike. *How cycling changes cities.* 12 de janeiro de 2018. Disponível em: <https://mobike.com /global/public/HowCyclingChangesCitiesMobike(1).pdf >. Acesso em: 2 de maio de 2021.

MOODYS, *Moody's – ESG factors material in 50% of public-sector rating actions in 2019 and Q1 2020***.** 18 de novembro de 2020. Disponível em: <https://www.moodys.com/research/Moodys- ESG-factors-material-in-50-of-public-sector-rating--PBC_1254003> Acesso em 30 de maio de 2021.

NÚMEROS do Censo 2021. *IBGE 2021.* Disponível em: <https://censo2021.ibge.gov.br/sobre/numeros-do-censo.html.>. Acesso em: 24 de abr. de 2021.

Oliveira, Aline Meneguini de. *Urbanização brasileira e marginalidade: os olhares socioeconômico e sociocultural em contraponto.* Revista Faac, Bauru, v. 2, n. 1, p. 55-68, abr./set. 2012. Disponível em: <https://www3.faac.unesp.br/revistafaac/index.php/ revista/article/download/75/41 > Acesso em: 24 de maio de 2021.

Oliveira, Isabel Cristina Eiras de. *Estatuto da cidade: para compreender.* Rio de Janeiro: IBAM/DUMA, 2001. Disponível em: <http://www.ibam.org.br / media/arquivos/estudos/estatuto_cidade.pdf>. Acesso em: 24 de abr. de 2021.

Overstreet, Kaley. *Uma utopia para pedestres: a 'cidades de 15 minutos'. Arch Daily – O futuro das cidades, 23 de janeiro de 2021.* Disponível em: https://www.archdaily.com.br/b r/955271/uma-utopia-para-pedestres-a-cidades-de-15--minutos , Acesso em: 24 de abr. de 2021.

Pardo, Carlos & Combs, Tabitha. *What We Learned After Analyzing 5 Months of Active Mobility Responses to COVID-19.* The City Fix. -WRI Disponível em: <https://thecityfix.com/blog /what-we-learned -after-analyzing-5-months--of-active-mobility-responses-to-covid-19/> Acesso em 29 de maio de 2021.

Peleji, Alexandre. *IBGE aponta que gastos com transporte superam os de alimentação no orçamento familiar***.** Diário do Transporte, 4 de outubro de 2019. Disponível em: <https://diariodotransporte.com.br/2019/10/04/ibge-aponta-que-gastos-com-transporte-superam-os-de-alimentacao-no-orcamento-familiar/ >. Acesso em: 24 de maio de 2021.

RENDA média de mais da metade dos brasileiros é inferior a um salário mínimo. Época Negócios, 16 de outubro de 2019. Disponível em: <https://epocanegocios.globo.com/ Brasil/noticia/2019/10/renda-media-de-mais-da-metade-dos-brasileiros-e-inferior-um-salario-minimo.html#:~:text=Pesquisa%20do%20IBGE%20mostra%20que,R%24%20928%20mensais%20em%202018&text=A%20renda%20m%C3%A9dia%20mensal%20de,um%20sal%C3%A1rio%20m%C3%ADnimo%20em%202018 >. Acesso em: 22 de maio de 2021.

Santos, Emily. *Uso de bicicleta pode representar aumento de 225 milhões no PIB de São Paulo.* Ciclo Vivo, São Paulo, 11 de maio de 2018. Disponível em: https://ciclovivo.com.br/arq-urb/mobilidade/uso-de-bicicleta-pode-representar-aumento-de-225 -milhoes-no-pib-de-sao-paulo/. Acesso em: 22 de maio de 2021.

Saraiva, Alessandra. *Dados de população de 2020 mostram redução gradual de taxas de crescimento, diz IBGE.* Valor, Rio de Janeiro, 27 de agosto de 2020. Disponível em: https://valor. globo.com/brasil/noticia/2020/08/27/dados-de-populacao-de-2020-mostram-reducao-gradual-de-taxas-de-crescimento-diz-ibge.ghtml . Acesso em: 22 de maio de 2021.

SECRETARIA DE DESENVOLVIMENTO URBANO- Prefeitura de São Paulo. *Informes Urbanos nº 42 – O uso da bicicleta na cidade de São Paulo: uma comparação dos resultados das pesquisas OD 2007 e 2017* – janeiro 2020. Disponível em: <https://www.prefeitura.sp.gov.br/cidade/secret arias/upload/Informes_Urbanos/42_IU_ciclistas_2020_final.pdf> Acesso em 25 de maio de 2021.

Silveira, Daniel. *Peso do transporte no orçamento familiar ultrapassa o da alimentação pela primeira vez, aponta IBGE.* G1, Rio de Janeiro, 4 de outubro de 2019. Disponível em: <https://g1.globo.com/economia/noticia/2019/10/04/peso-do-transporte-no-orcamento-familiar-ultrapassa-o-da-alimentacao-pela-primeira-vez-aponta-ibge.ghtml>. Acesso em: 22 de maio de 2021.

Tanscheit, Paula. *Aplicativos incentivam pessoas a se locomover sem carro.* The City Fix Brasil/WRI Brasil. 12 de julho de 2016. Disponível em: https://www.thecityfixbrasil.org/2016 /07/12/novos-aplicativos-incentivam-pessoas-a-se-locomover-sem-carro/. Acesso em 22 de maio de 2021

Torres-Freire, et al. *Impacto social do uso da bicicleta em São Paulo. – Cebrap,* 2018 Disponível em: <https://cebrap.org.br/wp-content/uploads/2018/05/Impacto-Social-Uso-Bicicleta -SP.pdf> Acesso em 23 de maio de 2021.

TRANSPORTE ATIVO, 2018. *Parceria Nacional pela Mobilidade por Bicicleta Pesquisa Perfil do Ciclista 2018.* Disponível em: <http://ta.org.br/perfil/ciclista18.pdf>. Acesso em: 22 de maio de 2021.

UCB,União de Ciclistas do Brasil. *A bicicleta como promotora dos 17 ODS*. Disponível em: <https://uniaodeciclistas.org.br/uploads/2018/05/Objetivos-do-desenvolvimento-sustent%C3%A1vel-ODS-V.2.pdf > Acesso em 26 de maio de 2021.

Yanocha, Dana et al. *Guia de Planejamento de Sistemas de Bicicletas Compartilhadas.* **ITDP**, 2018. Disponível em: <http://itdpbrasil.org/wp-content/uploads/2019/05/2-BSPG_Portugu%C3%A As-1.pdf>. Acesso em: 8 de maio de 2021.

11.
O Estatuto da Cidade e a Mobilidade Urbana: O Caso do Cicloativismo

SIMONE ALVES DE CARVALHO
THOMAS TYN CHOW WANG

Introdução

A Lei nº 10.257 de 10 de julho de 2001, conhecida por Estatuto da Cidade e sancionada pelo Presidente Fernando Henrique Cardoso (BRASIL, 2001) visa estabelecer normas para o funcionamento das cidades, regulamentando a propriedade urbana para o uso coletivo, garantindo a segurança e o bem-estar dos cidadãos e do ambiente, visando as presentes e futuras gerações.

Nesse Estatuto, ainda surgem menções à necessidade de transporte público e a mobilidade urbana, como no item IV do artigo 3º, que visa "instituir diretrizes para desenvolvimento urbano, inclusive habitação, saneamento básico, transporte e mobilidade urbana, que incluam regras de acessibilidade aos locais de uso público", item completado pelo artigo 41 que informa que "no caso de cidades com mais de quinhentos mil habitantes, deverá ser elaborado um plano de transporte urbano integrado, compatível com o plano diretor ou nele inserido". Com isso em mente, entendemos que o transporte urbano integrado, muitas vezes limitados aos carros particulares e compartilhados, ônibus, trens e metrôs não são suficientes para a realidade de uma megalópole do tamanho de São Paulo (SP), com seus mais de 11 milhões de habitantes (IBGE, 2010).

A bicicleta muitas vezes está associada ao imaginário infantil, como um presente desejado, ou esportivo, como nas modalidades esportivas. Mas ela possui um outro aspecto muito relevante: o de funcionar como transporte para o cidadão, um transporte mais limpo, pois não polui; mais saudável, porque auxilia na atividade física diária; e que contribui para a menor lotação do transporte público. Em algumas cidades estrangeiras, como Amsterdam, Berlim e Copenhague, o uso de bicicletas é ativo e até cartão postal desses lugares.

O uso de bicicletas, sejam particulares ou compartilhadas, como participante do conceito de transporte urbano integrado nos ajuda a diminuir o afluxo de pessoas nos transportes coletivos e a desafogar o tráfego com o excesso de carros particulares, além de contribuir para a diminuição de gases poluentes. Neste artigo, veremos a conturbada história da implantação de ciclovias e ciclofaixas na cidade, buscando mostrar os benefícios desse meio de transporte para a cidade.

1. O início da discussão uso da bicicleta na década de 1980

Desde a década de 1980 é discutida em São Paulo a necessidade de implantação de uma infraestrutura cicloviária pela Companhia de Engenharia de Tráfego (CET). Este primeiro estudo visava ligar a Cidade Universitária Armando Salles de Oliveira (Campus Butantã da USP) até o Parque do Ibirapuera, mas não foi concretizado à época. É relevante lembrar que o governo federal era então composto por militares, que aprovavam o uso da bicicleta como uma alternativa ao transporte público e coletivo e como uma solução para a crise do petróleo que havia ocorrido na década anterior.

O plano da CET nesse momento era criar uma rede de 174 km composta por ciclovias, ciclofaixas, ciclorrotas e calçadas com tráfego compartilhado, além de bicicletários, para permitir a integração da bicicleta a outros meios de transporte.

Apesar do plano ser do início da década de 1980, apenas na gestão de Luiz Erundina (PT, 1989-1992) que os primeiros 32 km, conectando quatro parques, foram construídos. Também na década de 1990 são implantadas as ciclovias no canteiro central das Avenidas Sumaré e Pedroso de Morais, entretanto foram ações isoladas e desconectadas entre elas, não fazendo parte de uma política pública ampla, embora fossem parte de uma resposta a uma lei municipal que instituiu a obrigatoriedade de construção de ciclovias em avenidas.

2. As mudanças propostas para o uso da bicicleta na década de 1990

A gestão de Paulo Maluf (PDS/PDR/PPB 1993-1996), concebeu o Projeto Ciclista, que buscava criar infraestrutura cicloviária nos percursos urbanos que já eram utilizados com a finalidade de lazer, conectando parques, mas o projeto não foi concluído.

Em 1998 o Código de Trânsito Brasileiro é atualizado e, a partir de então, a bicicleta é reconhecida como veículo não motorizado. São estabelecidas regras para a circulação de bicicletas, além de direitos e deveres específicos para seus usuários. Contudo, como as bicicletas representavam uma parcela pequena das viagens cotidianas no contexto nacional, a maioria dos cidadãos desconhece as instruções contidas no Código de Trânsito Brasileiro. Sob esse aspecto legal, o Código de 1998 apresenta cinco aspectos principais: a não obrigatoriedade da exigência da habilitação para o condutor da bicicleta (ciclista), o que causa o desconhecimento das leis de trânsito e a desobediência em relação a sinalização viária existente que ele como condutor de um veículo deveria conhecer e obedecer; a não obrigatoriedade do emplacamento da bicicleta, que fica sob responsabilidade do órgão de trânsito dos municípios; a falta de orientações em relação à convivência com a bicicleta no trânsito nos programas de formação de condutores dos veículos motorizados; a não regulamentação da Educação do Trânsito como matéria obrigatória nas escolas de primeiro e segundo graus; a falta de programas educacionais de trânsito voltados a ciclistas de todas as idades.

3. O século XXI traz novidades para o uso da bicicleta

Em 2005, sob a gestão de José Serra (PSDB 2005-2006), a Prefeitura de São Paulo participou da Iniciativa do Ar Limpo para a América Latina, criando um projeto para reduzir as emissões de gases efeito estufa em conjunto com diferentes organizações do Governo do Estado de São Paulo e da sociedade civil. Grande parte dos gases poluentes é emitida por veículos, por isso são necessárias mudanças nos transportes. A partir dessa constatação, em junho de 2005 foi formalizado o Programa de Melhoria do Transporte e da Qualidade do Ar em São Paulo. Os recursos para o programa eram provenientes do GEF – *Global Environment Facility*, administrado pelo Banco Mundial. O Programa previa várias ações, sendo uma delas o incentivo ao uso de bicicleta integrado ao transporte público. Com isso, iniciam-se a implantação de bicicletários em mais terminais de ônibus da SPTrans e, também em terminais e estações da CPTM (Companhia Paulista de Trens Metropolitanos, do Governo do Estado) e Metrô (Companhia do Metropolitano de São Paulo, também do Governo do Estado). A Prefeitura recebeu verba através dessa parceria, porém não foram encontradas informações sobre qual foi o montante recebido e nem como foi utilizado. Além dessas mudanças, foi criado um grupo interinstitucional na Prefeitura, o GT Bicicleta (Grupo de Trabalho sobre Bicicletas), coordenado conjuntamente pela SVMA e pela Secretaria Municipal de Transportes (SMT).

Além das intervenções previstas pelo plano cicloviário do Programa de Melhoria do Transporte e da Qualidade do Ar e publicados nos Planos Regionais Estratégicos de 2002, surgem outros projetos cicloviários devido a impactos de compensação ambiental e solicitações de ciclistas e entidades de cicloativistas. Dessa forma, o GT Bicicleta foi transformado no Grupo Executivo Intersecretarial da Prefeitura do Município de São Paulo para Melhoramentos Cicloviários (Pró-Ciclista), através da Portaria do Prefeito nº 1918, de 18 de maio de 2006, já sob a gestão de Gilberto Kassab (PFL/DEM/PSD 2006-2012).

O Grupo Pró-Ciclista recebeu, com a portaria que o criou, as seguintes atribuições: identificar oportunidades para o fomento ao uso da bicicleta no Município de São Paulo, observadas as normas de trânsito vigentes; articular os diversos órgãos públicos da administração direta e indireta da Prefeitura do Município de São Paulo, entre si ou com outras instituições, para estudar e implantar melhoramentos cicloviários e para fomentar o uso da bicicleta; manifestar-se sobre questões que envolvam a implantação de melhoramentos cicloviários no Município de São Paulo; colaborar para a construção do conhecimento relativo ao uso da bicicleta em meio urbano, de modo a poder treinar e capacitar a administração pública para este modo de transporte, bem como colaborar para a promoção da educação para a convivência entre os modos.

Além disso, na portaria a Prefeitura determinou as diretrizes do Grupo Pró-Ciclista para estudos, propostas e obras: segurança; coerência de percursos; conexão intermodal; atratividade para os ciclistas; competitividade perante outros modos; conforto; melhoria ambiental.

O Grupo Pró-Ciclista passou a se reunir semanalmente, recebendo representantes das subprefeituras, organizações da sociedade civil de interesse público (OSCIPs), instituições e membros da sociedade civil. Nessa época o debate sobre o uso de bicicleta amadurece no poder público, mas ainda é pouco discutido na imprensa e pela população.

Em 2009, na gestão de Gilberto Kassab (PFL/DEM/PSD 2006-2012), o Grupo Pró-Ciclista é transferido da Secretaria Municipal do Verde e Meio Ambiente para a Secretaria Municipal de Transportes (SMT). A transferência foi realizada devido às dificuldades técnicas enfrentadas pelo Grupo já que a maioria das ações propostas interferiria no sistema viário, responsabilidade da SMT e da CET. Além disso, havia pressão da sociedade civil, em especial por parte de cicloativistas, para que o programa de bicicletas da Prefeitura de São Paulo fosse alocado na SMT, partindo do princípio da bicicleta ser definida como veículo pelo Código de Trânsito. Sendo assim, a transferência foi oficializada no Decreto Municipal Nº 50.708, de 02 de julho de 2009, em conformidade com a Lei Municipal nº 14.226 de 06 de fevereiro de 2007, que institui o "Sistema Cicloviário do Município de São Paulo" através de ações de caráter de infraestrutura viária e de transporte. A Lei Municipal nº 14.226 também tornou obrigatória a inclusão de infraestrutura cicloviária em novas vias e quando forem realizados melhoramentos viários, assim como a previsão de bicicletários nos terminais de transporte.

A partir da transferência do programa cicloviário municipal da SVMA para a Secretaria Municipal de Transportes, a CET se torna responsável pelo desenvolvimento e a aprovação dos projetos de infraestrutura cicloviária de toda a cidade de São Paulo. Com a Lei nº 14.266 surge a demanda por projetos cicloviários para a cidade. Essa demanda é percebida pela CET, que cria uma área responsável por desenvolver e analisar as propostas de infraestrutura cicloviária dentro da CET. Assim surge o Departamento de Planejamento Cicloviário em 25 de novembro de 2009 na Gerência de Planejamento, Logística e Estudos de Tráfego (GPL), vinculada à Superintendência de Planejamento da Diretoria de Planejamento e Educação no Trânsito. Além de projetos cicloviários, o novo departamento se torna responsável por desenvolver critérios de tipologia, planejamento, projeto e sinalização cicloviária. Isso acontece, pois, o Departamento Nacional de Trânsito (DENATRAN) ainda não havia criado nenhum manual cicloviário ou orientação específica para a criação de áreas para ciclistas.

Em 2010, ainda na gestão de Gilberto Kassab (na época no DEM), a CET cria o Plano de Ciclovias para o Município de São Paulo, determinando que ele seja constituído de infraestrutura cicloviária de circulação e estacionamento destinado às viagens diárias de bicicleta motivo trabalho. Foi feita uma análise preliminar dos dados da Pesquisa Origem e Destino 2007 do Metrô, a qual permitiu que a CET a identificasse quais regiões da cidade possuíam o maior número de viagens de bicicleta por motivo trabalho.

Embora relevante, a pesquisa considerava somente viagens por motivo de trabalho (seja deslocamento até o local de trabalho ou trabalho diário com bicicleta), e também considerava como viagem de bicicleta somente as viagens inteiramente realizadas de bicicleta, então viagens nas quais a bicicleta era utilizada em parte do trajeto não eram consideradas. Isso exclui muitos trajetos nos quais a bicicleta era usada como transporte complementar, como o uso de bicicleta para chegar à estação de trem. Esses dois fatores nos levam a crer que o número de deslocamentos de bicicleta é maior que o mensurado, pois existem deslocamentos para compras, atividades escolares, visitas sociais, por lazer como ida a restaurantes, além de ciclistas que utilizam a bicicleta para chegar aos terminais de ônibus e trens.

Para selecionar as vias que deveriam receber infraestrutura cicloviária o plano elaborado pelo Grupo Pró-Ciclista levou em consideração os seguintes fatores: Planos Regionais Estratégicos e as rotas descritas no mesmo; Vistorias de campo com a contagem de ciclistas circulando, perfil de ciclistas (gênero, idade, distância de deslocamento) e modo de utilização do veículo (transporte próprio, transporte de passageiro, transporte de carga ou lazer); Presença de integração intermodal promovida pela existência de bicicletários em estações do Metrô e CPTM; Presença de polos de interesse tais como CEUs (Centro Educacional Unificado), escolas etc.; Registro e localização dos acidentes com bicicletas na região e conectividade entre os percursos; Presença de ciclistas na via (leito veicular ou calçadas); Espaço viário disponível na calçada, na pista ou nos canteiros centrais; Características do tráfego: volume veicular, velocidade, composição da frota, especialmente se a via é itinerário de ônibus ou rota de caminhão; Volume de pedestres na calçada ou atravessando a pista, inclusive acúmulo destes nas calçadas em função de pontos de ônibus, saídas de escolas, etc.; Características topográficas da via, horizontal (reta ou sinuosa) e vertical (aclive e declive); Características de uso do solo – residencial, comercial, serviços, indústria, presença de polos geradores como escolas, hospitais, shoppings; Características e condições de conservação do pavimento da pista e do revestimento das calçadas; Situação da calçada em relação a acesso de veículos aos lotes (guias rebaixadas para acesso veicular); Regulamentação de estacionamento ao longo da via, presença de acessos veiculares aos lotes, recuo de lote para estacionamento a 45º ou 90º; Presença de arborização, calçadas verdes, praças; Presença e quantidade de vias transversais ao longo da via; Presença de pontos de ônibus, terminais de ônibus, estações de Metrô, estações de trem/CPTM; Presença de paraciclos, bicicletários ou sistemas de bicicleta de aluguel.

Em 2008, sob a gestão de Gilberto Kassab, a Secretaria Municipal de Esportes, Lazer e Recreação (SEME) propôs à CET a ligação entre quatro parques da cidade fechando algumas vias para veículos motorizados e permitindo somente a circulação de pedestres e ciclistas. Essa iniciativa seria feita somente aos domingos, das sete horas da manhã até o meio dia. Os bloqueios seriam operacionalizados pela CET, com os gastos sendo pagos por uma patrocinadora, a Bradesco Seguros. Essa proposta era baseada em exemplos de outras cidades, como Bogotá, na Colômbia, que impede a circulação de veículos motorizados em algumas avenidas desde 1974, permitindo somente o tráfego a pé ou de bicicleta. No Brasil, Brasília fecha o Eixo Rodoviário para veículos motorizados para que as pessoas possam fazer caminhadas, andar de bicicleta e praticar exercícios desde 1991. Em ambas as cidades, a abertura de vias para pedestres e ciclistas acontece aos domingos e feriados, sendo que o horário foi sendo ampliado ao longo dos anos.

A SEME realizou um levantamento de vias nas zonas Oeste e Sul que seriam interditadas nas manhãs de domingo, entre elas as avenidas República do Líbano, Presidente Juscelino Kubitschek e Henrique Chamma. Tais vias foram selecionadas para que os parques do Ibirapuera, das

Bicicletas e do Povo fossem conectados. Essas ruas seriam bloqueadas para veículos motorizados e abertas somente para ciclistas e pedestres. O objetivo principal da SEME era que parte dos usuários dos parques do Ibirapuera e das Bicicletas se direcionasse ao Parque do Povo, diminuindo a lotação dos dois primeiros, tornando o terceiro mais conhecido, pois acabara de ser inaugurado.

A CET recusou a proposta alegando que ela causaria impactos à mobilidade, mesmo que fosse operacionalizada somente nas manhãs de domingo. Segundo a CET os túneis Ayrton Senna e Jânio Quadros e a Avenida Presidente Juscelino Kubitschek não poderiam ser bloqueados pois eram uma importante ligação entre o Centro e a Zona Oeste. Além disso, alegou que a proposta da SEME de bloquear as avenidas para veículos motorizados prejudicaria os comerciantes por impedir o acesso de clientes aos serviços existentes longo do trajeto, principalmente padarias e restaurantes.

Em contrapartida, a CET elaborou uma proposta que permitia apenas o uso de uma faixa para ciclistas junto ao canteiro central em uma rota que seria determinada pela CET. O bloqueio da faixa para veículos motorizados seria sinalizado por uma modelos específicos de placas (sinalização vertical) e pintura (sinalização horizontal) baseados no Código de Trânsito Brasileiro para regulamentar o uso exclusivo para bicicletas aos domingos no horário proposto. Na época, a CET instalou placas no trajeto para educar ciclistas e pedestres sobre as regras de trânsito, buscando dar um aspecto educativo ao projeto. Também foram incluídas, em menor número, placas para motoristas que informavam algumas regras de convivência com os ciclistas.

O trecho inicial foi inaugurado em 30 de agosto de 2009, com cerca de 5 quilômetros e cerca de nove mil ciclistas. O sucesso do trecho entre os parques do Ibirapuera, das Bicicletas e do Povo entre os paulistanos foi tão grande que a população pediu que o horário da Ciclofaixa de Lazer fosse ampliado. Menos de três meses depois, o horário foi estendido até às duas da tarde (14h) e os paulistanos ganharam mais duras horas para pedalar. Posteriormente, a extensão foi ampliada em 10 quilômetros na Zona Oeste, passando pelo Butantã, em frente ao Portão 1 da Cidade Universitária e indo até o Parque Villa-Lobos. Cerca de quatro meses depois, em 29 de maio de 2011, foram acrescentados mais 7 quilômetros em direção à Zona Sul, incluindo o Parque do Chuvisco.

Com a popularidade e o número de usuários da Ciclofaixa de Lazer aumentando, em 2012 foram criados novos trajeto. Na Zona Norte foi criado um trecho de seis quilômetros, entre o Parque da Juventude e o SESC Santana. Já na Zona Leste foi criado um trecho de 14 quilômetros entre o Parque Engenheiro Werner Zulauf e a Avenida Tiquatira. A partir de 2011 o horário foi ampliado novamente, com a operação sendo ampliada até às 16 horas da tarde, incluindo também os feriados nacionais.

Em julho de 2011, na gestão de Gilberto Kassab (PFL/DEM/PSD 2006-2012), foram implantadas as primeiras ciclorrotas (ou rotas de bicicletas) de São Paulo. Segundo a CET, o trajeto seguia sugestões de ciclistas experientes, mas nas vias não seria determinado um espaço específico para ciclistas. Por essa razão, a CET optou por sinalizar rotas somente vias secundárias, com menos veículos. Por isso muitos ciclistas não conheciam os trajetos e continuaram utilizando as avenidas por essas possibilitarem caminhos mais curtos ou possibilitarem relevo melhor.

A primeira ciclorrota implantada foi a Rota de Bicicleta do Brooklin, que conectava os parques Severo Gomes ao do Cordeiro em trajeto de 15 quilômetros, sendo sinalizada em 20 de julho de 2011 ao longo de vias coletoras e locais, selecionadas a partir da observação em campo dos caminhos utilizados por ciclistas da região.

A sinalização das ciclorrotas foi feita com placas e pintura de bicicletas no asfalto. O objetivo era alertar os usuários da via, em especial os condutores dos veículos motorizados, que a via também era uma rota de bicicleta. A medida de segurança mais importante foi a regulamentação de velocidade em todas ciclorrotas, no qual o limite de velocidade foi estabelecido em 30 km/h, o padrão para vias locais no Código de Trânsito.

Após a criação da ciclorrota do Brooklin, a SEME contratou o Centro Brasileiro de Análise e Planejamento (CEBRAP) para mapear rotas utilizadas por ciclistas no Centro Expandido. Após a análise surgiu o documento CICLORROTAS SP 2011. Das rotas levantadas pelo CEBRAP, apenas duas foram sinalizadas pela CET como rotas de bicicletas, ainda em dezembro de 2011. Uma delas na Lapa, ligando Parque Villa Lobos ao Parque da Água Branca num trajeto de 18 quilômetros, e outra na

Mooca, entre o SESC Belenzinho e Centro Educacional da Mooca, com 8 quilômetros.

4. A sociedade mobilizada na década de 2010

Já na gestão de Fernando Haddad (PT 2013-2016) a Ciclofaixa de Lazer teve ampliações em todos seus trechos, totalizando 117,5 quilômetros em toda cidade. Uma ampliação bastante simbólica foi feita na Zona Sul, onde a Ciclofaixa de Lazer passava por bairros mais distantes do Centro e permitia acesso a parques no entorno da Represa do Guarapiranga. Nessa época as estimativas eram de que cerca de 110 mil ciclistas utilizavam a Ciclofaixa de Lazer, segundo a Prefeitura e a Bradesco Seguros.

A Ciclofaixa Operacional de Lazer se tornou um marco na cidade, sendo imitada por diversas cidades brasileiras e possibilitando que muitas pessoas tivessem contato com a bicicleta após a infância. Em São Paulo, foi com a expansão da Ciclofaixa de Lazer que muitas pessoas descobriram o prazer de andar de bicicleta, popularizando o uso da bicicleta para o lazer e o transporte, em especial aos domingos.

Entretanto, um episódio trágico marca essa história. No dia 10 de março de 2013, o ciclista David Santos de Souza pedalava na Ciclofaixa de Lazer na Avenida Paulista, quando foi atropelado por um motorista que dirigia em alta velocidade. O impacto forte arranca o braço de David, que fica preso no veículo. O motorista, Alex Siwek, fugiu sem prestar socorro, levando o braço de David. O atropelamento gerou incredulidade e horror. sendo amplamente coberto pela imprensa dada a localização do ocorrido.

Após ser identificado com a ajuda de testemunhas e câmeras, Siwek se entregou e foi conduzido ao 78º Distrito Policial, nos Jardins. Para tentar encontrar o braço da vítima para um reimplante, policiais refizeram o trajeto de Siwek atropelar David Santos. Durante esse trajeto, Siwek disse aos policiais que tinha jogado o braço de David no córrego da Avenida Ricardo Jafet, na Zona Sul. Como o braço não foi encontrado, o restante do braço foi amputado. Durante a tarde, ciclistas compareceram à delegacia e demonstraram apoio à David e sua mãe, Antônia Ferreira dos Santos, que contou que o filho estava indo ao trabalho. Ao chegar na delegacia acompanhado de seu advogado, o motorista Alex Siwek foi vaiado por ciclistas, parentes e amigos de David.

Na mesma noite, milhares de ciclistas se reuniram na Praça do Ciclista, na esquina da Avenida Paulista com a Rua da Consolação. Os manifestantes bloquearam a Avenida Paulista e se dirigiram ao local do atropelamento. Tratava-se de um movimento horizontal, sem líderes, chamado "Massa Crítica" ou "Bicicletada". A princípio a Polícia Militar e a CET tentaram impedir que os manifestantes ocupassem todas as faixas da avenida, porém desistem ao perceber a quantidade de pessoas presentes. Durante a manifestação o grupo saiu da Avenida Paulista e parou no Paraíso, onde morava o prefeito Fernando Haddad. Após algum tempo no local, o filho do prefeito desceu e prometeu aos ciclistas que o pai agendaria uma reunião com eles.

Menos de 15 dias depois do atropelamento de David Santos e da manifestação, no dia 22 de março, o prefeito Fernando Haddad (PT 2012-2016) se reuniu com ciclistas na Prefeitura. Na reunião, prometeu que os ciclistas teriam acesso e áreas de diálogo com órgãos de decisão como a CET e a SMT.

Outra manifestação popular marca esse ano. No dia 02 de junho de 2013 o preço das passagens de ônibus, CPTM e Metrô em São Paulo aumentou de R$ 3,00 para R$ 3,20. Segundo a Prefeitura e o Governo do Estado, o aumento era necessário pois o Governo Federal havia alterado o cálculo dos impostos sobre o transporte público. Em 06 de junho de 2013 aconteceu a primeira manifestação contra o aumento no preço das passagens.

Nos dias 06 e 11 de junho aconteceram mais manifestações, marcadas pela violência policial. Inicialmente a imprensa adotou uma postura conservadora, noticiando as manifestações somente como vandalismo. Entretanto, a insatisfação atingiu vários setores da sociedade, que voltam às ruas no dia 13 de junho, quando os protestos se espalharam pelo Brasil. A partir do dia 13 os manifestantes começaram a abordar diferentes pautas.

Em São Paulo, devido à truculência da polícia e de alguns grupos radicais, muitas pessoas foram feridas, incluindo jornalistas. Talvez por causa disso, a imprensa alterou seu discurso, criticando a postura da polícia e dos governantes.

A partir do dia 17 de junho os protestos ganharam outro tom, com muita cobertura da imprensa e uma participação ainda maior. Os manifestantes colocaram novas exigências em pauta. No dia 17 de junho cerca de 350 mil pessoas protestaram em 12 cidades pelo Brasil. Diferentemente dos protestos anteriores, o dia 17 quase não foram registrados atos de vandalismo ou violência policial.

Devido à pressão, prefeitos e governadores aceitaram não aumentar o valor das passagens do transporte público. Assim a questão do transporte perdeu relevância e a maioria das manifestações passou a pautar outros temas. No dia 19 de junho a Prefeitura de São Paulo anunciou que o valor das tarifas voltaria a ser R$ 3,00.

Em agosto de 2013 Fernando Haddad (PT 2012-2016) publicou o Plano de Metas 2013-2016, com 123 metas. A meta número 97 previa "implantar uma rede de 400 km de vias cicláveis". Na época, os ciclistas, coletivos e entidades não acreditaram que a meta seria cumprida pois prefeitos anteriores já haviam feito promessas a respeito de ciclovias e praticamente nenhuma foi cumprida. Para aqueles que entendiam do assunto e o debatiam desde a redemocratização, a meta não era nenhuma garantia que a situação mudaria.

Essa impressão mudou em 24 de junho de 2014, quando foi inaugurado o primeiro trecho de ciclofaixa na Avenida Cásper Líbero, entre o Largo do Paissandu e a Estação da Luz. Nas semanas seguintes a CET passou a implantar entre dois e cinco quilômetros de ciclovias ou ciclofaixas por semana, algo inédito em São Paulo. Em menos de seis meses a quilometragem de vias com infraestrutura cicloviária tinha praticamente dobrado, saindo de 46 quilômetros para 82,4 quilômetros.

Diante desse cenário inacreditável e acelerado, grupos de ciclistas se organizaram, o que resultou na criação de vários coletivos e entidades. Todos buscavam o diálogo com a Prefeitura para levar suas demandas e vê-las atendidas. Como a Prefeitura não possuía estrutura e tampouco tempo para debater com todos, ela optou por incluir cidadãos, coletivos, entidades e organizações no Conselho Municipal de Transporte e Trânsito (CMTT), o que possibilitou que a imprensa especializada, coletivos, entidades e ciclistas passaram a ter contato direto com a Prefeitura, a CET, o secretário e até mesmo o prefeito.

Nesse cenário as câmaras temáticas ganharam uma relevância maior, pois incluíram mais pessoas e receberam mais atribuições. Na Câmara Temática de Bicicleta (CTB) passaram a se reunir representantes de diferentes áreas da Prefeitura, representantes de todas as zonas da cidade, membros de coletivos, de entidades e ciclistas independentes. Na CTB eram apresentados os projetos que podiam ser comentados por qualquer pessoa. Na época, eram organizadas reuniões para tratar do planejamento da rede cicloviária e também eram feitas reuniões regionais de acordo com a zona da cidade. Muitas das ciclovias e ciclofaixas existentes foram definidas nessas reuniões, que envolviam técnicos da CET, SPTrans, ciclistas, comerciantes, moradores e outras entidades, como associações de moradores e representantes de locais de interesse nos bairros (como escolas e hospitais).

Enquanto alguns paulistanos abraçaram a oportunidade de utilizar a bicicleta em seus deslocamentos, outros não se conformaram. Nasce, nessa época, um sentimento contrário às ciclofaixas. A maior parte dos apoiadores desse movimento era composta por moradores de bairros nobres e comerciantes filiados à Associação Comercial, que se sentiram prejudicados pela retirada de vagas de estacionamento gratuitas próximas às suas lojas, residências e escritórios.

Em um caso emblemático, em dezembro de 2014 o jornal O Estado de São Paulo entrevistou três moradoras do Jardins que alegavam não terem sido consultadas sobre a implantação da ciclovia em sua rua. Uma das moradoras afirmava que "não houve nenhum tipo de estudo" e que "a rua é um corredor de trânsito". Outra moradora afirmou que "ninguém anda de bicicletas e não existe essa demanda", ambas demonstrando desconhecimento sobre a sinalização de ciclorrota. A via em questão, a Rua Honduras, foi sinalizada como ciclorrota em 2011, ainda na gestão de Gilberto Kassab.

Outra moradora defendia que "A gente precisa da rua para estacionar os nossos carros. A gente recebe convidados nas nossas casas, não é zona onde tem prédio, onde você entra na sua garagem". Essa fala demonstra o pensamento da moradora, que supõe que estacionar na rua é um direito dela e que ela possui o poder de autorizar (ou não) as pessoas a estacionarem na via. Uma terceira moradora disse na reportagem que "Aqui é zona 1 (estritamente residencial), não pode ter essa bagunça. Não temos estrutura. Na Europa as ciclovias são nas calçadas. Aqui as pessoas ainda não têm educação", supondo que a ciclovia traria "bagunça" ao bairro.

Entretanto, a reportagem do jornal vai mais a fundo. Ao entrevistar uma representante da Sociedade Amigos dos Jardins, fica claro que a implantação da ciclovia no bairro nobre é uma afronta ao status quo estabelecido. Ela defendia que os cidadãos que pagam um Imposto Predial e Territorial Urbano (IPTU) alto precisam ter algum privilégio: "Eles não podem perder o direito de estacionar os carros nas ruas. E a ciclovia vai atrair assaltantes". O quinto morador completa: "Quem anda de bicicleta não presta, hoje nós sabemos disso. São pessoas não qualificadas. Então vamos ficar sujeitos a esses riscos aqui?". Sem nenhuma evidência que a bicicleta tenha relação com assaltos, moradores supõe que a ciclofaixa aumentará o índice de criminalidade no bairro.

Mais uma vez o preconceito contra ciclistas surge como motivação para que algumas pessoas sejam contrárias às ciclovias. Apesar da existência de debate público e de leis como o Plano Diretor Estratégico e o Plano Nacional de Mobilidade Urbana, alguns cidadãos afetados pelas ciclovias não buscam se informar a respeito da implantação das estruturas ou sua motivação. Para esse grupo, a ciclovia é tida como necessariamente ruim pois altera a dinâmica da rua e faz com que eles percam privilégios.

Com o caso da Rua Honduras e outros semelhantes surgindo durante a implantação das primeiras ciclofaixas a Prefeitura percebeu que haveria resistência contra as ciclovias, em especial das classes mais ricas. Mais que isso, ficou claro que o pensamento dos paulistanos estava muito preso à lógica do carro como principal, meio de transporte. No final da entrevista a moradora afirmou que "Eu vou continuar pegando um trânsito horroroso mas não vou sair de bicicleta", demonstrando que a criação de estruturas cicloviárias não seria somente uma questão técnica, mas também seria um processo reflexivo que questionaria a lógica rodoviarista existente desde o governo de Juscelino Kubitschek. Seria uma política que envolveria uma disputa pelo espaço urbano, envolvendo o *status quo* e problemas pré-existentes na cidade. Ainda em dezembro, cerca de uma semana após a entrevista dessa moradora, ciclistas organizam uma Bicicletada em defesa da ciclovia da Rua Honduras. A manifestação teve um tom bem-humorado e ciclistas conversam com moradores, com alguns se tornando favoráveis à ciclovia.

Em março de 2015 a promotora Camila Mansour Magalhães da Silveira, do Ministério Público, acusou a Prefeitura de criar as ciclovias "sem a devida avaliação sobre os efeitos no trânsito", alegando que as ciclovias colocariam ciclistas e pedestres em risco. Na época, as entidades e coletivos se manifestaram contra a ação ajuizada pela promotora, conforme fala de Daniel Guth, diretor da Ciclocidade, em entrevista ao jornal Estado de São Paulo: "Ela não pode se colocar em defesa dos ciclistas em nosso nome. Infraestrutura garante segurança, ela inverteu a lógica".

Em resposta conjunta, 22 organizações da sociedade civil citaram benefícios que a implantação de ciclovias pode gerar para os cidadãos. A nota também citava que no Plano Diretor Estratégico, sancionado em julho de 2014 após um período de um ano debates abertos, nos quais a maioria da população foi a favor da implantação de ciclovias. Além disso, as organizações civis lembraram que as diretrizes do Plano Nacional de Mobilidade Urbana previam a priorização dos modos ativos de transporte (como a bicicleta) em detrimento dos motorizados individuais (como os carros).

Além do Ministério Público, vereadores se posicionaram contra as ciclovias. A maioria tentou utilizar processos legislativos para impedir obras e até mesmo desfazê-las após a sua conclusão. Um dos vereadores responsáveis por organizar a pauta anti ciclovia foi Aurélio Nomura (PSDB), líder da oposição ao prefeito Fernando Haddad (PT) na Câmara Municipal. Nomura, que possuía um relacionamento próximo com a Associação Comercial, já tinha atacado o projeto piloto de ciclofaixas implantado na gestão de Gilberto Kassab (PFL/DEM/PSD 2006-2012). Em 2012, o vereador alegou que as ciclofaixas causavam lentidão no trânsito e prejudicavam os comerciantes pois removiam vagas de estacionamento nas ruas. Ao atacar o projeto cicloviário de Fernando Haddad, Nomura utilizou os mesmos argumentos, incluindo agora as informações enviesadas da revista Veja São Paulo e o partidarismo político, alegando que as ciclovias eram vermelhas "porque era cor do partido do prefeito." Além disso, o vereador alegou que a Câmara Municipal não fora consultada sobre a implantação de faixas de ônibus e ciclovias, mesmo com a CET divulgando as datas das reuniões no site e nas suas redes sociais, assim como as audiências públicas sobre o assunto foram publicadas no Diário Oficial do Município. Mesmo assim, em outubro de 2016, Nomura organizou duas audiências públicas para promover a retirada da ciclofaixa da Avenida Bosque da Saúde e da faixa de ônibus da Avenida Cursino, duas vias localizadas na Zona Sul.

Na primeira audiência o vereador impediu ciclistas de se pronunciarem, dando a palavra somente a comerciantes e taxistas. Ao notar que os ciclistas insistiram no seu direito de fala, o vereador encerrou a audiência antes do horário e pediu para a Guarda Civil Metropolitana retirar os ciclistas do local. Após a cobertura negativa da imprensa, o vereador mudou de atitude na segunda audiência, quando um número ainda maior de ciclistas compareceu e a maioria das falas dos participantes foi a favor da manutenção da ciclofaixa e da faixa de ônibus. Ambas as audiências foram realizadas em espaços da Associação Comercial e contavam com a presença de comerciantes, taxistas, moradores, ciclistas, imprensa e técnicos da CET. Percebeu-se, com as ações de Nomura, que seu posicionamento era contraditório. Antes da eleição o vereador assinou a Carta Compromisso com a Mobilidade por Bicicletas, onde se comprometeu a apoiar o plano cicloviário e sua aplicação. Porém, quando as ciclovias foram implantadas, ele se posicionou totalmente contra elas.

Além de Nomura, Gilberto Natalini (PV) também criticou implantação de ciclovias. Para Natalini, o valor estimado de 200 mil reais investido pela Prefeitura levantou indícios de superfaturamento e corrupção, pois segundo ele o valor médio da tinta para pintar um quilômetro de ciclovia seria de apenas 2,5 mil reais. Entretanto, Natalini não explicou como ele estimou o valor de 2,5 mil reais para cada quilômetro de ciclovia. Quando foi questionado pelo jornal Estado de São Paulo e pelo site Vá de Bike, o vereador não compartilhou os dados da pesquisa realizada. Apesar de seu partido ser comprometido com o meio ambiente, Gilberto Natalini não pareceu compreender a importância da bicicleta para a mobilidade ativa ou para a sustentabilidade.

Ao mesmo tempo que enfrentava ataques por parte de membros do Poder Legislativo e do Ministério Público, as políticas de mobilidade de Fernando Haddad foram elogiadas por especialistas e jornais estrangeiros.

Pela primeira vez na história, um prefeito havia criado ciclovias em larga escala e cumprido uma promessa em relação à bicicleta. Haddad tinha conseguido cumprir a meta 97, deixando a cidade com 474 quilômetros de ciclovias e ciclofaixas. Antes a cidade tinha cerca de 30 quilômetros de ciclovias, a maioria em parques. Os esforços de Fernando Haddad e dos ciclistas foram recompensados quando dados demonstraram que o número de ciclistas havia aumentado em todas as vias nas quais foram implantadas ciclovias ou ciclofaixas. Para os mais novos, era uma demonstração de que um prefeito comprometido e a pressão popular tinham o poder de mudar a sociedade. Para a maioria, não havia dúvida que São Paulo tinha evoluído e se tornado muito mais segura.

No final de 2016 o sentimento antipetista é muito forte no Brasil e João Doria (PSDB 2017-2018) é eleito o prefeito de São Paulo. Durante a campanha, o candidato criticou a infraestrutura cicloviária inúmeras vezes, afirmando que elas são "inúteis" e que "ninguém anda de bicicleta em São Paulo". Antes de ser eleito, Doria prometeu remover "todas as ciclovias inúteis", mesmo com o resultado da pesquisa de seu site de campanha ser favorável a implantação de mais ciclovias.

No dia 03 de outubro de 2016, após ser eleito, João Doria participa do telejornal Bom Dia São Paulo, da Rede Globo. O jornalista Rodrigo Bocardi, que já havia criticado ciclovias, pergunta em tom de reclamação: "o que vai acontecer com ciclovias e ciclofaixas, muitas delas construídas aí de qualquer jeito na cidade?". Doria responde: "Vamos manter as boas, corrigir as ruins e evitar colocar ciclovias onde não há ciclistas. Não faz sentido você gastar dinheiro público onde não há uso". Em seguida questiona sobre a extensão da malha cicloviária: "sinal de que não vai aumentar então o número de ciclovias na cidade" e Doria confirma: "neste momento não, não tem necessidade" (REDE GLOBO, 2016).

João Doria assume a Prefeitura em 2017. Um dos seus primeiros atos como prefeito é ordenar que a CET pare a implantação da ciclofaixa em andamento na Avenida Ricardo Jafet. Diante do retrocesso, ciclistas se organizam e pintam a ciclofaixa interrompida.

João Doria (PSDB 2017-2018) afirma que "em áreas periféricas da cidade o comércio se ressente muito, porque muitas ruas e avenidas têm uma faixa que é de ônibus e a outra que é de bicicleta, ninguém consegue estacionar. [...] Isso prejudica fortemente o comércio, a manutenção de empregos e a oportunidade de sobrevivência dessas famílias" demonstrando que ele defende que a prioridade nas vias deve ser de carros. Com essa afirmação Doria mostra desconhecimento sobre o Plano Diretor do Município e sobre o Plano Nacional de Mobilidade Urbana, que estabelecem a priorização do transporte público e dos transportes ativo (pedestres e ciclistas) sobre veículos particulares. Além disso, ele ignora pesquisas que provam que a instalação de ciclovias tende a aumentar o faturamento de lojas próximas, como em Nova York (aumento de 49%) e em São Paulo, onde houve o aumento de 25% na Avenida Engenheiro Luís Carlos Berrini após a construção da ciclovia.

Em março de 2017 a ciclofaixa da Avenida Amarilis, no Morumbi, é removida sem aviso aos ciclistas que trafegam nela. Isso os coloca em risco, pois sem a ciclofaixa eles se veem obrigados a pedalar em meio aos carros em alta velocidade. Ao ser questionada pela imprensa, a Subprefeitura do Butantã alega se tratar de manutenção e recapeamento do asfalto. Sites especializados questionam porque a suposta manutenção do piso exigiu a retirada de todas placas da ciclovia. Ao ser consultada, a CET alega que se trata de uma obra da Subprefeitura. A imprensa e coletivos questiona a Subprefeitura e a CET, mas nenhuma delas se responsabiliza por pintar a sinalização da ciclofaixa novamente.

Durante abril, a Câmara Temática de Bicicleta busca informações com diferentes áreas da Prefeitura, sem obter resposta. O assunto é citado em reuniões com o secretário de Mobilidade e Transportes Sergio Avelleda e com o presidente da CET João Octaviano Neto, que alegam desconhecer o caso e prometem uma devolutiva, porém nunca o fazem. Após um mês e meio sem uma resposta e com releases de imprensa contraditórios da Subprefeitura e da CET, os ciclistas se cansam. Um grupo sinaliza a ciclofaixa por conta própria. Ainda na gestão de Doria, mais ciclofaixas são removidas sem diálogo. Em vários casos ciclistas sinalizam as estruturas retiradas, utilizando o padrão de pintura da CET.

No final de junho alguns vereadores da base aliada de Doria se mobilizam e solicitam a retirada de várias ciclofaixas, apesar do secretário de Mobilidade e Transportes, Sérgio Avelleda, declarar que a gestão de Doria seria amiga do ciclista.

Os vereadores alegam que as ciclofaixas "atrapalham o trânsito" e buscam proibir a implantação de novas estruturas. Edir Sales (PSD) solicita a retirada das ciclofaixas da Vila Prudente "para que os motoristas tenham onde estacionar". Aurélio Nomura (PSDB), critica estruturas na Vila Mariana, mesmo tendo assinado a Carta Compromisso com a Mobilidade por Bicicletas. Mário Covas Neto (PSDB) solicita que as ciclofaixas do Centro sejam retiradas. Camilo Cristófaro (PSB), defensor do status do carro e crítico de faixas de ônibus e ciclofaixas continua chamando as estruturas de "cicloguaches" e consegue interromper a implantação da ciclofaixa da Avenida Ricardo Jafet. João Jorge (PSDB) apresenta um projeto de lei para rever todas as infraestruturas existentes para removê-las e fazer ciclorrotas porque são "a opção mais comum e barata". O projeto propõe que a implantação de novos trechos cicloviários sejam realizados apenas após audiência pública e apresentação de estudos de demanda pois, segundo ele, "Durante a gestão Haddad tais estudos técnicos ou foram negligenciados, ou foram feitos de maneira inadequada".

No dia 07 de novembro de 2017 João Doria (PSDB 2017-2018) aprova o Projeto de Lei 227/2017 de autoria do vereador João Jorge (PSDB) com os vereadores Adriana Ramalho, Aline Cardoso, Aurélio Nomura, Claudinho de Souza, Eduardo Tuma, Fábio Riva, Gilson Barreto, Mário Covas Neto e Quito Formiga, todos do PSDB. Na Câmara Municipal, somente os vereadores José Police Neto (PSD), Antonio Donato (PT), Juliana Cardoso (PT), Soninha Francine (PPS), Alessandro Guedes (PT), Toninho Vespoli (PSOL), Patrícia Bezerra (PSDB), Sâmia Bomfim (PSOL) e Eduardo Suplicy (PT) votaram contra o Projeto de Lei, apelidado de "Lei Anti Ciclovia". A Lei 16.885/2018 torna obrigatória a apresentação de estudos de "demanda, viabilidade e impacto viário" antes da implantação de qualquer ciclovia. Especialistas em mobilidade criticam a lei, que burocratiza a criação da rede cicloviária conectada por tornar qualquer implantação dependente de 'espaço livre', ou seja, algo raro na cidade de São Paulo.

Com a lei, se torna ainda mais difícil implantar infraestrutura cicloviária pois ela só poderá ser implantada se já houver a circulação de ciclistas na via. Tal premissa contradiz os estudos apresentados pela CET, que demonstram que a implantação de ciclovias e ciclofaixas aumenta o número de ciclistas que utilizam a via, já que eles se sentem seguros com a estrutura separada dos demais veículos. Novamente, a implantação de ciclovias e ciclofaixas é vista como uma afronta ao poder estabelecido, representado pelos carros. A maioria dos vereadores, liderados pelo PSDB, adota um discurso anti ciclovia por questões partidárias já que quase todas as estruturas cicloviárias foram feitas pelo ex-prefeito Fernando Haddad, do PT. A pauta cicloviária é partidarizada e radicalizada com o uso de um discurso de lados opostos, "nós contra eles". Ademais, fica claro que o questionamento ao status quo existente representado pela bicicleta incomoda os setores mais conservadores e influencia nos bastidores da política paulistana.

Bruno Covas (PSDB 2018-2020) assume a prefeitura com a renúncia de Dória, mantendo o discurso deste, alegando que as ciclovias haviam sido feitas "de forma aleatória e sem nenhuma conectividade", "da mesma forma que se joga orégano em pizza", como dito em entrevista concedida à Rádio CBN em abril de 2018. A jornalista Fabíola Cidral questiona Covas, lembrando que "é impressionante a quantidade de pessoas que está aderindo à bicicleta. Inclusive, eu vindo pra cá, do Centro pra cá, tinha congestionamento de bicicletas nas ciclovias, então acho que é uma demanda da cidade". Seu colega Leão Serva reforça "os estudos internacionais mostram que quantidade é qualidade. Você só aumenta o número de usuários aumentando a quantidade de vias. [...] porque o único jeito de haver ocupação é haver muita ciclovia".

Covas reafirma que vai remover as ciclovias. Segundo ele, as ciclovias "não têm nenhum uso na cidade de São Paulo" e "só incomodam a população". Segundo Covas, o estudo servirá para "discutir com a população onde a gente vai implementar novas ciclovias para poder dar racionalidade ao sistema, ligando algumas que não têm ligação hoje e a gente vai poder desativar algumas que só incomodam a população".

Ignorando a sociedade civil, o prefeito Bruno Covas e o secretário João Octaviano apresentam uma "proposta" de plano cicloviário que prevê a retirada de ciclofaixas, a implantação de ciclorrotas e a construção de "anéis cicloviários" em avenidas do Centro Expandido. Na coletiva de imprensa, eles apresentam a lista de ciclofaixas que devem ser removidas e a data das remoções, mas não informam nenhuma data para a implantação de novas estruturas. O plano de Covas é muito criticado pela imprensa e pelos ciclistas, que destacam a falta de diálogo, a remoção de estruturas e o uso de ciclorrotas, que não são seguras pois não há espaço separado para os ciclistas.

Em abril de 2019 começam as audiências públicas do Plano Cicloviário 2019-2020. Cada audiência abrange três subprefeituras próximas, sendo realizada em uma delas para facilitar o acesso dos moradores que desejem participar. Da mesma forma as audiências são no início da noite e duram três horas (uma para cada subprefeitura em questão). As audiências seguem formato semelhante aos workshops realizados anteriormente, iniciando-se com a apresentação de dados sobre mobilidade e depois sendo apresentadas as estruturas cicloviárias existentes e o planejamento para cada região. Ao final das audiências é permitido que os presentes se manifestem por inscrições. Nas audiências quase todas falas são a favor das ciclovias e ciclofaixas existentes, assim como são solicitadas novas estruturas em ruas não previstas. Somente em uma audiência na Zona Leste e outra na Zona Sul há pedidos de remoções, quase sempre baseados na perda de vagas de estacionamento gratuitas ou na alegação de que o trânsito na região piorou. A maioria do público que comparece nas audiências é de moradores das regiões em pauta, sendo muitos ciclistas iniciantes, que começaram a utilizar a bicicleta somente após a implantação de ciclofaixas nas suas rotas. As audiências públicas são finalizadas em junho de 2019. A partir delas, a equipe técnica da CET fica responsável por desenvolver projetos para as vias selecionadas pela população e apresentá-los para a Câmara Temática de Bicicleta. Entretanto, até agosto a CET não apresenta projetos de novas ciclovias.

Em julho de 2019, já sob a gestão de Bruno Covas (PSDB 2018-2020), a Ciclofaixa Operacional de Lazer foi totalmente suspensa após o Bradesco Seguros encerrar o patrocínio. Com isso, a Ciclofaixa de Lazer fica desativada por mais de um ano, sendo reativada após a Uber decidir patrocinar a iniciativa.

Em agosto a CET começa a remover diversas ciclofaixas. Ciclistas começam a compartilhar que ciclofaixas estão sendo removidas e a Câmara Temática questiona a CET, que não se posiciona. Após ciclofaixas em vias conhecidas serem removidas, a imprensa cobra uma resposta da CET, que alega estar "requalificando" as estruturas para melhorar a segurança dos ciclistas. A CTB solicita que a CET entregue a lista de ciclofaixas que estão sendo requalificadas, quais serão requalificadas e apresente quais melhorias serão feitas, porém a CET não apresenta nenhuma das informações solicitadas.

Ainda em agosto a imprensa realiza várias reportagens, a maioria em tom crítico à Prefeitura, sendo uma delas uma entrevista ao vivo com o prefeito Bruno Covas (PSDB 2018-2020) na Rádio CBN, na qual ele afirma que as ciclofaixas que estão desaparecendo "podem estar sendo requalificadas ou removidas". A fala do prefeito revolta os ciclistas, em especial os membros da Câmara Temática de Bicicleta, que haviam evitado críticas por acreditar que os projetos de novas estruturas estavam sendo desenvolvidos.

O vereador João Jorge (PSDB), como secretário da Casa Civil, havia pedido para vereadores da base aliada uma lista de quais ciclovias e ciclofaixas deveriam ser removidas. O jornal ainda constata que "Na maioria dos casos, os trechos estão na base eleitoral dos vereadores que fizeram as reclamações". Ao serem questionados, todos os vereadores dizem apoiar a existência de ciclovias e argumentam que estão pedindo o remanejamento de algumas estruturas, que deveriam sair de vias mais movimentadas para não atrapalhar o comércio, e deveriam ser colocadas em vias menos movimentadas.

Outros vereadores tucanos também pedem a retirada de ciclofaixas em seus bairros. Fábio Riva, líder do PSDB na Câmara, sugere que ciclofaixas devem ficar em vias menos movimentadas: "Defendo que sejam remanejadas para ruas mais tranquilas, nas quais, inclusive, há menos risco para os ciclistas. É o melhor para todos". Já Aurélio Nomura (PSDB) insiste na retirada de ciclofaixas na Vila Mariana. Edir Sales (PSD) e Camilo Cristófaro (PSB) alegam que as ciclofaixas estão prejudicando o comércio. Entretanto, alguns vereadores progressistas buscam manter o diálogo, como Police Neto (PSD), que defende o Plano Cicloviário: "O prefeito está fazendo um grande investimento para dotar a cidade de vias que salvam vidas e uma minoria de vereadores joga contra a cidade". Diz José Police Neto; "Quem pede a retirada do sistema cicloviário tem desprezo à vida".

Somente em uma reunião da CTB em outubro a CET apresenta a lista de ciclofaixas em requalificação, quando também é feita a promessa de que 39 quilômetros de novas ciclovias serão entregues em 2019. Na reunião a CET apresenta as melhorias: o novo padrão de pintura e a instalação de mais tachões, que serão colocados a cada 1 metro. Os membros da Câmara Temática se comprometem apresentar propostas de melhorias para as vias listadas e a fiscalizar as obras, produzindo vídeos, fotos e ofícios com sugestões de melhorias para as ciclofaixas que serão requalificadas. Apesar do esforço da CTB, nenhuma das sugestões é incorporada. Os ciclistas passam a chamar as requalificações de reformas, pois não é feita nenhuma melhoria em relação à segurança dos ciclistas, são feitos apenas o recapeamento asfáltico e a aplicação do novo padrão de sinalização.

Durante as requalificações os ciclistas percebem que muitas ciclofaixas não são sinalizadas após a aplicação do novo asfalto e que as sinalizadas possuem trechos incompletos. A princípio a CET nega que haja ciclofaixas sem sinalização, mas quando os ciclistas apresentam fotos de trechos com asfalto pronto e sem sinalização, a Secretaria de Mobilidade e Transportes responsabiliza as empresas contratadas e o clima. No caso de ciclofaixas incompletas, a CET compartilha pontualmente partes dos projetos e a justificativa de alguns dos trechos removidos por e-mail. Entretanto a CET não se pronuncia sobre todos os trechos removidos e não responde quando os ciclistas apresentam soluções que evitem as remoções das ciclofaixas para os trechos em questão.

No dia 13 de dezembro de 2019 os secretários Edson Caram, de Mobilidade e Transportes, e Mauro Ricardo, de Governo Municipal, apresentam o Plano Cicloviário 2019-2020. Caram informa que a gestão de Bruno Covas pretende reformar 310 quilômetros de ciclofaixas, 'remanejar' 12 quilômetros e implantar 173,35 quilômetros de novas estruturas até o final de 2020. No anúncio o secretário destaca que os 12 quilômetros "remanejados" não serão retirados, mas transferidos de uma via para outra.

Ciclistas comemoram o anúncio da Prefeitura para a implantação de novas estruturas, mas questionam o remanejamento, que nunca foi mencionado. Caso o plano anunciado por Caram seja executado, a malha cicloviária da cidade passaria de 503 quilômetros (sendo 473,7 quilômetros de ciclovias e ciclofaixas mais 30,3 de ciclorrotas) para 676 quilômetros (647,1 quilômetros de ciclovias e ciclofaixas mais 30,3 de ciclorrotas). Caram ainda afirma que 73% dessas estruturas estarão conectadas ao transporte coletivo.

Mauro Ricardo Costa afirma: "O objetivo do prefeito Bruno Covas é transformar a cidade de São Paulo na capital brasileira do cicloviário. E isso de fato ocorrerá" (PREFEITURA DE SÃO PAULO, 2019). No final da apresentação o secretário Edson Caram afirma que o plano foi construído com ampla participação da população. Ele cita os workshops organizadas pela CET e pela Câmara Temática de Bicicleta e a realização de 10 audiências públicas, seguindo a Lei 16.885/2018, que criou o Sistema

Cicloviário do Município de São Paulo. Caram ainda confirma que "As ações devem ser finalizadas até 31 de dezembro de 2020." (PREFEITURA DE SÃO PAULO, 2019). O anúncio do Plano Cicloviário 2019-2020 dá esperança aos ciclistas, porém a primeira implantação só é entregue em maio de 2020. Devido à burocracia, a meta de 173,35 km de novas ciclovias e ciclofaixas só é alcançada em maio de 2021.

Conclusões

Após realizar a pesquisa e a análise histórica das políticas públicas sobre bicicleta desde meados de 1980 até o fim de 2020, pode-se dizer que o assunto evoluiu de forma significativa. O tema foi discutido durante muitos anos em grupos específicos e sem que o debate fosse amplamente divulgado. Tal decisão pode ter atrasado o desenvolvimento da infraestrutura cicloviária, que só surgiria décadas depois.

As décadas de 1980 e 1990 são usadas apenas para planejamento, com o mínimo de intervenções reais. É somente a partir do ano de 2006 que se percebe uma mudança de pensamento em relação ao uso da bicicleta na cidade de São Paulo.

Durante a gestão de Gilberto Kassab (PFL/DEM/PSD 2006-2012) a bicicleta é incluída nas políticas de transporte, mesmo que de forma pequena, como uma coadjuvante. Somente após as Jornadas de Junho de 2013 é que a bicicleta passa a ser considerada parte da pauta de transportes e mobilidade. Quando Fernando Haddad (PT 2012-2016) inicia a criação da maioria das infraestruturas cicloviárias existentes ele permite que a bicicleta seja visualizada nas ruas, tornando-se parte do cenário urbano. Dessa forma, ele permite que a discussão sobre a pauta se amplie e seja apropriada por inúmeros personagens, muitos dos quais não haviam participado das discussões das décadas anteriores.

Infelizmente, por conta do desconhecimento sobre debates já realizados, muitas pessoas adotam pensamentos simplistas e até mesmo preconceituosos. Com o clima de polarização política crescente e seu ápice em 2018, o debate sobre uma política pública relacionada aos transportes ganha proporções enormes, que são ainda mais ampliadas com a tecnologia e os diferentes meios de comunicação atuais.

Se pelo aspecto positivo mais pessoas podem participar dos debates e a informação é encontrada facilmente, pelo aspecto negativo há muitas pessoas que não estão realmente interessadas no debate, mas querem apenas expressar seu descontentamento ou opiniões sem fundamentação técnica. Entretanto é necessário deixarmos de lado preferências político-partidárias, opiniões pessoais e o senso comum. O debate sobre políticas públicas deve ser realizado com base em dados e técnica, sem deixar de considerar o lado humano das questões em pauta.

Referências

BOGOTÁ, Alcadía Mayor. *Ciclovía Bogotana*. Disponível em: https://www.idrd.gov.co/ciclovia-bogotana . Acesso em 16 de março de 2020.

BRASIL. *Código de Trânsito Brasileiro:* lei federal nº9.503, de 23 de setembro de 1997.

BRASIL. *Lei nº 10.257 de 10 de julho de 2001.* Disponível em http://www.planalto.gov.br/ccivil_03/leis/leis_2001/l10257.htm#:~:text=Para%20todos%20os%20efeitos%2C%20esta,bem%20como%20do%20equil%C3%ADbrio%20ambiental. Acesso em 21 abr. 2021.

IBGE. São Paulo. Disponível em https://cidades.ibge.gov.br/brasil/sp/sao-paulo/panorama. Acesso em 21 abr. 2021.

BRASIL. *Política Nacional de Mobilidade Urbana: lei federal nº12.587*, de 3 de janeiro de 2012.

CBN. *Bruno Covas defende reforma da previdência municipal de São Paulo para não aumentar impostos.* São Paulo, 10 abr. 2018. Disponível em: http://cbn.globoradio.globo.com/media/audio/174097/bruno-covas-defende-reformada-previdencia-municip.htm. Acesso em: 5 jun. 2020.

COMPANHIA DE ENGENHARIA DE TRÁFEGO (CET). *Infraestrutura cicloviária.* São Paulo, [2020]. Disponível em: http://cetsp1.cetsp.com.br/mapabasico/map.aspx?map=infraciclo. Acesso em: 15 jun. 2020.

COMPANHIA DE ENGENHARIA DE TRÁFEGO (CET). *Manual de Sinalização Urbana* – Espaço Cicloviário. São Paulo, 2014.

COMPANHIA DE ENGENHARIA DE TRÁFEGO (CET). *Relatório anual de acidentes de trânsito 2018.* São Paulo: CET, 2019.

MARTÍN, María. *Ministério Público de São Paulo quer a suspensão das ciclovias de Haddad. In.*: EL País. São Paulo, 18 mar. 2015. Disponível em: https://brasil.elpais.com/brasil/2015/03/18/politica/1426715775_941420.html. Acesso em: 14 abr. 2020.

NETO, José Police. *Prefeitura apresenta novo plano cicloviário. In.:* VEREADOR Police. São Paulo, [s.d.]. Disponível em: https://www.policeneto.com.br/prefeituraanuncia-novo-plano-cicloviario/. Acesso em: 20 maio 2020.

SÃO PAULO, Prefeitura. *São Paulo Obras entrega mais uma ciclovia nos festejos de aniversário da cidade. In.:* Prefeitura de São Paulo. Disponível em: https://www.prefeitura.sp.gov.br/cidade/secretarias/obras/sp_obras/noticias/?p=210166. Acesso em 03 de abril de 2020.

SÃO PAULO, Prefeitura. *Plano Cicloviário prevê conexões e reformas nas ciclovias e ciclofaixas da capital. In.:* Prefeitura de São Paulo. Disponível em: http://www.capital.sp.gov.br/noticia/plano-cicloviario-preve-novas-conexoes-ereformas-nas-ciclovias-e-ciclofaixas-da-capital . Acesso em 16 de maio de 2020.

SÃO PAULO, Prefeitura. *Prefeito renova acordo com Iniciativa Bloomberg para a Segurança Global no Trânsito". In.:* Prefeitura de São Paulo. Disponível em: http://www.capital.sp.gov.br/noticia/prefeito-renova-acordo-com-iniciativa-bloombergpara-a-seguranca-global-no-transito . Acesso em 16 de maio de 2020.

SÃO PAULO, Prefeitura. Secretaria Municipal de Transportes. *Prefeitura entrega primeira ciclovia em ponte da cidade abrindo conexão com a Zona Norte. In.:*Prefeitura de São Paulo. Disponível em: https://www.prefeitura.sp.gov.br/cidade/secretarias/transportes/noticias/?p=184393. Acesso em 15 de março de 2020.

SÃO PAULO, Prefeitura. *Conselhos e órgãos colegiados. In.:* Prefeitura de São Paulo. Disponível em: https://www.prefeitura.sp.gov.br/cidade/secretarias/transportes/participacao_social/conselhos_e_orgaos_colegiados/conselho_1/ . Acesso em 23 de maio de 2020.

SÃO PAULO, Prefeitura. Secretaria Especial de Comunicação. *São Paulo terá mais 400 Km de ciclovias até 2016. In.:* Prefeitura de São Paulo. Disponível em: http://www.capital.sp.gov.br/noticia/sao-paulo-tera-mais-400-km-de-ciclovias-ate-2016 Acesso em 23 de março de 2020.

SÃO PAULO, Prefeitura. *Programa de Metas da Cidade de São Paulo 2013-2016. In.:* Prefeitura de São Paulo. Disponível em: https://www.prefeitura.sp.gov.br/cidade/secretarias/gestao/programa_de_metas/index.php?p=149999 Acesso em 24 de abril de 2020.

SÃO PAULO (CIDADE). Prefeitura do Município de São Paulo. *Plano Diretor Estratégico do Município de São Paulo: lei municipal nº16.050, de 31 de julho de 2014*; texto da lei ilustrado. São Paulo: PMSP, 2015.

REDE GLOBO. *Veja a entrevista do BDSP com o prefeito eleito João Doria, do PSDB.* Disponível em: https://globoplay.globo.com/v/5348212/ . Acesso em 24 de maio de 2020.

VÁ DE BIKE. *Declarações de João Doria demonstram risco de retirada de ciclovias em São Paulo.* São Paulo, 5 out. 2016. Disponível em: http://vadebike.org/2016/10/joao-doria-retirar-ciclovias-sao-paulo/. Acesso em: 15 abr. 2020.

VÁ DE BIKE. **Ciclofaixa de lazer de São Paulo está sem patrocinador**. São Paulo, 20 ago. 2019. Disponível em: http://vadebike.org/2019/08/ciclofaixa-de-lazer-de-saopaulo-esta-sem-patrocinador/. Acesso em: 1 jun. 2020.

ZANCHETTA, Diego. **Moradores de áreas nobres da capital acionam MP contra ciclovias de Haddad**. *In.:* O ESTADO de São Paulo. São Paulo, 6 dez. 2014. Disponível em: https://sao-paulo.estadao.com.br/noticias/geral,moradores-de-areasnobres-da-capital-acionam-mp-contra-ciclovias-de-haddad,1603212. Acesso em: 19 jun. 2020.

12.

Quando Zero Mais Zero Mais Zero somam Positivo para uma Cidade Sustentável: Uma Análise das Contribuições de Novas Narrativas e Responsabilidade Social da Empresa no Estatuto da Cidade

PAULO NASSAR
NELSON SILVEIRA
ANA CLAUDIA POMPEU TOREZAN ANDREUCCI

"Habitar uma natureza de que fazemos parte e que compreende as nossas obras, fazer dela uma morada que seja viável e onde se possa viver. Sabemos que isso não será fácil. Contudo, é possível conceber um bom uso, uma atividade industriosa que respeite a natureza na sua diversidade. Um bom uso, informado pela ecologia, e que sujeite a técnica a uma ética."

Larrere & Larrere[1]

Introdução: O Estatuto da Cidade e a ressignificação do carro

A cidade como representação histórica tem transitado entre a utopia e a distopia. Como polo de esperança a cidade democrática se apresenta

[1] Larrère, Catherine; Larrère, Raphaël. *Do bom uso da natureza: para uma filosofia do meio ambiente.* Lisboa: Instituto Piaget, 1997, p.12.

como espaço de mobilidade do humano em suas expressões de corpos livres, que transitam pelos espaços públicos nos contextos do trabalho e do quase utópico flanar, que lembra o andar ocioso da Paris de Baudelaire. A cidade, mesmo desigual, é uma metáfora superlativa do habitar humano. E como um fato antropológico – aquilo que afeta tudo que é humano – é o lugar que dimensiona e dá identidade as relações entre os sujeitos, seus sonhos e suas criações.

Como uma máquina narrativa produz os sujeitos, os verbos e os apostos da luta dialética entre o bem e o mal, o bom e o ruim. Um apaixonado pelas cidades, Jacques Le Goff vê a cidade como lugares superlativos de trocas, de diálogo, de poder, de segurança, de desenvolvimento, de inovação, entre outras qualidades. O olhar deste poderoso autor não esconde as expressões urbanas que representam uma ruptura com a beleza desse artefato humano que é a cidade, em suas palavras, desvitalizada, aquilo que pode ser o "fim da cidade". A aposta de Le Goff e a nossa aposta é na "cidade sem fim". A cidade pensada e vivida por um governo e por cidadãos voltados para o bem comum.

Uma perspectiva política, econômica, social, tecnológica, jurídica e novas narrativas[2] que ordenam e podem ressignificar uma cadeia imensa de relacionamentos entre os humanos, entre os humanos e as máquinas, as máquinas e as máquinas, dentre elas o carro, a bicicleta e outros artefatos da mobilidade. O Estatuto da Cidade – fruto do debate produzido por cidadãos e organizações que representam a diversidade humana, social e econômica da cidade – faz parte da perspectiva democrática voltada para a cidade mais humana, onde a palavra urbanidade mais que compreendida é vivida.

1. Estatuto da Cidade: arquiteturas normativas e novas narrativas para a construção do ir e vir, ficar e estar em uma ambiência sustentável

A partir da Constituição Federal como nova narrativa de ordem normativa e a prevalência, bem como conexão dos direitos humanos compreendidos em uma visão holística o que inclui o ser, o estar, pertencer como verbos damos início a este tópico. Destaca-se que a Constituição

[2] Nassar, Paulo; Ribeiro, Emiliana. *Velhas e Novas Narrativas*. Disponível em http://citrus.uspnet.usp.br/estetica/index.php/artigo-6-revista-8. Acesso em 20 jun.2021.

brasileira de 1988 traz como princípio basilar do Estado a prevalência dos Direitos Humanos, e o caminho da efetivação dos Direitos Humanos é a compreensão do bem viver em sociedade, de integração e fortalecimento de uma sociedade mais engajada, participativa e cônscia de seus direitos.

A conexão dos artigos 182 e 225 do Texto Constitucional traduz a necessidade de vivências e existências em meios ambientes saudáveis como corolário do princípio, também constitucional, da dignidade da pessoa humana. Ordenação, planejamento, políticas públicas, conscientização fazem parte do rol a ser cumprido pelo Estado em solidariedade com múltiplos atores sociais para a garantia das funções sociais das cidades e vivência sustentável de seus cidadãos.

De mesmo modo, a Constituição Federal de 1988 estabelece que entre os atores sociais que devem contribuir para o desenvolvimento em suas mais alargadas definições estão as empresas que devem desempenhar uma da função social, e entre elas, podemos incluir a proteção ambiental e preocupação com a sustentabilidade, conforme se extrai da leitura do art. 170, VI, como direito fundamental de uso comum do povo e de notória indispensabilidade social para garantia da qualidade de vida sustentável.

A sustentabilidade[3] se arquiteta como um compromisso ético, de consciência ecológica[4] e intergeracional a unir gerações em prol da preservação ambiental dos bens renováveis e não renováveis.[5]

[3] Importante considerar nos termos do Relatório Brundtland denominado "Nosso Futuro Comum" publicado em 2019 pela Comissão Mundial sobre o Meio Ambiente e Desenvolvimento, da Organização das Nações Unidas que deverá haver uma ponderação entre planejamento econômico e não esgotamento dos recursos naturais com respeito às atuais e às futuras gerações.

[4] Sobre consciência ecológica indispensáveis são as contribuições de Edgar Morin: "O que é consciência ecológica? É antes de mais nada a descoberta de que aquilo a que se chamava meio, ambiente, natureza, constitui um Ecossistema, quer dizer, uma unidade viva, de extrema complexidade, constituída por inter-relações entre espécies vegetais e animais. É seguidamente, a descoberta de que todo ser vivo é um "sistema aberto", simultaneamente autônomo e dependente do ecossistema. Quanto mais evoluído é o ser, mais é autônomo, quanto mais complexo, mais dependente, por mil ramificações, do ecossistema. Quanto mais evoluído o ser, mais é autônomo, quanto mais complexo, mais dependente, por mil ramificações, do ecossistema. A grande lei da relação ecossistêmica é a lei da dependência da independência. Assim, quanto mais autônomo for o homem como indivíduo, mais

Fala-se assim em uma ética ambiental pautada em valores agregados e sistêmicos a partir de compreensões racionais e produtivas por meio do equilíbrio de hodiernos modos de potenciais de desenvolvimento e uma multiplicidade de estilos culturais de vida. Os princípios éticos coordenados e conjugados devem moldar uma moral individual e os direitos coletivos na confluência de práticas de produção, distribuição e consumo, e em novas formas de apropriação e transmutação dos recursos naturais.[6]

> O desenvolvimento sustentável obedece ao duplo imperativo ético da solidariedade com as gerações presentes e futuras, e exige a explicitação de critérios de sustentabilidades social e ambiental e de viabilidade econômica. Estritamente falando, apenas as soluções que considerem esses três elementos, isto é, que promovam o crescimento econômico com impactos positivos em termos sociais e ambientais, merecem a denominação de desenvolvimento.[7]

Diante do exposto, podemos infirmar que o compromisso como com o desenvolvimento sustentável se resgata a partir da solidariedade[8] e da

necessidade terá da sociedade; a sociedade, quanto mais desenvolvida, mais necessidade tem da natureza." MORIN, Edgar *et al. Ecologia: caso de vida ou morte*. Lisboa: Moraes, 1973.

[5] Sobre o desenvolvimento sustentável assim se manifestou o Supremo Tribunal Federal em voto do Ministro Celso de Mello: "O princípio do desenvolvimento sustentável, além de impregnado de caráter eminentemente constitucional, encontra suporte legitimador em compromissos internacionais assumidos pelo Estado brasileiro e representa fator de obtenção do justo equilíbrio entre as exigências da economia e as da ecologia, subordinada, no entanto, a invocação desse postulado, quando ocorrente situação de conflito entre valores constitucionais relevantes, a uma condição inafastável, cuja observância não comprometa nem esvazie o conteúdo essencial de um dos mais significativos direitos fundamentais: o direito à preservação do meio ambiente, que traduz bem de uso comum da generalidade das pessoas, a ser resguardado em favor das presentes e futuras gerações" (STF, ADI-MC 3540, Rel. Min. Celso de Mello, DJ 05.05.2009).

[6] LEFF, Enrique. *Saber Ambiental: sustentabilidade, racionalidade, complexidade, poder.* 11. ed. – Petrópolis, RJ: Vozes, 2015, p.86.

[7] SACHS, Ignacy. *Desenvolvimento: includente, sustentável, sustentado.* Rio de Janeiro: Garamond, 2008, p.36.

[8] Ver "A constituição da equidade intergeracional revela, assim, também a formulação de uma ética de alteridade intergeracional, reconhecendo finalmente que o homem também possui obrigações, deveres e responsabilidades compartilhadas em face do futuro. Evidencia-se a necessidade de integração do discurso ético do respeito à alteridade, mas,

participação, com o afastamento do conceito de Estado como ente distante e diferente de seus membros. É de absoluta importância a formação de espaços comunitários buscando superar o individualismo e levar à transcendência do ser individual para o ser *comunas* – indivíduo apto a *viver com*, perceptível da situação de que a somatória de membros de uma comunidade é bem maior do que de seus aportes individuais, pressuposto da participação cidadã ativa em prol da ambiência saudável e digna.

Sentir-se pertencente é discutir atitudes que ameaçam a coletividade, o Estado Democrático e o patrimônio social. Indispensável é o resgate da cidadania e da *res* pública, pois o sentimento de possuir a coisa pública identifica o cidadão e o faz coeso em seus direitos e em sua essência cidadã. De mesmo modo, as empresas precisam se consolidar no território das narrativas de sustentabilidade ambiental e função social em um ambiente relacional e dinâmico. São elas que dão sentido e significado no ambiente da sociedade e de suas redes de públicos para a história e as ações do empreendimento e de seus integrantes.

E nestes ambientes estão as cidades como lócus primeiro e privilegiado das vidas sociais e comunitárias e é nesta ambiência que a Lei nº 10.257/2001 denominada de Estatuto da Cidade desponta desde os seus primórdios com o propósito de regulamentar os artigos 182 e 183 da Constituição Federal de 1988 a partir de arquiteturas normativas e principiológicas que delineiam a política do desenvolvimento urbano das cidades e o bem-estar de seus habitantes, destacando, em especial, em seu art. 2º, inciso I, as seguintes diretrizes de "garantia do direito a cidades sustentáveis, entendido como o direito à terra urbana, à moradia, ao saneamento ambiental, à infra-estrutura urbana, ao transporte e aos serviços públicos, ao trabalho e ao lazer, para as presentes e futuras gerações", cabendo citar:

sobretudo, da alteridade intergeracional, como elementos de revisão do moderno discurso ecológico que é, atualmente, um discurso de inclusão do outro, propulsor de uma democracia ambiental qualificada pelo novo Estado Democrático do Ambiente". Leite, José Rubens Morato; Ayala, Patryck de Araújo. *A transdisciplinariedade do direito ambiental e a sua equidade intergeracional*. Revista de Direito Ambiental, São Paulo, v. 6, n. 22, p. 62-80, abr./jun. 2001.

> O direito a cidades sustentáveis preconiza a meta fundamental da República Brasileira para o desenvolvimento urbano: tornar as cidades brasileiras mais justas, humanas, democráticas e sustentáveis. O direito à cidade é um novo direito fundamental positivado, oriundo da fonte legitimadora das norma constitucionais da política urbana, que incorporaram a emenda popular de reforma urbana apresentada na Assembleia Nacional Constituinte, que já apontava a necessidade do reconhecimento constitucional dos direitos urbanos.[9]

No mesmo sentido, as cidades devem ser compreendidas como lugares de ser, estar, ficar e para tanto a vida urbana em consonância com a preservação ambiental despontam em uma conjunção de ponderações e equilíbrios:

> A reivindicação da natureza, o desejo de aproveitar dela são desvios do direito à cidade. Esta última reivindicação se anuncia indiretamente, como tendência de fugir à cidade deteriorada e não renovada, à vida urbana alienada antes de existir "realmente". A necessidade e o "direito" à natureza contrariam o direito à cidade sem conseguir iludi-lo (isto não significa que não se deva preservar amplos espaços "naturais" diante das proliferações da cidade que explodiu. O direito à cidade não pode ser concebido como um simples direito de visita ou de retorno às cidades tradicionais. Só pode ser formulado como direito à vida urbana, transformada, renovada.[10]

No ano em que o Estatuto da Cidade completa vinte anos de sua existência, importante também citarmos a sua conectividade com os delineamentos propostos pela Agenda Global para o Desenvolvimento Sustentável (ODS) propostos pela Organização das Nações Unidas (ONU) no ano de 2015 contendo por núcleo a palavra sustentabilidade que encontra-se desenhada de forma múltipla, plúrima e abrangente a partir de 17 objetivos, subdivididos em 169 metas de governança global, coletiva e indivi-

[9] Rolnik, Raquel. *Estatuto da cidade: guia para implementação pelos municípios e cidadãos*. 2. ed. Brasília: Câmara dos Deputados, 2002, p.32.

[10] Lefebvre, Henry. *O Direito à Cidade*. Tradução Rubens Eduardo Frias, 4ª Ed. São Paulo: Centauro, 2006, p.117.

dual por uma ética ambiental, para a alteridade no viver agora e no viver futuro das próximas gerações. Dentre eles, importante para o presente artigo o Objetivo n. 11 que enfoca a resiliência, segurança e bem viver sustentável nas cidades, com metas que garantem cidades inteligentes, mobilidades de fluências éticas, agendas positivas de integração e colaboração dos habitantes, redução da poluição e dignidade para a construção coletiva de novas narrativas para as cidades inteligentes.

E é pensando em cidades inteligentes que as empresas também desempenham um papel ímpar na construção de novas narrativas de responsabilidade social para a sustentabilidade e que pretendemos apresentar nos propósitos e relatos de experiências da General Motors, cônscia de seu papel para o desenvolvimento de uma ética ambiental empresarial para o bem viver em sociedade.

2. Quando a somatória de três zeros é igual a futuro sustentável: novas narrativas e responsabilidade social da General Motors

A indústria automotiva vive hoje a sua maior transformação tecnológica em mais de 100 anos de história. Desde que as carroças deixaram de ser o meio de transporte mais popular e os veículos a combustão tornaram-se objeto de desejo das pessoas, as cidades passaram por profundas mudanças e o planejamento urbano começou a se consolidar em torno de um desenho que privilegiava as vias públicas concebidas para a circulação dos veículos. Durante mais de um século, possuir um automóvel tornou-se símbolo de status e da liberdade de poder ir de um ponto a outro. Com o crescimento urbano desenfreado e a consequente necessidade de locomoção, as cidades foram se conformando em torno do transporte a motor. O surgimento e evolução das grandes metrópoles levou ao apogeu da cultura do automóvel, com desafios crescentes na mobilidade, no trânsito caótico, nos congestionamentos, na poluição. Isso criou dilemas econômicos, provocados pelos congestionamentos, dilemas ambientais, com o aumento da poluição, dilemas sociais, com os acidentes.[11]

[11] Neste sentido ver "A realidade atual exige uma reflexão cada vez menos linear, e isto se produz na interrelação dos saberes e das práticas coletivas que criam identidades e valores comuns e ações solidárias diante da reapropriação da natureza, numa perspectiva que privilegia o diálogo entre saberes. A preocupação com o desenvolvimento sustentável

Na última década, entendendo os novos desafios da mobilidade, a General Motors começou a construir uma posição de liderança na indústria no desenvolvimento de tecnologias avançadas de eletrificação dos veículos, de segurança e de conectividade. Em outubro de 2017, Mary Barra, Chairman e CEO da GM, a primeira mulher a assumir a liderança de uma empresa na indústria, lançou na rede social LinkedIn um manifesto que definiu a visão de futuro da companhia: "Zero acidente, zero emissão e zero congestionamento".

"Estamos em meio a uma revolução nos transportes", apontou Mary. Segundo ela, "nossos veículos – e a maneira como interagimos com eles – estão fundamentalmente mudando, impulsionados por novas tecnologias e pela evolução nas demandas nas vidas de nossos clientes. Nós queremos manter nossas famílias em segurança, e inovações como a frenagem automática e o monitoramento de pontos cegos estão salvando incontáveis vidas. Mas com os erros humanos ainda sendo a principal causa de acidentes fatais, os carros autônomos podem salvar a maioria dos 1,25 milhão de pessoas que morrem em todo o mundo em acidentes de trânsito a cada ano. Nós queremos ar puro e preservar nosso planeta para as futuras gerações, e é por isso que nossos carros hoje são mais eficientes do ponto de vista energético e cada vez mais estamos engajados em opções com consciência ambiental. Nós queremos a liberdade de poder dirigir um carro na cidade e nas estradas para passar tempo com nossa família e explorar novos horizontes. Mas nosso caso de amor com os carros está sempre moderado pelo trânsito, o que nos causa frustração. A boa notícia é que nossa geração tem a ambição, o talento e a tecnologia para construir o mundo mais seguro, melhor e mais sustentável que queremos. A General Motors assumiu o compromisso de liderar o caminho rumo a esse futuro."

Em um mundo onde causa e propósito se tornavam cada vez mais elementos fundamentais de sustentação dos negócios e marcas, Mary teve a ousadia de quebrar paradigmas de uma indústria centenária. Defendeu com convicção a tese de que a transformação da indústria automotiva era

representa a possibilidade de garantir mudanças sociopolíticos que não comprometam os sistemas ecológicos e sociais que sustentam as comunidades". JACOBI, P. *Educação Ambiental, cidadania e sustentabilidade.* Cadernos de pesquisa, 2003, p.189-205.

disruptiva. Assumiu o compromisso de colocar a GM na liderança do processo de transformação da indústria rumo a um futuro sustentável.

A indústria automotiva, tal como conhecemos, está em um ponto de inflexão nesta transformação. Um processo de enormes desafios. Em um contexto onde os investimentos são cada vez mais disputados, em que visões românticas modernas dão lugar a racionalidade e o escrutínio lógico da melhor alocação do capital, onde a capacidade de inovação, de antecipar tendências e gerar retorno para os acionistas impera, o negócio automotivo foi colocado em xeque.

Este processo de inexorável transformação prevê a transição de uma indústria que desenha, produz e vende carros para um novo modelo de negócio, que vai passar a oferecer serviços de mobilidade pessoal. Mas, como toda transição, impõe enormes desafios. O maior deles sendo a necessidade de tornar o "core business" atual o mais eficiente e rentável possível, gerando os recursos necessários para investir nas tecnologias de conectividade, elétricos e autônomos que irão compor a base do negócio futuro.

A ambiciosa transformação proposta pela GM prevê um futuro onde nós poderemos continuar aproveitando os benefícios da utilização do automóvel – liberdade, conveniência e conforto – ao mesmo tempo minimizando riscos, como acidentes, emissões e congestionamento.[12]

No relatório de sustentabilidade publicado em 2021, em plena pandemia da Covid-19, no sítio de internet www.gm.com, a empresa mostra que trabalha em ritmo acelerado nas tecnologias que irão tornar esse futuro possível, combinando conhecimentos globais com expertise local de mercado à medida em que a indústria automotiva avança em sua transformação de tradicional fabricante de mercadorias em provedora de serviços que entregam novas formas de pensar o transporte.

[12] Na união de esforços e conscientizações estará a resposta para as questões de sustentabilidade desenhadas atualmente pois "Não haverá verdadeira resposta à crise ecológica a não ser em escala planetária e com a condição de que se opere uma autêntica revolução política, social e cultural reorientando os objetivos da produção de bens materiais e imateriais. Esta revolução deverá concernir, portanto, não só às relações de força visíveis em grande escala mas também aos domínios moleculares de sensibilidade, de inteligência e de desejo". Guattari, Félix. *As Três Ecologias.* 21ª ed. Campinas-SP: Papirus, 2012.

Esse futuro está sustentado em quatro pilares: conectividade, eletrificação, compartilhamento e autônomos. Na década passada, a GM construiu uma sólida liderança nos campos da eletrificação veicular e da conectividade. E nos últimos quatro anos a empresa tem avançado a passos largos no território dos veículos autônomos e compartilhados, ao mesmo tempo em que continua a explorar e desenvolver as plataformas de mobilidade compartilhada e de veículos autônomos, que serão oferecidos em serviços de robô-taxi com a Cruise, a subsidiária onde a GM tem participação majoritária.

2.1 Os veículos autônomos se tornam realidade

Dentro desta perspectiva de futuro vislumbrada pela GM, a mudança mais disruptiva a afetar a mobilidade urbana será o surgimento dos veículos autônomos. A empresa tem desempenhado papel relevante em traçar o curso dessa transformação, tendo acelerado seus investimentos na área desde a aquisição da Cruise em março de 2016. Os veículos autônomos irão proporcionar enormes benefícios sociais impactando de forma decisiva na mobilidade, em especial no que se refere às melhorias na segurança viária. O erro humano é o fator responsável por mais de 90% das 3.000 mortes diárias em acidentes de trânsito, segundo a OMS. Isso inclui fadiga humana, distração e outras deficiências imprevistas. Ao excluir o fator humano da equação, vamos salvar milhares de motoristas, passageiros, ciclistas e pedestres.

Os autônomos também vão nos ajudar a salvar um dos bens mais preciosos: o tempo. Os atrasos e prejuízos econômicos relacionados aos congestionamentos têm crescido nas últimas décadas, segundo diversos estudos realizados em vários países. Nos Estados Unidos, em média, as pessoas perdem 54 horas por ano paradas no trânsito. Globalmente, estima-se que a economia perde em torno de 1 trilhão de dólares por ano em produtividade devido aos congestionamentos, conforme reporta o relatório de sustentabilidade da GM.

Analisar as causas dos congestionamentos é fundamental para encontrar potenciais soluções. De acordo com a autoridade federal de trânsito dos EUA (Federal Highway Administration), os incidentes de trânsito, incluindo colisões, são responsáveis por 25% de todos os congestionamentos naquele país. Os períodos recorrentes de maior trânsito, no início da manhã e no final da tarde, em que as pessoas estão indo e voltando do trabalho, são responsáveis por pelo menos metade dos congestionamentos. Cada vez mais os congestionamentos crescem de forma não linear, em função do aumento do volume de tráfego. Os veículos autônomos serão parte da resposta a esse grave problema, reduzindo o potencial de acidentes e fazendo um melhor uso da capacidade viária, já que poderão circular em comboios e buscando rotas alternativas.

Ou seja, as oportunidades para transformar o futuro da mobilidade são enormes. A Cruise, hoje, é a única companhia com acesso ao capital e talento de engenharia necessários para desenvolver e produzir veículos autônomos em larga escala. Ao contrário de outras empresas que estão utilizando veículos convencionais adaptados com a tecnologia autônoma, ou desenhando seus próprios veículos pela primeira vez, a relação da GM com a Cruise traz larga expertise na área automotiva, seja no desenho, engenharia, manufatura, testes de segurança, metodologias e processos que foram refinados por mais de um século. A GM é o único fabricante automotivo a usar processos de produção em massa para os veículos autônomos, em sua fábrica na cidade de Orion, Michigan, nos Estados Unidos.

O Cruise AV, produzido lá, é derivado do Chevrolet Bolt EV, o carro 100% elétrico da marca. Introduzir ambas as tecnologias – de autônomos e elétricos–, em conjunto, contribui para alcançar múltiplos objetivos, incluindo a crescente aceitação dos veículos elétricos no mercado e encorajando a expansão da infraestrutura de recarga. Além disso, da perspectiva de engenharia, há muitos benefícios na integração das tecnologias autônomas em um elétrico, o que não ocorre com um veículo convencional ou híbrido.

A Cruise tem avançado rapidamente na execução de veículos autônomos que ofereçam a melhor experiência para o usuário, operando com zero emissão, e, o mais importante, com segurança. A jornada para comercializar estes veículos está sendo realizada em estreita parceria com importantes colaboradores tecnológicos. Em 2019, a Honda anunciou um investimento de aproximadamente USD 2 bilhões durante 12 anos para ajudar a desenvolver um novo veículo autônomo, o Cruise Origin, assim como explorar oportunidades globais para a comercialização de veículos autônomos. O modelo começa a ser produzido em 2022 na

Factory Zero, unidade da GM totalmente renovada para produzir exclusivamente veículos elétricos e autônomos em Detroit.

No início de 2021, a Cruise e a GM anunciaram uma parceria estratégica de longo prazo com a Microsoft para acelerar a comercialização de veículos autônomos. As duas companhias vão combinar suas capacidades de desenvolvimento de tecnologias de software e hardware, o conhecimento de manufatura e o ecossistema de parcerias para transformar a mobilidade.

2.2 Testando os autônomos

A GM e a Cruise vêm realizando exaustivos testes com veículos autônomos há mais de 5 anos, tendo ultrapassado a marca de 3,2 milhões de quilômetros rodados. Ao final de 2020, a Cruise conseguiu a permissão do Departamento de Trânsito da California para operar seus veículos autônomos nas ruas de São Francisco, sem motorista. Este foi um marco importante na reta final de desenvolvimento dos autônomos nível 5, os mais avançados, que operam sem sistemas redundantes, como volante e pedais.

Testar os autônomos em ambientes urbanos complexos, como o centro de São Francisco, é fundamental para o processo de desenvolvimento da tecnologia. Ali, os veículos de teste são confrontados com as situações mais extremas de trânsito, como conviver com ciclistas e pedestres, percorrer ruas que exigem desvio de obras, fazer conversões difíceis e experimentar situações que tem um grau de complexidade pelo menos 40 vezes maior que o teste em áreas mais simples e menos movimentadas dos subúrbios.

Além disso, os engenheiros têm criado em ambiente virtual sistemas que permitem com que os programas eletrônicos dos autônomos simulem um número infinito de ambientes, ganhando experiência de forma mais rápida do que seria possível nas ruas e estradas. Isso acelera o processo de desenvolvimento dos sensores que vão mapear 360 graus em torno dos veículos.

Tecnologias autônomas ou semiautônomas já estão chegando no mercado antes mesmo do lançamento dos veículos 100% autônomos. Nos Estados Unidos, a GM já oferece o sistema Super Cruise, que permite dirigir sem as mãos no volante, em veículos da marca Cadillac desde 2017.

Este sistema será oferecido em mais 22 carros da GM até 2023. Outras tecnologias, como frenagem automática de emergência e assistência automática de estacionamento, já estão presentes na maioria dos carros da GM, inclusive no portfólio da Chevrolet no Brasil.

2.3 Origin: o veículo autônomo construído com propósito

Como comentamos anteriormente, em 2020, a Cruise apresentou ao mercado o novo modelo Origin, um veículo construído com propósito. O Cruise Origin representa várias das aspirações para o futuro da mobilidade: é um veículo feito para ser compartilhado, totalmente autônomo, elétrico e seguro para operar.

O Origin vai funcionar sem um motor de combustão interna, sem tanque de gasolina e sem motorista. No seu lugar, o veículo trará mais espaço para passageiros e a operação será através de frotas de serviços compartilhados. A segurança da operação será garantida por uma série de sistemas redundantes que eliminarão eventuais pontos de falha. Usando sofisticados sensores e computadores, ele promete entregar uma performance excepcional. Para garantir isso ele será equipado com o mesmo software que a empresa tem testado exaustivamente nos Cruise AVs citados antes e que já rodam pelas ruas de São Francisco.

O modelo é o resultado da colaboração entre Cruise, GM e Honda, incorporando soluções criativas de engenharia e antecipando o futuro da mobilidade.

A GM está trabalhando com autoridades de trânsito nos EUA para garantir a aprovação da legislação que permita o lançamento do primeiro serviço de taxis autônomos, ou "robô-taxis". Em paralelo, a Cruise anunciou em abril de 2021 uma parceria com autoridades dos Emirados Árabes para lançar em Dubai um serviço similar em 2023. O projeto prevê a utilização de pelo menos 4 mil veículos Cruise Origin até 2030.

2.4 O modelo do compartilhamento: compartilhar é preciso

Como comentamos antes, o compartilhamento é um dos pilares que sustenta o futuro da mobilidade, refletindo as mudanças pelas quais passa a natureza do transporte. A população global está crescendo rapidamente, em especial nas cidades. Em 2030, estima-se que o mundo terá 39 megacidades com mais de 10 milhões de habitantes.

Ao olharmos o modelo atual de propriedade do automóvel, constatamos que os veículos particulares passam a maior parte do tempo sem uso, estacionados em casa ou no trabalho. O compartilhamento hoje representa apenas uma pequena fração dos quilômetros rodados nos Estados Unidos, no Brasil ou em qualquer parte do mundo.

Isso, sem dúvida, representa uma oportunidade única para o uso mais eficiente do automóvel. Temos a chance de reduzir o volume de carros nas ruas, ao mesmo tempo em que aumentamos a taxa de utilização com mais pessoas rodando neles. Quando passageiros escolhem andar juntos em carros ou transportes compartilhados, a eficiência do trânsito aumenta, reduzindo os congestionamentos.

Os consumidores não só estão cada vez mais entendendo isso, como também ampliando a demanda pelos serviços compartilhados. Independentemente das mudanças provocadas pela pandemia da Covid-19, enxergamos hoje o desejo crescente pelo acesso ao transporte que não necessariamente inclui o modelo tradicional de propriedade. Isso não significa que os modelos atuais deixem de ser considerados por parte da população ao redor do mundo, mas o fato é que as pessoas cada vez mais demonstram interesse por estabelecer diferentes tipos de relação com o transporte. Cada vez mais a multimodalidade ganha adeptos nas metrópoles. Essa mudança traz em si a oportunidade de oferecer soluções personalizadas, sob demanda, para conectar as pessoas a lugares e momentos que realmente importam.

Estamos diante da possibilidade de reimaginar o cenário urbano e isso significa estabelecer diálogos saudáveis e criativos com os mais variados grupos de interesse, começando com as pessoas e avançando com governos, empresas e ONGs. A GM tem o compromisso de desenvolver o futuro das cidades, sendo signatária do "Shared Mobility Principles for Livable Cities", uma organização estruturada por um grupo de trabalho formado por organizações não governamentais internacionais para orientar grupos de interesse e tomadores de decisão. A empresa também tem realizado experiências com compartilhamento de veículos entre pessoas e está oferecendo carros elétricos em aplicativos de compartilhamento. Com isso, começa a avançar em um modelo de mobilidade que vai permitir às cidades se tornarem espaços mais agradáveis e sustentáveis.

Neste sentido, a GM está colaborando ativamente com decisores políticos no processo de discutir suas ofertas de mobilidade nos Estados Unidos e ao redor do mundo, considerando que as cidades são o ambiente em que a maioria de suas avançadas tecnologias irão proporcionar as aplicações mais robustas e valiosas.

2.5 As mudanças climáticas e a visão de futuro com zero emissão

No início de 2021 a GM anunciou um ambicioso plano para se tornar neutra em carbono tanto nos produtos, quanto nas operações globais até 2040. Isso implica em endereçar as fontes mais significativas de emissões de carbono que a companhia pode impactar, incluindo as emissões veiculares, que hoje representam 75% do objetivo total almejado pela empresa, e as operações de manufatura, que representam 2%. Para se neutralizar o carbono em suas operações, a GM tem o objetivo de utilizar 100% de energias renováveis globalmente até 2035.

Os planos da companhia estão alinhados com o "Science Based Targets (SBTi)", consórcio de organizações que incluem o CDP (Projeto Carbono Transparente), o WWF (Fundo Mundial para a Natureza), o WRI (World Resources Institute) e o Pacto Global da ONU. As organizações podem exercer seu papel no combate às mudanças climáticas globais definindo objetivos alinhados ao traçado para limitar o aumento global da temperatura a 1.5ºC ou bem abaixo de 2ºC comparado às temperaturas pré-industriais.

2.6 Eliminando as emissões dos veículos rumo a um futuro sustentável

A GM assumiu o compromisso de liderar a transformação da indústria automotiva rumo a um futuro com zero emissão. Para atingir esse objetivo, anunciou no final de 2020 investimentos da ordem de USD 27 bilhões nos programas de veículos elétricos e autônomos até 2025. Pela primeira vez na história, a companhia está investindo mais em elétricos e autônomos do que nos veículos a combustão interna.

O plano é lançar 30 novos veículos 100% elétricos de suas marcas Chevrolet, Cadillac, GMC e Buick até o final de 2025. Naquela data, os elétricos vão representar cerca de 40% do total de produtos do portfólio da companhia nos Estados Unidos. Todas as regiões onde a GM opera também seguirão o caminho da eletrificação, com um cronograma de lançamentos adequado às realidades locais. No Brasil, a Chevrolet já comercializa o Bolt EV, e tem planos de expandir seu portifólio de elétricos nos próximos anos.

Para alcançar o objetivo de zerar as emissões no futuro, a GM pretende colocar milhões de veículos totalmente elétricos nas ruas, tornando-se líder de mercado neste segmento. Com a sustentabilidade do negócio também sendo fundamental, o objetivo é atingir margens similares ou maiores do que as do negócio de veículos a combustão interna e exceder a meta de vender mais de 1 milhão de veículos elétricos globalmente até meados da década.

A base para isso é a inovadora plataforma de veículos elétricos totalmente flexível impulsionada pelo exclusivo sistema Ultium, que está sendo lançada em 2021 e vai permitir a construção de modelos com diversos tipos de carroceria para atender a mais ampla gama de consumidores oferecendo produtos em todas as faixas de preço nos mais variados segmentos do mercado.

A Ultium é uma plataforma de EVs em hiperescala com o poder de transformar quase todos os tipos de veículos em elétricos. É uma combinação de arquitetura de bateria inovadora, sistemas de propulsão elétrica altamente flexíveis e uma célula de bateria comum que fornecerá energia a toda uma gama de veículos elétricos de nova geração. "A base da nossa abordagem com essa plataforma é um design de célula único e comum que pode ser usado em todos os nossos veículos. Essas serão as melhores células do setor, otimizadas para fornecer energia suficiente para vários projetos de veículos. Fabricamos essas células internamente como parte de uma joint venture com a LG Chem", segundo Mei Cai, gerente de laboratório da GM.

As células produzirão 60% mais capacidade de energia do que as existentes hoje e usarão um design retangular plano, que reduz o espaço entre células e pode ser empilhado com mais eficiência em módulos para maior densidade de energia em um espaço menor. O empilhamento vertical de células dentro dos módulos nos ajuda a construir picapes, SUVs e grandes crossovers. Já o empilhamento horizontal permite a otimização dinâmica de veículos de alto desempenho. E entre os dois, há a plataforma para modelos de tamanho médio e compacto.

A General Motors será a primeira montadora a usar um sistema de gerenciamento de bateria quase totalmente sem fio para seus veículos elétricos. O sistema monitora e equilibra a química da célula em uma base constante, garantindo desempenho ideal e capacidade de carga. Finalmente, os módulos são colocados na bateria do veículo – um invólucro estrutural que se dobra como parte do chassi do veículo e protege as células de danos em caso de acidente. O resultado de todas essas inovações é uma bateria que produzirá até 724 km de alcance com uma única carga, com custo quase 40% menor e com 25% menos peso do que as baterias elétricas atuais.

Enquanto a primeira geração do sistema Ultium começa a chegar ao mercado, a segunda geração já está sendo desenvolvida nos laboratórios da GM nos Estados Unidos e promete reduzir o custo dos elétricos a um valor similar aos dos veículos a combustão. Isso graças a um novo processo químico que vai reduzir a dependência de cobalto e níquel, fornecendo o dobro de densidade de energia da geração atual com custo 60% menor. Com essas baterias, que chegarão ao mercado em meados da década, a autonomia dos elétricos vai chegar próxima a 950 km com uma única carga.

2.7 A conectividade total para reduzir os congestionamentos

Até aqui conhecemos o caminho a percorrer para chegarmos a um futuro com zero acidente e zero emissão. A GM aposta no potencial das inovações em conectividade – em especial veículo-a-veículo e veículo com infraestrutura de comunicação – e na tecnologia dos autônomos para otimizar os fluxos de trânsito e reduzir acidentes, o que irá contribuir para reduzir os congestionamentos. Os veículos do portfólio atual das marcas da GM já incorporam muitas dessas tecnologias. No Brasil, a linha Chevrolet, desde o Onix até a picape S10, já trazem o conceito de conectividade nível 4, incorporando sistema multimídia compatível com Android Auto e Apple Car Play, internet nativa a bordo e sistema de telemática OnStar. Essas tecnologias permitem conectar o celular ao veículo e o veículo ao celular, com um aplicativo que permite gerenciar diversas funções e sistemas, desde abrir e travar portas até localizar o veículo e verificar o funcionamento dos componentes do veículo. Permite ainda a atualização remota de sistemas eletrônicos do carro, como acontece com o celular.

A GM está trabalhando para desenvolver e comercializar novas tecnologias que vão conectar o carro a todo o ecossistema onde ele está rodando. Ao mesmo tempo, a companhia reconhece o potencial das contribuições que as políticas públicas trazem para melhorar a mobilidade urbana. Plataformas de compartilhamento de veículos e de transporte, soluções de microbilidade, como e-bikes, ciclovias e calçadas, além de soluções inovadoras de entrega urbana de produtos ao consumidor podem também contribuir para melhorar o trânsito.

Há uma multiplicidade de alternativas a serem exploradas, incluindo pedágio em zonas centrais das grandes cidades, incentivos aos transportes coletivos e à multimodalidade. Todas elas certamente contribuirão para mitigar o problema dos congestionamentos.

Este conjunto de soluções é fundamental para tornar mais efetivas as tecnologias de conectividades que vão melhorar a segurança e reduzir os congestionamentos. Afinal, oferecer veículos com alto nível de conectividade faz sentido quando eles estão integrados a estas soluções, de forma a tornar essas tecnologias relevantes aos consumidores.

Conclusões

Sustentabilidade, ética ambiental, propósitos para o viver coletivo, cidades inteligentes todos os vocábulos que despontam no presente ensaio científico vêm enlaçados pela palavra nuclear solidariedade. Solidariedade é palavra a unir gerações em um passado, presente e futuro. É no Planeta Terra que está o fio condutor. Aqui e tão apenas aqui no Planeta Terra foram construídos rituais, memórias, experiências e novas narrativas. Este é o elo. Ancestralidade, presente e futuro que se mesclam para dar à humanidade a sua condição de existência.

E é neste conceito de existência digna que se inserem normativas, políticas públicas, direitos, deveres e essências para o viver digno comunitário. O lugar mais próximo que habitamos neste Planeta Terra é a cidade. Na cidade estabelecemos todos os rituais da existência humana e é na cidade que deverão estar os contornos para o trafegar da consciência e da alteridade. Cada um e todos nós que habitamos a cidade formamos um coro que ecoa em um Planeta chamado Terra.

A consciência coletiva é a compreensão inexorável de que todos temos um papel a desempenhar e neste artigo em homenagem aos dez anos do

Estatuto da Cidade, pudemos trazer a importância da responsabilidade social empresarial para uma cidade inteligente pautada em uma ética sustentável. A ação proposta e reflexiva da General Motors para garantir tais pressupostos desponta na sua preocupação em tornar cidades do Brasil e do Mundo, mais inteligentes, com mobilidade racional e tendo o humano como núcleo de todos os esforços.

Referências

GUATTARI, Félix. *As Três Ecologias.* 21ª ed. Campinas-SP: Papirus, 2012.

JACOBI, P. *Educação Ambiental, cidadania e sustentabilidade.* Cadernos de pesquisa, 2003, p.189-205.

LARRÈRE, Catherine; LARRÈRE, Raphaël. *Do bom uso da natureza: para uma filosofia do meio ambiente.* Lisboa: Instituto Piaget, 1997.

LE GOFF, Jacques. *Por amor às cidades: conversações com Jean Lebrun.* São Paulo: Fundação Editora da UNESP, 1998.

LEFEBVRE, Henry. *O Direito à Cidade.* Tradução Rubens Eduardo Frias, 4ª Ed. São Paulo: Centauro, 2006.

LEFF, Enrique. *Saber Ambiental: sustentabilidade, racionalidade, complexidade, poder.* 11. ed. – Petrópolis: Vozes, 2015.

LEITE, José Rubens Morato; AYALA, Patryck de Araújo. *A transdisciplinariedade do direito ambiental e a sua equidade intergeracional.* Revista de Direito Ambiental, São Paulo, v. 6, n. 22, p. 62-80, abr./jun. 2001.

MORIN, Edgar *et al. Ecologia: caso de vida ou morte.* Lisboa: Moraes, 1973.

NASSAR, Paulo; RIBEIRO, Emiliana. *Velhas e Novas Narrativas.* Disponível em http://citrus.uspnet.usp.br/estetica/index.php/artigo-6-revista-8. Acesso em 20 jun.2021.

ROLNIK, Raquel.*Estatuto da cidade: guia para implementação pelos municípios e cidadãos.* 2. ed. Brasília: Câmara dos Deputados, 2002.

SACHS, Ignacy. *Desenvolvimento: includente, sustentável, sustentado.* Rio de Janeiro: Garamond, 2008.

SANTOS FILHO, Agripino Alexandre. *Crise ambiental moderna: um diagnóstico interdisciplinar.* Porto Alegre: Redes Editora, 2015.

13.
Estatuto da Cidade: Busca e Apreensão em Moradias Irregulares: Ilicitude de Ingresso com Base em Mandados de Busca e Apreensão Coletivos e Ofensa à Garantia da Inviolabilidade de Domicílio

GUILHERME MADEIRA DEZEM
MARIÂNGELA TOMÉ LOPES

Introdução

Muito nos honra escrever um artigo em homenagem aos 10 anos do Estatuto da Cidade. É muito positivo existir uma lei com preocupação específica no sentido de criar uma política de desenvolvimento urbano, executada pelo Poder Público Municipal, por intermédio de diretrizes gerais constantes na referida norma.

A criação desta lei se mostrou necessária diante do rápido e desordenado crescimento urbano, ocorrido em diversas cidades do Brasil, a partir dos anos 60, que levou à uma tendência ao parcelamento e distribuição inadequada de terras, gerando diversos transtornos sociais. Neste aspecto, foi imprescindível criação de uma lei para regulamentar a ocupação e o uso do solo urbano.

O Estatuto da Cidade prevê, em consonância com a Constituição Federal, o direito fundamental à moradia digna. Ocorre que este direito não vem sendo garantido em muitos casos, o que leva alguns cidadãos sem moradia, a buscar locais irregulares para viver, visando ter um local onde possa constituir sua vida. Não trataremos especificamente deste problema neste artigo.

O ponto central deste texto é a problematização existente quanto à situação vivida pelas pessoas que, por não terem uma moradia digna e regular onde viver, acabam buscando moradias irregulares e passam a fazer ali sua vida, juntamente com suas famílias. Esta situação tem provocado invasões por policiais, que ali ingressam com mandado de busca de busca e apreensão genérico, sem qualquer especificação do local a ser invadido e tampouco da identificação do seu morador.

Procuraremos demonstrar neste artigo que o mandado de busca e apreensão deve respeitar as regras do Código de Processo Penal, em respeito ao devido processo legal. A pergunta central é: É possível admitir mandado de busca e apreensão genérico para ingresso em moradias irregulares?

Para responder a tal questão, desenvolveremos nosso raciocínio em 2 capítulos. O primeiro cuidará do tratamento legislativo sobre o direito à vida digna, que abarca o direito à moradia. O segundo capítulo tratará das regras e procedimento do ato de busca e apreensão, bem como sobre as regras do mandado de busca e apreensão para ingresso em qualquer tipo de moradia, seja ela irregular ou não.

1. Direito à moradia. Direito à vida privada e a garantia da inviolabilidade do domicílio

1.1 Direito transindividual à moradia. Principais Convenções Internacionais e legislação brasileira

O direito à moradia pode ser compreendido como o direito a ter um lar, o direito a ter um lugar digno para viver. Trata-se da "prerrogativa atribuída a toda pessoa de ocupar por tempo razoável um imóvel no qual se possa proteger das intempéries, e, com resguardo da intimidade, praticar os atos elementares da vida como a alimentação, o repouso, a higiene, a reprodução, a convivência, etc."[1]

[1] Cunha, Sérgio Sérvulo da. *Direito à moradia*. Revista de Informação Legislativa. Brasília, Ano 32, n. 127, julho/setembro 1995, p. 50.

Desde 1948, o direito à moradia passou a ser considerado um direito fundamental, pela Declaração Universal dos Direitos Humanos. Todas as pessoas que vivem em países signatários da Convenção têm o direito humano a ter acesso a uma moradia.

Inclui-se o Brasil dentre esses Países. O texto da Convenção é claro: "**todos têm direito ao repouso e ao lazer, bem como a um padrão de vida capaz de assegurar** a si e a sua família saúde e bem estar, inclusive alimentação, vestuário, **habitação**, cuidados médicos, e serviços sociais indispensáveis, o direito à segurança em caso de desemprego, doença, invalidez, viuvez, velhice, ou outros casos de perda dos meios de subsistência em circunstâncias fora de seu controle." (artigo XXV, item 1).

O Brasil é também signatário do Pacto Internacional dos Direitos Econômicos, Sociais e Culturais, firmado em 1996, que afirma que os Estados signatários: "Reconhecem o direito de toda pessoa a nível de vida adequado para si próprio e para sua família, inclusive alimentação, vestimenta e moradia adequadas, assim como a melhoria contínua de suas condições de vida" (artigo 11.1).

Na lei brasileira, o direito à moradia vem inserido no contexto dos direitos sociais, a partir da Emenda Constitucional n. 26/00, modificando o artigo 6, da Constituição Federal, com o seguinte texto: "São direitos sociais a educação, a saúde, a alimentação, o trabalho, a moradia, o lazer, a segurança, a previdência social, a proteção à maternidade e à infância, a assistência aos desamparados ...".. A regra anterior fazia apenas uma alusão à competência da União, Estados, Distrito Federal e Municípios para criar e fomentar programas sobre moradia, habitação e saneamento básico.

Desde o surgimento da Constituição Federal, em 1988, o assunto habitação veio ganhando força. Já era mencionado na parte que trata da competência da União, Estados, Distrito Federal e Municípios, dispondo que estes devem: "promover programas de construção de moradias e a melhora das condições habitacionais e de saneamento básico". Do mesmo modo, quando se regulamentava o salário-mínimo, com a previsão de que o Estado deve ser "capaz de atender suas necessidades vitais básicas e às de sua família, com moradia, alimentação ..."

Ocorre que, mesmo expressamente previsto na Constituição em diversos capítulos, ainda existe no Brasil e no Mundo um elevado índice de desigualdade na distribuição de renda, que impede que muitos brasileiros tenham acesso à moradia digna, o que leva a busca por moradias irregulares. Ensina Canotilho: "o Direito Constitucional, a Constituição, o Sistema de Poderes e o sistema jurídico dos direitos fundamentais já não são o que eram."[2] Direitos fundamentais estão sendo desrespeitado, como é o caso do direito à moradia.

1.2 Direito à moradia e ocupações irregulares. Dignidade da pessoa humana

O direito à moradia está relacionado à dignidade da pessoa humana. Para Ingo Sarlet, o direito à moradia está situado no contexto da teoria geral dos direitos fundamentais.[3] Isto porque a pessoa humana só terá garantida sua dignidade se possuir, dentre outros direitos, um local digno para habitar, ou seja, um local com saneamento básico, energia elétrica e coleta de lixo. Este é o mínimo exigido para se garantir uma subsistência digna.

Ocorre que este direito fundamental não vem sendo concretizado, pela ausência de atuação do Poder Público, que pouco investe neste grave problema social. Este tem sido um grande desafio para os Estados. Diante desta problemática, muitas pessoas, por não terem onde morar, acabam buscando moradias irregulares para formar ali seu lar. O número de pessoas que vive em situação de rua é elevadíssimo.

De acordo com dados relativamente recentes apresentados pelo IBGE, o Brasil tem mais de 5 milhões de moradias irregulares. De todos os domicílios ocupados por brasileiros, 7/8% correspondem a moradias irregulares, caracterizadas por padrão urbanístico irregular, com carência de serviços essenciais. São denominadas de comunidades, invasões, grotas, favelas, vilas, loteamentos irregulares, mocambos ou palafitas.[4]

[2] Canotilho, J. J. Gomes. *Sobre o Tom e o Dom dos Direitos Fundamentais*. Revista Consulex n. 45:38, setembro de 2000.

[3] Sarlet, Ingo Wolfgang. *O direito fundamental à moradia na Constituição: algumas anotações a respeito do seu contexto, conteúdo e possível eficácia*. Revista Eletrônica sobre a Reforma do Estado número 20, dezembro a janeiro de 1009/2010, Salvador, Bahia, acessível no link: https://www.metodista.br/revistas/revistas-unimep/index.php/cd/article/view/854/375, último acesso: 10 jun.2021.

[4] https://agenciadenoticias.ibge.gov.br/agencia-noticias/2012-agencia-de-noticias/

Este não é um problema unicamente brasileiro, mas mundial. Conforme Carla Meireles:

> "Na última pesquisa internacional feita sobre pessoas em situação de rua, pela Organização das Nações Unidas (ONU) em 2005, estimou-se que mais de 100 milhões de pessoas no mundo não tem um lar. Das quase 7 bilhões de pessoas no mundo, 1,6 bilhão não tem uma moradia adequada. No Brasil, não há tantos números computados sobre. O último foi apurado pelo Ministério do Desenvolvimento Social e Combate à Fome em 2008, em 71 cidades brasileiras, no qual o número de pessoas sem moradia chegava a 30 mil – mas é um número bastante relativo, considerando que há mais de 5 mil municípios no Brasil. Em 2013, eram mais de 5 mil pessoas em situação de rua no Rio de Janeiro e por volta de 15 mil em São Paulo. Na cidade do Rio de Janeiro, em 3 anos, o aumento foi de 150%: 14,2 mil pessoas não têm moradia. Há, portanto, um grande desafio dos governos em todo o país de conseguir garantir o direito à moradia a milhares de pessoas no território brasileiro".[5]

Diz Gilberto Passos de Freitas: "a falta de moradia para a população de baixa renda, principalmente nas grandes e médias cidades, tem dado causa às invasões e loteamentos irregulares, que vêm se constituindo num dos maiores problemas da atualidade como a desagregação social".[6] Continua o autor: "para assegurar o seu exercício, é indispensável, segundo observa Claudia Maria Berré (2007, p. 249), "que o Poder Público tenha políticas de acesso à habitação para a população de baixa renda, que não tem condições de adquirir sua moradia a preços de mercado".

Conforme ensina Ingo Sarlet, citando José Eduardo Faria:

noticias/15700-dados-do-censo-2010-mostram-11-4-milhoes-de-pessoas-vivendo-em-favelas, último acesso em 10 de maio de 2021.

[5] MERELES, Carla. *Direito à moradia*, publicado no site politize, disponível no link: https://www.politize.com.br/direito-a-moradia/

[6] FREITAS, Gilberto Passos de. *Direito à moradia, ocupações irregulares, regularização fundiária e segurança pública*, Migalhas, disponível no link: https://irirgs.org.br/2020/05/13/artigo-migalhas-direito-a-moradia-ocupacoes-irregulares-regularizacao-fundiaria-e--seguranca-publica-gilberto-passos-de-freitas/ Revista do Advogado, Editora AASP, n.. 145, abril de 2020, disponível no link: https://www.migalhas.com.br/arquivos/2020/5/F9CB02726DACC8_moradia.pdf

> "Há que deixar registrada a observação de José Eduardo Faria, para quem os segmentos excluídos da população, vítimas das mais diversas formas de violência física, simbólica ou moral – resultantes da opressão socioenocômica – acabam não aparecendo como portadores de direitos subjetivos públicos, não podendo, portanto, nem mesmo ser considerados como verdadeiros 'sujeitos de direitos', já que excluídos em maior ou menor grau, do âmbito de proteção dos direitos e garantias fundamentais."[7]

Vem de Walter Ceneviva a importante lição acerca do direito à moradia: Enquanto o direito de morar não for assegurado, nossas comunidades serão centros desequilibrados."[8]. É dizer, o direito à moradia consiste em um direito que permite o exercício dos demais direitos constitucional e legalmente assegurados.

Essas moradias vêm sendo reconhecidas e esta situação se agravou muito durante a pandemia do Covid-19, chegando o Supremo Tribunal Federal a suspender por 6 meses as ações de despejo de vulneráveis e desocupação de áreas habitadas antes da pandemia. Em decisão proferida pelo Ministro Barroso, fez-se constar: "Se as ocupações coletivas já se encontram consolidadas há pelo menos um ano e três meses, não é esse o momento de executar a ordem de despejo. Razões de prudência e precaução recomendam que se aguarde o arrefecimento da crise sanitária."[9]

Tendo em vista a inexistência de políticas habitacionais satisfatórias, vê-se um crescimento vertiginoso de ocupações irregulares, principalmente em áreas públicas, loteamentos clandestinos ou de proteção ambiental.

[7] SARLET, Ingo Wolfgang. *O direito fundamental à moradia na Constituição: algumas anotações a respeito do seu contexto, conteúdo e possível eficácia*. Revista Eletrônica sobre a Reforma do Estado número 20, dezembro a janeito de 1009/2010, Salvador, Bahia, acessível no link: https://www.metodista.br/revistas/revistas-unimep/index.php/cd/article/view/854/375, último acesso: 10/06/2021

[8] CENEVIVA, Walter. *Morar e moral*. Folha de São Paulo, 8 de novembro de 2008. Cotidiano.

[9] Falcão, Márcio. *Barroso suspende despejo de vulneráveis e desocupação de áreas habitadas antes da pandemia*. Artigo publicado em 03/06/2021 e disponível no link: https://g1.globo.com/politica/noticia/2021/06/03/barroso-suspende-despejo-de-vulneraveis-e-desocupacao-de-areas-habitadas-antes-da-pandemia.ghtml

1.3. Conceito de domicílio. Moradia irregular é domicílio. Inviolabilidade do domicílio

Neste tópico, pretende-se demonstrar que as moradias irregulares devem ser consideradas domicílio e, portanto, estão protegidas pelos mesmos direitos. O que mais nos interessa neste artigo é tratar do direito à inviolabilidade do domicílio. Todo domicílio é inviolável, seja ele regular, seja ele irregular.

Segundo o Código Civil brasileiro em seu artigo 70, o domicílio da pessoa natural é o espaço onde os indivíduos estabelecem sua residência com ânimo definitivo. Não entraremos neste artigo na discussão existente sobre a diferença entre domicílio e residência. Adotaremos aqui apenas o amplo conceito de domicílio no sentido de residência.

É possível que uma pessoa possa ter mais de um domicílio. No artigo 72 do Código Civil brasileiro, há uma extensão do conceito de domicílio para o local onde a pessoa exerce sua profissão.

O Código Penal também conceitua domicílio, em seu artigo 150, parágrafos 4 e 5. Ensina Guilherme Madeira Dezem:

> "O conceito de casa é definido pelo artigo 150, parágrafos 4 e 5, do Código Penal, que dispõe que casa compreende: a) qualquer compartimento habitado; b) aposento ocupado de habitação coletiva; c) compartimento não aberto ao público, onde alguém exerce profissão ou atividade."[10]

O domicílio, compreendido como a casa onde o indivíduo estabelece sua residência é, segundo a Constituição Federal brasileira, "asilo inviolável do indivíduo, ninguém nela podendo penetrar sem consentimento do morador, salvo em caso de flagrante delito, ou para prestar socorro, ou, durante o dia, por determinação judicial." (art. 5º, XI, da CF).

Diante disto, a regra é não permitir o ingresso na casa alheia, salvo se houver consentimento do morador, ou se estiver presente uma das exceções prevista em lei: "1) a qualquer hora, em caso de flagrante delito, desastre ou para prestação de socorro; 2) fora de tais hipóteses, somente por meio de mandado judicial e durante o dia".

[10] Dezem, Guilherme Madeira. *Curso de Processo Penal*, 6. Edição, Revista dos Tribunais, São Paulo, p. 785.

O direito fundamental à inviolabilidade de domicílio deve ser respeitado. Conforme dispõe o artigo 11, parágrafo 2, da Convenção Americana de Direitos Humanos (Pacto de São José da Costa Rica): "ninguém pode ser objeto de ingerências arbitrárias ou abusivas em sua vida privada, na de sua família, em seu domicílio ou em sua correspondência, nem de ofensas ilegais à sua honra e reputação." A mesma previsão existe no Pacto Internacional de Direitos Civis e Políticos no artigo 17, parágrafo 1.

O sentido de proteção de domicílio é reforçado pelo posicionamento da Corte Interamericana de Direitos Humanos que, ao julgar o caso Escué Zapata vs Colombia, assim se manifestou:

> "A proteção da vida privada, a vida familiar e o domicílio de ingerências abusivas implica no reconhecimento de que existe um âmbito pessoal que deve estar isento e imune às invasões ou agressões abusivas ou arbitrárias por parte de terceiros ou da autoridade pública. Neste sentido, o domicílio e a vida privada e a família se encontram intrinsicamente ligados, já que o domicílio se transforma em um espaço no qual se pode desenvolver livremente a vida privada e a vida familiar."[11]

A regra da inviolabilidade de domicílio se aplica a qualquer tipo de domicílio, seja ele regular, seja ele irregular. O que se protege é a intimidade da vida privada. Neste sentido fica claro que as moradias, ainda que irregulares, são consideradas domicílio para fins de proteção constitucional.

A irregularidade imobiliária relaciona-se a aspectos do direito civil e do direito administrativo. Esta irregularidade não induz a que haja menor proteção da privacidade e da vida privada.

Aquele que ingressa em domicílio fora da previsão constitucional poderá incidir nos delitos de violação de domicílio, previsto no artigo 150, do Código Penal, bem como no de esbulho possessório, previsto no artigo 161, II, do Código Penal e, sendo autoridade pública, poderá incidir em crime de abuso de autoridade previsto no artigo 22 da Lei 13.869/19.

[11] DEZEM, Guilherme Madeira. *Curso de Processo Penal*, 6. Edição, Revista dos Tribunais, São Paulo, p. 785.

Se o imóvel está habitado, seja de forma regular ou não, o ingresso somente poderá ser fazer da forma prevista na Constituição Federal. Se não houver flagrante delito, ou autorização do morador, o ingresso somente poderá ocorrer se houver mandado judicial, denominado mandado de busca e apreensão, que somente pode ser expedido por Juiz de Direito.

O procedimento apresentado pelo ordenamento jurídico para a realização da busca e apreensão deve ser respeitado, sob pena de tornar nulo o ato, diante da ausência dos requisitos legais para sua realização, ofendendo o devido processo legal.

2. A busca e apreensão no ordenamento jurídico brasileiro

2.1 Previsão legal. Artigo 240, CPP

O Código de Processo Penal disciplina a matéria a partir do art. 240, cujo parágrafo primeiro autoriza a busca domiciliar para: a) prender criminosos; b) apreender coisas achadas ou obtidas por meios criminosos; c) apreender instrumentos de falsificação ou de contrafação e objetos falsificados ou contrafeitos; d) apreender armas e munições, instrumentos utilizados na prática de crime ou destinados a fim delituoso; e) descobrir objetos necessários à prova de infração ou à defesa do réu; f) apreender cartas, abertas ou não, destinadas ao acusado ou em seu poder, quando haja suspeita de que o conhecimento do seu conteúdo possa ser útil à elucidação do fato; g) apreender pessoas vítimas de crimes; h) colher qualquer elemento de convicção.

Conforme ensina Guilherme Madeira Dezem: "os modernos estudos de processo penal apontam que a natureza jurídica da busca e apreensão é a de meio de obtenção de prova."[12] No mesmo sentido, Gustavo Badaró: "Não se trata, propriamente, de meio de prova, mas, como já exposto, de meio de obtenção da prova."[13]

[12] Dezem, Guilherme Madeira. *Curso de Processo Penal,* 6. Edição, Revista dos Tribunais, São Paulo, p. 783.

[13] Badaró, Gustavo. *Processo Penal.* Revista do Tribunais, 2018, São Paulo p. 495.

Há várias espécies de busca e apreensão: a) busca domiciliar; b) busca pessoal; c) busca em veículo ou celular. Interessa-nos neste artigo tratar das exigências para a busca e apreensão domiciliar.

Além de elencar o rol exemplificativo, o art. 243 disciplina a forma sob a qual deve ser realizada a diligência, indicando os possíveis fundamentos para busca e apreensão. Segundo a lei, mandado judicial deve:

> I – indicar, o mais precisamente possível, a casa em que será realizada a diligência e o nome do respectivo proprietário ou morador;
> II – mencionar o motivo e os fins da diligência;
> III – ser subscrito pelo escrivão e assinado pela autoridade que o fizer expedir.

Para este estudo, interessa-nos a imprescindível individualização do local a ser objeto da busca e apreensão. Para Gustavo Badaró: "o inciso I trata da identificação do local ou da pessoa que sofrerão a busca."[14]

Dessa forma, em respeito ao devido processo legal, não se podem admitir mandados genéricos, sem indicação precisa do local a ser realizada a busca, bem como o nome da pessoa que reside naquele endereço.

É dizer, mesmo com a clara vocação autoritária do Código de Processo Penal de 1941, ainda assim houve preocupação com a identificação da moradia a ser vistoriada pela autoridade policial[15].

Luigi Ferrajoli deixa clara a necessidade de observância dos dispositivos previstos na legislação:

> "Tutti i comportamenti, essendo o facoltativi o vietati o obbligatori, suppongono quindi una modalità attiva, cioè una facoltà o un un obbligo, dalla quale sono deonticamente qualificati. Le modalità han no peraltro un'estensione più ampia dei corrispondenti modi deontici. Esse sono infatti identificabili non già con l'"essere" ma con il "poter essere (ma anche non essere)" del comportamento da esse qualificato. Mentre quindi un comportamento facoltativo, o vietato o obbligatorio implica sempre l'esistenza della facoltà, o del divieto o dell'obbligo cor rispondenti, non possiamo dire, inversamente,

[14] Badaró, Gustavo. *Processo Penal*. Revista do Tribunais, 2018, São Paulo p. 495.

[15] Gloeckner, RIicardo Jacobsen. *Autoritarismo e processo penal: uma genealogia das ideias autoritárias no processo penal brasileiro*, vol. 1. Florianopolis: Tirant Lo Blanch, 2018.

che, data una facoltà o un obbligo o un divieto, esiste, ma solo che può venire (ma anche non venire) ad esistenza il correlativo comportamento facoltativo o obbliga torio o vietato. Modi e modalità deontiche designano insomma coppie di concetti connessi e interdefinibili e tuttavia sintatticamente diversi e parimenti necessari, come vedremo più oltre, al vocabolario della teoria del diritto: i modi deontici sono necessari alla teoria degli atti giuridici, siano questi leciti o illeciti, precettivi o obbligatori; le modalità deonti che lo sono alla teoria delle situazioni giuridiche, siano queste diritti o divieti, poteri o obbligazioni, responsabilità o funzioni."[16]

2.2. Ilegalidade de mandado de busca e apreensão coletivo. Necessária individualização. Ofensa ao devido processo legal

Em Operações envolvendo tráfico de drogas, tem-se adotado a prática de ingressar em moradias irregulares portando um mandado de busca coletivo. Ressalta-se que qualquer elemento de obtenção de prova que venha a ser obtido em residências, sem a exibição de mandado judicial, fora das hipóteses especialmente previstas no texto constitucional, é nula de pleno direito, não podendo produzir qualquer efeito jurídico.

O mesmo raciocínio deve existir para ingresso em residências irregulares com mandado judicial coletivo, pois genérico e sem validade alguma. Com a Intervenção Federal decretada pelo Presidente Michel Temer, em fevereiro de 2018, passou-se a utilizar mandados de busca coletivos, sem indicação do local a ser invadido e tampouco do nome do morador. Há quem defenda a possibilidade, com a justificativa de que esta prática se faz necessária em operações policiais, pela dificuldade na busca de provas em Operações especiais envolvendo tráfico de drogas.

Ocorre que está prática ofende a inviolabilidade de domicílio e se mostra bastante perigosa. É de se destacar que o mandado de busca e apreensão precisa ser específico e determinado, conforme determina o artigo 243, I, do Código de Processo Penal.

Diante da dificuldade em se identificar os moradores de locais irregulares, adotou-se a praxe de expedição de mandados genéricos de busca e apreensão, apensar do claro comando legal.

[16] Ferrajoli, Luigi, *La costruzione della democrazia – Teoria del garantismo costituzionale.* Bari: Gius, Laterza & Figli: 2021, pág. 37

Conforme Rogerio Sanches Rios: "A impossibilidade de individualização faz com que não raras vezes juízes expeçam mandados de busca e apreensão coletivos, sem especificar quais imóveis devem ser objeto de devassa e quais pessoas devem suportar a medida."[17]

E continua Sanchez Rios: "Este procedimento, que vai de encontro à disposição legal que exige precisão no mandado de busca e apreensão, tem sido utilizado diante da impossibilidade de empreender de outra forma as diligências."

Esta prática se mostrou bastante comum, principalmente em comunidades carentes do Rio de Janeiro, sendo o tema levado a discussão no Superior Tribunal de Justiça e também perante o Supremo Tribunal Federal.

Este procedimento ofende diretamente o devido processo legal que exige que o procedimento previsto em lei deve ser respeitado. Sobre a importância do respeito ao procedimento, ensina Antonio Scarance Fernandes: "O procedimento, além de ser revitalizado como instituto de fundamental importância no direito processual, foi considerado importante elemento de legitimação do poder decisório do Estado, em quaisquer planos de sua atuação: legislativo, administrativo e judiciário."[18]

O respeito ao procedimento é um direito fundamental, conforme explica Scarance Fernandes: "Entendeu-se que há um direito ao procedimento, alçado a direito fundamental."[19]

No processo penal, o direito ao procedimento tem ainda mais importância, visto que é por meio desse procedimento que se pode assegurar a eficiência com garantismo:

> "São dois os direitos fundamentais do indivíduo que interessam especialmente ao processo criminal: o direito à liberdade e o direito à segurança,

[17] Rios, Rogerio Sanches. STJ: É ilegal o mandado de busca e apreensão que não individualiza as residências examinadas, artigo publicado em 22/11/2019, acessível no link: https://meusitejuridico.editorajuspodivm.com.br/2019/11/22/stj-e-ilegal-o-mandado-de-busca-e-apreensao-que-nao-individualiza-residencias-examinadas/

[18] Fernandes, Antonio Scarance. *Teoria Geral do Procedimento e o procedimento no processo penal*, Editora Revista dos Tribunais, São Paulo, 2005, p. 37.

[19] Fernandes, Antonio Scarance. *Teoria Geral do Procedimento e o procedimento no processo penal,* Editora Revista dos Tribunais, São Paulo, 2005, p. 37.

> ambos previstos no caput do art. 5º da Constituição Federal (...) o direito ao procedimento processual penal consiste em direito a um sistema de princípios e regras que, para alcançar um resultado justo, faça atuar as normas do direito repressivo, necessárias para a concretização do direito fundamental à segurança, e assegure ao acusado todos os mecanismos essenciais para a defesa de sua liberdade."[20]

Diante deste imprescindível respeito ao procedimento, não se pode admitir mandados de busca e apreensão genéricos, sem individualização clara da "a casa em que será realizada a diligência e o nome do respectivo proprietário ou morador" (inciso I, do artigo 243).

Em julgados recentes, nota-se uma evolução, ainda que lenta, no estudo do direito à moradia, com decisões que visam evitar invasões em moradias irregulares que desrespeitem as normas legais. Em junho de 2021, o Ministro Luis Roberto Barroso deferiu cautelar na ADPF 828 "para evitar que remoções e desocupações coletivas violem os direitos à moradia, à vida e à saúde das populações envolvidas."

A liminar determinou a suspensão por 6 meses de ordens ou medidas de desocupação de áreas já habitadas desde março de 2020, coincidindo com o período de aprovação do estado de calamidade pública em razão da epidemia do Covid-19[21].

[20] FERNANDES, Antonio Scarance. *Teoria Geral do Procedimento e o procedimento no processo penal*, Editora Revista dos Tribunais, São Paulo, 2005, p. 40.

[21] É preocupante o que pode emergir da chamada grande crise do confinamento lembrando que os mais vulneráveis é que sofrerão as consequências mais severas da crise. François Chesnais alerta que "Cinicamente, um estudo realizado por altos funcionários do FMI escreve que "como acontece frequentemente em tempos de dificuldades financeiras, os mercados emergentes provavelmente terão os maiores encargos". O montante da dívida destes aumentou entre 2018 e início de 2019, devido, em particular, à "abertura do mercado de eurobonds a dezenas de países, enquanto os investidores internacionais estavam cada vez mais pro curando, desesperadamente, por rendimentos"". Muito cedo na progressão da pandemia, antes do início da recessão, esses investidores ficaram com medo e se envolveram coletivamente (por imitação) em um movimento espetacular de fuga de capitais. Em alguns dias, os mercados emergentes sofreram uma fuga de cem trilhões de dólares, ou 0,4% do seu PIB[1]2. Outros países, como Venezuela e Argélia, sofreram o colapso dos preços do petróleo e estão em uma crise muito grave." CHESNAIS, Fraçois. A grande crise do confinamento: o momento alcançado pelo capitalismo mundial *in* Soou

Explica o Ministro em sua decisão:

> "Diante de uma crise sanitária sem precedentes e em vista do risco real de uma terceira onda de contágio, os direitos de propriedade, possessórios e fundiários precisam ser ponderados com a proteção da vida e da saúde das populações vulneráveis, dos agentes públicos envolvidos e também com os riscos de incremento da contaminação para a população em geral. Se as ocupações coletivas já se encontram consolidadas há pelo menos um ano e três meses, não é esse o momento de executar a ordem de despejo."[22]

Especificamente sobre o ingresso com mandados genéricos, em 2019, a 6ª Turma do Superior Tribunal de Justiça passou a considerar ilegal o mandado de apreensão coletivo para permitir o ingresso de policiais em domicílios na Comunidade do Jacarezinho e no Conjunto Habitacional Morar Carioca, ambos no Rio de Janeiro, sem a identificação dos nomes dos investigados e tampouco dos endereços a serem objeto da diligência policial.

Tratava-se do Habeas Corpus nº 435.934/RJ, impetrado pela Defensoria Pública do Rio de Janeiro, alegando ofensa ao direito à inviolabilidade de domicílio, bem como pelo desrespeito ao rito processual penal para a realização de busca e apreensão.

Para a Juíza de primeira instância, seria possível a expedição de mandado de busca e apreensão genérico diante da forma desorganizada que se encontram as moradias irregulares, que não possuem registro ou numeração que possibilite a individualização. Para a Magistrada, o documento genérico é necessário para a própria segurança dos moradores e dos policiais da região.

O caso envolvia um local onde teria ocorrido morte de policiais em operações anteriores. A ordem visava autorizar que policiais ali ingressassem para procurar armas, celulares e documentos relacionados à facção criminosa.

o Alarme: *a crise do capitalismo para além da pandemia*; FRESSATO, Soleni Biscouto e NÓVOA, Jorge (org). São Paulo: Perspectiva, 2020, página. 120.

22 Íntegra do julgado: https://www.conjur.com.br/dl/stf-suspende-meses-desocupacoes-areas.pdf

O Ministro Sebastião Reis Junior, em sua decisão, manifestou-se:

> "Assim, está configurada a ausência de individualização das medidas de apreensão a serem cumpridas, o que contraria diversos dispositivos legais, dentre eles os arts. 240, 242, 244, 245, 248 e 249 do Código de Processo Penal, além do art. 5º, XI, da Constituição Federal: a casa é asilo inviolável do indivíduo, ninguém nela podendo penetrar sem consentimento do morador, salvo em caso de flagrante delito ou desastre, ou para prestar socorro, ou, durante o dia, por determinação judicial. Na minha concepção, está, portanto, caracterizada a possibilidade concreta e iminente de ofensa ao direito fundamental à inviolabilidade do domicílio".[23]

Para o Ministro, o direito à inviolabilidade de domicílio estaria sendo inviolada de forma inaceitável. Concluiu: "Reitero, portanto, o meu entendimento de que não é possível a concessão de ordem indiscriminada de busca e apreensão para a entrada da polícia em qualquer residência. A carta branca à polícia é inadmissível, devendo-se respeitar os direitos individuais. A suspeita de que na comunidade existam criminosos e de que crimes estejam sendo praticados diariamente, por si só, não autoriza que toda e qualquer residência do local seja objeto de busca e apreensão."[24]

O voto foi acompanhado pelo Ministro Rogerio Schietti Cruz, que se manifestou:

> "é notoriamente ilegal e merece repúdio como utilitarista e ofensiva a um dos mais sagrados direitos de qualquer indivíduo – seja ele rico ou pobre, morador de mansão ou de barraco: o direito a não ter sua residência, sua intimidade e sua dignidade violadas por ações do Estado, fora das hipóteses previstas na Constituição da República e nas leis."[25]

[23] Voto do Ministro Sebastião Reis Junior: https://www.conjur.com.br/2019-nov-05/stj-considera-ilegal-busca-apreensao-coletiva-rio.

[24] Voto do Ministro Sebastião Reis Junior: https://www.conjur.com.br/2019-nov-05/stj-considera-ilegal-busca-apreensao-coletiva-rio.

[25] Voto do Ministro Sebastião Reis Junior: https://www.conjur.com.br/2019-nov-05/stj-considera-ilegal-busca-apreensao-coletiva-rio.

Não há qualquer justificativa para se flexibilizar a regra do Processo Penal quanto à necessidade de mandado de busca e apreensão específico. A ofensa à inviolabilidade do domicílio, intimidade, direito à moradia mostra-se evidente.

O argumento de impossibilidade de investigação não convence. Devem os setores de investigação trabalhar com outros meios de investigação como interceptação telefônica, captação ambiental de imagens e sons, infiltração de agentes entre tantos outros à disposição da inteligência sem que haja necessidade de expedição de mandados genéricos que irão limitar a vida privada de pessoas que nenhuma relação com o fato investigado possuem.

Conclusões

Este artigo trata da evidente ofensa à inviolabilidade de domicílio na hipótese de ingresso em moradias irregulares portando um mandado de busca e apreensão coletivo, pois genérico.

A inviolabilidade de domicílio deve ser respeitada para garantir a intimidade e o direito à moradia digna, protegida constitucionalmente e pelo Estatuto da Cidade. Conforme exposto neste artigo, o direito à moradia não vem sendo respeitado, o que levou a problemas sociais no sentido de pessoas buscarem locais irregulares para viver e constituir sua família. Ocorre que estes locais acabam sendo objeto de práticas ilícitas pelo Poder Público, com desocupações e despejos injustificados.

Outra prática comum em moradias irregulares é o ingresso por policiais sem portar o mandado de busca e apreensão com o adequado respeito ao devido processo legal. Adotou-se a prática de utilização de mandados de busca e apreensão coletivo, principalmente em grandes Operações envolvendo tráfico de drogas.

Esta prática ofende diretamente o devido processo legal, que exige que o procedimento para a realização de qualquer ato processual penal deve ser respeitado, sob pena de nulidade. Mandados de busca e apreensão coletivos são extremamente genéricos, não indicando o local a ser invadido e tampouco o nome do morador investigado.

Nestes casos a violação do mandamento constitucional de proteção do domicílio e da vida privada mais do que nulidade irá macular de ilicitude todo e qualquer elemento obtido a partir da apreensão e as provas daí derivadas também serão ilícitas.

O agente estatal que entrar no domicílio sem mandado e fora das hipóteses legalmente admitidas comete, em tese, o crime de abuso de autoridade previsto no artigo 22 da Lei 13.869/2019.

Referências

BADARÓ, Gustavo. *Processo Penal.* Revista do Tribunais, 2018, São Paulo.

CANOTILHO, J. J. Gomes. *Sobre o Tom e o Dom dos Direitos Fundamentais.* Revista Consulex n. 45:38, setembro de 2000.

CENEVIVA, Walter. *Morar e moral.* Folha de São Paulo, 8 de novembro de 2008. Cotidiano.

CHESNAIS, Fraçois. A grande crise do confinamento: o momento alncançado pelo capitalismo mundial *in* Soou o *Alarme: a crise do capitalismo para além da pandemia;* FRESSATO, Soleni Biscouto e NÓVOA, Jorge (org). São Paulo: Perspectiva, 2020.

CUNHA, Sérgio Sérvulo da. *Direito à moradia.* Revista de Informação Legislativa. Brasília, Ano 32, n. 127, julho/setembro 1995.

DEZEM, Guilherme Madeira. *Curso de Processo Penal,* 6. Edição, Revista dos Tribunais, São Paulo, 2020.

FALCÃO, Márcio. *Barroso suspende despejo de vulneráveis e desocupação de áreas habitadas antes da pandemia.* Artigo publicado em 03/06/2021 e disponível no link: https://g1.globo.com/politica/noticia/2021/06/03/barroso-suspende-despejo-de-vulneraveis-e-desocupacao-de-areas-habitadas-antes-da-pandemia.ghtml.

FERNANDES, Antonio Scarance. *Teoria Geral do Procedimento e o procedimento no processo penal. São Paulo:* Revista dos Tribunais, 2005.

FERRAJOLI, Luigi, *La costruzione della democrazia – Teoria del garantismo costituzionale.* Bari: Gius, Laterza & Figli: 2021.

FREITAS, Gilberto Passos de. *Direito à moradia, ocupações irregulares, regularização fundiária e segurança pública* disponível no link: https://irirgs.org.br/2020/05/13/artigo-migalhas-direito-a-moradia-ocupacoes-irregulares-regularizacao-fundiaria-e-seguranca-publica-gilberto-passos-de-freitas/disponível no link: https://www.migalhas.com.br/arquivos/2020/5/F9CB02726DACC8_moradia.pdf

Gloeckner, RIicardo Jacobsen. *Autoritarismo e processo penal: uma genealogia das ideias autoritárias no processo penal brasileiro*, vol. 1. Florianopolis: Tirant Lo Blanch, 2018.

Meireles, Carla. *Direito à moradia* publicado no site politize, disponível no link: https://www.politize.com.br/direito-a-moradia/

Rios, Rogerio Sanches. STJ: *É ilegal o mandado de busca e apreensão que não individualiza as residências examinadas*, artigo publicado em 22/11/2019, acessível no link: https://meusitejuridico.editorajuspodivm.com.br/2019/11/22/stj-e-ilegal-o-mandado-de-busca-e-apreensao-que-nao-individualiza-residencias-examinadas/

Sarlet, Ingo Wolfgang. *O direito fundamental à moradia na Constituição: algumas anotações a respeito do seu contexto, conteúdo e possível eficácia*, Revista Eletrônica sobre a Reforma do Estado número 20, dezembro a janeiro de 1009/2010, Salvador, Bahia, acessível no link: https://www.metodista.br/revistas/revistas-unimep/index.php/cd/article/view/854/375.

14.
Direito à Cidade, Planejamento Urbano e Raça no Brasil e na África do Sul[1]

SILVIO LUIZ DE ALMEIDA
WALESKA MIGUEL BATISTA

Introdução

A abolição da escravidão no Brasil aconteceu com a Lei Áurea em 13 de maio de 1888, e da África do Sul em 1834, após o Decreto 50 de 1828[2]. Entretanto, houve diferenças significativas na forma com que Brasil e África do Sul lidaram com a questão racial.

No Brasil, ao tratar das grandes transformações sociais ocorridas no país, processo entre o final do século XIX e meados do século XX, Florestan Fernandes observa que "os negros não foram somente espectadores passivos dessa revolução social espontânea, mas dela foram banidos, de imediato e ao longo de mais de três décadas, postos à margem da condi-

[1] Este artigo é uma adaptação de parte da dissertação de mestrado de Waleska Miguel Batista, *intitulada Cidades Includentes: O dever de desguetização a partir da Nova Agenda Urbana da ONU/Habitat III. Estudo Cruzado entre Campinas, Brasil e Cidade do Cabo, África do Sul.* Campinas: PUC-Campinas, 2018.

[2] Na África do Sul há os brancos, negros, *coulored people* (pardos), indianos, chineses e asiáticos.

ção de agentes do processo de redefinição do trabalho livre como categoria histórica".[3]

Na África do Sul, após grandes conflitos políticos e econômicos entre os países europeus para definir o controle da economia e das instituições políticas, a Inglaterra estabeleceu seu domínio (1889-1902)[4]. Neste processo, aos sul-africanos negros foi estabelecida a exigência de apresentação de documentos para transitar pelo país, medida cujo sentido econômico materializou-se na baixa remuneração dos trabalhadores das mineradoras, massivamente negros.

Da mesma forma que os negros brasileiros, ex-escravizados, foram parar nas favelas, comunidades e bairros pobres, os negros sul-africanos também foram parar em lugares afastados e marginalizados, também conhecidos como *Townships*. "Na África do Sul, o Estado chancelava a segregação racial com passes para negros transitarem e tinham o objetivo de garantir a desnacionalização dos negros".[5]

A partir de 1950, o Estado sul-africano também determinou a desapropriação dos negros localizadas em bairros que eles tinham interesse, de maneira que seus moradores foram marginalizados em bairros específicos para negros, reafirmando a ocupação territorial do espaço. Esta condição foi determinante para o desenvolvimento de uma lógica nacional racista.[6]

Em 1949, ascendeu ao poder o Partido Nacional, que passou a estabelecer normas racistas, que apartaram a população em indianos, pardos

[3] FERNANDES, Florestan. *Significado do protesto negro*. São Paulo: Cortez: Autores associados, 1989 (e-book).

[4] Houve uma guerra entres os Bôeres- descendentes de alemães e dinamarqueses que ocupavam a África do Sul- e os ingleses, para saber que teria o controle do país que eles invadiram. Os ingleses saíram vencedores dessa guerra que aconteceu entre 1889-1902.

[5] BRAGA, Pablo de Rezende Saturino; MILANI, Carlos R. S. Direitos Humanos e política externa no Brasil e na África do Sul. *Revista Brasileira de Ciência Política*, Brasília, n. 29, maio/ agosto, 2019, p. 13. Disponível: https://www.scielo.br/j/rbcpol/a/9DG98wPQ684JHGdg88BJNYt/?format=pdf&lang=pt. Acesso em: 19 jul. 2021.

[6] Na Cidade do Cabo, África do Sul, é possível fazer visita ao museu "District Six", na Cidade do Cabo, em que é apresentada a realidade da demolição e remoção das famílias negras para um bairro segregado. Um dos relatos de ex-moradores deste distrito conta que a cada que ele e sua família foram removidos não tinha janelas e que as acomodações eram precárias.

ou *coloured,* africanos e brancos. Angela Davis afirma que tanto o *apartheid* quanto outra irracionalidade do século XX, a corrida armamentista, só duraram tanto tempo e com a estruturação de comportamentos discriminatórios tão profundos porque beneficiavam os grupos sociais dominantes.[7]

Segundo Angela Davis, em 1985, a África do Sul tinha "4,3 milhões de pessoas brancas, 18,6 milhões de pessoas negras e 3,1 milhões de pessoas de origem mista ou asiática".[8] As pessoas negras não eram consideradas cidadãs, pois não tinham direito ao voto, não podam circular livremente pela cidade, relegadas a zonas improdutivas e distantes. A circulação de não-brancos nas áreas definidas como "zonas brancas" era permitida apenas a quem tivesse um cartão de autorização, isto é, um documento público que afirmava que aquele não-branco estava ali a trabalho, e que só poderia circular durante o expediente de seu serviço.[9]

O fim do *apartheid* ocorreu em 1990, mas a segregação racial produziu efeitos que afetam até hoje a sociedade sul-africana.[10]

Neste artigo será feita a articulação entre a questão racial, planejamento urbano e segregação a partir da análise das experiências históricas da cidade de São Paulo, no Brasil e de Johanesburgo, na África do Sul. Na sequência, serão reproduzidos alguns debates sobre o que é o

[7] Esta autora chegou a essa conclusão ao presenciar as indústrias americanas colocadas nas cidades sul-africanas, sob a aliança feita pelo presidente dos Estados Unidos, Ronald Reagan e o Presidente da África do Sul, Pieter Willem Botha (1984-1989). Porém, tendo em vista que o sul dos Estados Unidos era a "Johanesburgo americana", os movimentos negros e políticos protestaram contra a aliança realizada. A força desses grupos foi grande, pois algumas empresas americanas foram retiradas da África do Sul, e outras foram vetadas, a ponto de as lutas contra o "compromisso construtivo da administração Reagan ser contestado". Davis, Angela. *Mulheres, Cultura e Política.* Tradução de Heci Regina Candiani. 1.ed. São Paulo: Boitempo, 2017, p. 93.

[8] Davis, Angela. *Mulheres, Cultura e Política.* Tradução de Heci Regina Candiani. 1.ed. São Paulo: Boitempo, 2017, p. 92.

[9] Mbembe, Achille. *A crítica da Razão Negra.* Tradução de Marta Lança. Antígona, 3. ed, 2014, p. 13-14.

[10] Silva, Graziella Moraes. A interface entre raça e identidade nacional no Brasil e na África do Sul. *Revista de Estudos Políticos,* v.1, n.6, 2013, p. 46-47. Disponível em: <http://revistaestudospoliticos.com/wp-content/uploads/2013/10/6p44-60.pdf>. Acesso em: 19 jul. 2021.

direito à cidade, cidades includentes, democráticas e seguras. E por fim, a intenção é verificar se normas internas e internacionais podem determinar Estados a implementação de políticas públicas urbanas capazes de combater a desigualdade racial.

1. Racismo e desenvolvimento urbano

Em meados do século XX, a degradação do meio ambiente se destacava como um dos principais problemas a serem resolvidos pelos Estados. Todavia, os conflitos sociais após as grandes guerras também fizeram com que as condições das pessoas fossem levadas em consideração para se atingir uma sociedade adequada, isto quer dizer, menores taxas de mortalidade e com crescimento urbano.[11] Para isso, foram celebrados Pactos internacionais e assinadas declarações que prescrevem tanto sobre o cuidado com o meio ambiente quanto sobre o desenvolvimento social e econômico.

Em 1º de janeiro de 1975, a Assembleia Geral da ONU criou a Fundação do Habitat e Assentamentos Humanos das Nações Unidas, dedicando-se ao desenvolvimento de programas capazes de fornecer capital e assistência técnica às cidades do planeta, principalmente, as localizadas nos países em desenvolvimento.[12]

Nesse período, a urbanização ainda não tinha grande importância na agenda da ONU mas, mesmo assim, ocorreu entre 31 de maio e 11 de junho de 1976, em Vancouver, Canadá, a primeira conferência internacional da ONU em que se reconhecia plenamente o desafio das cidades, denominada de Conferências para Assentamentos Humanos.

Como resultado desta Conferência, houve a criação da Comissão do Programa das Nações Unidas para Assentamentos Humanos (UN-Habitat) e do Centro dos Assentamentos das Nações Unidas (Habitat), que proporcionaram o reconhecimento de que o abrigo e a urbanização são questões globais a serem abordadas coletivamente pelos agentes políticos dos Estados-Partes. A esse respeito, entre 1978 e 1996, o Habitat

[11] SANTOS, Milton. *A urbanização brasileira.* Coleção estudos urbanos. São Paulo: Editora Hucitec, 1993, p. 77-80.

[12] ONU-HABITAT. Programa das Nações Unidas para Assentamentos Humanos, 2017. Disponível em: https://nacoesunidas.org/agencia/onuhabitat/. Acesso em: 19 jul. 2021.

lutou para prevenir os problemas causados pelo crescimento urbano maciço, particularmente nos países em desenvolvimento, e pugnar por melhorias nas condições sociais.[13]

O documento da Conferência Habitat I apresentou 19 princípios orientadores para se alcançar o desenvolvimento humano e diretrizes para conduzir o planejamento das políticas de assentamento humano, reduzindo segregação social e étnica.[14]

Após 20 anos da Habitar I, de 03 a 14 de junho de 1996, ocorreu a segunda conferência sobre Assentamentos Humanos (Habitat II) e da Agenda Habitat, em Istambul, Turquia, para avaliar as duas décadas de progresso desde a Habitat I e para definir novas metas, após as Conferências realizadas desde 1990.

A Conferência da ONU/Habitat III foi a Conferência das Nações Unidas sobre Habitação e Desenvolvimento Urbano Sustentável, que ocorreu de 17 a 20 de outubro de 2016, em Quito, Equador, reafirmou o compromisso político de busca pelo desenvolvimento urbano sustentável. Além disso, determinou a avaliação das ações realizadas, até a data da conferência, de combate à pobreza e de enfrentamento dos desafios novos e emergentes, como políticas públicas para a promoção de moradias adequadas, o exercício da cidadania com o gozo do direito à cidade e a inclusão étnica.[15]

Os Estados-partes, dentre eles, Brasil e África do Sul, tiveram a oportunidade de discutir o desafio de como as cidades, vilas e aldeias são planejadas e gerenciadas, para que desempenhem e concretizem os objetivos da Agenda para o Desenvolvimento Sustentável (ODS) até 2030,[16]

[13] ONU-HABITAT. Programa das Nações Unidas para Assentamentos Humanos, 2017. Disponível em: https://nacoesunidas.org/agencia/onuhabitat/. Acesso em: 19 jul. 2021.

[14] Brito, Beatriz Duarte Correa de. *Direito à moradia: de assentamento humano a elemento do direito à cidade os desdobramentos das 3 Conferências das Nações Unidas Habitat na legislação brasileira.* (Dissertação de mestrado). Campinas: PUC-Campinas, 2018, p. 34-36. Disponível em: http://tede.bibliotecadigital.puc-campinas.edu.br:8080/jspui/bitstream/tede/1083/2/BEATRIZ%20DUARTE%20CORREA%20DE%20BRITO.pdf. Acesso em: 18 jul. 2021.

[15] NAU. Nova Agenda Urbana, 2016. Disponível em: http://habitat3.org/wp-content/uploads/NUA-Portuguese-Angola.pdf. Acesso em: 19 jul. 2021.

[16] No ano de 2015, durante a Cúpula do Desenvolvimento Sustentável, como os países já estavam reunidos, e havia a necessidade da definição de novos objetivos, foram definidos

minimamente, no que tange a reduzir as desigualdades (ODS n. 10) e tornar as cidades includentes, seguras e sustentáveis (ODS n. 11).

Tanto a Agenda Urbana da ONU/Habitat III quanto a legislação interna do Brasil e da África do Sul possuem dispositivos que afirmam que o Estado deve ser igualitário, avesso a discriminações e preconceitos, visto que ambos os países se declaram democráticos. Porém, analisamos que os dois países possuem cidades socialmente insustentáveis pois, apesar das declarações sobre os Assentamentos Humanos e as Declarações do Milênio e dos Objetivos do Desenvolvimento Sustentável, continuam a apresentar uma imensa divisão étnica e racial em todo o território urbano, a ponto de os negros estarem nos piores lugares em comparação com os lugares ocupados pelos brancos, bem como que não há vizinhança democrática, pois brancos e negros, ainda que da mesma posição social habitam a mesma vizinhança.

Desse modo, a inclusão social, por mais que seja formalmente discutida e tratada nas políticas públicas de desenvolvimento urbano, até o momento, não levou em conta o fator de igualdade racial, o que mantém inalterada a segregação racial nos territórios urbanos.

Portanto, a partir da revisão bibliográfica de autores que articulam a questão racial, planejamento urbano e segregação, e com o apoio dos dados de sites oficiais, analisamos que as cidades brasileiras e sul-africanas são apartadas. Além disso, o presente artigo também é resultado das percepções dos autores em viagem realizada em 2018 à África do Sul. Desta forma, apresentamos a realidade da cidade de São Paulo, Brasil e de Johanesburgo, África do Sul. A seguir, apontamos alguns debates sobre o que é o direito à cidade, cidades includentes, democráticas e seguras, e por fim, aborda-se a perspectiva de que às normas internas e internacio-

os ODS, inspirados na RIO+20. A agenda pós-2015 foi definida com 17 objetivos e 169 metas a serem cumpridas até o ano de 2030: 1) Erradicação da pobreza; 2) Fome zero; 3) Boa saúde e bem-estar; 4) Educação de qualidade; 5) Igualdade de gênero; 6) Água limpa e saneamento; 7) Energia Limpa e acessível; 8) Trabalho decente e crescimento econômico; 9) Indústria, inovação e infraestrutura; 10) Redução das desigualdades; 11) Cidades e comunidades sustentáveis; 12) Consumo e produção responsáveis; 13) Ação contra a mudança global do clima; 14) Vida na Água; 15) Paz, justiça e instituições eficazes; 17) Parcerias e meios de implementação.

nais determinam que os Estados implementem políticas públicas urbanas capazes de combater a disparidade racial.

2. Desigualdade racial e social em São Paulo, Brasil e Johanesburgo, África do Sul

Importante mencionar que a escolha de São Paulo e Johanesburgo não foi aleatória, mas resultado da percepção de que compartilham a característica de serem o polo industrial de seus países, bem como pelo fato de terem uma formação espraiada, ou seja, estas cidades apresentam espaços específicos para entretenimento, lazer e habitação determinada pela classe social.

Observa-se que por causa do racismo, a partir do momento que as famílias negras conseguem conquistar uma habitação, cria-se vínculos que os mantém adquirindo imóveis nas proximidades, ainda que afastada do centro, pois sabe que nos lugares estabelecidos aos brancos, a chance de ser vítima do racismo é ainda maior do que na sua vizinhança.[17]

Outra questão de destaque é que a aquisição da propriedade por pessoas negras é mais difícil do que para pessoas brancas, tanto pela especulação imobiliária, que eleva os preços dos imóveis, mas também pelo racismo estrutural. O racismo é a prática sistema de discriminação que atribui vantagens ou desvantagens a depender do grupo ao qual pertence com fundamento na raça.[18]

No Brasil, os negros recebem as piores remunerações, estão ativos nos trabalhos precários, e ainda é um número reduzido que consegue cursar um nível superior na universidade, para ter oportunidades de empregos com melhores remunerações. Desta forma, estes corpos negros vão habitar onde o dinheiro pode pagar. Além disso, de forma dissimulada, as incorporações imobiliárias sequer tinham empreendimentos adquiridos por pessoas negras, à exceção das casas populares do Programa Minha

[17] Os resultados intergeracionais de uma discriminação decorrente de limitadores estruturais da acumulação patrimonial e do racismo por ser estudado na obra de RIBEIRO, Anna Lyvia Roberto Custódio. *Racismo estrutural e aquisição da propriedade*. 1ª Ed. São Paulo: Editora Contracorrente, 2020.

[18] Almeida, Silvio Luiz de. *O que é Racismo estrutural?* Belo horizonte: Letramento, 2018, p. 25.

Casa Minha Vida. Não teve uma norma que estabeleceu uma forma de organização da ocupação socioespacial includentes e que integrasse os negros, pelo contrário, por causa da negatividade atribuída aos negros, nas cidades brasileiras essa disparidade é nítida.[19]

A diferença da África do Sul é que houve leis racistas na eminência do regime apartheid que estabeleceram o lugar dos negros. Desta forma, os negros, ainda que em condição abastada foram expulsos para lugares afastados e distantes das habitações dos brancos. O resultado da segregação foi que os negros além da ausência de acessibilidade para locomoção também tiveram roubado de suas mãos o controle das mineradoras e qualquer cargo de decisão, a ponto de mesmo representando a maioria da população, não terem qualquer poder de influência nas decisões.[20]

Nesse sentido, o direito à cidade se refere a um direito humano construído no âmbito internacional. Trata-se de uma declaração, ainda sem força normativa estrita, no sentido de que todas as pessoas devem ter acesso a equipamentos e serviços públicos de qualidade e tempo disponível para deles usufruir, assim como a possibilidade de convivência e gozo das experiências urbanas. Para isso, são necessárias ações governamentais (políticas públicas) que proporcionem convívio, encontros e interações, além do pleno exercício da cidadania por todas as pessoas, de modo que o acesso à cidade seja reflexo do modo de viver, conforme

[19] No mínimo, desde o final do século XX, nota-se que o valor de mercado é aplicado a toda malha urbana e as pessoas passam a morar nas várias áreas da cidade exclusivamente segundo sua capacidade econômica. De igual modo, agentes de mercado criam áreas urbanas visando à valorização imobiliária (por exemplo, criação de condomínios residenciais fechados de alto padrão) sem qualquer preocupação com a inclusão das mulheres, negros e grupos vulneráveis. Na verdade, as incorporações habitacionais se preocupam com mais lucratividade.

[20] As violências perpetradas contras os negros sul-africanos receberam ainda mais destaque com o Massacre de Shaperville, Johanesburgo, em 21 de março de 1960, onde durante o protesto pacífico contra as leis racistas os policiais atiraram contra os manifestantes, o que causou 69 pessoas assassinadas e 186 feridas. Steve Bantu Biko, negro sul-africano foi torturado e assassinado pelo regime apartheid em 1977, tendo mobilizado a juventude de seu país para lutar contra o racismo e eurocentrismo. AFRICA DO SUL. História da África do Sul, 2021. Disponível em: https://www.africadosul.org.br/historia. Acesso em: 20 jul. 2021.

definido por Henri Lefebvre em sua obra seminal de 1968, intitulada O Direito à Cidade.[21]

Mesmo com os diplomas normativos internacionais e internos que determinam que homens e mulheres, assim como não-brancos e negros, são formalmente iguais, o acesso à cidade nos termos filosóficos de Lefebvre ainda não foi materializado.

Segundo Santos, as cidades se apresentam como espaços corporativos, pois existe uma interdependência entre o centro e a periferia, que decorre de fatores como o tamanho urbano, modelo rodoviário, carência de infraestrutura, especulação fundiária e imobiliária, problemas de transporte e periferização da população. Essas 'misérias' urbanas são acentuadas pela pobreza, que reflete no componente geográfico.[22]

2.1 A cidade de São Paulo

Os dados do Instituto Brasileiro de Geografia e Estatística (IBGE) apontam que a cidade de São Paulo, em 2020, alcançou 12.325.232 habitantes, com o PIB per capita de R$ 58.691,90 em 2018. Quanto ao trabalho, em 2019, o salário médio mensal era de 4,1 salários mínimos. A proporção de pessoas ocupadas em relação à população total era de 47.1%.[23]

A Rede Nossa São Paulo (2020), apontou que apesar de São Paulo parecer uma cidade enriquecida, ela apresenta a disparidade racial e social, pois as pessoas pobres e pessoas negras, possuem menos acessibilidade ao transporte público, educação e atividades culturais. A população negra[24] representava 60,1% dos habitantes do bairro Jardim Ângela, localizado no distrito sul, região mais afastada do centro, por outro lado no bairro Moema, bairro abastado, representava apenas 5,8%.

[21] Ver Batista, Waleska Miguel; Mastrodi, Josué. O dever de cidades includentes em favor das mulheres negras. *Revista de Direito da Cidade*, V. 10, n. 02, 2018, p. 862-886. Disponível em: http://www.e-publicacoes.uerj.br/index.php/rdc/article/view/31664/24080. Acesso em: 20 jul. 2021; e Lefevbre, Henri. *O direito à cidade*. Tradução de Rubens Eduardo Frias. São Paulo: Centauro, 2001.

[22] Santos, Milton. *A urbanização brasileira*. Coleção estudos urbanos. São Paulo: Editora Hucitec, 1993. p. 95.

[23] IBGE CIDADES. Instituto Brasileiro de Geografia e Estatística: Cidades. 2021. Disponível em: https://cidades.ibge.gov.br/brasil/sp/sao-paulo/panorama. Acesso em: 19 jul. 2021.

[24] Segundo os dados do IBGE a população negra é composta por pessoas pretas e pardas.

Este bairro, é coberto pelo Parque Ibirapuera, uma grande área verde com planetário, trilhas para *jogging*, lagos e bosques, além da impressionante sala de concertos Auditório Ibirapuera, uma construção vermelha e branca projetada por Oscar Niemeyer. Nos arredores do parque, as ruas arborizadas têm lanchonetes de fast-food e restaurantes sofisticados de culinária internacional. Há também, o Museu de Arte Moderna, que exibe principalmente obras brasileiras e tem um jardim de esculturas, enquanto que o Jardim Ângela é o oposto.

Em 08 de dezembro de 2020, Emicida lançou o documentário "AmarElo- é tudo ontem". O show foi gravado no Theatro Municipal, cartão postal de São Paulo, localizado na Praça Ramos de Azevedo, na região central da cidade. Área abastada, com acesso a bens e equipamentos públicos, e com ausência das pessoas negras (exceto na parte degradada; entre os moradores de rua, os negros são maioria). Os dados da Rede Nossa São Paulo (2020, p. 8), apontam que, nessa região, a população negra (pretos e pardos) é representada por entre 17,9% e 41,7% dos moradores.

Ainda que a proporção de pessoas negras nessa região não seja tão reduzida quanto no bairro Moema, em que foi constatado que apenas 5,8% de seus moradores são autodeclarados pretos e pardos, Emicida narra que os negros, excepcionalmente, tiveram a oportunidade de assistir um espetáculo no Theatro Municipal de São Paulo, ainda mais com conteúdo e produção de pessoas negras. Outrora, os negros acessavam aos teatros como serviçais, mas para este documentário eles são os protagonistas, e esta é a mensagem transmitida. Ou seja, que os negros podem e devem participar dos espetáculos como atores e como espectadores.

O IBGE apontou que 56% da população brasileira é negra (parda e preta), e que ao fazer o recorte por região, que na região sudeste, 50% das pessoas entrevistas se autodeclararam brancas, 9,9% pretas e 39% pardas.[25] E mesmo assim, as pessoas negras estão habitando em espaços mais distantes do centro, tendo um deslocamento até o trabalho ou qualquer atividade cultural por trajetos mais extensos.

[25] INFORMATIVO IBGE. Pesquisa Nacional por amostra de domicílios, 2020, p. 8. Disponível em: https://biblioteca.ibge.gov.br/visualizacao/livros/liv101707_informativo.pdf. Acesso em: 19 jul. 2020.

Para além dessa questão, tendo em vista que o transporte público não funciona 24 horas, é perceptível que o acesso a atividades culturais noturnas talvez não seja possível por moradores nas periferias porque não teriam como ir embora. O relatório da Rede Nossa São Paulo apontou que além das disparidades no deslocamento, também a longevidade das pessoas varia segundo o seu local de moradia.

2.3 Johanesburgo, África do Sul

Semelhantemente, Johanesburgo é a principal cidade da África do Sul, e possui 4,94 milhões de habitantes, de acordo com o Censo sul-africano de 2016, sendo que de acordo com o censo de 2011, do total de 4,4 milhões da população, 76,4% são negros africanos, 12,3% são brancos, 5,6% são pardos *(coloured people)* e 4,9 % são indianos / asiáticos. A cidade também possui o mais alto PIB per capita do país, de US$ 16.370 em 2014. Esta cidade também é o lugar que muitas pessoas chegam para alcançar melhores condições de vida, inclusive, sua população é composta por muitos imigrantes. [26]

A pesquisa realizada pelo grupo responsável pelo desenvolvimento socioeconômico de Johanesburgo, em 2017, sobre a satisfação com os moradores com sua vizinhança, apontou que 71% dos entrevistados estão satisfeitos com os lugares que moram. Em Soweto, bairro construído para os negros na constância do regime apartheid, 72% dos entrevistados disseram estar satisfeitos com o bairro. O mesmo relatório também aponta que as respostas alteram segundo à moradia ocupada pelo entrevistado.

Importante mencionar que Soweto, não é um bairro apenas periférico e afastado do centro, para além disso, ele possui uma organização própria, em que há moradias de pessoas mais abastadas, de classe média e de pessoas miseráveis. A divisão do bairro é como se fosse um retângulo ou quadrado, divido em quatro partes: 1) pessoas abastadas; 2) classe média; 3) moradia de trabalhadores; 4) pessoas miseráveis. Os contrastes entre as habitações mostram que todo o programa para cidades includentes

[26] JOBURG. City Of Johannesburg's Socio-Economic Development STATUS, 2016, p. 1. Disponível em: https://www.joburg.org.za/documents_/Documents/Issue%202_The%20Socio%20Economic%20Status%20of%20the%20City%20of%20Johannesburg.pdf. Acesso em: 19 jul. 2021.

não parecem ser aplicados entre os moradores. Há guetos, ou seja, espaços em que os moradores de determinando bairro formam a homogeneidade, de maneira que é perceptível que a política urbana deverá agir a fim de extinguir a disparidade social presente entre os moradores de Soweto. Desta forma, o Estado terá de agir para todos os moradores de das cidades tenham a mesma possibilidade de moradia adequada e digna, e não ser naturalizado o contraste de habitações precárias e abastadas.

O relatório também apontou os motivos que os entrevistados moram em seus bairros e moradias, e constatou que as pessoas negras argumentam que "sempre moraram ali" e que permanecem naqueles espaços por causa da "acessibilidade para o trabalho", enquanto que as pessoas brancas identificaram a "qualidade da propriedade" e "segurança" como justificativas.[27]

Em Johanesburgo, os centros, shoppings, parques e cafés tinham trabalhadores negros, no entanto, na maioria dos casos suas ocupações eram nas *townships* (favelas e comunidades) distante do local de trabalho. Na Cidade do Cabo, a disparidade era mais visível pois as casas nas áreas centrais e turísticas era de propriedade de famílias brancas e de europeus, que tiveram benefícios públicos sul-africanos para a aquisição da propriedade, enquanto que os trabalhadores (negros, na maioria) moravam em lugares afastados, sem acesso ao transporte público adequado e tampouco com a mesma condição de lazer existente nos centros.[28]

Segundo os dados estatísticos de 2018, a África do Sul apresenta brancos (comunidade europeia, principalmente holandeses e ingleses) 12%, coloridos (mestiços), 8,5%, asiáticos (chineses, indianos) 2,5% e negros

[27] JOBURG. Neighborhoods, 2017, p. 4. Disponível: https://www.joburg.org.za/documents_/Documents/Statistical%20Briefs/Issue%208_%20Neighbourhoods%20.pdf. Acesso em: 19 jul. 2021.

[28] Interessante observar que o transporte público para as townships eram minivans, em muitos casos lotadas, e alguns em situação precária com risco à segurança. Em nenhuma dessas vans havia pessoas brancas nos horários de término do expediente de trabalho. A orla das praias foi ocupada por mansões e condomínios fechados, tendo sido deixadas apenas algumas entradas estreitas para as pessoas não-moradoras, e mesmo assim, os seguranças privados entraram em confronto com banhistas negros que ousaram ficar na praia em frente a essas casas. Ou seja, ainda que sem a legislação de segregação e passe para transitar na cidade, ainda é mantido o lugar de cada grupo.

(grupos étnicos: Zulu, Sotho, Tswana, Xhosa, Tsonga, Swazi, Venda, Ndebele) em 77%.

Nota-se que além da disparidade racial, a questão social deve ser muito bem estudada a partir da complexidade da própria África do Sul, tanto por sua postura multiétnica quanto pelos objetivos de desenvolvimento econômico a partir da inserção no capitalismo global.[29] Não há dúvidas de que a ideologias raciais sobre a inferioridade dos negros ou de grupos étnicos, bem como as de meritocracia e esforço constituem o imaginário da formação da estrutural social sul-africana.

3. A legislação sobre o planejamento urbano das cidades

"Os processos de democratização iniciados após o fim da ditadura civi-militar no Brasil e o desmantelamento do apartheid na África do Sul constituem o marco histórico fundamental, verdadeiro divisor de águas para os dois países no final do século XX".[30]

A Constituição Federal de 1988, também conhecida como Constituição Cidadã, trouxe aspectos importantes a respeito da organização espacial do território brasileiro, bem como que ele deve estar alicerçado nos fundamentos e objetivos constitucionais de repúdio ao racismo, não-discriminação, sociedade justa, solidária e democrática.

Assumindo um caráter multiétnico e com a garantia dos direitos dos indígenas e quilombolas, os dispositivos de política urbana prescrevem que é dever do Poder Público promover a política de desenvolvimento urbano (art. 182 e 183 da CF).[31]

[29] Apesar desse reconhecimento formal, a desigualdade racial ainda está presente em seu tecido social, de modo que a segregação socioespacial nas cidades ainda é definida pelo critério da cor de pele. SEEKING, Jerimy. Race, discrimination and diversity in South Africa. *Center for Social Science Research*, n. 194, may, 2007, p. 6-8. Disponível em: < http://cssr.uct.ac.za/publications/working-paper/2007/race-discrimination-and-diversity-south-africa >. Acesso em: 19 jul. 2021.

[30] BRAGA, Pablo de Rezende Saturino; MILANI, Carlos R. S. Direitos Humanos e política externa no Brasil e na África do Sul. *Revista Brasileira de Ciência Política*, Brasília, n. 29, maio/ agosto, 2019, p. 7. Disponível: https://www.scielo.br/j/rbcpol/a/9DG98wPQ684JHGdg88BJNYt/?format=pdf&lang=pt. Acesso em: 19 jul. 2021.

[31] Art. 182. A política de desenvolvimento urbano, executada pelo Poder Público municipal, conforme diretrizes gerais fixadas em lei, tem por objetivo ordenar o pleno desenvolvi-

Nesta toada, foi aprovado após anos de debate no Congresso Nacional, a Lei n. 10.257/2001 (Estatuto da Cidade), que regulamenta os artigos 182 e 183 da CF, estabelece diretrizes gerais e da política urbana e dá outras providências. Esta lei prescreve que as cidades devem ser includentes e democráticas, e que para o cumprimento da função social, como espírito constitucional, deveria pensar na organização das cidades e na construção dos empreendimentos imobiliários.[32]

O Estatuto da Igualdade Racial (Lei n. 10.288/2010) também reconheceu que as cidades devem ser democráticas, e que a população negra ocupa habitação precária, especialmente, as mulheres negras. O capítulo IV, "Do acesso à terra e à moradia adequada", a lei estabelece que o Poder Público deve criar instrumentos que garantam esses direitos à população negra, que sofre com o racismo, que, por conseguinte, atribui desvantagens e empeço para materialização dos direitos dos negros na mesma medida que dos brancos.

A ascensão de Nelson Mandela ao poder presidencial, em 1994, permitiu a elaboração de uma nova Constituição da República, com olhares para a formação de um país democrático. Prescreveu-se o repúdio a discriminações e preconceitos, todavia, isso foi insuficiente para mudar a realidade que ainda mantém os negros na subalternidade.

Os dados da Urban Foundation (1990) evidenciam que os negros estavam mais propensos a morarem em barracos, pois a população crescia mais rápido, mas sem oportunidades de financiamentos e acesso à terra.[33]

A Constituição da África do Sul estabelece no capítulo 21, que todas as pessoas possuem liberdade de locomoção e residência, e que cabe ao

mento das funções sociais da cidade e garantir o bem- estar de seus habitantes [...]. Art. 183. Aquele que possuir como sua área urbana de até duzentos e cinquenta metros quadrados, por cinco anos, ininterruptamente e sem oposição, utilizando-a para sua moradia ou de sua família, adquirir-lhe-á o domínio, desde que não seja proprietário de outro imóvel urbano ou rural[...].

[32] Não faz sentido a luz das bases constitucionais e internacionais que o Poder Público autorize a construção de empreendimentos habitacionais segregados.

[33] BEAVON, K.S.O. The post-apartheid city: hopes, possibilities, and harsh realities. In: SMITH, David M. *THE APARTHEID CITY AND BEYOND Urbanization and Social Change in South Africa*. London and New York: Routledge; Witwatersrand University Press, 1992, p. 232.

Estado tomar medidas legislativas e outras medidas razoáveis, de acordo com seus recursos disponíveis, para promover condições que permitam aos cidadãos obter acesso à terra em bases equitativas. Diferentemente do Brasil, a Constituição da África do Sul também garante aos sul-africanos expulsos de suas propriedades à restituição ao local ou reparação. "Uma pessoa ou comunidade despojada de propriedade após 19 de junho de 1913 como resultado de leis ou práticas discriminatórias do passado tem direito, na medida prevista por uma Lei do Parlamento, seja à restituição dessa propriedade ou a uma reparação equitativa".[34]

Ambos os países adotaram os objetivos para o desenvolvimento sustentável, porém, a África do Sul adiou o cumprimento da Agenda 2030 para Agenda 2063, conforme os países membros da União Africana.[35] Com certeza, a realidade política e econômica dos países possui diferenças, e cada qual sua especificidade, porém, a partir da percepção de como o Estado tem organização o seu território, acredita-se que o ODS 11 (cidades includentes, seguras, resilientes e sustentáveis) não esteja sendo materializado, a partir da análise das cidades de São Paulo, Johanesburgo e Cidade do Cabo.

Mesmo com a Agenda 2063 vigente, a cidade de Johanesburgo assumiu o compromisso de administrar a cidade com um governo responsável aos interesses dos pobres para a Agenda 2030, ou seja, com um plano mais rápido.[36]

[34] CONSTITUIÇÃO DA ÁFRICA DO SUL, 1996. Disponível em: https://www.gov.za/documents/constitution/chapter-2-bill-rights#21. Acesso em: 20 jul. 2021.

[35] Dentre os objetivos para 2063, a União Africana espera que "as cidades e assentamentos humanos sejam centros de atividades culturais e económicas, com infra-estruturas modernas e onde as pessoas têm acesso a habitação de baixo custo e condigna, incluindo financiamento para habitação e todos os bens de primeira necessidade como água, saneamento, energia, transporte público, e as Tecnologias da Informação e Comunicação". AFRICAN UNION. *A África que nós queremos,* 2015, p. 2. Disponível em: https://au.int/sites/default/files/documents/36204-doc-agenda2063_popular_version_po.pdf. Acesso em: 19 jul. 2021.

[36] JOBURG. Poverty and livelihoods in the City, 2016, p. 1. Disponível em: joburg.org.za/documents_/Documents/Issue%204_%20Poverty%20and%20Livelihoods.pdf. Acesso em: 19 jul. 2021.

Estas normas especificas são relevantes para estabelecer a urgência de aplicação da lei, bem como que as complexidades das relações sociais não devem ser tratadas como condição universal, ou seja, a nomeação e reconhecimento da apartação racial social é importante para que as estruturas possam ser alteradas, a ponto de as desigualdades não serem produzidas e tampouco reproduzidas.

No entanto, em todas as normas a respeito do dever de combater a apartação entre negros e brancos, bem como garantir a possibilidade de trocas de bem-estar, lazer e cultura entre as diferentes pessoas evidencia a tentativa de forjar uma cidadania em que todos se reconheçam como iguais.

> É geralmente aceito que cidadania tem três significados – como uma questão de status legal; como um direito à participação em comunidades legais; e como filiação a uma comunidade política. A concepção legal de cidadania como conectando um indivíduo a um estado e determinando os direitos e deveres desse indivíduo para com o estado abrange esses três significados. Um dos desafios da cidadania é que ela é igualitária e imagina todos os cidadãos como iguais perante a lei. A noção de igualdade e não discriminação é pensada para fortalecer os laços de lealdade para com o Estado e o sentimento de pertença e identidade dos indivíduos.[37]

Evance S. Nwauche aponta que a especificidade da África do Sul é a necessidade de compreensão que além das normas constitucionais e da legislação aprovada pelo Congresso, há também as normas específicas a cada grupo étnico, e isso também deve ser observado na organização do planejamento urbano.

Em suma, o objetivo é que as cidades sejam includentes, democráticas e que todos os grupos étnicos e raciais vivam em uma sociedade justa, é imprescindível salientar que o pensamento de combater a segregação urbana é para que a democracia seja materializada.

[37] Nwauche, Evance S. Affiliation to a new customary law in post-apartheid South Africa. *PER/PELJ*, v.18, n. 3, 2015, p. 572.

Conclusões

O significado do direito à cidade carece de inserção nos planejamentos urbanos, pois o modo de viver, a possibilidade de trocas entre os diferentes grupos de classe, raça e gênero é inexistente, uma vez que o desenvolvimento econômico com a perspectiva de mais lucratividade desconsidera a importância garantia de cidadania para todos.

As constituições dos dois países estudados têm a preocupação para que os habitantes tenham acesso à moradia adequada,[38] e isso é um dever a partir do reconhecimento de que este direito não deve ter custo, mas ser disponibilizado a todos, por estar dentro do rol de Direitos Humanos, já que busca a materialização da igualdade, justiça e democracia.

O estudo cruzado do Brasil e da África do Sul permite a percepção sobre até que ponto os pactos internacionais reconhecem a especificidade dos países do sul-global, ainda mais com o histórico de profunda disparidade racial. A universalização para o cumprimento da Agenda 2030 talvez não seja um novo revestimento de dominação, sem qualquer interesse na autonomia plena.

Não há dúvidas de que qualquer instrumento que garanta direitos e busque a redução das desigualdades sejam benéficos, mas planejar as cidades a partir da perspectiva eurocêntrica sejam equívocos para manter a inferiorização do Estado, e não sua mudança estrutural. Há potencialidades no Brasil e na África do Sul para dar início às reformas democráticas mais radicais, ou seja, àquelas que contribuam com mudanças estruturais. As políticas públicas urbanas devem ser implementadas no espaço em que a desigualdade está sendo produzida.

Referências

AFRICA DO SUL. História da África do Sul, 2021. Disponível em: https://www.africadosul.org.br/historia. Acesso em: 20 jul. 2021.

[38] O Brasil assumiu os compromissos do Pacto Internacional dos Direitos Econômicos, Sociais e Culturais (1966), ratificado pelo Brasil em 24 de janeiro de 1992, que determina a moradia adequada a partir do Comentário Geral n. 4 do Comitê das Nações Unidas para Direitos Econômicos, Sociais e Culturais.

AFRICAN UNION. A África que nós queremos, 2015, p. 1-26. Disponível em: https://au.int/sites/default/files/documents/36204-doc-agenda2063_popular_version_po.pdf. Acesso em: 19 jul. 2021.

ALMEIDA, Silvio Luiz de. O que é Racismo estrutural? Belo horizonte: Letramento, 2018.

BAIRROS, Luiza. Orfeu e o Poder: uma perspectiva afro-americana sobre a política racial no Brasil. Afro-Ásia, Centro de Estudos Afro-Orientais-UFBA, n. 1996, p. 173-186. Disponível em: https://periodicos.ufba.br/index.php/afroasia/article/view/20863/13463. Acesso em: 20 jul. 2021.

BATISTA, Waleska Miguel. Cidades Includentes: O dever de desguetização a partir da Nova Agenda Urbana da ONU/Habitat III. Estudo Cruzado entre Campinas, Brasil e Cidade do Cabo, África do Sul. Campinas: PUC-Campinas, 2018 (Dissertação de mestrado).

BEAVON, K.S.O. The post-apartheid city: hopes, possibilities, and harsh realities. In: SMITH, David M. *THE APARTHEID CITY AND BEYOND Urbanization and Social Change in South Africa*. London and New York: Routledge; Witwatersrand University Press, 1992, p. 232-243.

BRAGA, Pablo de Rezende Saturino; MILANI, Carlos R. S. Direitos Humanos e política externa no Brasil e na África do Sul. *Revista Brasileira de Ciência Política*, Brasília, n. 29, maio/ agosto, 2019, p. 7-44. Disponível: https://www.scielo.br/j/rbcpol/a/9DG98wPQ684JHGdg88BJNYt/?format=pdf&lang=pt. Acesso em: 19 jul. 2021.

BRITO, Beatriz Duarte Correa de. *Direito à moradia: de assentamento humano a elemento do direito à cidade os desdobramentos das 3 Conferências das Nações Unidas Habitat na legislação brasileira*. (Dissertação de mestrado). Campinas: PUC-Campinas, 2018. Disponível em: http://tede.bibliotecadigital.puc-campinas.edu.br:8080/jspui/bitstream/tede/1083/2/BEATRIZ%20DUARTE%20CORREA%20DE%20BRITO.pdf. Acesso em: 18 jul. 2021.

CONSTITUIÇÃO DA ÁFRICA DO SUL, 1996. Disponível em: https://www.gov.za/documents/constitution/chapter-2-bill-rights#21. Acesso em: 20 jul. 2021.

DAVIS, Angela. *Mulheres, Cultura e Política*. Tradução de Heci Regina Candiani. 1.ed. São Paulo: Boitempo, 2017.

FERNANDES, Florestan. *Significado do protesto negro*. São Paulo: Cortez: Autores associados, 1989 (e-book).

GONZALEZ, Lelia; HASENBALG, Carlos. *Lugar de negro*. Rio de Janeiro: Marco Zero, 1982.

IBGE CIDADES. Instituto Brasileiro de Geografia e Estatística: Cidades. 2021. Disponível em: https://cidades.ibge.gov.br/brasil/sp/sao-paulo/panorama. Acesso em: 19 jul. 2021.

JOBURG. Poverty and livelihoods in the City, 2016, p. 1-11. Disponível em: joburg.org.za/documents_/Documents/Issue%204_%20Poverty%20and%20Livelihoods.pdf. Acesso em: 19 jul. 2021.

JOBURG. City Of Johannesburg's Socio-Economic Development STATUS, 2016, p. 1-11. Disponível em: https://www.joburg.org.za/documents_/Documents/Issue%202_The%20Socio%20Economic%20Status%20of%20the%20City%20of%20Johannesburg.pdf. Acesso em: 19 jul. 2021.

JOBURG. Neighborhoods, 2017, p. 1-11. Disponível: https://www.joburg.org.za/documents_/Documents/Statistical%20Briefs/Issue%208_%20Neighbourhoods%20.pdf. Acesso em: 19 jul. 2021.

LEFEVBRE, Henri. *O direito à cidade*. Tradução de Rubens Eduardo Frias. São Paulo: Centauro, 2001.

MBEMBE, Achille. *A crítica da Razão Negra*. Tradução de Marta Lança. Antígona, 3.ed, 2014.

NAU. Nova Agenda Urbana, 2016. Disponível em: http://habitat3.org/wp-content/uploads/NUA-Portuguese-Angola.pdf. Acesso em: 19 jul. 2021.

NWAUCHE, Evance S. Affiliation to a new customary law in post-apartheid South Africa. *PER/PELJ*, v.18, n. 3, 2015, p. 569-592.

ODS. Objetivos para o Desenvolvimento Sustentável, 2015. Disponível em: https://odsbrasil.gov.br/. Acesso em: 26 maio 2021.

ONU. Organizações das Nações Unidas. *The New Urban Agenda*, 2016. Disponível em: <http://habitat3.org/the-new-urban-agenda>. Acesso em: 19 jul. 2021.

ONU-HABITAT. Programa das Nações Unidas para Assentamentos Humanos, 2017. Disponível em: https://nacoesunidas.org/agencia/onuhabitat/. Acesso em: 19 jul. 2021.

RIBEIRO, Anna Lyvia Roberto Custódio. *Racismo estrutural e aquisição da propriedade*. 1ª Ed. São Paulo: Editora Contracorrente, 2020.

SANTOS, Milton. *A urbanização brasileira*. Coleção estudos urbanos. São Paulo: Editora Hucitec, 1993.

SEEKING, Jerimy. Race, discrimination and diversity in South Africa. *Center for Social Science Research*, n. 194, may, 2007. Disponível em: < http://cssr.uct.

ac.za/publications/working-paper/2007/race-discrimination-and-diversity--south-africa >. Acesso em: 02 de novembro de 2018.

SILVA, Graziella Moraes. A interface entre raça e identidade nacional no Brasil e na África do Sul. *Revista de Estudos Políticos*, v.1, n.6, 2013, p.44-60. Disponível em: <http://revistaestudospoliticos.com/wp-content/uploads/2013/10/6p44-60.pdf>. Acesso em: 19 jul. 2021.

15.
Segregação Social e Racial na Política Urbana: Favelas na Agenda do Estado e o Caso da Intervenção Policial na Favela do Jacarezinho em 2021

ALESSANDRA BENEDITO
WALESKA MIGUEL BATISTA

Introdução

A formação das cidades urbanas brasileiras aconteceu de forma mais intensa em meados do século XVIII, quando a cidade passou a ter mais importância com espaços para lazer, cultura e instituições de ensino, tornando-se o local de domicílio do senhor de engenho, que só ia para o espaço rural em época de plantio. A seguir, no século XIX, as cidades alcançaram mais destaque, especialmente, porque o Brasil estava sendo impactado pelo processo de industrialização, bem como pela institucionalização de universidades e da política.[1]Além disso, o aparato legal urbano, fundiário e imobiliário, que se desenvolveu na segunda metade do século XIX, "forneceu base para o mercado imobiliário fundado nas relações capitalistas e também para a exclusão territorial".[2]

[1] SANTOS, Milton. A urbanização Brasileira. Editora HUCITEC: São Paulo, 1993, p. 18.

[2] "É com o início da República que se afirma o urbanismo modernista segregador. As cidades brasileiras mais importantes, em especial o Rio de Janeiro, passam por grandes transformações que procurarão adaptá-las aos novos tempos, isto é, às novas necessidades

A estruturação das cidades não fugiu a lógica do pensamento escravista, que era pautada na dualidade, em que havia a casa grande e a senzala, ou seja, um espaço para os proprietários e um espaço para os escravizados ou dominados. Esta racionalidade foi primordial na constatação de que a cidade se tornou criadora de pobreza e de um modelo socioespacial de segregação, principalmente, após a Abolição da Escravidão, em 13 de maio de 1888.

A população negra que foi liberta integrava o grupo de pessoas que careciam de terra, moradia, emprego e de formas de sobreviverem nesse novo modo de produção que a considerava livre e igual aos brancos, mas que não concedeu qualquer direito. "Em suma, a sociedade brasileira largou o negro ao seu próprio destino, deitando sobre seus ombros a responsabilidade de se reeducar e de se transformar para corresponder aos novos e ideais de ser humano, criados pelo advento do trabalho livre, do regime republicano e do capitalismo".[3] Não houve políticas de inclusão, de modo que muitos negros foram morar em cortiços localizados nos centros urbanos ou em moradias precárias às margens da cidade, também conhecidas como favelas.

De 1920 a 1940 "a população ocupada em serviço cresceu mais depressa que o total da população economicamente ativa",[4] o que também provocou o espraiamento quanto a ocupação do espaço urbano tanto pelo valor de uso quanto pelo valor de troca.

> Aplicado à cidade, o valor de uso se refere ao direito de viver, morar e conviver na cidade, se refere ao valor dado pelas pessoas ao uso que fazem dos parques, das escolas, do comércio. Já o valor de troca tem a ver com o preço de mercado dado à cidade e a seu território. Nesta perspectiva, o uso desta cidade, ou de seus equipamentos públicos, é permitido apenas aos que puderem pagar por isso. Esse preço é estipulado pelo mercado e se encontra, mui-

econômicas ligadas à administração e exportação dos produtos agrícolas, em especial o café, e o combate às epidemias por meio do saneamento". MARICATO, Ermínia. *Metrópole na periferia do capitalismo*: ilegalidade, desigualdade e violência. São Paulo: Hucitec, 1996, p. 38.

[3] FERNANDES, Florestan. A integração do negro na sociedade de classes.: o legado da raça branca (volume I). 5.ed. São Paulo: Globo, 2008, p. 35-36.

[4] SANTOS, Milton. *A urbanização Brasileira*. Editora HUCITEC: São Paulo, 1993, p. 23.

tas vezes, embutido no custo de vida de um bairro, custo esse que dificulta, de modo invisível, a presença de pessoas de renda mais baixa nos locais mais urbanizados.[5]

As disparidades quanto a ocupação do espaço urbano também impactou a relação do Estado com as pessoas que foram destinadas às periferias, pois além da ausência de bens e equipamentos públicos, estas pessoas se tornaram alvo das políticas repressivas do Estado razão pela qual, elas são principais vítimas de arbitrariedades policiais sobre a falácia de defesa da segurança pública. Florestan Fernandes afirmou que os negros não foram integrados na lógica da sociedade de classe, tendo sido destinados aos cortiços, unindo pobreza e negritude.

Mesmo assim, o final do século XX foi promissor para o investimento do mercado imobiliário tanto para pessoas de baixa renda quanto para pessoas abastadas, pois a partir da definição de valores quanto aos imóveis e terrenos, determinou-se o grupo de pessoas que a ocupariam.[6] Por causa do racismo, os negros integravam o grupo de pessoas da baixa renda, enquanto que os brancos integravam de forma homogênea o grupo de pessoas abastadas, o que se estabeleceu também uma segregação racial, ainda que sob o véu da falaciosa democracia racial.[7]

Interessante observar que as possiblidades de financiamento imobiliário não extinguiram com as favelas, que continuaram se expandindo em razão da estrutura que impossibilitava até aspirações de concretização do direito à moradia às pessoas pobres.

A realidade brasileira também se fazia presente em outros países, conforme foi discutido nas conferências Habitat da ONU, que acontecem a cada 20 anos, sendo que a primeira foi realizada em 1976.[8] Assim, inspi-

[5] Mastrodi, Josué; Batista, Waleska Miguel. O dever de desguetização em favor das mulheres negras. *Revista Direito da Cidade*, Rio de Janeiro, 2018, p. 863.

[6] A pobreza não é apenas o fato do modelo socioeconômico vigente, mas também, do modelo espacial. Santos, Milton. *A urbanização Brasileira*. Editora HUCITEC: São Paulo, 1993, p. 10.

[7] Havia brancos pobres também, porém eles tinham mais oportunidades do que os negros, que sequer tinham representatividade significante nos grupos abastados.

[8] A I Conferência para assentamentos humanos, aconteceu em Vancouver, Canadá, em 1976, com o objetivo de debater o crescimento desordenado, problemas urbanos decor-

rada na materialização de uma sociedade justa e solidária, a Constituição Federal de 1988, um século depois da Abolição da Escravidão, estabeleceu que cabe ao Estado brasileiro desenvolver uma política urbana em conformidade com os direitos fundamentais e o Estado Democrático de Direito.

Depois de anos de debates políticos e tentativa de supressão para a elaboração de leis complementares aos dispositivos constitucionais sobre diretrizes da política urbana houve a aprovação do Estatuto da Cidade (Lei n. 10.257/2001), que apresenta o dever de cidades sustentáveis, seguras e democráticas.

Além disso, houve a Conferência para os Objetivos para o Desenvolvimento Sustentável, em 2015, em que o Brasil participou e se comprometeu com o dever de concretização dos dezessete objetivos até 2030. Dentre os objetivos, destaca-se o número 11, que prevê o dever de o Estado desenvolver política urbana para que as cidades sejam sustentáveis, seguras, includentes e resilientes.

O Brasil participou da Conferência das Nações Unidas sobre Habitação e Desenvolvimento Urbano Sustentável, em Quito, Equador, em 2016, oportunidade na qual foi elaborado o documento da Nova Agenda Urbana da ONU/Habitat III, que trouxe pautas de combate à desigualdade racial, às mudanças climáticas e importâncias de políticas que compreendam a especificidade dos grupos em situações de vulnerabilidade.

No entanto, apesar do arcabouço jurídico profundo em âmbito nacional e internacional, houve constantes violações das normas em favor da democratização do espaço, principalmente, em favelas e espaços em regularização.[9]

rentes de danos ambientais e valorização do ecossistema. A II Conferência sobre assentamentos humanos (Habitat II), ocorreu em Istambul, Turquia, em 1996, para que os Estados-partes promovam a garantia do Direito à Cidade e Direito à moradia, a partir do desenvolvimento de indicadores. ONU. *Organizações das Nações Unidas*. The New Urban Agenda, 2016.

[9] Dados da Universidade Federal Fluminense apontam que o Estado do Rio de Janeiro repete o comportamento de violação dos direitos dos moradores de favelas com o argumento de estarem agindo em defesa da segurança pública e combate as drogas. Segundo os dados em 1994, Complexo do Alemão, houve 14 mortos; em 1998, Duque de Caxias, 23 mortos; em 2003, Senador Camara, 15 mortos; em 2007, Complexo do Alemão, 19

A pandemia do coronavírus destacou a inferiorização e vulnerabilidade a que as pessoas periféricas estão submetidas, porque suas casas, bairros e familiares foram os alvos da violência da força policial, mesmo com a decisão do Supremo Tribunal Federal (STF), que suspendeu ações da polícia militar do Estado do Rio de Janeiro nas favelas.

Desta forma, a partir da importância jurídica determinada para promoção de cidades sustentáveis, seguras e resilientes, questionamos o que legitima a violação dos espaços urbanos periféricos pelo Estado, a tal ponto de o Direito à Cidade carecer de efetividade e concretização.

Para responder a essa questão, realizamos uma revisão bibliográfica de periódicos qualificados, livros e análise da decisão do STF. Primeiramente, apresentamos a reflexão filosófica, jurídica e sociológica sobre os fundamentos do Direito à Cidade no Brasil. A seguir, analisamos a decisão do STF sobre a suspensão de ações policiais nas favelas do Rio de Janeiro, e por fim, apontamos a violação de direitos fundamentais sociais na favela do Jacarezinho em 2021 como reflexo de uma sociedade estruturalmente desigual no que tange a raça e classe. Concluímos que os dispositivos formais não são aplicados para proteção de pessoas em espaços periféricos, pois é neste espaço que os corpos são considerados descartáveis. Os papéis racializados são destrutivos para a construção da sociedade, tanto para brancos quanto para negros, por isso que desguetizar os espaços urbanos e a forma de atuação do Poder Público revelam-se urgente e necessário.

1. Dos fundamentos do direito à cidade no Brasil

O direito à cidade é a garantia de forma igualitária para que as pessoas além de terem acesso aos bens e equipamentos públicos como transporte, saúde, saneamento básico e esgoto, também tenham a possibilidade de vivências e trocas com pessoas de grupos étnicos, gênero, religião e raça distintos, sem qualquer forma de discriminação. "Face a esse direito, ou pseudodireito, o direito à cidade se afirma como um apelo, como uma

mortos. Interessante que essas invasões aconteceram (acontecem) apenas nas periferias, o que evidencia a seletividade do sistema criminal de justiça.

exigência",[10] que vai permitir reflexões renovadas e transformadas que materializem os princípios constitucionais.

No entanto, as cidades foram construídas a partir da lógica de crescimento, desenvolvimento e lucratividade dos grupos dominantes, o que a transformou em mercadoria, uma vez que para viver com as garantias de direitos individuais e sociais a custos. Na lógica do capitalismo, faz sentido pagar para usufruir os direitos fundamentais sociais, porém, quando o Estado se assumiu como democrático e social, é evidente a contrariedade quanto a sua organização.

A realidade apresentada a população negra na ocupação do espaço urbano é uma afronta às normas, uma vez que por causa da ausência de política pública após a abolição da escravidão, os negros foram marginalizados e destinados a espaços precários, pois eram lugares que o custo de sobrevivência era menor se comparado aos centros da cidade. Essa exclusão promoveu a discriminação socioespacial e naturalizou a ausência de negros nesses espaços e ao mesmo tempo o normalizou em lugares afastados e marginalizados.

A desigualdade estrutural culpabiliza os pobres e moradores de favelas pela sua condição periférica e de baixa renda.[11] Justifica-se que os negros e pobres eram "vagabundos" e "irresponsáveis", por isso que não conseguiam morar em lugares melhores e tampouco serem inseridos no mercado de trabalho. Os negros foram estigmatizados com uma "reputação desabonadora, que iria bani-los do mercado de trabalho urbano ou forçá-los a lutar, arduamente, na orla das ocupações indesejáveis ou insignificantes", impedindo-os de ter renda capaz de garantir o seu sustento.[12]

Desta forma, essas pessoas de baixa renda que não tinham condições para morar nos condomínios que eram construídos, passaram a se orga-

[10] LEFEBVRE, Henri. *O direito à cidade*. Tradução de Rubens Eduardo Frias. São Paulo: Centauro editora, 2001, p. 117-118.

[11] A meritocracia é outra forma de avalizar a desigualdade racial, uma vez que estabelece que pobreza, falta de ascensão material e profissional é decorrente da ausência de mérito individual. Nega-se toda a construção social de que o racismo é sistêmico e inferioriza determinado grupo racial, ao mesmo tempo que privilegia o outro. ALMEIDA, Silvio. *O que é racismo estrutural?* Belo Horizonte: Letramento, 2018, p. 62-63.

[12] FERNANDES, Florestan. *A integração do negro na sociedade de classes*: o legado da raça branca (volume I). 5.ed. São Paulo: Globo, 2008, p. 90.

nizar em espaços vazios, aglomerando-se em pequenas casas construídas com resíduos sólidos urbanos como madeiras, papelão e o que mais servisse em pequenos "barracos", que foram denominados de favelas. Importante mencionar que ninguém foi morar na favela por quis, mas a estrutura social com a ausência de direitos e políticas públicas includentes forçou o grupo menos abastado a se organizar desse modo.[13]

O estereótipo criado a respeito da favela foi reproduzido sobre a concepção de que tinham das pessoas negras, ou seja, de que os favelados – maioria de pessoas negras – são "violentos", "criminosos" e "desqualificados". Não por acaso, as favelas se tornaram os alvos para perseguição de suspeitos e as violências que surgiram com a expansão das cidades também eram atribuídas aos moradores das periferias, de modo que os agentes de segurança pública a partir das decisões do Estado atuavam com desconfiança e até hostilidade para com os habitantes de bairros e comunidades de baixa renda, ao mesmo tempo que justificavam para os habitantes de bairro abastados que estavam cumprindo o papel de garantir a segurança de suas propriedades e até de suas vidas.

Jane Jacobs afirmou que as cidades possuem profundos problemas e grandes complexidades, que não se solucionam apenas com questões de transporte ou melhorias de rodovias e ferrovias. Esta autora também afirma que não tem como combater a segregação racial e espacial quando a vida de todos os cidadãos não é fundamentalmente digna na base pública e quando se nega a importância do contato nas ruas.[14]

Assim, as justificativas apresentadas pelo Estado para a discriminação no tratamento com os cidadãos pobres não foram vistas como violação de direito, mesmo sendo notável que a única ação do Estado que chegava às favelas era a força policial. Nas favelas não havia moradia, saúde, educação e tampouco lazer, razão pela qual o custo de vida era menor, enquanto que nos bairros abastados havia a materialização desses direi-

[13] Os moradores de favela até os dias de hoje são, majoritariamente, negros.

[14] As ruas são públicas e quando usufruídas são mais seguras do que grades e muros, pois haverá interação entre as pessoas e não barreiras. Jacobs, Jane. *Morte e vida de grandes cidades*. Tradução: Carlos S. Mendes Rosa. 3 ed. – São Paulo: Editora WMF Martins Fontes, 2011 (e-book).

tos, com a exceção de trocas de experiências com diferentes grupos étnicos e religiosos, por exemplo.

O estudo teórico constatou que a lógica construída sobre a relação das pessoas com a cidade é eivada de mitos, sobre criminosos, meritocracia, educação e segurança, uma vez que a existência de duas realidades tão distintas nas cidades promove mais estratificação. Ermínia Maricato trabalha com o conceito de cidade legal, que é o lugar em que há garantias de direito e mais longevidade de vida, e a cidade ilegal, que é a ausência de direitos fundamentais.

> Essa cidade ilegal, inexiste, frequentemente, para o planejamento urbano oficial. Embora as grandes cidades contem com respeitável número de profissionais envolvidos no tema, não raramente, estes trabalham com uma realidade virtual mediante representações nos gabinetes, longe do território sem lei, sem segurança ambiental, sem saneamento, constituído pelas áreas de moradias pobres.[15]

Importante destacar que pelo fato de os custos da cidade legal serem elevados, e que a maioria da população é composta por pessoas pobres, com subempregos, a cidade ilegal é o único espaço que consegue abrigar "operários, comerciantes, guarda noturnos, office boys, diaristas, motoristas, cabeleireiras, auxiliares de escritório e costureiras" mais do que "bandidos profissionais". No entanto, o noticiário policial espetaculariza de forma até teatral que nas comunidades e favelas há criminosos, e que a segurança pública deve capturá-los. [16]

Em sentido contrário dessa construção ideológica que normaliza a segregação socioespacial estão os estudos sobre a função social da cidade, sobre a garantia de moradia, segurança, bem-estar e cidades sustentá-

[15] Maricato, Ermínia. *Metrópole na periferia do capitalismo*: ilegalidade, desigualdade e violência. São Paulo: Hucitec, 1996, p. 22.

[16] Meirelles, Renato; Athayde, Celso. *Um país chamado favela*: a maior pesquisa já feita sobre a favela brasileira. São Paulo: Editora Gente, 2014, p. 135. Os dados constatam que o trabalhador da indústria fordista também era levado a morar nas favelas, pela ausência de políticas públicas de habitação. Maricato, Ermínia. *Metrópole na periferia do capitalismo*: ilegalidade, desigualdade e violência. São Paulo: Hucitec, 1996, p. 43.

veis.[17] Inclusive para materialização da gestão democrática da cidade o Estatuto da Cidade estabelece que cabe aos órgãos colegiados representantes da sociedade civil formular e implementar planos e projetos que atendam às necessidades da coletividade, ainda que com a realização de audiências e consultas públicas (art. 43, da Lei 10.257/2001).

A política urbana a ser implementada não pode deixar de reconhecer a especificidade da sociedade brasileira, que é construída na disparidade racial, de modo que o Estatuto da Igualdade Racial (Lei n. 12.288/2010) estabelece que o Poder Público tem o dever de desenvolver medidas capazes de afastar a inferiorização destinada aos negros, promovendo possibilidade de vida econômica, segurança e moradia para todas as pessoas.

O capítulo IV, seção II, Da moradia, da Lei n. 12.288/2010, prescreve que deve ser implementada uma política urbana que promova a qualidade de vida das pessoas negras, especialmente, das mulheres negras, que estão em condições de vulnerabilidade nas favelas e comunidades brasileiras.[18] Lélia Gonzalez afirmou que a mulher negra é a que mais sofre nas periferias.

[17] Art. 2º, do Estatuto da Cidade. A política urbana tem por objetivo ordenar o pleno desenvolvimento das funções sociais da cidade e da propriedade urbana, mediante as seguintes diretrizes gerais: I – garantia do direito a cidades sustentáveis, entendido como o direito à terra urbana, à moradia, ao saneamento ambiental, à infraestrutura urbana, ao transporte e aos serviços públicos, ao trabalho e ao lazer, para as presentes e futuras gerações; II – gestão democrática por meio da participação da população e de associações representativas dos vários segmentos da comunidade na formulação, execução e acompanhamento de planos, programas e projetos de desenvolvimento urbano; III – cooperação entre os governos, a iniciativa privada e os demais setores da sociedade no processo de urbanização, em atendimento ao interesse social; IV – planejamento do desenvolvimento das cidades, da distribuição espacial da população e das atividades econômicas do Município e do território sob sua área de influência, de modo a evitar e corrigir as distorções do crescimento urbano e seus efeitos negativos sobre o meio ambiente; V – oferta de equipamentos urbanos e comunitários, transporte e serviços públicos adequados aos interesses e necessidades da população e às características locais; VI – ordenação e controle do uso do solo.

[18] Art. 35, da Lei n. 12.288/2010. O poder público garantirá a implementação de políticas públicas para assegurar o direito à moradia adequada da população negra que vive em favelas, cortiços, áreas urbanas subutilizadas, degradadas ou em processo de degradação, a fim de reintegrá-las à dinâmica urbana e promover melhorias no ambiente e na qualidade de vida. Parágrafo único. O direito à moradia adequada, para os efeitos desta Lei, inclui não apenas o provimento habitacional, mas também a garantia da infraestrutura

> Exatamente porque é ela que sobrevive na base da prestação de serviços, segurando a barra familiar praticamente sozinha. Isto porque seu homem, seus irmãos ou seus filhos são objeto de perseguição policial sistemática (esquadrões da morte, "mãos brancas estão aí matando negros à vontade; observe-se que são negros jovens, com menos de trinta anos. Por outro lado, que se veja quem é a maioria da população carcerária deste país).[19]

Desse modo, a legislação urbana bem como o Estatuto da Igualdade Racial é uma forma de reconhecer e estabelecer diretrizes de como promover um espaço urbano mais justo, solidário, igualitário e que combata a discriminação existente a tanto tempo.

Alicerçado nesses princípios, o Brasil foi um dos Estados-Membros que participou da Conferência dos Objetivos para o Desenvolvimento Sustentável (ODS), em 2015, em que se comprometeu em criar políticas públicas capazes de atender o estabelecido para a Agenda 2030. Foram definidos nessa conferência 17 objetivos,[20] com a finalidade de cumprimento da função social do planejamento urbano, a ponto de serem destacados os ODS números 10, 11 e 16, que estabelecem, respectivamente, redução das desigualdades, cidades e comunidades sustentáveis e paz, justiça e instituições eficazes.

urbana e dos equipamentos comunitários associados à função habitacional, bem como a assistência técnica e jurídica para a construção, a reforma ou a regularização fundiária da habitação em área urbana.

[19] Gonzalez, Lelia. Racismo e sexismo na cultura brasileira. *Revista Ciências Sociais Hoje, Anpocs*, 1984, p. 231.Disponível em: https://edisciplinas.usp.br/pluginfile.php/4584956/mod_resource/content/1/06%20-%20GONZALES%2C%20L%C3%A9lia%20-%20Racismo_e_Sexismo_na_Cultura_Brasileira%20%281%29.pdf. Acesso em: 26 maio 2021.

[20] Os 17 objetivos para o desenvolvimento sustentável são: 1. Erradicação da pobreza; 2. Fome zero e agricultura sustentável; 3. Saúde e bem-estar; 4. Educação de qualidade; 5. Igualdade de Gênero; 6. Água potável e saneamento básico; 7. Energia limpa e acessível; 8. Trabalho decente e crescimento econômico; 9. Indústria Inovação e infraestrutura; 10. Redução das desigualdades; 11. Cidades e comunidades sustentáveis; 12. Consumo e produção responsáveis; 13. Ação contra a mudança global do clima; 14. Vida na água; 15. Vida Terrestre; 16. Paz, Justiça e Instituições Eficazes; 17. Parcerias e meios de implementação. ODS. *Objetivos para o Desenvolvimento Sustentável,* 2015. Disponível em: https://odsbrasil.gov.br/. Acesso em: 26 maio 2021.

A partir do momento que o Brasil adotou esses objetivos, cabe ao Poder Público formular políticas públicas capazes de até 2030, promover a inclusão social, econômica e política de todos, independentemente da idade, gênero, deficiência, raça, etnia, origem, religião, condição econômica ou outra. Desse modo, as cidades e as comunidades serão mais includentes, resilientes e sustentáveis, com a finalidade de que todas as pessoas tenham acesso as experiências urbanas sem discriminação, e que as instituições em todas as esferas de poder tenham o objetivo de construir instituições eficazes e responsáveis para todos.

Corroborando com a adoção dos ODS, o Brasil também participou da Conferência das Nações Unidas sobre Habitação e Desenvolvimento Urbano Sustentável, em que foi elaborada a Nova Agenda Urbana da ONU/ Habitat III. Foram gerados documentos a respeito da política urbana, sendo que neste trabalho vamos destacar o documento número 10, que trata das políticas habitacionais.

> Todos os níveis de governo terão seu papel em criar um ambiente favorável para as políticas habitacionais e legislação, assegurando o direito a habitações adequadas para todos. As organizações da sociedade civil terão um papel importante na criação do acesso à habitação e infraestrutura adequadas, construindo parcerias com os moradores. O setor privado será essencial na mobilização de recursos para suprir um cardápio de opções habitacionais incluindo locações, preservação e reabilitação de habitações, assim como na expansão do estoque de habitação a preços acessíveis.[21]

Dentre tantas ações a serem adotadas, o documento número 10 também estabelece que políticas e estratégias de habitação includentes são fundamentais para enfrentar o desafio das favelas e, por fim, que o Direito à cidade seja exercido a partir do "usufruto equitativo das cidades dentro dos princípios de sustentabilidade, democracia, equidade e justiça social".[22]

[21] UNIDADES DE POLÍTICAS Nº 10. *Nova Agenda Urbana* – Habitat III, 2016, p. 3. Disponível em: https://habitat3.org/documents-and-archive/. Acesso em: 26 maio 2021.
[22] UNIDADES DE POLÍTICAS Nº 10. *Nova Agenda Urbana* – Habitat III, 2016, p. 18. Disponível em: https://habitat3.org/documents-and-archive/. Acesso em: 26 maio 2021.

O ordenamento jurídico brasileiro é formalmente contra a retroalimentação da apartação social e da seletividade nas ações violentas que acontecem em territórios marginalizados como nas favelas, pois é contrário ao direito fundamental à segurança e à moradia estabelecidos no artigo 6º, da Constituição Federal. Todavia, parece que "a lei do mercado é mais efetiva que a norma legal",[23] de modo que toda essa teoria filosófica e jurídica ainda carece de efetividade, conforme constatado pelos ministros do STF.

2. Suspensão de operações policiais como garantia dos direitos humanos

Os espaços periféricos e afastados dos centros são compostos por pessoas que não são reconhecidas em sua condição de humanidade, pelo fato de serem pobres e massivamente negras. Estar nesse lugar de marginalização é estar destituído das garantidas de bem-viver, a tal ponto que acumula as opressões que estigmatizam toda coletividade pertencente aquele espaço urbano.

A estrutura social excludente nega a possibilidade de acesso ao mercado de trabalho, aspirações de desenvolvimento intelectual e reflexão sobre o direito de viver em uma cidade segura e includente. Também é essa apartação que naturaliza que os espaços periféricos são lugares de guerra, ou seja, um lugar que pode praticar toda forma de violência, porque não estão se relacionando com seres humanos, mas com corpos descartáveis.

> Hoje em dia, a favela tornou-se o ponto nevrálgico dessas novas formas de "secessão" sem revolução, de confrontos sem líderes aparentes, de tipo molecular e celular, e que combinam elementos da luta de classes, luta das raças, luta étnica, milenarismos religiosos e lutas de feitiçaria.[24]

[23] Maricato, Ermínia. *Metrópole na periferia do capitalismo*: ilegalidade, desigualdade e violência. São Paulo: Hucitec, 1996, p. 26.

[24] O autor está falando sobre a condição de estratificação social existente nos países africanos. Mas a formação do Brasil enquanto um Estado diaspórico tem profunda relação com essa realidade que destina os mais pobres para as favelas. MBEMBE, Achille. *Sair da*

As favelas se tornaram espaços que o Estado se sente com legitimidade para agir como máquina de guerra, exterminando qualquer pessoa que esteja na sua frente, com argumentos que se distanciam do Estado Democrático de Direito, talvez inclusive, porque a retroalimentação de favelas com redução de direitos sociais e econômicos também é antidemocrático.

Com essas constatações, o Partido Socialista Brasileiro (PSB) ajuizou uma Arguição de Descumprimento de Preceito Fundamental (ADPF) n. 635, em face do Estado do Rio de Janeiro, em 2019, para que sejam sanadas e eliminadas as lesões de direito praticadas pela segurança pública do Estado, diante da alta letalidade e mortalidade dos homens e mulheres moradores de favelas.

A emenda da decisão em plenária virtual do STF, com a relatoria do Ministro Edson Fachin, evidencia que a materialização do direito à cidade impõe novas formas de atuação da segurança pública, bem como o impedimento do Estado acessar as favelas com os militares e helicópteros, que realizam disparos sem que seja comprovada a real necessidade do uso excessivo da força.

Então, foi realizado o peticionamento incidental em 2020, requerendo que durante a pandemia, as operações policiais fossem suspensas, salvo em casos excepcionais, o que foi deferido em caráter liminar pelo STF.[25]

> Ementa: Referendo em medida incidental em arguição de descumprimento de preceito fundamental. Realização de operações. Policiais nas comunidades do Rio de Janeiro durante a pandemia mundial. Mora do Estado no cumprimento de decisão da Corte Interamericana de Direitos Humanos. Plausibilidade jurídica. Contexto fático em que os moradores permanecem mais tempo em casa. Relatos de operações que repetem o padrão de violação

Grande Noite: Ensaio sobre a África descolonizada. Tradução de Fábio Ribeiro. Petrópolis, RJ: Vozes, 2019, p. 27.

[25] A medida cautelar foi ajuizada porque as operações nas comunidades durante a pandemia já tinham causado o assassinado de crianças e jovens negros. Além disso, os agentes da segurança pública sequer apresentaram as justificativas para as operações.

já reconhecido pela corte interamericana. Periculum in mora. Concessão da medida.[26]

O STF entendeu que não é justificável incursões em favelas sem ter definido o alvo a ser apreendido, e de igual modo não é aceitável o uso de armas de fogo se não for para proteger a própria vida e de outrem. Especificamente, na pandemia, também se decidiu que somente seria autorizado operações excepcionais, desde que comprovada a urgência e o impacto social. Esta decisão é importante porque é uma forma de reconhecimento de que o uso de armas de fogo contra moradores que sequer possuem antecedentes criminais, vínculo com facções ou qualquer mandado de prisão contra elas e, principalmente, sem resistência, tem acontecido habitualmente.[27] Os alvos nas favelas tem sido pessoas inocentes, que moram nessas comunidades não porque querem, mas porque não há outro espaço que possam pagar.

A cidade por ser mercadoria impõe o pagamento para morar em outro lugar, e como a as políticas públicas de moradias não impedem a marginalização e estigmatização construída contra os moradores das periferias, a violência com a chancela do Estado não é extinta. O ministro Gilmar Mendes afirmou que os casos de letalidade nas operações policiais evidenciam a desigualdade social existente nas cidades brasileiras e que "o

[26] STF. *Arguição de Descumprimento de Preceito Fundamental n. 635*, 2021. Disponível em: http://portal.stf.jus.br/processos/detalhe.asp?incidente=5816502. Acesso em: 25 maio 2021.

[27] O relator Edson Fachin afirmou que "O uso letal da força só é admitido se for necessário para salvar a vida própria ou de outrem. Além disso, junto com os oficiais que farão a operação, devem participar os agentes do Estado que irão documentar e produzir os relatórios com base no Protocolo de Minessota, sempre de forma a permitir a imediata coleta dos vestígios e do exame de corpo de delito, assim como a revisão independente dos fatos. Esses são requisitos procedimentais básicos de qualquer atuação do Estado. Se uma operação policial, assim como qualquer ação estatal, não tem condições de seguir integralmente esses parâmetros, é sinal inequívoco de que a operação não deveria ser realizada" STF. *Arguição de Descumprimento de Preceito Fundamental n. 635*, 2021. Disponível em: http://portal.stf.jus.br/processos/detalhe.asp?incidente=5816502. Acesso em: 25 maio 2021.

racismo estrutural da sociedade se revela potencializado nas mortes ocasionadas pelas forças policiais".[28]

O Estado Democrático de Direito não pode ir contra a população, razão que incentivou o STF a convocar audiências públicas para debater e ouvir especialistas, à sociedade civil e entidades com pertinência temática à segurança pública para formar a convicção e entendimento sobre a decisão a ser proferida.

O deferimento de suspensão de operações nas comunidades do Rio de Janeiro teve como respaldo as notícias de mortes de crianças e adolescentes por agentes do Estado, bem como pelos dados que constataram que em 2018 a polícia do Rio de Janeiro foi a mais letal do país "com uma taxa de 8,9 por 100 mil habitantes e com um quantitativo que corresponde a 23% do total da letalidade policial no Brasil".[29]

O relatório da Anistia Internacional apontou que a violência policial se intensificou durante a pandemia da COVID-19, a tal ponto que "entre janeiro e junho, pelo menos 3.181 pessoas foram mortas pela polícia em todo país, uma média de 17 mortes por dia em todo país e 7,1% a mais do que 2019".[30]

> Em maio, 13 homens foram mortos no Complexo do Alemão, um conjunto de favelas no Rio de Janeiro, durante uma violenta operação policial executada pelo Batalhão de Operações Policiais Especiais (BOPE) e pela polícia. Alguns dias depois, João Pedro Mattos, de 14 anos, morreu em uma operação realizada na favela do Salgueiro, em São Gonçalo, no Rio de Janeiro. Ele estava em casa com amigos quando membros da Coordenadoria de Recursos

[28] STF. *Arguição de Descumprimento de Preceito Fundamental n. 635*, 2021. Disponível em: http://portal.stf.jus.br/processos/detalhe.asp?incidente=5816502. Acesso em: 25 maio 2021.

[29] MINISTÉRIO PÚBLICO DO RIO DE JANEIRO. Centro de pesquisa sobre condutas dos agendes policiais. Disponível em: http://www.mprj.mp.br/conheca-o-mprj/centro-de-pesquisas/letalidade-policial-rj. Acesso em: 26 maio 2021.

[30] ANISTIA INTERNACIONAL. *O Estado de Direitos Humanos no Mundo*, 2021, p. 68. Disponível em: https://www.amnesty.org/download/Documents/POL1032022021BRAZILIAN%20PORTUGUESE.PDF. Acesso em: 26 maio de 2021.

Especiais da Polícia Civil (CORE) entraram na residência e dispararam mais de 70 tiros. João Pedro Mattos foi atingido pelas costas.[31]

Importante mencionar que as arbitrariedades policiais acontecem nesses territórios marginalizados, e que os corpos atingidos pelas munições da segurança pública eram negros. A seletividade se constata porque não há qualquer incursão similar em bairros abastados, e tampouco os corpos brancos são vitimados com a mesma frequência que os corpos negros.

A população pobre e trabalhadora domiciliada nessas favelas sofrem com a guerra civil promovida por agentes da segurança pública, que as integra ao grupo de criminosos. Interessante que para os agentes da segurança pública, a condenação das pessoas periféricas é antes de investigação e sentença transitado em julgado, o que também é uma afronta ao dispositivo constitucional brasileiro. [32]

A legislação também estabelece que cada município brasileiro, com mais de 20.000 habitantes devem elaborar um plano diretor para pensar nas estratégias e diretrizes de política pública urbana, inclusive a respeito da política urbana de segurança pública, sob pena da Administração Pública ser investigada pelo Ministério Público pelo crime de corrupção.[33]

Portanto, espera-se que as audiências públicas a serem organizadas pelo STF permitam reflexões de como o Estado do Rio de Janeiro pode eliminar a condição de vulnerabilidade das pessoas em comunidades marginalizadas.

3. O massacre na Favela do Jacarezinho

Desde 13 de março de 2020, o Brasil reconheceu a pandemia do coronavírus, de modo que a partir das orientações da Organização Mundial da

[31] ANISTIA INTERNACIONAL. O Estado de Direitos Humanos no Mundo, 2021, p. 68. Disponível em: https://www.amnesty.org/download/Documents/POL1032022021BRAZILIAN%20PORTUGUESE.PDF. Acesso em: 26 maio de 2021.

[32] Art. 5º, inciso LVII, da CF. Ninguém será considerado culpado até o trânsito em julgado de sentença penal condenatória.

[33] A Lei Anticorrupção (Lei n. 12.846/2013) estabelece que a prática de corrupção é a deterioração, dano ou prejuízo pela ação ou omissão, de modo que cabe responsabilidade penal, administrativa e civil.

Saúde, deveria se posicionar para evitar a mortalidade dos cidadãos por essa doença. Porém, o que se destacou nessa pandemia foi a desigualdade entre brancos e negros, ricos e pobres, homens e mulheres, pois a doença apesar de não ser seletiva, atingiu de forma cruel aqueles que estavam em condição de vulnerabilidade na estrutura social.

As pessoas residentes de comunidades, favelas e periferias foram brutalmente vitimadas com a dificuldade de exercer atividades de teletrabalho – tanto por questões de falta de acesso à internet quanto falta de estrutura em seu domicílio–e para além disso, foram vítimas de ações de agentes do Estado, enquanto sequer foram alcançadas com direito à educação, à saúde e ao trabalho.

Em total afronta a decisão do STF, o Estado do Rio de Janeiro, na pessoa dos seus agentes de segurança pública realizaram uma incursão policial na Favela do Jacarezinho, em 06 de maio de 2021, sob argumento de cumprir 21 mandados de prisão. No entanto, o que se presenciou foram ações de extermínio contra qualquer pessoa moradora da favela. Não houve distinção e tampouco identificação dos suspeitos, a tal ponto de o território da favela ter se transformado no campo de guerra em que os habitantes eram criminosos violentos, já que contra eles foi usado força de guerra.

Mais do que uma incursão policial, a invasão do Estado do Rio de Janeiro na favela do Jacarezinho deve ser reconhecida como massacre, que deixou 28 pessoas mortos, sendo que 11 sequer foram identificados até o momento. Além disso, não houve reconhecimento de que os mortos tinham envolvimento com facções e quadrilhas, apesar de a defesa da corporação defender que todas as ações foram resultado da legitima defesa.

Os lugares em que as pessoas foram assassinadas por agentes da segurança pública não foram preservados, como previsto na legislação e na decisão do STF.

> Em algumas imagens divulgadas pela imprensa, é possível ver policiais civis carregando corpos. Moradores também relataram ao EL PAÍS que os mortos foram carregados, logo após o crime, para veículos blindados da polícia. Já o ministro Edson Fachin, do Supremo Tribunal Federal (STF), afirmou que

os fatos "parecem graves" e que "há indícios de atos que, em tese, poderiam configurar execução arbitrária.[34]

O relatório da operação do Jacarezinho está em sigilo por determinação da polícia pelo prazo de cinco anos, o que é uma afronta a transparência das ações dos agentes de Estado, e à segurança jurídica. Cumpre destacar que das 28 pessoas mortas, apenas três estavam na lista dos mandados de prisão, de modo que deveriam ser levados para investigação e tramitação processual, e não mortos, nos termos do Estado Democrático de Direito.

A discriminação quanto aos moradores da favela foi constatada na fala do delegado de polícia Felipe Curi, que para a impressa afirmou que "não tem nenhum suspeito aqui. A gente tem criminoso, homicida e traficante. O que causa muita dor na gente é a morte do nosso colega". O Vice-Presidente do Brasil, Hamilton Mourão, conhecido pelo seu negacionismo da existência de racismo, ao se pronunciar sobre as vítimas do massacre, afirmou que são "tudo bandido". O delegado de polícia Rodrigo de Oliveira afirmou que "impedir que a polícia cumpra o seu papel não é estar do lado de bem da sociedade. O ativismo perpassa uma série de entidades e grupos ideológicos que jogam contra o que a Polícia Civil pensa. E a polícia está do lado da sociedade".[35]

A manifestação da inferiorização das pessoas que moram em favelas como política de Estado não é rara; na verdade, outros casos similares acontecem com uma frequência insuportável, sem que qualquer repercussão midiática os tenha trazido a público. Acontece que quando os agentes da segurança pública e o vice-chefe do Brasil minimiza e legitima o assassinato de pessoas sem o devido processo legal, ainda mais sabendo que o Brasil não legitima a pena de morte,

[34] OLLIVEIRA, Cecília; BETIM, Felipe. *Chacina do Jacarezinho*. El País, 07 de maio de 2021. Disponível em: https://brasil.elpais.com/brasil/2021-05-07/maioria-dos-mortos-na-chacina-do-jacarezinho-nao-era-suspeita-em-investigacao-que-motivou-a-acao-policial.html. Acesso em: 27 maio 2021.

[35] OLLIVEIRA, Cecília; BETIM, Felipe. *Chacina do Jacarezinho*. El País, 07 de maio de 2021. Disponível em: https://brasil.elpais.com/brasil/2021-05-07/maioria-dos-mortos-na-chacina-do-jacarezinho-nao-era-suspeita-em-investigacao-que-motivou-a-acao-policial.html. Acesso em: 27 maio 2021.

com certeza, estamos diante de um grave problema de violação de direitos humanos.

As favelas e periferias fazem sentido na lógica capitalista para promover mais lucratividade ao grupo dominante, ao mesmo tempo que serve de interesse para a lógica de Estado que reproduz a desigualdade, normaliza e naturaliza a morte de cidadãos brasileiros, de modo que as instituições hegemonizadas por determinados grupos raciais e sociais utilizam mecanismos institucionais para proteger seus interesses.

O ordenamento jurídico foi incapaz de impedir a invasão no Jacarezinho, e toda a produção teórica de interpretação das normas de Direito à Cidade se apresenta sem qualquer efetividade em casos como esse, ainda mais porque representantes do governo e do Poder Público defendem as violências perpetradas contra os moradores e contra à sociedade.

Conclusões

> Quando eu vou a cidade tenho a impressão que estou no paraíso. Acho sublime ver aquelas mulheres e crianças tão bem vestidas. Tão diferentes da favela. As casas com seus vasos de flores e cores variadas. Aquelas paisagens há de encantar os olhos dos visitantes de São Paulo, que ignoram que a cidade mais afamada da América do Sul está enferma. Com as suas úlceras. As favelas.[36]

A estrutura de organização do Estado é racial e socialmente desigual, mas isso não é justificativa para naturalizar e normalizar as ações atentatórias a garantia dos direitos fundamentais de todas as pessoas, especialmente, das pessoas oprimidas por motivos de classe, gênero, raça e ocupação socioespacial. As formas de discriminação apresentadas não é uma questão de falta de cultura, estudo ou ignorância, tanto que esses delegados, pessoas "estudadas", com o poder de definir o caminho de

[36] Carolina Maria de Jesus foi uma brasileira que enfrentou a fome, miséria e abandono de políticas públicas que garantissem os seus direitos individuais e sociais. A narrativa do diário da autora é de meados da década de 1950. JESUS, Carolina Maria de. *Quarto de despejo*: Diário de uma favelada.10. ed. São Paulo: Ática, 2014, p. 85.

muitas vidas, de forma consciente ou inconsciente praticaram atitudes racistas e preconceituosas.

A Constituição Federal, Estatuto da Cidade, Estatuto da Igualdade Racial e os acordos internacionais estabelecem que cabe ao Poder Público materializar os compromissos assumidos de repúdio ao racismo, já que as cidades não devem ter qualquer tipo de discriminação quanto a ocupação do solo, a fim de que tenhamos uma sociedade justa, solidária, includente e democrática. Para o cumprimento desse dever é imprescindível que sejam implementadas políticas urbanas de desguetização dos espaços, que é afastar a apartação e segregação social e racial no uso e ocupação do espaço urbano.

Importante mencionar que desguetizar inclusive deve atingir aqueles bairros ocupados hegemonicamente por pessoas abastadas, que vivem sem oportunidade de troca e convívio com pessoas de classe e raça distintas. Desta forma, a desguetização tem o objetivo de tornar o espaço urbano democrático, e romper com a barreira de ter a cidade enquanto uma mercadoria, e também de o Poder Público se expor no risco da prática de desvio da função social da cidade.

Cabe ao Estado estar presente nas favelas e nas comunidades com projetos de educação, trabalho e saúde, e não apenas com o punitivismo e seletividade do sistema criminal de justiça. O desmonte dos mitos de que a favela é o espaço de perversidades, de legalidade para execução de pena de morte, e de que os corpos naquele espaço são descartáveis também deve acontecer com a iniciativa do Estado de promover a formação continuada de desconstrução do imaginário social sobre o que é favela.

Não cabe romantização e tampouco naturalização da existência de favelas, motivo pelo qual a urbanização e a materialização do direito à cidade sem o processo de gentrificação será fundamental para que a política urbana alcance os objetivos para o desenvolvimento sustentável.

Referências

ALMEIDA, Silvio Luiz de. *O que é Racismo estrutural*? Belo horizonte: Letramento, 2018.

ANISTIA INTERNACIONAL. *O Estado de Direitos Humanos no Mundo*- Informa 2020-2021. Amnesty International Ltd, 2021. Disponível em: https://www.

amnesty.org/download/Documents/POL1032022021BRAZILIAN%20 PORTUGUESE.PDF. Acesso em: 26 maio de 2021.

FERNANDES, Florestan. *A integração do negro na sociedade de classes*: o legado da raça branca (volume I). 5.ed. São Paulo: Globo, 2008.

GONZALEZ, Lelia. Racismo e sexismo na cultura brasileira. *Revista Ciências Sociais Hoje, Anpocs,* 1984, p. 223-244. Disponível em: https://edisciplinas.usp.br/pluginfile.php/4584956/mod_resource/content/1/06%20-%20GONZALES%2C%20L%C3%A9lia%20-%20Racismo_e_Sexismo_na_Cultura_Brasileira%20%281%29.pdf. Acesso em: 26 maio 2021.

JACOBS, Jane. *Morte e vida de grandes cidades.* Tradução de Carlos S. Mendes Rosa. 3 ed. São Paulo: Editora WMF Martins Fontes, 2011 (e-book).

JESUS, Carolina Maria de. *Quarto de despejo*: Diário de uma favelada.10. ed. São Paulo: Ática, 2014.

LEFEBVRE, Henri. *O direito à cidade.* Tradução de Rubens Eduardo Frias. São Paulo: Centauro editora, 2001.

MARICATO, Ermínia. *Metrópole na periferia do capitalismo*: ilegalidade, desigualdade e violência. São Paulo: Hucitec, 1996.

MASTRODI, Josué; BATISTA, Waleska Miguel. O dever de desguetização em favor das mulheres negras. *Revista Direito da Cidade*, Rio de Janeiro, v. 10. n. 2, 2018.

MBEMBE, Achille. *Sair da Grande Noite:* Ensaio sobre a África descolonizada. Tradução de Fábio Ribeiro. Petrópolis, RJ: Vozes, 2019.

MEIRELLES, Renato; ATHAYDE, Celso. *Um país chamado favela*: a maior pesquisa já feita sobre a favela brasileira. São Paulo: Editora Gente, 2014.

MINISTÉRIO PÚBLICO DO RIO DE JANEIRO. Centro de pesquisa sobre condutas dos agendes policiais. Disponível em: http://www.mprj.mp.br/conheca-o-mprj/centro-de-pesquisas/letalidade-policial-rj. Acesso em: 26 maio 2021.

ODS. Objetivos para o Desenvolvimento Sustentável, 2015. Disponível em: https://odsbrasil.gov.br/. Acesso em: 26 maio 2021.

OLLIVEIRA, Cecília; BETIM, Felipe. *Chacina do Jacarezinho.* El País, 07 de maio de 2021. Disponível em: https://brasil.elpais.com/brasil/2021-05-07/maioria-dos-mortos-na-chacina-do-jacarezinho-nao-era-suspeita-em-investigacao-que-motivou-a-acao-policial.html. Acesso em: 27 maio 2021.

ONU. Organizações das Nações Unidas. *The New Urban Agenda, 2016.* Disponível em: http://habitat3.org/the-new-urban-agenda. Acesso em: 24 maio 2021.

SANTOS, Milton. *A urbanização Brasileira.* Editora HUCITEC: São Paulo, 1993.

STF. Arguição de Descumprimento de Preceito Fundamental n. 635, 2021. Disponível em: http://portal.stf.jus.br/processos/detalhe.asp?incidente=5816502. Acesso em: 25 maio 2021.

UNIDADES DE POLÍTICAS Nº 10. *Nova Agenda Urbana – Habitat III, 2016*, p. 3. Disponível em: https://habitat3.org/documents-and-archive/. Acesso em: 26 maio 2021.

16.
Do Estatuto da Cidade ao Desenvolvimento Sustentável: Considerações sobre um Necessário Olhar Evolutivo da Proteção de Direitos Fundamentais das Mulheres na Cidade de São Paulo

CLAUDIA MARCIA COSTA
VIKTOR RUPPINI PRADO

Introdução

O objetivo deste capítulo é trazer algumas reflexões e considerações sobre a proteção dos direitos das mulheres à luz do Estatuto da Cidade. Nosso objeto de estudo é análise da possível evolução normativa e sua relação com o desenvolvimento sustentável.

O tema da política urbana teve sua constitucionalização no Brasil com a Constituição Federal de 1988 e se deu a regulamentação das diretrizes gerais a partir da Lei Federal nº 10.257, de 10 de julho de 2001, o "Estatuto da Cidade", dando forma jurídica a uma nova realidade dos espaços públicos e assentamentos urbanos.

O Direito, visto como meio efetivo de interação e coordenação da sociedade na Modernidade, se vê de encontro com fenômenos cada vez mais complexos na organização social, reconhecendo reinvindicações e atribuindo aos atores os respectivos locais na participação coletiva da tomada de decisão democrática, símbolo necessário de um Estado Social e Democrático de Direito no Século XXI.

Essa característica do Direito concentra sua relevância quando nos deparamos com o cotidiano do sujeito de direitos, que vê nas cidades uma de suas primeiras arenas de participação política e afirmação dos direitos fundamentais reconhecidos pela própria norma jurídica. É na dimensão da cidade, representada no caso brasileiro pelo Município, como ente federativo, que o cidadão identifica sua primeira e, quiçá, maior interação com o Estado. Lembrar aqui que cidadania é o exercício de direitos na *Civitas*.

A partir dessa interação inaugural entre Estado, corporificado no município, e o cidadão, sujeito de direitos, que o reconhecimento de novas formas de gestão pública, em especial com inovadoras formas de política urbana, aponta para um agir político voltado a assegurar, proteger e distribuir meios para que a forma jurídica de igualdade de gênero se materialize aos cidadãos. É, portanto, a partir da gestão de políticas urbanas levadas a cabo pelas cidades que se iniciam os primeiros passos de proteção integral na igualdade de gênero[1].

Se, por um lado, há uma proteção bem estabelecida no arcabouço jurídico referente aos direitos fundamentais sobre igualdade de gênero a partir da legislação vigente sobre políticas urbanas, também se deve reconhecer a necessidade de adequação das políticas públicas locais e ampliação do leque legislativo na proteção e materialização desses direitos, conforme nos deparamos com alterações no panorama de desenvolvimento social e sustentabilidade nas relações.

Tanto adequação como sua necessária materialização pode ser apreendida pelo estudo particular de políticas urbanas já empregadas, como no caso da cidade de São Paulo/SP, em especial a partir de marcadores como os Objetivos do Desenvolvimento Sustentável – ODS, definidos pela Organização das Nações Unidas – ONU no âmbito da Agenda 2030, como se passa a analisar.

[1] Compreendemos igualdade entre homens e mulheres, meninos e meninas em direitos, oportunidades, responsabilidades, sendo uma questão de afirmação dos direitos fundamentais, e não apenas de direitos das mulheres, objeto específico deste capítulo.

1. Igualdade de gênero, reconhecimento e direito na cidade

A partir de uma perspectiva discursiva, o direito assume protagonismo como meio de interação na sociedade moderna, implicando que a própria legitimidade da forma jurídica pressupor uma racionalidade, que "resulta do tratamento igual da pessoas jurídicas protegidas em sua integridade"[2].

Quando se representa pela compreensão de um tratamento igualitário de gênero implica na tensão entre igualdade de direito e igualdade de fato, o que representa, em termos efetivos, no reconhecimento de um necessário "sentido emancipatório da igualdade de tratamento jurídico" para efetivação de uma "participação social justa"[3].

O direito, como estrutura regulamentadora de ações sociais, mostra-se como principal mediador e coordenador relativo à igualdade de gênero, sendo que

> nenhuma regulamentação, por mais sensível que seja ao contexto, poderá concretizar adequadamente o direito igual a uma configuração autônoma da vida privada, se não fortalecer, ao mesmo tempo, a posição das mulheres na esfera pública política, promovendo a sua participação em comunicações políticas, nas quais é possível esclarecer os aspectos relevantes para uma posição de igualdade.[4]

Daí que, em uma construção política de um Estado Democrático de Direito compromissado constitucionalmente com a construção e uma sociedade livre, justa e solidária e com a redução das desigualdades sociais, como no caso brasileiro, alinhada com a igualdade de gênero pressupõe uma paridade de participação e, de acordo com essa norma, "*justice requires social arrangements that permits all (adult) members of Society to interact with one another as peers*"[5].

[2] Habermas, Jürgen. *Direito e democracia: entre facticidade e validade, volume II*. Rio de Janeiro: Tempo Brasileiro, 1997, p. 153.

[3] Habermas, Jürgen. *Direito e democracia: entre facticidade e validade, volume II*. Rio de Janeiro: Tempo Brasileiro, 1997, p. 160.

[4] Habermas, Jürgen. *Direito e democracia: entre facticidade e validade, volume II*. Rio de Janeiro: Tempo Brasileiro, 1997, p. 169.

[5] Fraser, Nancy; Honneth, Axel. *Redistribution or Recognition: a political-philosophical exchange*. New York: Verso, 2003, p. 36

Essa paridade de participação possui dois níveis distintos: primeiro, em um nível intergrupos, posto que "*it supplies the stander for assessing the effects of institucionalized patterns of cultural value on the relative standing of minorities vis-à-vis majorities*" e, em segundo, sob um nível intragrupo, já que a partidade de participação "*also serves to assess the internal effects of minority practices for which recognition is claimed*"[6].

Considerando a ocupação do espaço urbano na sociedade brasileira, já altamente urbanizada, é seguro indicar que há uma concentração dos diálogos envolvendo o reconhecimento dos direitos inerentes à igualdade de gênero a partir da relação política estabelecida na primeira estrutura estatal que administra o indivíduo, ou seja, o Município.

Elevados à condição de ente de personalidade própria no pacto federativo brasileiro, os Municípios representam, institucionalmente, a relação dos cidadãos com sua cidade e, a partir daí, pensa-se em como políticas urbanas devem se direcionar e adequar o processo emancipatório da igualdade de gêneros, de forma ativa.

Afinal, se o próprio objetivo das reinvindicações do direito à cidade deve se dar por um "*greater democratic control*"[7], ou seja, pela ampliação da participação dos sujeitos na tomada de decisões na esfera pública da cidade, é imprescindível que a gestão urbana considere, em si, aspectos relativos à igualdade de gênero, como condição de constituição de um Estado Democrático de Direito e de uma esfera pública política igualitária.

Foi sob essa perspectiva que a União Europeia, em 1996, publicou a *Carta Europea de la Mujer en la Ciudad*, considerando, entre seus princípios, que "*la mujer puede actuar como catalizadora em el processo de cambio y mejora de las condiciones de vida*". Dentre os pontos da declaração, a perspectiva de igualdade de gênero indica a participação da mulher em "*procesos de participación igualitária que favorezcan vínculos renovados de solidariedad*".

A publicação da Carta Europeia animou movimentos feministas no *Foro Mundial de las Mujeres* de 2004, em Barcelona, fomentando o surgimento de uma *Carta Mundial por el Derecho de las Mujeres a la Ciudad* em

[6] *Ibid.* p. 40.

[7] Harvey, David. *Rebel cities: from the right to the city to the urban revolution*. New York: Verso, 2012, p. 23.

2004, buscando "*visibilizar y situar em las agendas políticas los intereses de las mujeres, destacando el derecho a la ciudad y el acceso a sus recursos como uma de estas reivindicaciones*"[8].

As contribuições trazidas pela Carta Mundial de 2004 tiveram bastante reflexo na versão final da Carta Mundial pelo Direito à Cidade, publicada no V Fórum Social Mundial em Porto Alegre, no ano de 2005. A declaração de 2005 expõe, sem sombra de dúvidas, o direito de todos a uma cidade livre de discriminação de gênero ou sexual.

As cidades representam, então, um espaço de realização de todos os direitos humanos e liberdades fundamentais, devendo assumir compromissos assumidos com a implementação de políticas públicas que garantam a igualdade de oportunidade para as mulheres nas cidades, nos termos do Artigo II da Carta Mundial pelo Direito à Cidade.

No caso brasileiro, a disciplina geral relativa à política urbana não traz consigo determinações que correspondam, taxativamente, às reivindicações das declarações internacionais. No entanto, a profundidade e possibilidade jurídica dos termos utilizados na redação constitucional de 1988 e em sua regulamentação pela Lei nº 10.257/2001 permitem a adequação do direito positivo com a necessária emancipação do tratamento igualitário nos espaços urbanos.

2. Estatuto da Cidade e a questão de gênero: política urbana, pleno desenvolvimento e bem-estar

Em termos de história do constitucionalismo brasileiro, a positivação na Lei Fundamental de um capítulo voltado à política urbana representa grandiosa e bem-vinda novidade: o constituinte originário de 1988 vislumbrou a política urbana como aspecto essencial da ordem econômica, sendo preocupação necessária e exigível na República Federativa do Brasil.

Com efeito, o Art. 182 da Constituição da República determina que os Municípios devem executar a política de desenvolvimento urbano, a partir de diretrizes gerais que assegurem ordenar um desenvolvimento

[8] Pérez Sanz, Paula. "Reformulando la noción de "Derecho a la Ciudad" desde uma perspectiva feminista". In: *BIBLID*, n. 05, jun. 2013, p. 92-105.

pleno das funções sociais da cidade e a garantia do bem-estar de seus habitantes, por meio de instrumentos básicos, como o plano diretor.

Por sua vez, o Art. 2º Estatuto da Cidade, aprovado pela Lei nº 10.257/2001, determina que, entre outras determinações, as diretrizes da política urbana deverão considerar dimensões relativas à garantia do direito a cidades sustentáveis, a gestão democrática por meio da participação da população e de associações representativas dos vários segmentos da comunidade, e a cooperação entre o Estado, a iniciativa privada e demais setores da sociedade no processo de urbanização.

Sob essa perspectiva, o Estatuto da Cidade elenca, portanto, um conjunto de princípios que trazem dever-poder à Administração Pública de reconhecer, emancipar e afirmar direitos exigidos em relação à igualdade de gênero, como pressuposto da própria concepção de igualdade e democracia, íntimos à percepção da sustentabilidade, gestão democrática e cooperação.

Aqui, deve-se indicar que o Estatuto da Cidade prevê a necessidade de readequação da política urbana às mudanças sociais sob influência dos espaços urbanos do Município, como se vê da obrigação de revisão da lei de instituição do plano diretor no prazo máximo de 10 (dez) anos, nos termos do §3º do Art. 40 da Lei nº 10.257/2001.

Outro aspecto que permite reconhecer a necessidade de proximidade da política urbana com a realidade local é a obrigatoriedade da promoção de audiência pública e debates com a participação da população e de associações representativas dos vários segmentos da comunidade para a validade do plano diretor, nos termos do inciso I, §4º do Art. 40 do Estatuto da Cidade.

Tem-se, portanto, que a disciplina geral sobre políticas urbanas e direito à cidade no ordenamento jurídico pátrio não possuem disposição específica relativa à igualdade de gênero, entretanto, condicionam suas diretrizes gerais a noções que representam, intrinsecamente, a emancipação igualitária de gênero como condição de validade da política urbana, além de determinar a necessidade de participação popular e readequação dos instrumentos de política urbana conforme a realidade da cidade.

Dentro dessa estrutura normativa, qual o local de discurso jurídico relativo à emancipação e igualdade de gênero no Estatuto da Cidade? Certamente, deve-se retomar o comando constitucional sobre os objetivos da política urbana na ordem econômica, quais sejam, o pleno desenvolvimento das funções sociais da cidade e o bem-estar de seus habitantes.

É inerente à concepção de um pleno desenvolvimento das funções sociais das cidades, enquanto espaços públicos de interação dos sujeitos, que se promova uma concretização da igualdade entre os administrados. Aqui, é necessário sistematizar o mandamento constitucional do pleno desenvolvimento com a previsão do Estatuto da Cidade sobre gestão democrática, participação e cooperação na formulação, execução e acompanhamento da política urbana.

Trata-se, portanto, de construção natural do pleno desenvolvimento através do exercício da própria cidadania na concretização do direito à cidade, garantindo que a tomada de decisões remeta a participação paritária de gênero e considere as questões inerentes à emancipação feminina como critério essencial de sua validade jurídica e legitimidade política.

Da mesma forma, a necessidade de a política urbana objetivar o bem-estar de seus habitantes também infere, por si, uma necessidade de consideração dos interesses próprios à igualdade de gênero, garantindo que o Poder Público local promova as devidas políticas públicas com finalidade a garantir não só a participação paritária nos espaços democráticos de decisão, como também afirmar e distribuir condições que possibilitem a igualdade de fato.

Surge então a necessária reflexão sobre o alcance da compreensão de cidades sustentáveis, princípio elencado no Art. 2º, I do Estatuto da Cidade. Na ocasião, o legislador inclui uma proposição ampla, contendo direito à terra urbana, à moradia, ao saneamento ambiental, à infraestrutura urbana, ao transporte e aos serviços públicos, ao trabalho e ao lazer.

A previsão legislativa no Estatuto da Cidade, portanto, engaja um conjunto de direitos prestacionais por sobre os habitantes da cidade, cujo reconhecimento e afirmação deverá considerar, por condução lógica, a necessidade de promoção de medidas que visem a igualdade de gênero, tendo em vista a racionalidade normativa de participação democrática ampla e a necessidade de adequação da política urbana aos interesses locais, inerentes à validade do plano diretor, nos termos do Art. 40 da Lei nº 10.257/2001.

Assim, a disciplina legislativa do Estatuto da Cidade toma como razão uma previsão ampla de direito à cidade aos seus habitantes, notadamente por elencar requisitos de sustentabilidade, gestão democrática e cooperação do Estado com particulares na administração da cidade, exigindo que a política urbana seja viabilizada somente com a submissão de discussões públicas sobre o plano diretor, além do marco temporal de sua revalidação, para se adequar à realidade local.

No entanto, as previsões amplas não afastam a necessidade de compatibilização dos instrumentos normativos da política urbana com os preceitos necessários à promoção da igualdade de gênero, devendo os princípios ligados à política urbana se nortearem pela paridade de participação na gestão democrática e na busca por igualdade material das condições envolvendo a igualdade de gênero, especialmente por políticas públicas prestacionais, direcionadas a esse fim.

É nesse contexto que a materialização dos direitos reconhecidos no regime do Estatuto da Cidade exige, para sua efetiva racionalização, a consideração também de declarações extra normativas na tomada de decisões informadas na formulação, execução e acompanhamento da política urbana, especialmente no que se refere à proteção da igualdade de gênero, como as iniciativas relativas à Nova Agenda Urbana, decorrente da Habitat III, e à Agenda 2030, contendo os Objetivos do Desenvolvimento Sustentável.

3. Nova Agenda Urbana, desenvolvimento sustentável e a questão de gênero na cidade

As concepções contemporâneas de urbanismo compreendem a novas formas de planejamento da política urbana e, em que pese não incorrer em uma positivação expressa no Estatuto da Cidade, passam a integrar os elementos norteadores que guiam a sua eficácia e aplicação no cotidiano do Poder Público local e nas relações com seus administrados.

Exsurge então a importância da própria interpretação de uma cidade sustentável, previsão contida no inciso I do Art. 2º da Lei nº 10.257/2001 a partir dos objetivos e metas traçados a partir da Nova Agenda Urbana, adotada na pela Organização das Nações Unidas após a Conferência das Nações Unidas sobre Habitação e Desenvolvimento Urbano Sustentável (Habitat III), realizada em 2016 na cidade de Quito (EQU).

Nos termos do Art. 13, "c" da Declaração de Quito Sobre Cidades e Assentamentos Urbanos Para Todos, é inerente à concepção de sustentabilidade das cidades que:

> alcancem igualdade de gênero e empoderem todas as mulheres e meninas, garantindo a participação plena e efetiva das mulheres e direitos iguais em todas as áreas e em funções de liderança em processos decisórios em todos os níveis; garantindo emprego decente e remuneração igual para trabalho igual ou de igual valor para todas as mulheres; e previnam e eliminem todas as formas de discriminação, violência e assédio contra mulheres e meninas em espaços públicos e privados.

É correto, portanto, inferir que a construção de cidades sustentáveis integra a concepção de espaços que promovam o direito das mulheres, desde uma perspectiva de asseguração e afirmação de direitos subjetivos, até a execução de políticas públicas que estruturem uma rede de proteção às mulheres e permitam que possam integrar as esferas públicas de decisão nos espaços coletivos.

Esse conjunto compromissório das cidades sustentáveis implica, por um lado, na criação de mecanismos que não só permitam, como também estimulem a participação das mulheres na gestão democrática da cidade. É a essência de uma relação de participação democrática, notadamente com a participação efetiva dos atores que ocupam e são afetados pelas decisões coletivas em espaços públicos.

Sob outro ângulo, também é essência da gestão democrática da sustentabilidade a criação de políticas públicas que permitam, por exemplo, uma rede de assistência a populações em situação de vulnerabilidade. Aqui, reflete-se a necessidade de atuação do Estado na promoção de direitos prestacionais sob um viés direcionado, sob tudo em uma perspectiva de direitos sociais.

Vale dizer que os direitos sociais garantidos no Art. 6º da Constituição Federal merecem um olhar atento para garantir a afirmação e proteção do direito das mulheres. Recai, então, dever ao Poder Público que promova, de forma local e diretamente, políticas públicas que atendam mecanismos que assegurem esses direitos.

O papel de estruturas institucionais nessa seara de grupos vulneráveis é de extrema importância, promovendo uma gama de ações cujo impacto coletivo garante uma rede de proteção sinérgica ao direito das mulheres.

Pode-se verificar esse conjunto sinérgico a partir de políticas de saúde pública voltadas ao público feminino (e.g. campanhas de prevenção de câncer de mama, acompanhamento pré-natal, distribuição de preservativos femininos e métodos contraceptivos de forma gratuita), de políticas de transporte e mobilidade urbana (e.g. tarifas especiais ou isenção de tarifas para acompanhamento de pré-natal, asseguração de assentos preferenciais para gestantes, campanhas de combate ao assédio e importunação sexuais nos transportes, inclusive com permissão para mulheres descerem em locais diferentes que os do ponto de ônibus) e políticas de assistência e segurança pública (e.g. centros de acolhimento em casos de violência doméstica, delegacias e órgãos judiciais especializados em violência doméstica, programas de conscientização dos direitos sexuais das mulheres).

Não diferente, iniciativas públicas relativas à educação (e.g. aumento do número de creches e instituições do ensino básico em tempo integral), habitação (e.g. preferência de outorga e registro de imóveis para mulheres inseridas em programas de habitação e financiamento imobiliário) e estímulo econômico (e.g. microcrédito para mulheres) se mostram como um rol essencial que, atuando em conjunto, permite ao Poder Público, formular um planejamento urbano que se demonstre como sustentável.

Essa compreensão sinérgica de desenvolvimento sustentável, ou seja, essa interconexão entre políticas e compromissos públicos, presente nas discussões que culminaram na Nova Agenda Urbana, é também pilar na construção dos 17 Objetivos do Desenvolvimento Sustentável, que integram a Agenda 2030 das Nações Unidas, adotada a partir da Assembleia Geral da Organização das Nações Unidas em 2015.

A implementação de metas atreladas aos 17 Objetivos do Desenvolvimento Sustentável provoca uma ação pública conjunta direta, o que, por sua vez, inclui a afirmação dos direitos das mulheres como locomotiva em espaços urbanos, sendo que a própria igualdade de gênero é um dos objetivos eleitos de forma prioritária (ODS 5).

Como poderia se pensar na promoção de sociedades pacíficas e inclusivas (ODS 16), sem a consideração das especificidades da violência contra a mulher, que assola a sociedade? É possível pensar na redução das desigualdades dentro do país (ODS 10) ou a promoção de emprego decente (ODS 8) sem pensar na equiparação salarial entre homens e mulheres? Há alguma forma de tornar cidades inclusivas, seguras, resilientes e sustentáveis (ODS 11) sem considerar aspectos próprios da violência contra a mulher?

Sob essa perspectiva, entendemos que a concepção de desenvolvimento sustentável exige, precipuamente, que haja uma interconexão entre as ações públicas e o viés de proteção e afirmação da igualdade de gênero. Portanto, a partir dessa transversalidade entre as ações de promoção à igualdade de gênero que poderemos observar a implementação dessas políticas públicas, notadamente por meio das iniciativas e indicadores de desenvolvimento sustentável.

4. Políticas públicas de promoção à igualdade de gênero e indicadores do desenvolvimento sustentável na cidade de São Paulo/SP

A transversalidade de políticas públicas e das ações do Poder Público na promoção do desenvolvimento sustentável é de natural complexidade: consequências diretas e indiretas da ação coletiva em espaços públicos possuem diferentes efeitos na análise de indicadores sociais e econômicos. Para este capítulo, tomamos dados e indicadores do município de São Paulo/SP como recorte de nossas reflexões.

Um dos primeiros termômetros para se verificar ações públicas sobre a perspectiva de afirmação dos direitos das mulheres se inicia na própria verificação da existência dos aparatos institucionais para este fim.

No caso do município de São Paulo, a Secretaria Municipal de Direitos Humanos e Cidadania conta com uma Coordenação de Políticas para as Mulheres. Cabe a essa coordenação a gestão dos Centros de Cidadania da Mulher (CCM), Centros de Referência da Mulher (CRM) e da Casa da Mulher Brasileira.

Os CRMs ofertam às mulheres em situação de violência atendimento psicológico, social e jurídico. Já os CCMs se propõem como espaço para as mulheres visando a qualificação e formação em cidadania, organizando-se e defendendo seus direitos sociais, econômicos e culturais, sendo locais para que mulheres estimulem a formulação e implementação de políticas públicas buscando a igualdade de gênero.

Já a Casa da Mulher Brasileira é espaço para prestar serviços multidisciplinares às mulheres em situação de violência, contando com atuação da Delegacia de Defesa da Mulher, Ministério Público, Defensoria Pública, Tribunal de Justiça do Estado de São Paulo, destacamento da Guarda Civil Metropolitana em proteção das vítimas e ainda acolhimento provisório para os casos de iminência de morte.

A Rede de Proteção às mulheres em situação de violência e vulnerabilidade também conta com política transversal promovida por atendimento e acompanhamento multidisciplinar no âmbito dos Centros de Referência Especializado de Assistência Social (CREA), administrados pela Secretaria Municipal de Assistência e Desenvolvimento Social.

A Coordenação de Políticas para as Mulheres do município de São Paulo também estrutura o Comitê de Monitoramento e Avaliação da Política Institucional de Enfrentamento ao Assédio Sexual – COASSED, instituído pela Lei Municipal nº 16.488/2016.

Por sua vez, a Administração Pública municipal de São Paulo adotou um Plano Municipal de Políticas para as Mulheres, instrumento pactuado entre as diferentes secretarias municipais, buscando guiar políticas públicas para as mulheres no período de 2017-2020, elaborado a partir da intersecção entre movimentos sociais e o Poder Público.

Igualmente, é de responsabilidade da Secretaria de Direitos Humanos e Cidadania do município de São Paulo a gestão sobre a concessão do benefício do "auxílio-aluguel", voltado para mulheres vítimas de violência doméstica em situação de vulnerabilidade social, que fora criado pela Lei Municipal nº 17.320/2020.

Alguns marcos jurídicos auxiliam a percepção de políticas públicas e reivindicações sendo institucionalizadas na ação coletiva. Pode-se extrair elementos dessa monta com determinações como da Lei Municipal nº 16.490/2016, que garante o desembarque em local mais seguro e acessível para mulheres, no período entre 22h e 05h do dia seguinte. Atualmente, o município de São Paulo conta também com nove Delegacias de Polícia de Defesa da Mulher.

Em relação aos dados vinculados aos Objetivos do Desenvolvimento Sustentável, a cidade de São Paulo conta com plataforma que permite o acompanhamento dos indicadores do município, por meio do Observatório de Indicadores da Cidade de São Paulo – OBSERVASAMPA.

Alguns de seus principais indicadores relativos às políticas públicas voltadas à igualdade de gênero e direito das mulheres entre 2017 e 2020 pode ser apresentada da seguinte forma:

TABELA 1 – Indicadores dos ODS em São Paulo entre 2017-2020 relativos à igualdade de gênero e direito das mulheres

Indicador/Ano	2017	2018	2019	2020
Casos reportados de abuso sexual no transporte público municipal	35	49	49	23
[ODS.03.01] Razão de óbitos de mulheres residentes por causas e condições consideradas de morte materna (por 100.000 nascidos vivos	59,07	47,77	49,19	51,67
[ODS.03.07] Proporção de gestantes adolescentes (%)	11,36	10,42	9,77	9,20
[ODS.05.02] Número de mulheres acolhidas/atendidas nos CCMs e encaminhadas aos serviços especializados da rede de enfrentamento à violência	8.846	10.813	N/D	N/D
[ODS.05.05] Servidoras públicas ativas mulheres (%)	73,26	N/D	N/D	N/D
[ODS.16.07] Número de participantes nas conferências organizadas pela Secretaria Municipal de Direitos Humanos	115	265	2.164	N/D

Fonte: OBSERVASAMPA – ODS São Paulo

Dentre os indicadores disponíveis no OBSERVASAMPA, elegemos aqueles que poderiam ser vinculados diretamente às políticas públicas direcionados aos direitos da mulher, em especial quanto à liberdade sexual, acompanhamento pré e pós-natal, rede de proteção contra a violência de gênero e a participação de mulheres na Administração Pública e em espaços públicos.

Como é de se esperar, os demais indicadores disponibilizados não trazem um recorte de gênero ou mesmo raça em sua apuração. Pelo contrário, ainda que se compreenda a transversalidade de políticas e indicadores relativos, por exemplo, ao transporte público e habitação, a apresentação dos dados pela plataforma governamental não permite o recorte mais apurado do pesquisador.

Pode-se verificar que os dados dos indicadores selecionados oscilaram (e.g. diminuição no número de casos de abuso reportados entre 2019 e 2020; aumento na mortalidade entre 2018 e 2020) ou não foram disponibilizados (e.g. números atualizados sobre servidoras públicas ativas; número de mulheres acolhidas em CCMs entre 2019 e 2020). Há, no entanto, tendências positivas, como a diminuição da proporção de gravidez na adolescência e aparente aumento exponencial na participação da sociedade civil em conferências da Secretaria Municipal de Direitos Humanos, presumindo-se aqui uma boa política de participação feminina.

Veja-se, portanto, que os indicadores disponibilizados no geral não trazem o recorte quanto ao gênero e, por sua vez, os indicadores identificados com gênero não são completos o suficiente para uma abordagem especializada envolvendo recortes adicionais quanto ao território, classe, raça, faixa etária:

> Há o destaque para as políticas voltadas à segurança, à habitação e à mobilidade, apesar da existência de uma certa desvinculação entre território e os diferentes e diversos perfis de mulheres encontrados seja pela faixa etária, etnia-raça, condição laboral ou acesso à educação, tanto em relação aos homens, quanto em relação ao próprio grupo de mulheres. Ainda, as políticas identificadas não contemplam este tema em sua totalidade, são normalmente apenas destinadas as famílias sob responsabilidade financeira das mulheres ou mulheres vítimas da violência, com caráter emergencial.[9]

Implica dizer que, apesar do compromisso público com políticas de promoção do desenvolvimento sustentável, condição decorrente do pró-

[9] Sumi, Camila Massola. *A cidade na perspectiva do gênero: as políticas públicas urbanas 1990-2015 em São Paulo/SP*. Dissertação de Mestrado. Campinas: UNICAMP, 2018, p. 123-124.

prio Estatuto da Cidade e da Agenda 2030, assumida pelo Estado brasileiro, os indicadores de controle no município de São Paulo não são suficientes para uma apuração extensiva e completa sobre a igualdade de gênero e direito das mulheres. A obscuridade, no final das contas, inviabiliza o exame adequado da questão.

Conclusões

A introdução da política urbana como matéria constitucional e, consequentemente, a promulgação do Estatuto da Cidade, modificaram as perspectivas do espaço urbano no Brasil.

Dentre as principais mudanças, o Estatuto da Cidade incorporou a concepção de "cidade sustentável" como um de seus pilares. No campo internacional, a sustentabilidade sempre presumiu a igualdade de gênero e o direito das mulheres nos espaços urbanos como condição do conceito de "cidade sustentável". Sob essa perspectiva, a Nova Agenda Urbana e a Agenda 2030, que trouxe os Objetivos do Desenvolvimento Sustentável, priorizaram uma série de ações e políticas transversais envolvendo, direta e indiretamente, a igualdade de gênero e os direitos das mulheres.

No caso do município de São Paulo, estruturou-se um aparato institucional e legislativo com uma rede de proteção às mulheres em situação de violência e vulnerabilidade. No entanto, os indicadores tímidos relativo ao desenvolvimento sustentável não permitiu concluir se houve uma melhora nessa questão a partir de 2017, havendo uma inconstância sobre os números disponibilizados e a ausência de maiores detalhes, com recortes envolvendo políticas transversais.

Assim, resta exigir do Poder Público municipal uma cobertura e transparência maior quanto às ações tomadas, ou seja, deve-se exercer a cidadania no controle sobre políticas públicas, permitindo análises, acompanhamento e reflexões futuras na relação entre os espaços urbanos e a afirmação dos direitos das mulheres.

Referências

FRASER, Nancy; HONNETH, Axel. *Redistribution or Recognition: a political-philosophical exchange*. New York: Verso, 2003.

HABERMAS, Jürgen. *Direito e democracia: entre facticidade e validade, volume II*. Rio de Janeiro: Tempo Brasileiro, 1997.

Harvey, David. *Rebel cities: from the right to the city to the urban revolution*. New York: Verso, 2012.

ORGANIZAÇÃO DAS NAÇÕES UNIDAS. *Nova Agenda Urbana*. Quito, 2016.

Pérez Sanz, Paula. "Reformulando la noción de "Derecho a la Ciudad" desde uma perspectiva feminista". In: *BIBLID*, n. 05, jun. 2013.

Sumi, Camila Massola. *A cidade na perspectiva do gênero: as políticas públicas urbanas 1990-2015 em São Paulo/SP*. Dissertação de Mestrado. Campinas: UNICAMP, 2018.

UNIÃO EUROPEIA. *Carta Europea de la Mujer en la Ciudad*. Bruxelas, 1996.

17.
Corrupção Urbanística e Estatuto da Cidade
Da Corrosão do Sistema à Identificação de Espaços Corruptivos

VANÊSCA BUZELATO PRESTES

Introdução

Na tese de doutoramento que resultou no livro Corrupção Urbanística: da ausência de diferenciação entre Direito e Política no Brasil[1], descrevemos como opera o sistema jurídico e demonstramos como os sistemas do direito e da política estão umbilicalmente ligados em nosso país.

O sistema do direito representa o espaço de temas protegidos pela sociedade das mudanças ocasionais e de composição das maiorias, característicos do sistema da política. Quando o espaço do direito é substituído por decisões da política, ou, de outro lado, o espaço do direito rompe com seus códigos e adota decisões assumindo posturas da política, estamos diante da corrosão, da corrupção dos sistemas.

A partir da descrição produzida foi possível enxergar que o excesso de discricionariedade administrativa, o enorme espaço para concertações administrativas, a falta de controle dos processos urbanísticos, a carência de publicidade das regras, a falta de publicidade dos instrumentos e das

[1] PRESTES, Vanêsca Buzelato. *Corrupção urbanística; da ausência de diferenciação entre direito e política no Brasil.* Belo Horizonte: Forum, 2017.

possibilidades existentes, o enorme número de legislações e a precária informação destas, são fragilidades contumazes que facilitam e oportunizam espaços corruptivos no sistema jurídico urbanístico brasileiro. Isto porque, possibilitam a adoção de soluções personalíssimas, muitas vezes casuísticas, que atentam contra o princípio da impessoalidade, apresentam dificuldades que possibilitam "vender facilidades".

De outra parte, ao descrevermos o que produzimos de sistema jurídico, identificamos 04 eixos de expressão da Corrupção Urbanística: a) Forma de Corrosão do Sistema da Cidade; b) O Ilícito que se transforma em Lícito; c) Corrosão dos Sistemas que operam na Cidade (ex: direito e política); d) Temas que não são vistos como Corrupção (o espaço que não se vê, porque não foram operadas as diferenciações – reiterada generalização esconde as possibilidades de diferenciação)

Neste artigo vamos tratar especificamente da Corrosão do Sistema Jurídico Cidades, a partir da descrição deste sistema. Para tanto, tratamos dos sentidos da corrupção, com destaque para função do sistema jurídico, das formas de corrosão deste sistema e da identificação dos espaços corruptivos, a partir do Capítulo da política Urbana na Constituição Federal e dos instrumentos criados pelo Estatuto da Cidade.

O marco teórico para esta reflexão parte da teoria dos sistemas, especificamente estudos de Lumhann e De Giorgi[2]. Para estes autores a função da teoria é descrever. Descrever como se produz, como se estrutura o poder, como opera o poder seletivo universal da política, como opera o direito e todos os universos da sociedade.

Assim, ao descrevermos o que correu nestes 20 anos de Estatuto da Cidade, especificamente na construção do conceito jurídico do sistema das cidades, procuraremos enxergar as possibilidades abertas de corrosão deste sistema.

Neste particular, não temos o Estatuto da Cidade como lei boa ou lei ruim, completa ou incompleta, revolucionária ou conservadora, mas sim como fruto de um processo jurídico-político que estabelece os limites da sociedade a ela mesma e que, no Estado Democrático de Direito, só

[2] Luhmann, Niklas e DE GIORGI, Raffaele. *Teoria della Società*. Franco Angeli: Milano, 2003, 11a edizione.

mudará a partir do processo de evolução deste, ou seja, a partir da sua própria alteração.

1. Os sentidos da corrupção e a evolução do conceito jurídico

O conceito "corrupção" depende do período histórico e do sentido a que se refere. Na antiguidade a corrupção era entendida como de costumes, disseminada na promíscua relação Estado/Igreja, confundida com práticas consideradas imorais. Já, na Idade Moderna, iniciamos um ciclo que permitiu identificar as práticas corruptivas, a partir da separação das funções Estado/Igreja.

Na sociedade moderna houve a separação dos sistemas do direito, da política, da moral, da ciência. E, a função do direito na sociedade moderna, transformou-se em mecanismo para estabilizar o sistema jurídico, ou seja, ele qualifica um sentido e o transforma em conteúdo normativo.

O percurso do tema oscilou ao longo dos tempos. Em determinados momentos históricos, a corrupção foi aceita e incentivada como mecanismo de desenvolvimento. A teoria econômica dos americanos dos anos 1960 e 1970 apontava a corrupção nos países do terceiro mundo como mola-mestra para o desenvolvimento[3]. O caráter perverso da corrupção em relação ao funcionamento do sistema político e democrático não era consensual e esta Escola sustentava as práticas corruptivas como mecanismo em prol do desenvolvimento. A contaminação do sistema político pelo econômico foi evidente e a partir das descrições produzidas houve um processo de evolução, da separação dos sistemas, tendo no sistema jurídico criado, a partir das descrições produzidas, a normatização que hoje temos no tema.

Para os fins do que se pretende aqui analisar, importante ter presente que a descrição da corrupção pelos sistemas parte de parâmetros distintos. No sistema da moral é descrita a partir do bem e do mal; no sistema

[3] Ver: PRESTES, Vanêsca Buzelato. *Corrupção urbanística; da ausência de diferenciação entre direito e política no Brasil.* Belo Horizonte: Forum, 2017, p. 61 e ss. a escola funcionalista americana sublinhava a vantagem de certa dose de corrupção nos países socialistas e naqueles em desenvolvimento: "a corrupção representa o óleo necessário para acionar mecanismos emperrados ou enfraquecidos", in DELLA PORTA, Donatella; MENY, Yves (a cura di). *Corruzione e Democrazia: Sette Paesi a Confronto.* Napoli: Liguori Editore, 1995

científico, a partir do falso e do verdadeiro, ou seja, a partir da falsificação das velhas realidades; no sistema jurídico, a partir da identificação do lícito e do ilícito, do conforme ou não conforme ao direito.

Assim no estágio atual dos processos jurídicos, há o reconhecimento que o fenômeno da corrupção se apresenta de diversos modos. Este processo de identificação do lícito/ilícito sofreu uma evolução a partir de marcos significativos, especialmente a contar do movimento da Organização para a Cooperação e Desenvolvimento Econômica – OCDE e das Nações Unidas em torno do tema, no final dos anos 1970, ao diferenciar sistema do jurídico do econômico e se afastar das concepções dos americanos dos anos 70 que vinham na corrupção um meio de impulsionar as engrenagens, sobretudo nos processos de colonização.

De relações privadas, de tratamento sujeito/objeto, iniciaram os debates e foram gestadas as iniciativas dos Tratados e da internalização destes nas legislações dos países, bem como a compreensão das causas e efeitos do fenômeno, não como fato isolado, mas decorrente, sobretudo, das operações dos sistemas da economia e da política. Ficou evidenciada a relação da corrupção com a "lavagem de dinheiro", que não era prática adotada só na relação com países subdesenvolvidos, para romper com as amarras dos sistemas burocráticos, que não se tratava de problema estritamente doméstico, afeto à soberania do estado-nação. Foi compreendido que a corrupção não era das pessoas, atos isolados, mas dos sistemas e, portanto, normas jurídicas dirigidas a estes é que deveriam ser a forma de identificação, controle e coibição dos espaços corrutivos. A relativização até então reinante cedeu espaço à diferenciação funcional que tem nos Tratados Internacionais uma linha estruturadora.

Depois da assinatura da 1ª Convenção outras se sucederam[4], objetivando o mesmo intuito e consolidando um tratamento jurídico interna-

[4] Ato do Conselho 195/01 de 26.05.97 – convenção relativa à luta contra corrupção em que estejam implicados funcionários EU e Estados Membros Convenção contra o Crime Organizado – Palermo , 15/11/2000 Convenção Nações Unidas combate à corrupção (prevenção e adoção de medidas) – Mérida/Mexico – 2003 Formação Greco (grupo estados contra corrupção do Conselho da Europa) arbitrados procedimentos, ajuda mútua, cooperação internacional, extradição, retorno divisas, troca informações OEA, 29/03/1996 – convênio interamericano de combate à corrupção Rede Judicial europeia (1998) Trans-

cional, com consequências jurídicas, aos estados-nação. Surgiu um novo ordenamento internacional, tratando a repressão e criando mecanismos expressos e cogentes de prevenção da corrupção. Passou-se do comando/controle para o modelo reaja/previna, adotando-se ferramentas que tem a capacidade de incidir sobre a prevenção de práticas e não somente na sua penalização das práticas corruptivas.

O Brasil, adotando o entendimento de que a corrupção é um problema internacional, na linha de atuação da ONU, de 2002 a 2006 ratificou e internalizou os principais acordos multilaterais específicos sobre o tema, Convenções OCDE, OEA e ONU, além da Convenção de Palermo, fazendo com que tenham força de lei em nosso país.[5]

A Lei Anticorrupção de 2013, introduziu dispositivo tratando da responsabilidade das pessoas jurídicas por ilícitos decorrentes de corrupção, em especial as fraudes em licitações públicas. Também regrou a responsabilização administrativa de modo bastante contundente, fortalecendo este instituto, previu os acordos de leniência, a valorização dos programas de integridade ou programas de *compliance*, multas elevadas, bem como criou um cadastro nacional das empresas punidas. Sua aplicação é no âmbito do território nacional e estrangeiro.

A função do sistema jurídico internacional foi estabelecer um mecanismo de freio para o sistema da política dos estados-nação. A evolução do sistema jurídico a partir dele mesmo foi possível, a partir das operações resultantes da observação e do processo de diferenciação produzida. O procedimento adotado na Convenção da OCDE com avaliação sistemática é um dos indutores e garantidores deste feedback.

Desta breve síntese, importa destacar que a ideia de que a corrupção dos sistemas gera a corrosão destes e, por conseguinte afeta a sociedade. Os mecanismos de estabilização destes sistemas auxiliam no retorno ao

parência Internacional (ONG)– aponta índices de controle de suborno e de percepção de corrupção.

[5] Convenção das Nações Unidas contra corrupção foi firmada pelo Brasil em 2003 e ratificada pelo Decreto Legislativo 5.687 de 2006 Lei da Improbidade Administrativa – Lei Federal 8.429/92 Lei de Acesso à Informação 12.527/11 Lei Anticorrupção- Lei Federal 12.846/13 Decreto que regulamenta lei anticorrupção N. 8.420/15 Lei da Ficha Limpa Controles republicanos: TCE, TCU, CGU e todos MP Brasil é signatário Convenção de Palermo – Decreto 5.015/04.

seu equilíbrio. E, a corrupção, em sentido juridicamente repreensível, somente pode aparecer quando ocorrer a diferenciação do sistema político e os seus processos jurídicos estiver suficientemente avançada.

O exemplo da separação dos sistemas econômico e político para avançar na regulação jurídica do tratamento da corrupção na forma que hoje temos, demonstra a função evolutiva deste.

Em matéria urbanística temos um caminho a percorrer. Ainda, há forte mistura entre direito e política no tema, além de uma falta de efetivo reconhecimento da função de estabilização representada pela legislação que já produzimos e temos em vigor.

Neste particular, importante ter presente que o processo de diferenciação funcional produziu as formas jurídicas de combate à corrupção. E as formas jurídicas evoluíram a partir das diferenciações produzidas. No século passado o combate a corrupção se dava por meio dos crimes de peculato e concussão. Hoje há um sistema jurídico que trata a corrupção nas suas especificações, a partir das diferenciações e das seleções operadas. Ainda, há um tratamento jurídico para prevenção da corrupção (*compliance*, meios de prevenção de lavagem de dinheiro), técnicas que não se cogitava em tempos não tão remotos. Isto é possível em função do processo de evolução do sistema originário das diferenciações produzidas. E ele é interno ao sistema jurídico, sendo ferramenta para os diversos ramos, incluindo o direito urbanístico.

A sociedade moderna é altamente complexa. Os processos corruptivos também o são. Por isso, quanto mais os diferenciamos mais complexidade geramos e mais possibilidade de enxergar os processos corruptivos se apresenta.

No caso da corrupção urbanística no Brasil, faz-se necessário produzir mais observação. Ainda, não a enxergamos a corrupção urbanística como modo juridicamente condenável. Vejamos exemplos recentes. Em 2017 o Ministro da Cultura do Governo Temer pediu demissão, porque outro Ministro sentiu-se à vontade para pedir que restrição de tombamento fosse desconstituída, pois atrapalhava empreendimento de sua família. Observar as reações públicas e de imprensa do período exemplifica esta mistura de sistemas. Ou, mais recentemente, o atual Presidente alega que o "poder da caneta" pode mudar a unidade de conservação para transformar Angra dos Reis em uma Cancun. As restrições, os limites jurídicos que são decorrentes de situações pré-existentes nestas legislações aparecem como obstáculos e não como regramentos a serem observados, porque produzem um sentido enquanto sociedade, um limite estabelecido pelo sistema jurídico cidades. Se isto ocorre nos mais altos escalões da República, nos municípios não é diferente!

Nesse sentido, precisamos enfatizar que a corrupção urbanística decorre da qualificação jurídica atual do sistema jurídico cidades.

A Constituição brasileira, ao tratar da Política Urbana em um capítulo da Ordem Econômica, estabeleceu um tratamento jurídico para questões que no sistema constitucional anterior integravam o sistema da política. Assim, a partir da Constituição de 1988, há uma disciplina constitucional que faz nascer um direito à cidade. Este direito à cidade produziu um processo de diferenciação funcional que separou a dimensão política da dimensão jurídica, significando que temas tratados no sistema anterior como possibilidades passam a ser direitos consagrados e passíveis de serem exigidos. Esta construção jurídica que demonstra o processo de evolução implica em uma atribuição de sentido normativo.

O Estatuto da Cidade, festejada legislação brasileira que trouxe novos paradigmas, instrumentos e conceitos jurídicos para o ordenamento das cidades, faz 20 anos em 2021. No âmbito infraconstitucional representou uma forma de densificação – atribuição de sentido normativo – às previsões constitucionais. Ao tratar de um conjunto normativo trouxe conceito jurídico de cidade sustentável, rompeu com o paradigma urbano/rural (plano diretores também legislam sobre a área rural, respeitadas as competências constitucionais do direito agrário), criou instrumentos urbanísticos, disciplinou os instrumentos de regularização fundiária[6].

A corrosão do sistema ocorre quando deixamos de observá-lo e isto se dá, porque há um espaço que não se vê, um espaço naturalizado, no qual não ocorreram as necessárias diferenciações.

[6] Estatuto da Cidade (Lei Federal 10.257/02, MP 2220, Lei Federal 11.977/09 e atualmente Lei Federal Nº 13.465/17 tratam da regularização fundiária no Brasil.

2. Corrupção urbanística e a compreensão dos riscos da corrosão do sistema

A aprovação e entrada em vigor do Estatuto da Cidade trouxe uma série de expectativas, tanto para os movimentos sociais quanto para os que atuavam nas administrações municipais. Era como se a ideia de que tendo o instrumento previsto na norma por si só garantisse o direito que se almejava ver protegido.

Passado um tempo, junto com as expectativas vieram frustrações. Isto porque, nenhum instrumento por si só não é bom ou ruim. É um instrumento jurídico com regras específicas. A sua utilização depende das condições jurídicas estabelecidas para que ele opere e, sobretudo, da respectiva gestão.

Esta ilusão de que a simples existência do instrumento poderia ser substituída por necessárias operações que se dão no espaço da política esteve muito presente na aprovação do Estatuto da Cidade no Brasil. Era como se a aprovação do Estatuto representasse a garantia de Reforma Urbana. Este mesmo processo ocorreu posteriormente no âmbito dos municípios. E, em determinados momentos, o espaço da lei cedeu espaço para aprovações formais para cumprir ritual, acreditando-se que estava garantido o direito pelo instrumento geral. Planos Diretores, leis de uso do solo que simplesmente repetiam os dispositivos do Estatuto da Cidade. Planos diretores cujas disposições gerais não dialogavam com o plano regulador. Leis de uso do solo na contramão das regras gerais de sustentabilidade, remoções em detrimento da segurança da posse, operações urbanas descoladas das regras gerais dos planos diretores foram uma constante.

Relembremos que na sociedade moderna houve a separação dos sistemas do direito, da política, da moral, da ciência e o nascedouro das funções, na forma que hoje as conhecemos. A função do direito na sociedade moderna é de estabilização, isto é, o sistema jurídico, qualifica um sentido e o transforma em conteúdo normativo. Por isso, a qualificação jurídica da corrupção, do conceito de cidades e de tantos outros temas apanhados pelo direito, tem uma *função evolutiva*. Não é para o bem ou para o mal, pois estes são julgamentos morais. É uma função de limite e de definição.

Já, o âmbito da luta pelo reconhecimento, é da política.[7]

A corrupção dos sistemas, a mistura destes, gera sua corrosão e, por conseguinte afeta a sociedade. Os mecanismos de estabilização destes sistemas auxiliam no retorno ao seu equilíbrio.

Reitera-se aqui o que já destacamos anteriormente. A corrupção, em sentido juridicamente repreensível, somente pode aparecer quando ocorrer a diferenciação do sistema político e os seus processos jurídicos estiverem suficientemente avançados.

Assim, o Capítulo da Política Urbana e o Estatuto da Cidade, por si só, não poderiam fazer a Reforma Urbana, pois esta faz parte, integra o sistema da política. Contudo, o sistema jurídico, a partir das conquistas da política, estabeleceu limites a serem observados e a sua inobservância representa uma forma de corrosão deste mesmo sistema.

O sistema jurídico se corrompe quando deixa de observar a proteção construída internamente ao seu sistema. Nesta perspectiva, o Estatuto da Cidade trazer um conceito de cidade sustentável – garantia do direito a cidades sustentáveis, entendido como o direito à terra urbana, à moradia, ao saneamento ambiental, à infraestrutura urbana, ao transporte e aos serviços públicos, ao trabalho e ao lazer, para as presentes e futuras gerações[8]- é uma afirmação do que protegemos no tempo presente. A mesma Lei, regrar Plano Diretores, estabelecer a necessidade do tratamento de um conteúdo mínimo de desastres, exigir gestão democrática, estabelece o que é o lícito no tratamento do conteúdo jurídico das cidades.

Isto significa que há um tratamento jurídico das cidades e que a não observância deste implica na corrosão deste sistema. Corrosão é aqui entendida como ato de descumprimento ou de infringência do que foi descrito como lícito/ilícito.

[7] O livro de Felipe Francisco de Souza "A Batalha pelo Centro de São Paulo: Santa Ifigênia, Concessão Urbanística e Projeto Nova Luz", examinado no próximo capítulo é uma descrição da confusão entre direito e mobilização social (espaço da política), retratada na ótica dos movimentos sociais e da esquerda que esperava que a aprovação do instrumento da concessão urbanística fosse utilizada para uma finalidade que consideravam boa. (Souza, Felipe Francisco de. *A Batalha pelo Centro de São Paulo*: Santa Ifigênia, Concessão Urbanística e Projeto Nova Luz. 1. Ed. São Paulo: Paulo's Editora, 2011.

[8] Art. 2º, inc. I

Nesta quadra, o tratamento jurídico das cidades, a partir do Estatuto da Cidade precisa ser compreendido e reafirmado, pois engloba um conceito complexo, um feixe de direitos que precisam coexistir. É como se estivéssemos diante de um cilindro dentro do qual há vários balões. Estes balões representam os direitos hoje protegidos e não podem furar, precisam viver em equilíbrio, pois a função do cilindro é garantir a coexistência de todos, sendo uma espécie de proteção contra a corrosão destes. Meio ambiente, moradia, patrimônio cultural (material e imaterial), acessibilidade, mobilidade, propriedade, gestão democrática, saneamento, dentre tantos outros direitos constitucionalmente protegidos precisam coexistir neste cilindro.

Em um sistema complexo, que protege vários direitos, não há escolhas possíveis entre proteger um direito, em detrimento de outro, pois os direitos coexistem e tem a mesma proteção jurídica., advém da mesma fonte.

Pensemos em exemplos.

Para os movimentos defensores do patrimônio histórico-cultural dificilmente se justifica uma rampa de acesso a um prédio tombado, mas a acessibilidade é um direito protegido. Já, para os militantes da acessibilidade, dificilmente se conformam em entrar por uma entrada lateral, mesmo que o prédio seja tombado. O que fazer? Não é possível buscarmos soluções externas de valor moral (justificativas desta ordem: é melhor mexer com a Igreja do que com os portadores de deficiência ou vice-versa), político (o Prefeito prefere prestigiar a Igreja aos portadores de deficiência, porque são menor quantidade no Município) ou qualquer outro argumento externo ao sistema jurídico. A racionalidade interna ao sistema jurídico é que deve responder. E aí a ponderação pode ser a técnica a ser utilizada.[9] Há outra forma de acessar a igreja, além da porta da frente? Se há, é possível ter rampa e acessibilidade compatível com as regras jurídicas? Se não há, a rampa projetada contempla a finalidade e foi projetada de forma compatível com um bem protegido, tendo o

[9] Ponderação como técnica de racionalidade do sistema: a) adequação: o meio escolhido contribui para o resultado pretendido? b) Necessidade: o meio utilizado é o mais idôneo, apontando a menor restrição possível ao direito examinado? c) proporcionalidade em sentido estrito/razoabilidade: a medida restritiva é indispensável para o resultado?

menor impacto? E, ainda, fazer a rampa é indispensável à acessibilidade? As respostas a estas perguntas que atentam ao critério da ponderação decorrem da racionalidade do sistema, mantendo-se no âmbito interno a este, sem buscar argumentos externos de modo a corrompê-lo.

Nesta linha, podemos colacionar inúmeros outros exemplos: moradia x ambiente, propriedade x meio ambiente, acessibilidade x mobilidade, entre outros.

A questão central posta está no fato de que o universo de direitos que são protegidos só deixa de sê-lo por meio do próprio direito, e não há escolhas aleatórias de valor moral externas a racionalidade do sistema.

No momento em que hipóteses neste âmbito ocorrem estamos diante de um dos casos de corrosão do sistema. Assim sendo, na perspectiva ora descrita, no sistema do direito, a corrosão deste tem significado, de um lado, esperar do sistema do direito exercício de função que segue sendo da política. O direito traz elementos para que a gestão formule políticas de reforma urbana, de reconhecimento de direitos, mas ele não realiza a reforma urbana e, de outro, não observar a proteção jurídica aos diretos protegidos.

A sociedade é um sistema complexo e tem dentro de si vários subsistemas que desenvolvem alguma função. Reitera-se: a função do direito é de estabilização das expectativas normativas de comportamento. A função da política é possibilitar decisões vinculantes. O fato de muitos dos direitos previstos não se perfectiblizarem não é um problema do sistema do direito ser bom ou ruim, mas precisam encontrar respostas nas descrições do sistema da política.

De outro lado, o não observar o conteúdo interno ao direito protegido, as normas produzidas e vigentes, os fundamentos que o fazem sistema, também significa a corrosão deste mesmo sistema.

Dito de outro modo, tendo o conjunto de direitos protegidos a partir da Constituição e das normas infraconstitucionais regentes, tais como o Estatuto da Cidade, ignorá-los ou optar por um em detrimento do outro, implica na corrosão deste mesmo sistema e afeta a função de estabilização antes descrita, até porque, sabedores da existência dos direitos, os cidadãos vão a procura destes, por meio dos debates públicos, da procura das instituições criadas para defesa destes, bem como judicializando temas antes considerados como discricionários no âmbito da Administração Pública.

Compreender que uma sociedade que protegeu direitos de diferentes origens- ambiental, urbanística, acessibilidade, moradia, patrimônio histórico e cultural, gestão democrática que afetam e são constitutivos da aprovação municipal, é enxergar a complexidade da sociedade atual.

A partir desta compreensão é que será possível desenvolver formas de diminuição da complexidade, por meio do desenvolvimento de procedimentos, de um lado, e da racionalidade do sistema jurídico, de outro. Não é possível deixar de considerar um dos direitos protegidos. Agir deste modo representa a própria corrosão do sistema e em um momento ou outro a fragilidade jurídica será exposta. Faz-se necessário, a partir deste enxergar, desenvolver estratégias de redução de complexidade, pois todos os direitos protegidos constitucionalmente têm a mesma fonte, qual seja, a Constituição.

Descrições que não permitam o enxergar como a corrosão do sistema urbanístico afeta às estruturas diferenciadas da cidade democrática não se prestam mais à compreensão da sociedade moderna.

Práticas que deixam de considerar e até mesmo ignoram direitos legalmente protegidos pela sociedade democrática, que tem na lei um limite a ela mesma, expõem e colaboram com a corrosão do sistema jurídico criado e não tem amparo no sistema vigente.

3. Da identificação dos espaços corruptivos a partir dos instrumentos criados pelo Estatuto da Cidade

A cidade inserida na Constituição Federal de 1988 acarreta consequências jurídicas. Isto porque, a Constituição de 1988, é Constituição Democrática, que tem na dignidade humana o fio condutor e na redução das desigualdades sociais seus objetivos e cabe aos entes federativos cumprirem com a previsão constitucional.

A titularidade jurídica das cidades no Brasil é dos Municípios. Os Municípios são entes federativos e como tal integram a responsabilidade do Estado para cumprir com a Constituição Federal. Para tanto, tem compromisso jurídico com os seguintes aspectos: a) a cidade é um espaço da cidadania; b) expressão do direito à diferença e as políticas públicas precisam ser inclusivas (ex: acessibilidade universal, reconhecimento à mobilidade reduzida que o urbanismo passa a observar); c) função socioambiental; d) funções sociais da cidade, que não se resumem as funções da cidade modernista[10]; e) dimensão de território; f) diálogo com a escassez dos recursos naturais; g) gestão democrática.

O Estatuto da Cidade, por sua vez, criou institutos novos. Separou o direito de propriedade do direito de construir (outorga onerosa do direito de construir, transferência do direito de construir e direito de superfície), estabeleceu a necessidade de participação democrática, criou instrumentos para administração urbanística concertada (operações urbanas, consórcios), criou uma disciplina jurídica mínima para os planos diretores. Tratou da terra urbana e da função social da propriedade, distinguindo juridicamente situações. Criou o conceito jurídico de cidade sustentável.

Ao longo destes 20 anos ocorreu evolução jurídica, isto é, o direito a partir dele mesmo, trouxe outros elementos a serem considerados neste feixe de direitos que hoje são protegidos e se expressam no conceito jurídico de cidades. Ter dimensão jurídica no Estado Democrático de Direito, significa que temas que no sistema anterior pertenciam ao sistema da política passam à dimensão do direito e precisam ser diferenciadas. Integrar o sistema do direito significa que são cogentes, ou seja, precisam ser cumpridas. No processo de aprovação municipal estes temas emergem, se concretizam e nem sempre são simples, pois interagem entre si, na forma dos exemplos citados anteriormente.

Um dos pontos que pretendemos destacar refere-se aos instrumentos jurídicos criados pelo Estatuto da Cidade e que reconhecem o valor intrínseco das cidades, a partir dos conceitos contemporâneos que apanham a complexidade deste ecossistema.

Vejamos alguns exemplos para ilustrar o raciocínio desenvolvido.

O regime urbanístico das cidades tem valor econômico. Permitir construir 03, 12 ou 22 andares faz muita diferença. Atribuir regime urbanís-

[10] Para cidade modernista as funções da cidade eram: recrear, circular, trabalhar e morar (Carta de Atenas). Os planos diretores físico-territoriais prestigiaram estas funções, mesmo que para criar grandes áreas de lazer e circulação, por exemplo, fizessem profundos aterros. Hoje além destas funções, a cidade da contemporaneidade tem uma série de outras funções, tais como ambiental, saneamento, infraestrutura urbana, serviços, gestão democrática, etc.

tico a áreas que não o tinham, permitindo a sua utilização com potencial econômico, significa colocar no mercado patrimônio imobiliário. Os franceses compreenderam isto desde o início do século passado. Lá não há um direito originário de construir e o instrumento do solo criado[11], que separa o direito de propriedade do direito de construir e de cuja concepção origina-se a outorga onerosa e a transferência de potencial construtivo, nasce inspirado nesta concepção. Desta forma, compreendendo que a cidade é um mercado e que precisa ser regulada, o Município deve controlar o regime urbanístico, de modo a valorizá-lo. Todavia, atribuir regime sem contraprestação ao município segue sendo prática comum. É urbanística e juridicamente equivocada a concepção que não tem custo para cidade a adoção de regime urbanístico maior, pois este tem valor de mercado. Mudar uso e/ou permitir construção maior sem contrapartida, são exemplos da falta de compreensão do que estes instrumentos urbanísticos significam. Compreender que a cidade não é abstração, tem conteúdo, funciona como um sistema e que os instrumentos urbanísticos integram este sistema é fundamental para não permitir que, simplesmente, toleremos aumento de altura, alteração de regime ou de uso como se fosse direito individual, ou, utilizado de forma destacada do planejamento da cidade, em detrimento do caráter difuso desta. Aliás, é isto que o Estatuto da Cidade dispõe[12] quando exige a avaliação da pro-

[11] "O solo criado é o resultado da criação de áreas adicionais utilizáveis, não apoiadas diretamente sobre o solo natural." (Eros Grau)
"O solo criado será sempre um acréscimo ao direito de construir, além do coeficiente básico de aproveitamento estabelecido pela lei. Acima deste coeficiente, até o limite que as normas edilícias admitirem, o proprietário não terá o direito originário de construir, mas poderá adquiri-lo do Município." (Hely Lopes Meirelles.)

[12] Art. 28. O plano diretor poderá fixar áreas nas quais o direito de construir poderá ser exercido acima do coeficiente de aproveitamento básico adotado, mediante contrapartida a ser prestada pelo beneficiário.
§ 1º Para os efeitos desta Lei, coeficiente de aproveitamento é a relação entre a área edificável e a área do terreno.
§ 2º O plano diretor poderá fixar coeficiente de aproveitamento básico único para toda a zona urbana ou diferenciado para áreas específicas dentro da zona urbana.
§ 3º O plano diretor definirá os limites máximos a serem atingidos pelos coeficientes de aproveitamento, **considerando a proporcionalidade entre a infra-estrutura existente e o aumento de densidade esperado em cada área.** (grifei)

porcionalidade entre a infraestrutura existente e o aumento de densidade esperado em cada área para alteração do Plano Diretor, permitindo maior densidade!

Nesta quadra, projetos de lei que alteram uso sem critérios técnicos, permitem aumento de altura aumentando valor de imóveis sem contraprestação, ou as facilitações de licenças, de autorização para construir com benefícios diretos para os proprietários são práticas corriqueiras nas nossas administrações públicas, não tem mais espaço lícito no sistema jurídico atual. E, como no sistema jurídico atual estes temas integram a dimensão de direitos, a inobservância destes gera a judicialização, ou seja, buscar a prestação jurisdicional para que o direito protegido pelo sistema seja observado.

Aqui, assume relevo as decisões dos Tribunais em matéria urbanística. Neste particular, destacam-se as reiteradas decisões acerca de Planos Diretores. Os Tribunais de Justiça brasileiros que tem declarado inconstitucionais Plano Diretores e leis que os modifiquem sem estudos técnicos prévios. No exame do controle da constitucionalidade tem se destacado dois aspectos: (a) o vício formal de inconstitucionalidade e o (b) o vício material de inconstitucionalidade.

A partir da Constituição Federal de 1988, os planos diretores passaram a ser leis em sentido formal e material. Antes disso, eram consideradas leis de efeito concreto. Disto resulta a inserção no controle de constitucionalidade de leis no Brasil, em especial de leis municipais, haja vista a competência constitucional para elaboração e aprovação de planos diretores ser dos municípios, a teor do que dispõe o artigo 182 da Carta Magna.

Ao longo destes 27 anos de Constituição, houve uma evolução jurisprudencial importante no controle de constitucionalidade de leis municipais.

A discussão sobre o controle de constitucionalidade em tese de lei municipal suscitou amplo debate acadêmico e jurisprudencial mesmo antes da Constituição de 1988[13]. A Constituição de 1988 pôs fim à discus-

[13] Sobre o histórico e o tema, ver MENDES, Gilmar Ferreira. Direitos Fundamentais e Controle de Constitucionalidade: estudos de direito constitucional. 3ª ed. Revista e ampliada. São Paulo: 2006, p. 330 e ss

são, autorizando os Estados a instituir representação de inconstitucionalidade de leis ou atos normativos estaduais ou municipais frente à Constituição Estadual, nos termos do que dispõe o art. 125, § 2º da Constituição Federal. A matéria chegará ao STF a partir da interposição de recursos extraordinários decorrentes das decisões dos Tribunais de Justiça. Assim, com o passar dos anos, questões foram sendo examinadas pelos Tribunais de Justiça e pelo STF, afirmando entendimentos e consolidando temas de competência municipal, no âmbito do controle material de competência. Na sistemática atual, diversas Constituições Estaduais preveem a participação popular na etapa de elaboração de planos diretores (expressão de exigência democrática), sendo que a ausência desta tem resultado na declaração de inconstitucionalidade de planos diretores, culminando com o reconhecimento de um vício de procedimento. Demais disso, diversas decisões têm reconhecido o caráter técnico da lei dos planos diretores, agregando exigências neste sentido às leis respectivas também na etapa de sua elaboração prévia.

Mais recentemente os Tribunais passaram a incorporar nas suas decisões o entendimento da necessidade do conteúdo técnico dos Planos Diretores. Isto afasta leis casuísticas, que atentam ao princípio da impessoalidade. Nesta linha, destaca-se, decisão acerca do Plano Diretor de Campos do Jordão, acórdão de 16/10/2019[14], que teve como fundamento o reconhecimento de que Planos Diretores exigem estudos prévios e a efetiva participação da comunidade. Esta decisão rechaçou a possibilidade de modificações legislativas pontuais, casuísticas e dissociadas da estrutura sistêmica da utilização de todo o solo urbano. No mesmo sentido, decisão do mesmo Tribunal – TJSP – envolvendo o Plano Diretor de São Carlos, que declarou inconstitucional alteração pontual zona agrícola para industrial, sem estudos técnicos[15]. O TJRS, em decisão no controle difuso de constitucionalidade, foi no mesmo sentido, ao declarar inconstitucional alteração no Plano Diretor do Município de Osório[16].

[14] ADI Nº 003671143.2019.8.26.000

[15] ADI 2032961-38.2015.8.26.0000 de 02/08/2016

[16] TJRS – controle difuso constitucionalidade – Município Osório – AC 70073672313, 1ª Câmara Cível, 14/03/2018

Passemos para a descrição de outros exemplos da complexidade do conceito jurídico de cidades, porque pode ter proteção jurídica, a partir da perspectiva constitucional. Pensemos sobre o valor do patrimônio imaterial das cidades e nas novas funções urbanas contemporâneas, a partir do enxergar o ecossistema destas.

As cidades deste século têm agregado um valor imaterial, integrando o que chamamos "aquilo que não se pode ver se não se operar com diferenciações para permitir ver"[17]. Vivemos um momento em que há uma redefinição do espaço e do lugar das cidades, além do modo de vida nestas. Questões que no passado não eram valoradas economicamente passam a ter valorização. O silêncio, o descanso, os espaços de lazer, a paisagem, a areação, a luminosidade, a paisagem, os recursos ambientais, os refúgios urbanos, os espaços de respiro constituem-se exemplos de situações atualmente valorizadas economicamente. Na pandemia uma vista livre, desafogada, um espaço verde, as aberturas, foram ressignificados. Viver em frente a um parque, adquirir um imóvel próximo a espaço de lazer que propicie contato com natureza, lugar para caminhada ou próximo a um shopping valoriza e altera o valor do imóvel.

O patrimônio imaterial também passa a ter valor econômico e proteção jurídica específica, passando a integrar o sistema jurídico.

A Constituição brasileira seguiu a tendência mundial de proteção de patrimônio para além das coisas, para os bens intangíveis. A Organização das Nações Unidas para a Educação, a Ciência e a Cultura - UNESCO, em 1972, aprovou a "Convenção sobre a proteção do patrimônio mundial, cultural e natural". Este tratado visa promover a identificação, a proteção e a preservação do patrimônio cultural e natural de todo o mundo, considerado especialmente valioso para a humanidade. Como complemento ao Tratado foi aprovada, em 2003, uma nova Convenção, desta vez especificamente sobre o patrimônio cultural imaterial. O patrimônio imaterial é aquele que guarda relação entre a sociedade e a atividade, expressão ou modo de viver a ser protegido. São exemplos de patrimônio imateriais juridicamente protegidos no Brasil o Círio de Nazaré de Belém, no Pará, e o frevo de Olinda, em Pernambuco. Esta proteção tem

[17] Expressão utilizada por De Giogi, Raffaele. Anotações de aula. Lecce, 2015.

registro e visa deixar para as futuras gerações, como legado, a existência destas formas de expressão e tem valor econômico significativo.

Também a lei de mudanças climáticas traz um tratamento jurídico a temas contemporâneo e que não podem ser ignorados no âmbito das cidades.

Manter íntegro o sistema jurídico, no sentido de desempenhar a função para a qual foi criado, é uma das formas de coibição da corrosão deste sistema e é uma tarefa em construção. Isto porque, o conteúdo jurídico aqui examinado é normativo e cogente. O reconhecimento do direito à cidade, nessa perspectiva, é decorrente deste processo evolutivo e só se modificará a partir do próprio direito, ou seja, se o direito se modificar.

Nesta perspectiva é que a estruturação na forma prevista no Brasil transformou em direito situações que no sistema anterior integravam o âmbito da política. Desta forma, produziu uma diferenciação, distinguindo o que é direito e criando meios para sua garantia. Disso resulta uma série de consequências no âmbito dos municípios, que é o *lócus,* por excelência, do exercício do direito à cidade.

Conclusões

A partir do momento que enxergamos o problema de outro modo é porque o observamos de modo diverso. E nisto estão as distinções. As distinções representam os mecanismos de redução de complexidade do tema a ser abordado.

Nesta perspectiva, pensar o planejamento urbano sem contemplar elementos que hoje já enxergamos que interagem, integram o sistema jurídico e são cidade deixa de contemplar a complexidade já juridicamente reconhecida.

No direito moderno a origem do direito é o próprio direito, ou seja, o direito é produzido pelo direito. O direito se refere só a ele mesmo e nisto está a circularidade. No Estado democrático, o direito não existe porque é justo, porque realiza um fim, porque representa valores externos ou porque corresponda a fins ou à sociedade. O direito positivo moderno e constitucionalizado existe, porque é produzido por ele mesmo. Tem no seu interno a igualdade, a justiça, mas não os realiza. O direito não deriva de fatos externos a ele, mas da forma que é produzido, aliado a exclusividade em que opera. O direito positivo moderno se legitima nele mesmo. As qualificações jurídicas produzem realidade, constroem o que usa como realidade; não se aplica à realidade, mas constrói o que usa como realidade.

O direito não realiza a Reforma urbana, mas traz elementos que transformam em conteúdo exigível, na medida em que são reconhecidos. Sua não observância gera a possibilidade de cobrança do cumprimento destes.

Entendemos que corrupção urbanística no Brasil ainda não é tratada com a diferenciação necessária. Os sistemas do direito e da política em nosso país ainda estão muito próximos, umbilicalmente ligados, de um lado, e, de outro, produzem aparência de legalidade por meio de alterações legislativas das leis urbanísticas que imputam legalidade a projetos que ferem a impessoalidade e trazem benefícios específicos a determinados grupos ou pessoas, em detrimento do caráter difuso do controle urbanístico inerente ao direito à cidade.

De outra parte, ainda não há a compreensão de que a Constituição Federal e as legislações infraconstitucionais, em especial o Estatuto da Cidade, são cogentes, porque a partir da Constituição de 1988, no Brasil, há uma disciplina constitucional que faz nascer um direito à cidade. Este direito à cidade produziu um processo de diferenciação funcional que separou a dimensão política da dimensão jurídica, significando que temas tratados no sistema anterior como possibilidades passam a ser direitos consagrados e passíveis de serem exigidos.

No processo de evolução histórica das cidades são conquistas que significam um novo *locus* e exigências das cidades. Esta construção jurídica que demonstra o processo de evolução significa uma atribuição de sentido normativo. Significa dizer, que o conteúdo produzido é normativo. O reconhecimento do direito à cidade, nessa perspectiva, é decorrente deste processo evolutivo e só se modificará a partir do próprio direito, ou seja, se o direito se modificar.

As normas que integram o sistema jurídico não substituem os processos de conquistas políticas, operam no âmbito deste sistema. O processo de conquistas integra o sistema da política. O sistema jurídico representa um limite estabelecido pela sociedade a ela mesma. Isto significa que a lei produzida pelo e no Estado Democrático de Direito é uma forma de estabilização deste sistema, por isso, enxergar como deixamos de observá-lo implica em entender como opera a corrosão deste mesmo sistema.

Na medida em que temos um sistema jurídico cidades, temos o lícito/ilícito diferenciados. O tratamento que não observe este conceito jurídico de cidades não está e consonância com a evolução jurídica do tratamento estabelecido, motivo pelo qual representa forma de expressão da corrosão deste mesmo sistema.

Referências

DELLA PORTA, Donatella; MENY, Yves (a cura di). *Corruzione e Democrazia: Sette Paesi a Confronto*. Napoli: Liguori Editore, 1995.

LUHMANN, Niklas e DE GIORGI, Raffaele. *Teoria della Società*. Franco Angeli: Milano, 2003.

LUHMANN, Niklas. *Introdução à Teoria dos Sistemas*. Editora Vozes – tradução de Ana Cristina Arantes Nasser – Petrópolis, RJ: Vozes, 2009.

—. *Observaciones de La Modernidad: racionalidad y contingência em La sociedade moderna*. Paidos Studio, Barcelona, Buenos Aires e Mexico, 1997/ Osservazioni sul Moderno. Roma: Armando Editore, 2006.

—. *Legitimação pelo Procedimento*. Trad. de Maria da Conceição Corte-real. Brasília. Editora da Universidade de Brasília, 1980.

—. *La Costituzione come Acquisizione Evolutiva*. In Il Futuro della Costituzione, a cura de Gustavo Zagrebelsky, Pier Paolo Portinaro e Jörg Luther. Torino: Eunadi, 1996.

MENDES, Gilmar Ferreira. *Direitos Fundamentais e Controle de Constitucionalidade: estudos de direito constitucional*. 3ª ed. Revista e ampliada. São Paulo, 2006.

PRESTES, Vanêsca Buzelato. *Corrupção urbanística; da ausência de diferenciação entre direito e política no Brasil*. Belo Horizonte: Fórum, 2017.

—. Dissertação mestrado. Orientador:Ingo W. Sarlet. *Dimensão constitucional do direito à cidade e formas de densificação no Brasil*. PUC/RS, 2008. https://hdl.handle.net/10923/2508

—. *Dimensão constitucional do direito à cidade no Brasil*. Revista Brasileira de Direito Municipal [Recurso Eletrônico]. Belo Horizonte, v.21, n.78, out./dez. 2020. Disponível em: https://dspace.almg.gov.br/handle/11037/39716. Acesso em: 08 mar. 2021. Publicado originalmente na Revista Bimestral Interesse Público, ano 18, n. 99, set./out. 2016. Belo Horizonte: Ed. Fórum, 2016 e, posteriormente, na Revista da Procuradoria Geral do Município de Porto Alegre.

SOUZA, Felipe Francisco de. *A Batalha pelo Centro de São Paulo: Santa Ifigênia, Concessão Urbanística e Projeto Nova Luz*. 1. Ed. São Paulo: Paulo's Editora, 2011.

18.
O Estatuto da Cidade e a Democratização do Acesso às Políticas Urbanas via Terceiro Setor

ALINE OURIQUES FREIRE FERNANDES
GABRIEL DE OLIVEIRA SILVA
ISAAC OURIQUES FREIRE FERNANDES DE MORAIS

Introdução

A Lei 10.257/01[18] mais conhecida como Estatuto da Cidade, que ora celebra seus vinte anos de existência, regulamenta os artigos 182 e 183 da Constituição Federal de 1988 foi criada para traçar as diretrizes gerais da política urbana no Brasil. Já no parágrafo único do artigo primeiro a referida lei declara que foi criada para estabelecer as normas de ordem pública e interesse social que regulam o uso da propriedade urbana em prol do bem coletivo, da segurança e do bem-estar dos cidadãos, bem como do equilíbrio ambiental.

Mas, o que a política urbana abrange em seu conceito que motive a presente pesquisa? Em resumo, ela visa ordenar o pleno desenvolvimento das funções sociais da cidade e da propriedade urbana e é nesse conceito que reside o objetivo geral deste artigo: aprofundar o enten-

[18] BRASIL. **Lei nº 10.257, de 10 de julho de 2001** – Regulamenta os artigos 182 e 183 da Constituição Federal de 1988 e estabelece as diretrizes gerais da política urbana e dá outras providências.

dimento existente no nosso ordenamento jurídico a respeito da função social da cidade e da propriedade.

Através dos objetivos específicos busca-se permear a relação existente entre o Estatuto da Cidade com os direitos à propriedade privada e à moradia, ambos fundamentais, situados em dimensões distintas, porém, não menos relevantes para, em seguida analisar o alcance da democratização do acesso a esses direitos que são propostas pelas políticas públicas desenvolvidas com a participação ativa da sociedade civil organizada a qual podemos denominar de Terceiro Setor.

Sim, porque o Terceiro Setor atua em meio à crise de identidade do Estado e do Mercado para responder às necessidades democráticas diretamente relacionadas aos interesses do povo. Numa sociedade cada vez mais globalizada esses interesses devido a sua essencialidade são abraçados pelo direito e se refletem no ordenamento jurídico em diversas áreas com o intuito de tutelar os interesses da coletividade.

No caso em tela a sociedade civil se mobiliza via Estatuto da Cidade para possibilitar meios democráticos de acesso às políticas públicas de natureza urbana criadas para solucionar ou ao menos diminuir a desigualdade social latente diante dos problemas relacionados à moradia no Brasil.

A estrutura da pesquisa se dá pela via da análise hipotético-dedutiva e a modalidade adotada tem caráter exploratório, bibliográfico e documental de acordo com a dogmática jurídica. De fato, as premissas questionadas possuem relevância e podem ser observadas no decorrer das análises. O alvo é contribuir para a difusão e sedimentação da relevância do Terceiro Setor como ator social relevante na realização das políticas públicas de gestão urbana.

1. Os avanços do Estatuto da Cidade na gestão democrática das Políticas Públicas urbanas

A Constituição Federal brasileira prevê como direito social fundamental o direito à moradia. Tal direito é elencado juntamente com diversos outros considerados como essenciais para uma vida digna.[19] Os direitos

[19] BRASIL. Constituição da República Federativa do Brasil. 1988.

sociais são considerados pela doutrina como programáticos, ou seja, garantidos pelo Estado de maneira progressiva e de acordo com fatores sociais e econômicos.[20] Por outro lado, é certo que tais direitos devem ser implementados de acordo com o grau de desenvolvimento do Estado, devendo este utilizar o máximo de recursos disponíveis para efetivá-los, conforme prevê expressamente o Protocolo Adicional à Convenção Americana Sobre Direitos Humanos em Matéria de Direitos Econômicos, Sociais e Culturais.[21]

Partindo dessa premissa de que os direitos sociais, apesar de progressivos, devem ser efetivos e implementados em seu grau máximo, sempre que possível, o direito à moradia não deve ser interpretado como um simples local de habitação. Pelo contrário, o direito à moradia previsto na Constituição Federal deve compreender uma moradia digna e adequada. Se a Constituição de 1988 prevê como princípios a dignidade da pessoa humana e a proteção à intimidade e privacidade, o direito à moradia deve se compatibilizar com tais princípios, sob pena de existir verdadeiro esvaziamento de seu núcleo.[22]

Especificamente no contexto urbano, o direito à moradia assume um outro contorno. Isso porque a pólis passa de mero local de moradia e convívio social para um espaço de verdadeiro conflito social, criando-se, no mesmo contexto, espaços de exercício da democracia e exclusão social.[23] Essa paradoxal função da cidade, ora como instrumento de exclusão, ora como meio de representação da própria democracia faz com que Lefebvre defenda a existência de um direito à cidade, não somente no contexto de posse de uma residência na urbe ou uma mera extensão do direito

[20] Canotilho, José Joaquim Gomes. *Direito Constitucional e Teoria da Constituição.* 7ª edição. Coimbra: Almedina, 2003.

[21] ORGANIZAÇÃO DOS ESTADOS AMERICANOS. Protocolo Adicional à Convenção Americana Sobre Direitos Humanos em Matéria de Direitos Econômicos, Sociais e Culturais (Protocolo de San Salvador). Adotado durante à XVIII Assembleia-Geral da Organização dos Estados Americanos. San Salvador, 1988.

[22] Silva, José Afonso da. *Curso de Direito Constitucional Positivo.* 30ª edição. São Paulo: Malheiros, 2008.

[23] Costa, Simone da Silva. *Impactos da política de habitação social e o direito humano à moradia no Brasil.* Revista Interdisciplinar de Direitos Humanos, vol. 2, n. 3, p. 191-206. Universidade Estadual Paulista Júlio de Mesquita Filho – UNESP. Bauru, 2014.

à moradia, mas sim, com um verdadeiro aspecto de democratização de poderes, acesso, participação e luta.[24] Assim, o reconhecimento de um direito social à cidade passa a irradiar as discussões sobre a sua democratização, de forma que as pessoas impactadas por decisões sobre o próprio território urbano, possam efetivamente participar dessa gestão, devendo ser nelas consideradas as diferentes classes sociais e grupos minoritários que, juntos, dividem serviços públicos e espaços.[25]

Importante, contudo, destacar que bem antes da vigência do Estatuto da Cidade, movimentos sociais lutaram pela reforma urbana e democratização do acesso à cidade. Durante o governo de João Goulart foi elaborado o Projeto de Reforma Urbana. Movimentos sociais ganharam força durante o período em razão da crescente urbanização do Brasil. Entretanto, tais movimentos foram suprimidos durante o regime militar, passando a voltar à força na década de 70. Em 1987, destaca-se a criação do Movimento Nacional Pela Reforma Urbana. Tais reivindicações acabaram por levar a inclusão de capítulo específico na Constituição Federal sobre diretrizes na política urbana. Contudo, a regulamentação dos instrumentos jurídicos previstos constitucionalmente só foi ocorrer em 2001, com a Lei nº 10.257 – o Estatuto da Cidade.[26]

Durante esse período de luta em favor da reforma urbana e ampliação do acesso a serviços públicos disponíveis na cidade, movimentos sociais reivindicam, também, o direito de participação social e a realização de processos autogestionários, tanto no planejamento urbano, quanto na gestão municipal.[27] Entretanto, a incessante força dos movimentos sociais se destaca em contraposição a uma gestão historicamente excludente e voltada aos interesses da minoria de maior capacidade econômi-

[24] Lefebvre, Henri. *O direito à cidade*. São Paulo: Centauro, 2001.

[25] Harvey, David. *O Direito à Cidade*. Trad. Jair Pinheiro. Lutas Sociais, n. 29, p. 73-89. São Paulo, 2019.

[26] Boeira, Sergio Luís; Santos, Adriana Clara Bogo dos; Santos, Alini Giseli dos. *Estatuto da Cidade: aspectos epistemológicos, sociopolíticos e jurídicos*. Revista de Administração Pública – RAP. Vol. 43. Rio de Janeiro, 2009, p. 701.

[27] Ferreira, Regina Fátima Cordeiro Fonseca. *Movimentos de moradia, autogestão e política habitacional no Brasil: do acesso à moradia ao direito à cidade*. 2º Fórum de Sociologia "Justiça Social e Democratização". Comitê de Pesquisa sobre Habitação e Meio Ambiente Construído. Internacional Sociological Association (ISA). Buenos Aires, 2012, p. 2-3.

ca.[28] A origem excludente da gestão de territórios urbanos acaba por transformar a cidade em um espelho de abusos econômicos e estatais, assumindo a cidade um significado distinto para cada interesse em jogo e em conflito em seu meio (grandes proprietários de terras, banqueiros, especuladores, cidadãos e habitantes). Mesmo com um processo político democrático, nunca foi possível entender os espaços urbanos como espaços para discussões abertas, principalmente quando consideramos aquelas relacionadas a políticas urbanas que, consequentemente, impactam diretamente os cidadãos e, principalmente, os de classe mais baixa. Dessa forma, resta essencial que as instituições estatais descentralizem as tomadas de decisão e ampliem o acesso à participação social.[29] Não é possível que essa descentralização ocorra sem a importante participação do Terceiro Setor.

Movimentos populares, associações constituídas, pesquisadores, universidades, organizações políticas, organizações religiosas e diversos outros atores não governamentais do Terceiro Setor têm sido de extrema relevância para o debate da política urbana no Brasil. Destaque para o Fórum Nacional de Reforma Urbana (FNRU), sucessor do Movimento Nacional pela Reforma Urbana (MNRU), em atividade desde 1987 e principal responsável pela pressão política urbana na constituinte de 1988. É composto pela Confederação Nacional de Associações de Moradores – CONAM; o Movimento Nacional de Luta pela Moradia – MNLM; a União Nacional por Moradia Popular – UNMP, a Central de Movimentos Populares – CMP; o Movimento de Lutas nos Bairros, Vilas e Favelas – MLB; a Federação Nacional das Associações de Empregados da Caixa Econômica – FENAE; a Federação Interestadual dos Sindicatos de Engenharia – FISENGE; o Instituto de Estudos, Formação e Assessoria em Políticas Sociais – Instituto Pólis; a associação Terra de Direitos; a Cáritas Brasil; a Federação Nacional dos Estudantes de Arquitetura e Urbanismo do Brasil; o Conselho Federal de Serviço Social, e diversos outros atores sociais

[28] Rolnik, Raquel. *10 Anos do Estatuto da Cidade: Das Lutas pela Reforma Urbana às Cidades da Copa do Mundo.* Universidade de São Paulo, 2016, p. 2.

[29] Jacobi, Pedro. *A cidade e os cidadãos.* Lua nova, vol. 02, nº 04. São Paulo, 1986, p.2-3.

relevantes para a formulação de políticas públicas no Brasil.[30] Tanto o Estatuto da Cidade quanto a criação dos planos diretores municipais e, até mesmo, as disposições sobre o tema na Constituição Federal podem ser considerados instrumentos que só foram possíveis de concretização graças ao crescente movimento pela reforma urbana no Brasil.[31]

Aliás, a primeira Constituição brasileira a tratar a questão urbana foi justamente a de 1988, quando mais de 80% da população já vivia nas cidades. A participação popular na luta pela cidade está, assim, enraizada no próprio histórico constituinte e legislativo. No projeto de lei que deu origem ao Estatuto da Cidade não foi diferente. A sociedade civil organizada teve de lidar com diversas resistências à aprovação do referido projeto que ia desde setores ligados à especulação imobiliária até organizações ultraconservadores que se diziam defensoras do direito de propriedade.[32]

Com a entrada em vigor da Lei nº 10.257/2001, essa participação democrática tanto ansiada pelos movimentos sociais deixou de ser mera utopia e passou a ser obrigação legal do gestor público, principalmente do municipal. O Estatuto da Cidade reserva capítulo próprio chamado "Da Gestão Democrática da Cidade" a fim de garantir a participação da população no espaço urbano. No capítulo, há a previsão expressa de realização de debates, audiências e consultas públicas sobre as propostas do plano plurianual, lei de diretrizes orçamentárias e orçamento anual. Os gestores ainda devem incluir o que a lei chama de "obrigatória e significativa" participação da população e de associações representativas. Ainda, expressamente prevê a participação de comunidades, movimentos e entidades da sociedade civil no controle de instrumentos de política urbana que demandam dispêndio de recursos públicos.[33]

[30] Saule Júnior, Nelson. *O Direito à Cidade como paradigma da governança urbana democrática.* Instituo Pólis. 2005, p. 3-4.

[31] Avritzer, Leonardo. *O Estatuto da Cidade e a democratização das políticas urbanas no Brasil.* Revista Crítica de Ciências Sociais, nº 91. 2010, p. 2.

[32] Bassul, José Roberto. *Estatuto da Cidade: a construção de uma lei.* 2010, p. 81.

[33] BRASIL. Lei nº 10.257, de 10 de julho de 2001. Regulamenta os Arts. 182 e 183 da Constituição Federal, estabelece diretrizes gerais da política urbana e dá outras providências. 2001.

A abertura de espaços para a fiscalização e contribuição da sociedade civil organizada não só elimina intermediários durante a elaboração de projetos de políticas públicas, como acabam por racionalizar recursos públicos, tendo em vista a possibilidade de aplicação direta de verbas em problemas levados à própria sociedade.[34]

Bassul comemora os avanços promovidos em 1988 pela Constituição Federal, mas especialmente pelo Estatuto da Cidade em 2001 que, apesar de tardio, garantiu a gestão democrática, a obrigatoriedade do plano diretor municipal para diversos Municípios, instrumentos compulsórios de aproveitamento da terra urbana (parcelamentos, edificação ou utilização compulsórios, o IPTU progressivo no tempo e a desapropriação com pagamento em títulos da dívida pública), além de instrumentos alternativos de aquisição da propriedade. Por outro lado, o mesmo autor aponta que é nas cidades em que se concentra a pobreza, sendo a democratização da cidade uma forma de democratização do acesso a condições dignas de vida, devendo o Estado garantir a facilitação de usufruto de direitos sociais que, no âmbito urbano, vai desde o direito à própria moradia, até o saneamento básico, passando pela educação, transporte público, lazer, entre outros.[35]

O Estatuto da Cidade regulamentou os necessários instrumentos de democratização do espaço urbano, previstos na Constituição Federal desde 1988 e ansiados desde antes da redemocratização brasileira.[36] Segundo Mukai, a gestão democrática da cidade prevista nos artigos 43 a 45 da referida lei constitui uma das importantes diretrizes para que Municípios possam executar suas respectivas políticas de desenvolvimento urbano.[37]

Contudo, a participação democrática na cidade, apesar de extremamente relevante, não é suficiente para a implementação dos instrumen-

[34] SANTIN, Janaína Rigo. *O estatuto da cidade e a gestão democrática municipal.* Interesse Público, nº 21. 2015, p. 220.

[35] BASSUL, José Roberto. *Reforma urbana e Estatuto da Cidade.* EURE, vol. 28, nº 84. Santiago, 2002, p. 5-7.

[36] AVRITZER, Op. Cit., p. 14.

[37] MUKAI, Toshio. *O Estatuto da Cidade (Lei nº 10.257, de 10.07.2001).* Revista de Direito Administrativo, nº 225. Rio de Janeiro, 2001, p.346-347.

tos de equalização social legalmente previstos. É necessário que o Poder Público esteja sinceramente disposto a ouvir os atores sociais, em especial as entidades do Terceiro Setor, a fim de que direitos sejam concretizados e observados pelo próprio Estado.[38] No mesmo sentido, Grazia alerta:

> No Brasil, existem milhares de leis que não chegam a ser cumpridas, e para que não seja mais uma entre as existentes, a aprovação do Estatuto da Cidade deve ser acompanhada por campanhas públicas, por produção de materiais de fácil entendimento, pela multiplicação de seminários, de cursos de lideranças de movimentos, ONGs, técnicos de prefeituras e professores universitários [...][39]

Dessa forma, atualmente a participação popular e social na temática sai do capítulo de reconhecimento de direitos e passa para a luta por sua efetivação. Blikstad leciona:

> O que está colocado para o movimento de moradia hoje, no entanto, é que os avanços que podiam ser feitos na esfera do Direito, ou seja, no universo das leis, já foram feitos, já "bateu o teto", como disse Rolnik. O desafio hoje é garantir que o direito afirmado nesse ordenamento jurídico seja efetivamente concretizado. E, como já dissemos, a forma como a plataforma política do movimento – alicerçada sobre os princípios da Reforma Urbana e do Direito à Cidade – aterrissa na realidade concreta da carência se dá através da política habitacional. A luta política do movimento, que busca assegurar moradia digna a pessoas sem-teto, se dá no sentido de exigir do poder público a definição de linhas de ação para a solução daquilo que o movimento vê como problema social. Efeitos importantes da ação do movimento podem ser associados à sua capacidade de identificar um problema, enquadrá-lo, colocá-lo na agenda política, propor soluções de como enfrentá-lo através de programas públicos e, avaliar os resultados obtidos pela implementação

[38] Santin, Op. Cit., p. 227-228.

[39] Grazia, de Grazia. Estatuto da Cidade: Uma longa história com vitórias e derrotas. In.: Osório, Letícia Marques (Org.). *Estatuto da Cidade e Reforma Urbana: Novas Perspectivas para as Cidades Brasileiras*. Porto Alegre, 2002, p. 22.

desses programas, ou seja, de sua incidência nas diferentes etapas do ciclo da política.[40]

Assim, a atual situação da democratização e participação popular na política urbana não mais se relacionada com a luta em garantir que direitos sejam reconhecidos, mas sim, efetivados. O Estatuto da Cidade já prevê a participação popular e gestão democrática como regra na elaboração das políticas públicas por parte do Poder Municipal. Porém, cabe ao Terceiro Setor exigir que tais direitos sejam respeitados pelo gestor. Como afirma Bobbio, "o problema fundamental em relação aos direitos do homem, hoje, não é tanto o de justificá-los, mas o de protegê-los".[41]

2. O Terceiro Setor e sua atuação na gestão dos espaços urbanos

Se faz mister iniciar o presente tópico pelo conceito de Terceiro Setor com o objetivo de situar o mesmo nos objetivos específicos que permeiam o presente estudo. Para tal é preciso ponderar que o conceito de Sociedade Civil é quase que inerente ao de Terceiro Setor essa esfera público-privada que no Brasil substitui ou complementa o Estado quando o mesmo não consegue atuar na promoção, defesa ou desenvolvimento da sociedade por meio dos seus Direitos Fundamentais.

Esse conceito referencial delineado conforme comprova a História está presente de forma clara na nossa Constituição de 1988, quando no Título II, Capítulo I, versa sobre os Direitos e Garantias Fundamentais, mais especificamente em seu artigo quinto, incisos XVII e XVIII, quando assegura amplamente o direito de associação para fins lícitos e afirma ainda que é vedada a interferência estatal em seu funcionamento[42].

[40] Blikstad, Karin Deleuse. *O Agir Coletivo nas Interfaces da Sociedade Civil e do Sistema Político: O Caso da Atuação do Movimento de Moradia de São Paulo Sobre a Política Pública de Habitação.* Dissertação de Mestrado apresentada ao Instituto de Filosofia e Ciências Humanas da UNICAMP para a obtenção do título de mestre em Ciência Política. Orientadora: Profª Drª Luciana Ferreira Tatagiba. UNICAMP. Campinas, 2012, p. 142.

[41] Bobbio, Norberto. *A Era dos Direitos.* Tradução de Carlos Nelson Coutinho. 8ª Edição. Rio de Janeiro: Campus, 1992.

[42] BRASIL. Op. cit., p.04;

Consoante Fernandes[43], "a função estrutural do Terceiro Setor é atingir o maior número de pessoas através de benefícios sociais voltados para o desenvolvimento de um grupo, de uma comunidade, de uma cidade, de um Estado, de um país, em cada uma de suas áreas de atuação".

Nesse sentido é elucidativo o conceito construído por Fischer[44]:

> Terceiro Setor é a denominação adotada para o espaço composto por organizações privadas, sem fins lucrativos, cuja atuação é dirigida a finalidades coletivas ou públicas. Sua presença no cenário brasileiro é ampla e diversificada, constituída por organizações não-governamentais, fundações de direito privado, entidades de assistência social e de benemerência, entidades religiosas, associações culturais, educacionais, as quais desempenham papéis que não diferem significativamente do padrão conhecido de atuação de organizações análogas em países desenvolvidos. Essas organizações variam em tamanho, grau de formalização, volume de recursos, objetivo institucional e forma de atuação. Tal diversidade é resultante da riqueza e pluralidade da sociedade brasileira e dos diferentes marcos históricos que definiram os arranjos institucionais nas relações entre o Estado e o Mercado. Os principais componentes do non profit sector americano – frequentemente utilizado como parâmetro para compreensão do setor em outros países – podem ser encontrados na caracterização do Terceiro Setor no Brasil. Segundo a definição "estrutural/ operacional" de Salamon e Anheir (1992), utilizada por Landim, essas organizações caracterizam-se por serem privadas, sem fins lucrativos, formais, autônomas e incorporarem algum grau de envolvimento de trabalho voluntário. Entretanto, o conceito de que tais organizações, em virtude dessas características comuns, constituem um "setor" diferenciado do tecido social, não está suficientemente consolidado, nem no ambiente acadêmico nem no universo das práticas cívicas, associativas e de solidariedade. Pode-se detectar desde manifestações de desconfiança e rejeição, até o simples estranhamento na adoção de um conceito que, para abranger a amplitude e a diversidade da realidade que busca definir, tende a ser genérico e impre-

[43] Fernandes, Aline Ouriques Freire. *A função democrática do terceiro setor*. -Locais do Kindle 3264-3265. Ape'Ku Editora. Edição do Kindle.

[44] Fischer, Rosa Maria. *O desafio da colaboração: práticas de responsabilidade social entre empresas e terceiro setor*. São Paulo: Gente, 2002, p. 45; 46.

ciso. O próprio nome atribuído a este espaço é alvo de uma disputa nas quais competem, mais do que conceitos e tradições acadêmicas, visões de mundo, valores e identidades dos próprios envolvidos nessas organizações. Assim, não-governamental, sem fins lucrativos, da sociedade civil, filantrópica e beneficente são termos que dividem os corações e mentes dos profissionais, militantes e voluntários que atuam nesse espaço.

Ruth Cardoso[45], por sua vez, entendeu o Terceiro Setor sob uma ótica socioeconômica e o definiu como "uma nova esfera pública, não necessariamente governamental, constituída de iniciativas privadas em benefício do interesse comum e com uma intensa participação de Organizações não – governamentais." Ou seja, o Terceiro Setor nada mais é que um conjunto de ações particulares voltadas para o bem-estar público e isso o relaciona diretamente com a gestão adequada ou ao menos esperada dos espaços urbanos.

De fato, percebe-se que a missão estrutural do Terceiro Setor é a de alcançar o cidadão através de políticas públicas que tragam em suas propostas benefícios sociais voltados para o desenvolvimento de um grupo, de uma comunidade, de uma cidade, de um Estado, de um país, em cada uma de suas áreas de atuação do modo mais amplo e efetivo possível de ser realizado.

A afirmação descrita no parágrafo anterior guarda uma estreita relação com as possibilidades de atuação do Terceiro Setor na gestão dos espaços urbanos no Brasil porque corrobora o pensamento de que a atuação coletiva, pautada na parceria, na colaboração e na aliança entre os três setores da sociedade o que viabiliza a ampliação do capital social em prol da comunidade.[46]

Importante pontuar que a massiva maioria das entidades que atuam diretamente na gestão do espaço urbano estão constituídas sob a natureza jurídica de associações[47] nos termos do Código Civil Brasileiro. Elas

[45] Cardoso, Ruth C. L. Fortalecimento da Sociedade Civil. In: Ioschpe, Evelyn Berg (org.) *3º Setor: Desenvolvimento social sustentável.* São Paulo/Rio de Janeiro: Gife /Paz e Terra,1997.

[46] Fernandes, op, cit., Locais do Kindle 3283-3298;

[47] Arts. 53 a 60 do Código Civil Brasileiro. – BRASIL. Lei 10.406, de 10 de janeiro de 2002. Institui o Código Civil Brasileiro.

estão diretamente relacionadas com os processos de tentativa e êxito no crescimento urbano e expansão das cidades desde as menores até as megacidades.

Nesse diapasão a tendência do futuro próximo é a compreensão de que a gestão dos conflitos relacionados ao crescimento e expansão das cidades no Brasil parte da premissa do não isolamento no tratamento das questões fulcrais atinentes aos problemas das mesmas. Ou seja, a soma de expertises entre Estado, Mercado e Terceiro Setor é a chave para uma maior efetividade nas questões territoriais, demográficas, ambientais, migratórias, econômicas e obviamente sociais.

Cientes da necessidade de colaboração fica o questionamento: como alinhar a gestão dos espaços públicos nas nossas cidades com a competência do Terceiro Setor? Ao contrário do que possa parecer a resposta não é complexa, complexo mesmo é trazer a existência, à realidade cotidiana os caminhos para a construção das parcerias das OSC's com os demais setores que se movimentam para criar e coordenar ações locais, regionais e nacionais em consonância com o ordenamento jurídico vigente.

A resposta está na atuação lícita e comprometida das entidades com o claro propósito de transformar projetos e potencialidades em mudanças efetivas para a gestão dos espaços urbanos, como por exemplo, a utilização de inteligência e coadjuvação coletiva por meio de grupos em rede para a utilização dos espaços públicos de forma solidária e responsável. O liame mais importante está na observação do disposto no estatuto da cidade a respeito dos instrumentos a serem adotados consiste na correta criação e posterior coordenação dos planos nacionais, regionais e estaduais de ordenação do território e de desenvolvimento econômico e social e ainda no planejamento das regiões metropolitanas, das aglomerações urbanas, microrregiões e municípios via plano diretor.

Similarmente, Fernandes[48] afirma:

> O Terceiro Setor no Brasil em consonância com o Estado como fora afirmado no decorrer desse trabalho tem o condão de capilarizar na prática as políticas públicas oferecidas para a sociedade. Ele procura disseminar as propostas

[48] Fernandes. op, cit., Locais do Kindle 4326-4352.

voltadas para o cumprimento dos objetivos fundamentais propostos no art. 3º da Constituição Federal de 1988 de construir uma sociedade livre, justa e solidária, garantir o desenvolvimento nacional, erradicar a pobreza e a marginalização e reduzir as desigualdades sociais e regionais e não menos importante, promover o bem de todos, sem preconceitos de origem, raça, sexo, cor, idade e quaisquer outras formas de discriminação.
(...)
Uma cidadania coordenada aparece sob as formas de processos sociais participativos, distintos do exercício da cidadania individualmente considerada, por mais que esta seja fundamental no Estado. Nesse contexto, o Terceiro Setor é o vetor proporcionalmente inverso à letargia do governo e do mercado, primeiro e segundo setores respectivamente, na provisão dos bens públicos, pois em todos os países em que o mesmo foi fomentado pela sociedade civil minimizou a ação do Estado, selou a concepção de democracia e proporcionou o colimado desenvolvimento social.

A atuação coordenada da Sociedade Civil organizada como ator social relevante no processo de gestão dos espaços urbanos deve estar comprometida em primazia com o disposto na Constituição Federal de 1988 e legislação ordinária ou seja, primeiro com a tentativa de adoção das formas preventivas para eventuais conflitos, segundo com a gestão através dos métodos adequados vigentes e terceiro com a atuação judicial sempre que necessária ou indispensável para a defesa de direitos na cidade como veremos adiante.

3. A atuação judicial do Terceiro Setor para a defesa de direitos na cidade

Para além da pressão unicamente política através da participação social na gestão democrática da cidade, o Estatuto da Cidade ampliou ao Terceiro Setor seus poderes quanto à atuação judicial em questões relacionadas a políticas urbanas.

A sociedade civil organizada, muito antes da vigência do Estatuto da Cidade, já possuía a prerrogativa de defesa de direitos difusos e coletivos judicialmente. A Lei da Ação Civil Pública (nº 7.347/1985) dispõe sobre a possibilidade de ajuizamento da referida ação coletiva por associações constituídas há, no mínimo, um ano e que incluam entre suas finalidades a proteção ao patrimônio público e social, ao meio ambiente, ao consumidor, à ordem econômica, à livre concorrência, aos direitos de grupos raciais, étnicos ou religiosos ou ao patrimônio artístico, estético, histórico, turístico e paisagístico. Em que pese a ausência de menção expressa a interesses relacionados às políticas públicas urbanas, é evidente que a interpretação conjunta de outros dispositivos da mesma lei confere a estas mesmas associações legitimidade ampla para a tutela de outros interesses coletivos, desde que expressamente previstos em seus respectivos estatutos e cumpridos os demais requisitos legais. Como exemplo, o artigo 1º, inciso V, da mesma lei prevê que a ação civil pública pode ser manejada para a reparação de danos morais ou patrimoniais causados a qualquer outro interesse difuso ou coletivo, não se limitando àqueles citados anteriormente.[49] Da mesma forma, diversos outros diplomas também garantem às associações a possibilidade de ajuizamento de ações coletivas, tais como o Código de Defesa do Consumidor[50] e o Estatuto da Igualdade Racial[51].

No âmbito administrativo, de igual modo, a legitimidade das organizações da sociedade para representar a coletividade e defender interesses relacionados a suas finalidades institucionais perante o Poder Público. O artigo 9º, incisos III e IV, da Lei nº 9.784/1999 dispõe que são legitimadas como interessadas no processo administrativo as organizações e associações representativas em questões que se relacionam a direitos difusos e coletivos.[52]

Dessa forma, a sociedade civil já possuía, mesmo antes do Estatuto da Cidade, a legitimidade necessária para utilização de instrumentos jurídicos, representando a população tanto judicialmente, quanto perante

[49] BRASIL. Lei nº 7.347, de 24 de julho de 1985. Disciplina a ação civil pública de responsabilidade por danos causados ao meio-ambiente, ao consumidor, a bens e direitos de valor artístico, estético, histórico, turístico e paisagístico e dá outras providências. 1985.

[50] BRASIL. Lei nº 8.078, de 11 de setembro de 1990. Dispõe sobre a proteção do consumidor e dá outras providências. 1990.

[51] BRASIL. Lei nº 12.288, de 20 de julho de 2010. Institui o Estatuto da Igualdade Racial; altera as Leis nos 7.716, de 5 de janeiro de 1989, 9.029, de 13 de abril de 1995, 7.347, de 24 de julho de 1985, e 10.778, de 24 de novembro de 2003. 2010.

[52] BRASIL. Lei nº 9.784, de 29 de janeiro de 1999. Regula o processo administrativo no âmbito da Administração Pública Federal. 1999.

a Administração Pública. Não seria diferente, portanto, em direitos relacionados à cidade e urbanização.

Contudo, o Estatuto da Cidade inovou ao regulamentar um importante instrumento de efetivação da propriedade urbana: a usucapião especial coletiva. O instituto já era previsto no artigo 183 da Constituição Federal, porém, tão somente na sua modalidade individual. No texto constitucional, é necessário que o beneficiário da usucapião possua como sua área urbana de até duzentos e cinquenta metros quadrados, por cinco anos, utilizando o imóvel como moradia própria ou de sua família, não podendo ser proprietário de outro imóvel urbano ou rural.[53] Inovando no ordenamento jurídico brasileiro, a legislação urbanística de 2001 criou uma modalidade coletiva da usucapião especial constitucional como instrumento de acesso à terra e regularização fundiária. Isso porque a informalidade nas habitações dos grandes centros urbanos acaba por criar instabilidade nas relações da própria cidade, sendo necessário que medidas de urbanização considerem a própria titulação da propriedade como forma de regularização fundiária plena.[54] A usucapião especial urbana, portanto, é uma consequência da aplicação do direito fundamental à propriedade, bem como da função social que a deve permear.

A nova previsão da modalidade coletiva da usucapião especial urbana pelo Estatuto da Cidade garante que esses mesmos direitos sejam aplicáveis às comunidades que ocupam núcleos informais e não individualizados em espaços urbanos. Nas palavras de Pereira:

> Além disso, pode-se claramente vislumbrar que o referido instituto possui como objetivos a melhoria das condições de vida da população por meio da ordenação do espaço urbano e de uma legislação específica, de forma a preservar as tipicidades das ocupações espontâneas e integrá-las à estrutura urbana da cidade formal; a garantia da permanência da população nas áreas ocupadas, priorizando o direito à moradia sobre o direito à propriedade; a

[53] BRASIL. Op. Cit. 1988.

[54] Hoshino, Thiago de Azevedo Pinheiro; Meirinho, Bruno César Deschamps; Coelho, Luana Xavier Pinto. *A Usucapião Especial Urbana como Instrumento de Regularização Fundiária Plena: Desafios para um giro hermenêutico rumo à nova ordem jurídico-urbanística*. Revista de Direito da Cidade, vol. 9, nº 3. 2017, p. 980.

> instalação de um processo de apoio à organização comunitária por meio da participação da população beneficiária em todas as etapas da regularização, desde o seu planejamento inicial até o resultado final; e a minimização da segregação urbana e exclusão social existentes nas cidades brasileiras.[55]

Conforme o Estatuto da Cidade, modificado pela Lei nº 13.465/2017, núcleos urbanos informais existentes sem oposição há mais de cinco anos e cuja área total dividida pelo número de possuidores seja inferior a duzentos e cinquenta metros quadrados podem ser usucapidos de forma coletiva, desde que os possuidores não sejam titulares de outro imóvel.[56] Percebe-se a similaridade entre os requisitos das modalidades de usucapião especiais.

Portanto, mais uma vez o legislador confere à sociedade civil a participação social em um instrumento de relevantíssimo impacto principalmente nas comunidades carentes. E não é só, uma vez que a lei elenca um rol de legitimados para a propositura da ação judicial que irá declarar a usucapião em favor da comunidade interessada.

De acordo com o artigo 12 do Estatuto da Cidade, podem propor a ação de usucapião especial urbana: o possuidor, isoladamente ou em litisconsórcio originário ou superveniente; os possuidores em estado de composse; e, como substituto processual, a associação de moradores da comunidade, regularmente constituída, com personalidade jurídica, desde que explicitamente autorizada pelos representados.[57]

Essa legitimidade extraordinária conferida às associações de moradores vai ao encontro do arcabouço normativo que regulamenta as ações coletivas, conferindo poderes ao Terceiro Setor para que este atue em favor das pessoas beneficiárias da ação de usucapião especial urbana.

Conclusões

O presente trabalho foi desenvolvido para construir uma discussão acerca da importância da parceria direta entre o Estado e o Terceiro Setor com

[55] PEREIRA, Daniel Queiroz. *O Usucapião Especial Urbano e a Efetivação da Função Social da Propriedade. Revista de Direito da Cidade*, vol. 03, nº 02. 2011, p. 252.

[56] BRASIL, Op. Cit. 2001.

[57] BRASIL. Op. Cit. 2001.

a participação do Mercado nas situações cabíveis para viabilizar a política urbana brasileira de acordo com o disposto na Constituição Federal e no Estatuto da Cidade que esse ano completa vinte anos de vigência.

A estrutura da pesquisa se deu pela via da análise hipotético-dedutiva e a modalidade adotada teve caráter exploratório, bibliográfico e documental de acordo com a dogmática jurídica. Constatou-se que as premissas questionadas são de grande relevância e foram confirmadas no decorrer das análises.

O alvo de contribuir para a difusão dos estudos acerca do Estatuto da Cidade também conhecido como Lei 10.257/01, se mostrou claro no segundo capítulo quando foram pontuados os avanços do estatuto da cidade na gestão democrática das políticas públicas urbanas. A análise do artigo segundo da referida lei constatou que, apesar de ter o mesmo amplo respaldo constitucional, haja vista ser um espelhamento detalhado da regra geral que norteia a execução detalhada da política urbana no país que está presente nos artigos 182 e 183 da Constituição Federal de 1988.

Todavia, os chamados direitos sociais descritos a todo o tempo no estatuto da cidade esbarram na reserva do possível, ou seja, no que é possível para o Estado realizar e por essa razão foi construído o terceiro capítulo que versou sobre o Terceiro Setor e as suas possibilidades de atuação na gestão do espaço urbano com o propósito claro de, através da pesquisa colocada à disposição de todos com o intuito claro de traduzir os indivíduos do Estado em cidadãos conscientes do seu protagonismo social.

Por fim, no capítulo quarto foi feita a avaliação do alcance da atuação judicial do terceiro setor para a defesa de direitos na cidade. Sim, porque o Estatuto da Cidade ampliou ao Terceiro Setor seus poderes quanto à atuação judicial em questões relacionadas às políticas urbanas. O capítulo afirmou que a sociedade civil organizada, principalmente sob a natureza jurídica de associações e muito antes da vigência do Estatuto da Cidade, já possuía a prerrogativa de defesa de direitos difusos e coletivos judicialmente. Isso porque a Lei da Ação Civil Pública já dispunha sobre a possibilidade de ajuizamento da referida ação coletiva por associações constituídas há, no mínimo, um ano e que incluam entre suas finalidades a proteção ao patrimônio público e social, ao meio ambiente, ao consumidor, à ordem econômica, à livre concorrência, aos direitos de grupos raciais, étnicos ou religiosos ou ao patrimônio artístico, estético, histórico, turístico e paisagístico.

Como conclusão desse processo investigatório observou-se que, para a concretização do bem-estar e a tutela dos interesses sociais que regulam o uso da propriedade urbana em prol do bem coletivo, da segurança e do bem-estar dos cidadãos, faz-se necessária a participação ativa das organizações da sociedade civil que, via conselhos de gestão, elaboram formas de efetivar a cidadania e responsabilidade, como primado de sua função social e como resposta aos anseios democráticos.

Na atual configuração do nosso ordenamento jurídico o Estado e o Terceiro Setor juntamente com as diversas frentes de trabalho que a sociedade apresenta, merecem todo o destaque por demonstrarem na prática que é só através da cooperação, da união de forças e divisão de atividades são geradas alternativas para o desenvolvimento sustentável, a diminuição das desigualdades e a garantia de direitos mínimos, coletivos por sua natureza e indispensáveis ao ser humano. Como eco desse processo, a pesquisa constatou que o Estado, o Terceiro Setor e as empresas cidadãs são os atores fundamentais para, através da mobilização, possibilitar a defesa dos interesses da coletividade e auxiliar na construção da cidadania.

Referências

AVRITZER, Leonardo. *O Estatuto da Cidade e a democratização das políticas urbanas no Brasil.* Revista Crítica de Ciências Sociais, nº 91. 2010.

BASSUL, José Roberto. *Estatuto da Cidade*: a construção de uma lei. 2010.

—. *Reforma urbana e Estatuto da Cidade*. EURE, vol. 28, nº 84. Santiago, 2002.

BLIKSTAD, Karin Deleuse. *O Agir Coletivo nas Interfaces da Sociedade Civil e do Sistema Político: O Caso da Atuação do Movimento de Moradia de São Paulo Sobre a Política Pública de Habitação.* Dissertação de Mestrado apresentada ao Instituto de Filosofia e Ciências Humanas da UNICAMP para a obtenção do título de mestre em Ciência Política. Orientadora: Profª Drª Luciana Ferreira Tatagiba. UNICAMP. Campinas, 2012.

BOBBIO, Norberto. *A Era dos Direitos.* Tradução de Carlos Nelson Coutinho. 8ª Edição. Rio de Janeiro: Campus, 1992.

BOEIRA, Sergio Luís; SANTOS, Adriana Clara Bogo dos; SANTOS, Alini Giseli dos. *Estatuto da Cidade: aspectos epistemológicos, sociopolíticos e jurídicos.* Revista de Administração Pública – RAP. Vol. 43. Rio de Janeiro, 2009.

BRASIL. *Constituição da República Federativa do Brasil de 1988*. – Disponível em: http://www.planalto.gov.br/ccivil_03/constituicao/constituicao.htm – Acesso em: 05, mai,2021;

—. **Lei nº 10.257, de 10 de julho de 2001** – Regulamenta os artigos 182 e 183 da Constituição Federal de 1988 e estabelece as diretrizes gerais da política urbana e dá outras providências – Disponível em: http://www.planalto.gov.br/ccivil_03/leis/leis_2001/l10257.htm – Acesso em: 10, mai, 2021;

—. Lei 10.406, de 10 de janeiro de 2002. Institui o Código Civil Brasileiro – Disponível em: http://www.planalto.gov.br/ccivil_03/leis/2002/l10406compilada.htm – Acesso em: 03,mai, 2021;

—. Lei nº 12.288, de 20 de julho de 2010. Institui o Estatuto da Igualdade Racial; altera as Leis nos 7.716, de 5 de janeiro de 1989, 9.029, de 13 de abril de 1995, 7.347, de 24 de julho de 1985, e 10.778, de 24 de novembro de 2003. 2010. – Disponível em: http://www.planalto.gov.br/ccivil_03/_ato2007-2010/2010/lei/l12288.htm – Acesso em: 03,mai, 2021;

—. Lei nº 7.347, de 24 de julho de 1985. Disciplina a ação civil pública de responsabilidade por danos causados ao meio-ambiente, ao consumidor, a bens e direitos de valor artístico, estético, histórico, turístico e paisagístico e dá outras providências. 1985. – Disponível em: http://www.planalto.gov.br/ccivil_03/leis/l7347orig.htm – Acesso em: 03,mai, 2021;

—. Lei nº 8.078, de 11 de setembro de 1990. Dispõe sobre a proteção do consumidor e dá outras providências. 1990. – Disponível em: http://www.planalto.gov.br/ccivil_03/leis/l8078compilado.htm – Acesso em: 03,mai, 2021;

—. Lei nº 9.784, de 29 de janeiro de 1999. Regula o processo administrativo no âmbito da Administração Pública Federal. 1999. – Disponível em: http://www.planalto.gov.br/ccivil_03/leis/l9784.htm – - Acesso em: 03,mai, 2021;

CANOTILHO, José Joaquim Gomes. *Direito Constitucional e Teoria da Constituição.* 7ª edição. Coimbra: Almedina, 2003.

CARDOSO, Ruth C. L. Fortalecimento da Sociedade Civil. In: IOSCHPE, Evelyn Berg (org.) *3º Setor: Desenvolvimento social sustentável.* São Paulo/Rio de Janeiro: Gife /Paz e Terra,1997.

COSTA, Simone da Silva. *Impactos da política de habitação social e o direito humano à moradia no Brasil*. Revista Interdisciplinar de Direitos Humanos, vol. 2, n. 3, p. 191-206. Universidade Estadual Paulista Júlio de Mesquita Filho – UNESP. Bauru, 2014.

FERNANDES, Aline Ouriques Freire. *A função democrática do Terceiro Setor: A busca pelo fortalecimento da Cidadania no Direito Brasileiro.* Ape'Ku Editora. Edição do Kindle. 2016;

FERREIRA, Regina Fátima Cordeiro Fonseca. *Movimentos de moradia, autogestão e política habitacional no Brasil: do acesso à moradia ao direito à cidade. 2º Fórum de Sociologia "Justiça Social e Democratização"*. Comitê de Pesquisa sobre Habitação e Meio Ambiente Construído. Internacional Sociological Association (ISA). Buenos Aires, 2012.

FISCHER, Rosa Maria. *O desafio da colaboração: práticas de responsabilidade social entre empresas e terceiro setor.* São Paulo: Gente, 2002, p.45;46.

GRAZIA, de Grazia. *Estatuto da Cidade: Uma longa história com vitórias e derrotas.* In.: OSÓRIO, Letícia Marques (Org.). Estatuto da Cidade e Reforma Urbana: Novas Perspectivas para as Cidades Brasileiras. Porto Alegre, 2002.

HARVEY, David. *O Direito à Cidade*. Trad. Jair Pinheiro. Lutas Sociais, n. 29, p. 73-89. São Paulo, 2019.

HOSHINO, Thiago de Azevedo Pinheiro; MEIRINHO, Bruno César Deschamps; COELHO, Luana Xavier Pinto. *A Usucapião Especial Urbana como Instrumento de Regularização Fundiária Plena: Desafios para um giro hermenêutico rumo à nova ordem jurídico-urbanística.* Revista de Direito da Cidade, vol. 9, nº 3. 2017.

JACOBI, Pedro. *A cidade e os cidadãos.* Lua nova, vol. 02, nº 04. São Paulo, 1986.

LEFEBVRE, Henri. *O direito à cidade*. São Paulo: Centauro, 2001.

MUKAI, Toshio. *O Estatuto da Cidade* (Lei nº 10.257, de 10.07.2001). Revista de Direito Administrativo, nº 225. Rio de Janeiro, 2001.

ORGANIZAÇÃO DOS ESTADOS AMERICANOS. *Protocolo Adicional à Convenção Americana Sobre Direitos Humanos em Matéria de Direitos Econômicos, Sociais e Culturais* (Protocolo de San Salvador). Adotado durante à XVIII Assembleia-Geral da Organização dos Estados Americanos. San Salvador, 1988.

PEREIRA, Daniel Queiroz. *O Usucapião Especial Urbano e a Efetivação da Função Social da Propriedade*. Revista de Direito da Cidade, vol. 03, nº 02. 2011.

ROLNIK, Raquel. *10 Anos do Estatuto da Cidade: Das Lutas pela Reforma Urbana às Cidades da Copa do Mundo.* Universidade de São Paulo. São Paulo, 2016

SANTIN, Janaína Rigo. *O estatuto da cidade e a gestão democrática municipal.* Interesse Público, nº 21. 2015.

SAULE JÚNIOR, Nelson. *O Direito à Cidade como paradigma da governança urbana democrática.* Instituo Pólis. 2005.

SILVA, José Afonso da. *Curso de Direito Constitucional Positivo.* 30ª edição. São Paulo: Malheiros, 2008.

TEODOSIO, Armindo dos Santos de Sousa. *O terceiro setor e a cidade: impasses, desafios e perspectivas de ação de ongs no poder local.* Organ. Soc., Salvador, v. 11, n. spe, p. 155-169,2004. Disponível em:<http://www.scielo.br/scielo.php?script=sci_arttext&pid=S1984-92302004001000155&lng=en&nrm=iso>. Acesso em: 22 Mai 2021.

19.
Estatuto da Cidade, Patrimônio Cultural e Lazer na Cidade de São Paulo: Reflexões Filosóficas

MARCIA CRISTINA DE SOUZA ALVIM

Introdução

O presente artigo tem por objetivo provocar reflexões após 20 anos da publicação do Estatuto da Cidade (Lei nº 10.257/2001), no tocante ao Patrimônio Cultural e a concretização do lazer na cidade de São Paulo.

O tema será desenvolvido a partir das disposições constitucionais sobre política de desenvolvimento urbano que será executada pelo Poder Público Municipal, de acordo com as diretrizes gerais fixadas no Estatuto da Cidade, que tem por finalidade ordenar o pleno desenvolvimento das funções sociais da cidade e garantir o bem-estar de seus habitantes.

Na sequência, relacionamos as disposições constitucionais com o Estatuto da Cidade, que estabelece normas de ordem pública e interesse social que regulam o uso da propriedade urbana em prol do bem coletivo, da segurança e do bem-estar dos cidadãos, bem como, do equilíbrio ambiental.

A política urbana tem por objetivo ordenar o pleno desenvolvimento das funções sociais da cidade e da propriedade urbana e dentre várias diretrizes gerais destacamos a proteção, preservação e recuperação do meio ambiente construído, do patrimônio cultural, histórico, artístico, paisagístico e arqueológico e a garantia ao lazer, para as presentes e futuras gerações.

Delimitamos a presente pesquisa no patrimônio cultural da cidade de São Paulo e em relação a classificação Cultura e Lazer constatamos que desde a criação do CONDEPHAAT, após a promulgação da Constituição da República federativa do Brasil de 1988 e a publicação do Estatuto da Cidade muitos avanços foram conquistados nos últimos 20 anos.

Na decisão e implementação das políticas públicas urbanísticas é fundamental a participação dos cidadãos, concretizando a verdadeira cidadania almejada pelos ideais do Estado Democrático de Direito.

Diante dos grandes desafios do século XXI é preciso formar seres humanos que realizem ações éticas, ações voltadas para o outro, conceito que está diretamente atrelado ao de cidadania. Os seres humanos precisam estar preparados para o exercício da liberdade, para que escolham de forma livre e consciente suas ações que terão reflexos no indivíduo e na sociedade.

Por fim, destacamos que a qualidade de vida urbana interfere no presente e futuro das gerações nas cidades e o lazer faz parte do planejamento urbano e das políticas públicas.

Para discutir lazer é necessário tratar dos espaços públicos para que sejam implementadas políticas urbanas das cidades de forma ampla, democrática e participativa. Desde a publicação do Estatuto da Cidade tem sido um desafio trabalhar de forma participativa, com Poder Público e cidadãos, para implementar lazer nos espaços públicos da cidade.

No desenvolvimento da presente pesquisa nos utilizamos de material bibliográfico e de dados extraídos da internet em relação ao patrimônio cultural da cidade de São Paulo e o método dedutivo foi o aplicado na construção lógica do artigo.

1. Estatuto da Cidade: patrimônio cultural na cidade de São Paulo

Os artigos 182 e 183 da Constituição da República Federativa do Brasil de 1988 estabelecem a política de desenvolvimento urbano que será executada pelo Poder Público Municipal, de acordo com as diretrizes gerais fixadas no Estatuto da Cidade (Lei nº 10.257/2001), que tem por finalidade ordenar o pleno desenvolvimento das funções sociais da cidade e garantir o bem-estar de seus habitantes.

Os dois dispositivos constitucionais devem ser interpretados à luz do disposto no artigo 225 da Constituição da República Federativa do Brasil de 1988 que estabelece: "todos têm direito ao meio ambiente ecologicamente equilibrado, bem de uso comum do povo e essencial à sadia qualidade de vida, impondo-se ao Poder Público e à coletividade o dever de defendê-lo e preservá-lo para as presentes e futuras gerações".

O Estatuto da Cidade estabelece normas de ordem pública e interesse social que regulam o uso da propriedade urbana em prol do bem coletivo, da segurança e do bem-estar dos cidadãos, bem como do equilíbrio ambiental.

O Estatuto da Cidade protege o meio urbano justo, equilibrado e sustentável, estabelecendo que toda a atividade econômica deve ter especial planejamento por parte do Poder Público, observando-se os limites de sustentabilidade ambiental.

A política urbana tem por objetivo ordenar o pleno desenvolvimento das funções sociais da cidade e da propriedade urbana e dentre várias diretrizes gerais destacamos a proteção, preservação e recuperação do meio ambiente construído, do patrimônio cultural, histórico, artístico, paisagístico e arqueológico; e a garantia ao lazer, para as presentes e futuras gerações.

O patrimônio cultural nos remete a ideia de memória, história que constitui elos com o presente e projeta lugares sociais para o futuro.

Para a preservação e recuperação do patrimônio cultural, histórico, artístico, paisagístico e arqueológico é necessário que haja políticas públicas, que o Poder Público em parceria com entidades privadas, com a sociedade preserve suas referências culturais.

A atividade turística estimula ações de preservação e recuperação do patrimônio cultural, histórico, artístico, paisagístico e arqueológico do país e das cidades que o compõem.

De acordo com o dicionário da língua portuguesa "cultural é relativo ou característico de cultura; relativo ao conjunto de conhecimentos, informações e valores adquiridos, que instruem o indivíduo, o grupo ou a sociedade, conforme uma perspectiva de evolução".[1]

A vida cultural significa ter acesso à experiência humana, ter acesso às subjetividades, vivências individuais e coletivas do passado e do presente.

[1] Michaelis. *Dicionário Brasileiro da Língua Portuguesa*. Disponível em: https://michaelis.uol.com.br Acesso em: 26 jun.2021.

O direito à cultura inclui o direito à memória, direito ao fluxo dos saberes, das vivências individuais e coletivas.

Conforme o pensamento de Andréa de Oliveira Tourinho e Marly Rodrigues "Em São Paulo, a pauta de direito culturais não integrava os movimentos sociais e urbanos dos setores mais populares no período da ditadura civil-militar, ainda que alguns se apoiassem na função social da propriedade e no direito à cidade".[2]

Com o estímulo das atividades turísticas e a construção do processo democrático nas cidades houve a necessidade de programas nacionais e locais para a preservação do patrimônio cultural, reconhecendo o patrimônio ambiental urbano como o conjunto de espaços nas cidades, caracterizados pelo seu valor histórico, social, cultural técnico ou afetivo.

Em relação ao instrumento de política urbana previstos na Lei do Meio Ambiente Artificial para valorização e proteção do patrimônio histórico, podemos citar a outorga onerosa e a transferência do direito de construir. Trata-se da possibilidade de, no caso de tombamento, o proprietário do imóvel transferir seu direito de construir a outro imóvel, edificando acima do coeficiente básico de construção da região do imóvel, sem a necessidade de pagar ao Poder Público.[3]

No entanto, esclarecemos que estes instrumentos não são objeto de análise do presente artigo científico, embora o sejam extremamente relevantes para o tema da preservação do patrimônio histórico.

O Conselho de Defesa do patrimônio Histórico, Arqueológico, Artístico e Turístico (CONDEPHAAT) tem a função de proteger, valorizar e divulgar o patrimônio cultural do Estado de São Paulo. Nesta categoria se encaixam bens móveis, imóveis, edificações, monumentos, bairros, núcleos históricos, áreas naturais, bens imateriais, além de outros.

[2] TOURINHO, Andréa de Oliveira; RODRIGUES Marly. *Patrimônio ambiental urbano, cidade e memória: uma dimensão política da preservação cultural na década de 1980*. Disponível em: http://scielo.br Acesso em 26 jun. 2021.

[3] SANTIN, Janaina Rigo e MARANGON, Elizete Gonçalves. *O estatuto da cidade e os instrumentos de política urbana para a proteção do patrimônio histórico: outorga onerosa e transferência do direito de construir.* Disponível em: http://www.scielo.br Acesso em 26 jun. 2021.

Desde 1968 o CONDEPHAAT tombou vários bens, que formam conjunto de representações históricas e culturais do Estado de são Paulo entre os séculos XVI e XX. Esclarecemos que o tombamento é um ato administrativo realizado pelo Poder Público com o objetivo de preservar bens de valor histórico, cultural, arquitetônico, ambiental e afetivo para os habitantes das cidades. A cidade de São Paulo possui o Conselho Municipal de Preservação do Patrimônio Cultural e Ambiental da Cidade de São Paulo (COMPRESP).

Na cidade de São Paulo, consultando no CONDEPHAAT arrolamos alguns bens tombados, classificados como Cultura e Lazer, a saber: Antigo Santa Paula Iate Clube; Biblioteca Mário de Andrade e Praça Dom José Gaspar; Cine Belas Artes; Círculo Esotérico da Comunhão e Pensamento; Conjunto de Edificações da Associação Atlética Acadêmica Oswaldo Cruz; Conservatório Dramático e Musical de São Paulo; Estádio Paulo Machado de Carvalho; GE Campos Salles – Sede do Museu MABE; Jockey Club de São Paulo; Memorial da América Latina; Museu de Arte de São Paulo "Assis Chateaubriand" MASP; Sociedade Harmonia de Tênis; Teatro Brasileiro de Comédia; Teatro Municipal de São Paulo; Teatro Oficina e Teatro São Pedro.[4]

Delimitamos a presente pesquisa ao patrimônio cultural da cidade de São Paulo e em relação a classificação Cultura e Lazer constatamos que, desde a criação do CONDEPHAAT, após a promulgação da Constituição da República Federativa do Brasil de 1988 e a publicação do Estatuto da Cidade, muitos avanços foram conquistados nos últimos 20 anos.

No entanto, a preservação de patrimônio cultural nas cidades é um tema em construção, pois faz parte do processo democrático das cidades, das experiências vivenciadas pelos habitantes, individualmente e de forma coletiva, na construção de vivências, de subjetividades, de valores, de história, de participação cidadã dos habitantes que compõem a cidade, bem como, da participação do Poder Público.

[4] Dados extraídos do CONDEPHAAT. Disponível em: http://www.condephaat.sp.gov.br. Acesso em 25 JUN 2021.

2. Estatuto da Cidade e gestão democrática: concretização da cidadania

Na decisão e implementação das políticas públicas urbanísticas é fundamental a participação dos cidadãos, concretizando a verdadeira cidadania almejada pelo Estado Democrático de Direito.

Diante dos grandes desafios do século XXI é preciso formar seres humanos que realizem ações éticas, ações voltadas para o outro, conceito que está diretamente atrelado ao de cidadania. Os seres humanos precisam estar preparados para o exercício da liberdade, para que escolham de forma livre e consciente suas ações, que terão reflexos no indivíduo e na sociedade.

No tocante ao preparo para o exercício da cidadania citamos novamente o pensamento de Hannah Arendt, ao afirmar que o exercício da política é a maior forma de liberdade. O homem consciente, que escolhe seus governantes e que participa ativamente das decisões políticas exerce um dos maiores direitos do homem, que é a liberdade.[5]

A reflexão sobre as ações justas também traz reflexões sobre o processo da invisibilidade. Quem é o outro? Como eu vejo o outro? Como eu reconheço o outro perante a sociedade.

Não podemos deixar de fazer referência ao exercício da cidadania, que é dever dos seres humanos que fazem parte de determinada sociedade e mais ainda o dever daqueles que buscam a concretização da justiça, valor supremo de nossa sociedade.

Cidadania requer sentimento comunitário, representa a concretização de direitos dos cidadãos em todas as esferas: política, social, econômica e cultural. Cidadania significa participação ativa e responsável pela construção de uma realidade social. Sabemos que num país das dimensões que o Brasil possui não é tão simples o exercício da cidadania, mas um desafio que todos devemos enfrentar.

A cidadania não pode ser dissociada da ideia de igualdade, de justiça. A igualdade jurídica consiste em um dos objetivos fundamentais do Estado Democrático de Direito e a despeito de ser um direito individual ela serve de sustentação ao exercício de inúmeros direitos sociais.

[5] Arendt, Hannah. *O que é a Política?* Rio de Janeiro: Bertrand Brasil, 1998, *passim.*

Afirmamos que cidadania é conquista, pois não se nasce cidadão, torna-se cidadão e no processo de construção da cidadania a educação é fundamental.

Salientamos que para vivermos numa sociedade desenvolvida, com paz, harmonia, necessários que seres humanos ajam com ética, com justiça e de forma cidadã.

A educação baseada na ética, na liberdade e na virtude é fundamental aos homens no exercício dos poderes públicos, bem como, as práticas sociais precisam ser realizadas através de ações justas, visando ao benefício da coletividade em detrimento aos interesses privados.

Na formação dos seres humanos o desenvolvimento das habilidades cognitivas também se faz necessária nas mais diferentes áreas do conhecimento. Preparar os governantes, os profissionais que ocuparão cargos de poder são fundamentais para que as ações humanas sejam eficazes e efetivas, visando vida harmônica em sociedade.

Durante os 20 anos de existência do Estatuto da Cidade podemos afirmar que os instrumentos de gestão democrática, previstos neste diploma legal, intensificaram a participação cidadã, tornando o Poder Público mais próximo do povo no que se refere a construção das cidades.

O Estado de Direito, o regime Democrático é imprescindível para a construção das cidades, visando o bem-estar de seus habitantes e para a plena efetividade na construção da cidadania.

No planejamento urbano evidenciamos a desigualdade na distribuição de riquezas, as vulnerabilidades sociais pela exclusão e segregação social e territorial. Desta forma, os planos diretores são instrumentos importantes de intervenção do Poder Público no estabelecimento de regras de uso, ocupação e transformação dos solos urbano e rural.

As diretrizes constitucionais e legais estabelecem de que forma o Poder Público em conjunto com os cidadãos definem o uso e ocupação do solo, de acordo com os princípios da igualdade, da justiça e do bem-estar da população.

Imprescindível o exercício da cidadania na identificação dos interesses públicos e privados, na ponderação desses interesses para a construção das cidades de forma a propiciar a igualdade e bem-estar aos seus habitantes.

Destacamos que a gestão democrática em uma sociedade que apresenta diversidades e pluralidades, com vários interesses públicos e privados envolvidos traz complexidades e somente através do diálogo, com o envolvimento do Poder Público e a participação da sociedade organizada, com a concretização da cidadania, construiremos uma cidade justa e igualitária, que propicie o bem-estar de seus habitantes.

3. Estatuto da cidade: lazer na cidade de São Paulo

O Estatuto da Cidade em seus artigos iniciais estabelece que a política urbana tem por objetivo ordenar o pleno desenvolvimento das funções sociais da cidade, da propriedade urbana e dentre várias diretrizes gerais a garantia ao lazer para as presentes e futuras gerações.

A qualidade de vida urbana interfere no presente e futuro das gerações nas cidades e o lazer faz parte do planejamento urbano e das políticas públicas.

Conforme o dicionário de língua portuguesa por lazer compreendemos "descanso ou pausa no trabalho ou em uma atividade: folga, ócio, repouso (...) diversão ou ocupação que se escolhe para os momentos de tempo livre; distração, entretenimento, recreação".[6]

Lazer, direito social integrante do Estado Democrático de Direito, devido a sua relação com ideia de democracia e de dignidade da pessoa humana. É papel do Estado impedir que as pessoas sejam reduzidas a objeto, a coisa, devendo propiciar o pleno desenvolvimento da pessoa humana, conforme o princípio constitucional da dignidade da pessoa humana.

Lazer como Direito Social pode ser definido de acordo com o pensamento de Joffre Dumazedier como:

> O lazer é um conjunto de ocupações às quais o indivíduo pode entregar-se de livre vontade, seja para repousar, seja para divertir-se, recrear-se e entreter-se, ou ainda, para desenvolver sua informação ou formação desinteressada, sua participação social, voluntária ou sua libre capacidade criadora

[6] Michaelis. *Dicionário Brasileiro da Língua Portuguesa*. Disponível em: https://michaelis.uol.com.br Acesso em 25 jun. 2021.

após livrar-se ou desembaraçar-se das obrigações profissionais, familiares e sociais.[7]

José Afonso da Silva define lazer como: "...entrega à ociosidade repousante. Recreação é entrega ao divertimento, ao esporte, ao brinquedo. Ambos se destinam a refazer as forças depois da labuta diária e semanal. Ambos requerem lugares apropriados, tranquilos (...)".[8]

Para discutir lazer é necessário tratar dos espaços públicos para que seja implementada a política urbana das cidades de forma ampla, democrática e participativa. Desde a publicação do Estatuto da Cidade tem sido um desafio trabalhar de forma participativa com Poder Público e cidadãos, para implementar lazer nos espaços públicos da cidade.

O termo lazer é utilizado de forma ampla, abarcando esportes e diversas atividades culturais, onde os indivíduos buscam a qualidade de vida, assegurada pela Constituição da República Federativa do Brasil de 1988 (artigo 6º)[9] e pelos diplomas legais brasileiros. A ideia de lazer está relacionada ao Princípio da Dignidade da Pessoa Humana.

O Poder Público incentivará o lazer como forma de promoção social e é direito de todos. O lazer identifica a desigualdade e pode apresentar soluções para a promoção da igualdade social, para inclusão social.

O lazer visando a qualidade de vida das pessoas de determinada localidade, pode-se dar nos espaços públicos e nos privados.

Na ideia de lazer ocupar os espaços públicos atrelamos os princípios da igualdade, da inclusão social, da justiça, reduzindo as desigualdades existentes na sociedade e promovendo a cidadania, a participação efetiva dos membros da sociedade nos espaços públicos, com o objetivo de promover o bem-estar aos habitantes de determinada cidade.

Esclarecemos que espaço público é aquele de uso comum de todos e posse de todos. Nos espaços públicos é que se desenvolvem as atividades

[7] Dumazedier, Joffre. *Lazer e Cultura Popular*: São Paulo: Perspectiva, 1973.

[8] Silva, José Afonso. *Curso de Direito Constitucional Positivo*.38ª ed., São Paulo: Malheiros, 2015, p. 320.

[9] Art. 6º da CRFB/88: "são direito sociais a educação, a saúde, a alimentação, o trabalho, a moradia, o lazer, a segurança, a previdência social, a proteção à maternidade e à infância, a assistência aos desamparados, na forma desta Constituição".

coletivas. Espaços públicos são as ruas, praças, parques, bosques, praias e outros em que as pessoas de determinada sociedade convivem de forma livre, igualitária, justa, digna e cidadã.

A reflexão sobre espaço público e privado nos remete ao pensamento do Hannah Arendt que considera o homem em sua singularidade, que comunica ao coletivo. O homem é o único ser humano racional que age na esfera privada e na esfera pública e nesta esfera o homem comunica a sua singularidade.[10]

A base do pensamento de Hannah Arendt é Aristotélico e afirmamos que os pensadores referenciados sempre se preocuparam com as reflexões e com a ação em sociedade pelos seres humanos, visando o bem coletivo.

Hannah Arendt faz uma divisão entre esfera privada e esfera pública e destaca a importância do agir bem na esfera pública, do agir de forma cidadã, na preocupação em atender ao bem coletivo em detrimento ao bem individual.

Em sua obra a Condição Humana nos apresenta a distinção entre labor e trabalho, destacando que o labor é o que o homem realiza para sua subsistência e o trabalho é quando há produção de algo. É importante que o homem saiba até que momento o trabalho dignifica e onde ele pode passar a ser um fator de alienação, fazendo com que o homem pare de refletir sobre as consequências dos seus atos. Ela afirma que quando o homem deixa de refletir, regimes totalitários podem se instalar em determinada sociedade.[11]

Para Hannah Arendt a maior liberdade do homem é a política, que a capacidade da interação entre os homens, da escolha dos governantes que farão as leis para os homens obedecerem.

Hannah Arendt destaca a importância da comunicação, a importância de refletir bem e disseminar as ideias para um maior número de pessoas, através da comunicação eficaz, isto é, valoriza a singularidade do homem,

[10] Arendt, Hannah. *A Condição Humana.* 9ª ed., São Paulo: Forense Universitária, 1999, *passim.*

[11] Arendt, Hannah. *A Condição Humana.* 9ª ed., São Paulo: Forense Universitária, 1999, *passim.*

sua individualidade e a comunicação eficaz, em que através de sua singularidade, da ação, participa no gênero humano. [12]

Destacamos que a liberdade faz parte da natureza humana e é esta liberdade que propicia aos homens a possibilidade de exercer a sua racionalidade. Na ideia de lazer relacionamos a liberdade, a igualdade, assim como, a dignidade da pessoa humana.

Tratar da igualdade é tratar da justiça, do meio termo entre as ações, de acordo com Aristóteles. A igualdade pode ser proporcional ou aritmética e várias são as espécies de justiça que podemos classificar, conforme o pensamento de Aristóteles.

Para Giovanni Pico Della Mirandola o problema da dignidade do homem tem como perspectiva a posição que este ocupa no universo, ponto de referência de toda a realidade. Dignidade é a capacidade racional que permite ao homem ter consciência da sua existência como ser livre. O homem tem o livre arbítrio de escolha para decidir os seus caminhos, perseguir seus ideais e alcançar aquilo que deseja ser.[13]

A Prefeitura da cidade de São Paulo disponibiliza vários espaços públicos para a realização de atividades esportivas, de recreação, shows, festas populares, culturais e religiosas em que evidenciamos a concretização da cidadania.

No desenvolvimento da criança e do adolescente destacamos a importância do direito ao brincar, da sociabilidade entre os seres humanos e sua interação com a natureza, e por fim a disponibilidade por parte do Poder Público de políticas públicas que propiciem o acesso à cultura nos espaços públicos, promovendo a igualdade, a justiça, a inclusão social, tornando a cidade pertencente a todos.

Para concretização do direito ao lazer podemos indicar a cultura e o desporto.[14] No site da Prefeitura da cidade de São Paulo podemos encon-

[12] Arendt, Hannah. *A Condição Humana.* 9ª ed., São Paulo: Forense Universitária, 1999, *passim.*

[13] Mirandola, Giovanni Pico Della. *Discurso sobre a Dignidade do Homem.* Rio de Janeiro: Edições 70, 1989, *passim.*

[14] Art. 217 da CRFB/88: É dever do Estado fomentar práticas desportivas formais e não formais, como direito de cada um, observados: I – a autonomia de entidades desportivas dirigentes e associações, quanto a sua organização e funcionamento; II – a destinação de recursos públicos para a promoção prioritária do desporto educacional e, em casos

trar vários Projetos de esporte e lazer, que propiciam efetividade a cidadania, como: [15]

1. ***Melhor Idade***: a SEME – Secretaria Municipal de Esporte e Lazer – oferece atividades de inclusão social, promoção de saúde e bem-estar através do simples dançar, resgatando o convívio social e a autoestima, através de programas espalhados pela cidade;
2. ***Voluntário – Amigo do Esporte***: O desenvolvimento do AME – Amigos do Esporte – está diretamente ligado à participação da sociedade civil na realização de atividade de interesse público, a fim de praticar o ato voluntário;
3. ***Virando o Jogo:*** Programa da SEME que atende crianças e adolescentes em situação de vulnerabilidade na região da Nova Luz levando a elas acesso ao esporte e lazer;
4. ***Trilhas Urbanas***: Os parques situados em áreas urbanas são considerados patrimônios ambientais, históricos e culturais, propiciando ao seu público um espaço para convivência social, lazer, prática de esportes, contemplação, educação ambiental e a possibilidade de coexistência do ambiente natural com o ambiente construído;
5. ***Programa Saúde no Esporte***: estabelece as ações para a melhoria da saúde na prática esportiva do cidadão paulistano. São três projetos de atuação: Centro Olímpico de Treinamento e Pesquisa, Quiosque da Saúde no Parque Ibirapuera; Saúde no Esporte – Clubes-Escola;
6. ***Projeto Touchê:*** O Centro Esportivo Edson Arantes do Nascimento (Pelezão) realiza atividades de esgrima.

específicos, para a do desporto de alto rendimento; III – o tratamento diferenciado para o desporto profissional e não profissional; IV – a proteção e incentivo às manifestações desportivas de criação nacional. §1º-O Poder Judiciário só admitirá ações relativas à disciplina e às competências desportivas após esgotarem-se as instâncias da justiça desportiva, regulada em lei. §2º – A justiça desportiva terá o prazo máximo de sessenta dias, contados da instauração do processo, para proferir decisão final. §3º – O Poder Público incentivará o lazer, como forma de promoção social.

[15] Dados extraídos do site da Prefeitura da cidade de São Paulo. Disponível em: https://www.prefeitura.sp.gov.br Acesso em 25 jun. 2021.

7. ***Veleja SP***: São Paulo inaugura a primeira Escola de Vela (remo e vela). Programa executado pela Escola Dick Sail, no Yacht Clube Paulista com o patrocínio do Itaú-Unibanco;

Esses são alguns dos projetos/programas de esporte e lazer realizados pela Prefeitura de são Paulo, visando propiciar aos seus habitantes qualidade de vida e a inclusão social, nestes espaços de convivência.

Várias atividades de recreação, esporte e lazer são realizadas na cidade de São Paulo, inclusive nos feriados e fins de semana visando a concretização da cidadania, da igualdade e da dignidade da pessoa humana.

Em relação às atividades culturais a Prefeitura de São Paulo criamos projetos de leitura, atividades em centros culturais, teatros, museus e outros espaços que promovem a cultura, visando o desenvolvimento dos seres humanos em sua forma plena e integral.

Sabemos que muito há para realizar no tocante à gestão democrática, implementação de políticas públicas, planejamento urbano entre o Poder Público e os habitantes da cidade para a promoção da cidadania, da igualdade da justiça, visando a promoção e preservação do patrimônio cultural, histórico, artístico, paisagístico e arqueológico e da promoção do lazer na cidade de São Paulo, visando qualidade de vida, das presentes e futuras gerações.

No entanto, conforme o exposto no presente artigo afirmamos que houve avanços nas questões relativas à conservação e preservação do Patrimônio cultural e de lazer na cidade de São Paulo, desde à publicação do Estatuto da Cidade.

Conclusões

Diante de todas as considerações trazidas no presente artigo podemos afirmar que após 20 anos de publicação do Estatuto da Cidade transformações positivas em relação ao planejamento urbano ocorreram em relação ao patrimônio cultural e ao lazer na cidade de são Paulo?

O presente artigo trouxe as disposições dos artigos 182 e 183 da Constituição da República Federativa do Brasil estabelecem a política de desenvolvimento urbano que será executada pelo Poder Público Municipal, de acordo com as diretrizes gerais fixadas no Estatuto da Cidade, que tem por finalidade ordenar o pleno desenvolvimento das funções sociais da cidade e garantir o bem-estar de seus habitantes.

Com o estímulo das atividades turísticas e a construção do processo democrático nas cidades houve a necessidade de programas nacionais e locais para a preservação do patrimônio cultural, reconhecendo o patrimônio ambiental urbano como o conjunto de espaços nas cidades, caracterizados pelo seu valor histórico, social, cultural técnico ou afetivo.

Na cidade de São Paulo, consultando no CONDEPHAAT arrolamos alguns bens tombados, classificados como Cultura e Lazer, a saber: Antigo Santa Paula Iate Clube; Biblioteca Mário de Andrade e Praça Dom José Gaspar; Cine Belas Artes; Circulo Esotérico da Comunhão e Pensamento; Conjunto de Edificações da Associação Atlética Acadêmica Oswaldo Cruz; Conservatório Dramático e Musical de São Paulo; Estádio Paulo Machado de Carvalho; GE Campos Salles – Sede do Museu MABE; Jockey Club de São Paulo; Memorial da América Latina; Museu de Arte de São Paulo "Assis Chateaubriand" MASP; Sociedade Harmonia de Tênis; Teatro Brasileiro de Comédia; Teatro Municipal de São Paulo; Teatro Oficina e Teatro São Pedro.[16]

No entanto, a preservação de patrimônio cultural nas cidades é um tema em construção, pois faz parte do processo democrático das cidades, das experiências vivenciadas pelos habitantes, individualmente e de forma coletiva, na construção de vivências, de subjetividades, de valores, de história, de participação cidadã dos habitantes que compõem a cidade, bem como, da participação do Poder Público.

No tocante aos programas e projetos de esporte e lazer desenvolvidos pela Secretaria Municipal de Esporte e Lazer, na cidade de São Paulo, citamos: *Melhor Idade*; *Voluntário – Amigo do Esporte*: *Virando o Jogo*; *Trilhas Urbanas*; *Programa Saúde no Esporte*; *Projeto Touchê; Veleja SP*.

Durante os 20 anos de existência do Estatuto da Cidade podemos afirmar que os instrumentos de gestão democrática, previstos neste diploma legal, intensificaram a participação cidadã, tornando o Poder Público mais próximo do povo no que se refere a construção das cidades.

[16] Dados extraídos do **CONDEPHAAT.** Disponível em: http://www.condephaat.sp.gov.br. Acesso em 25 jun. 2021.

O Estado de Direito e a democracia são fundamentais para a construção das cidades, visando o bem-estar de seus habitantes e para a plena efetividade na construção da cidadania.

Para discutir lazer é necessário tratar dos espaços públicos para que seja implementada a política urbana das cidades de forma ampla, democrática e participativa.

Desde a publicação do Estatuto da Cidade tem sido um desafio trabalhar de forma participativa entre Poder Público e cidadãos, para implementar lazer nos espaços públicos da cidade.

A Prefeitura da cidade de São Paulo disponibiliza vários espaços públicos para a realização de atividades esportivas, recreação, shows, festas populares, culturais e religiosas em que há a concretização da cidadania.

Sabemos que muito há para realizar no tocante à gestão democrática, implementação de políticas públicas, planejamento urbano entre o Poder Público e os habitantes da cidade para a promoção da cidadania, da igualdade da justiça, visando a promoção e preservação do patrimônio cultural, histórico, artístico, paisagístico e arqueológico e da promoção do lazer na cidade de São Paulo, visando qualidade de vida das presentes e futuras gerações.

No entanto, finalizamos o presente artigo afirmando que passados 20 anos da publicação do Estatuto da Cidade ocorreu avanços em relação a preservação do Patrimônio Cultural e à concretização do lazer na cidade de São Paulo, mas ainda há muito a fazer para atingirmos índices satisfatórios de gestão democrática, de políticas de desenvolvimento urbano, visando a preservação do patrimônio cultural e a concretização do lazer na cidade de São Paulo, propiciando qualidade de vida aos seus habitantes.

Referências

Arendt, Hannah. *A Condição Humana*. 9ª ed., São Paulo: Forense Universitária, 1999.

Arendt, Hannah. *O que é a Política?* Rio de Janeiro: Bertrand Brasil, 1998.

Condephaat – Conselho de Defesa do Patrimônio Histórico, Arqueológico, Artístico e Turístico do Estado de São Paulo. www.condephaat.sp.gov.br

Dumazedier, Joffre. *Lazer e Cultura Popular*.São Paulo: Perspectiva, 1973.

MICHAELIS. *Dicionário Brasileiro da Língua Portuguesa*. Disponível em: https://michaelis.uol.com.br

MIRANDOLA, Giovanni Pico Della. *Discurso sobre a Dignidade do Homem*. Rio de Janeiro: Edições 70, 1989.

OLIVEIRA, Celso Maran de; LOPES, Dulce; SOUSA, Isabel Cristina Nunes de. *Direito à participação nas políticas urbanísticas: avanços após 15 anos de estatuto da cidade*. Disponível em: https://scielo.br.

Prefeitura da cidade de São Paulo. Disponível em: https://www.prefeitura.sp.gov.br

SANTIN, Janaina Rigo e MARANGON, Elizete Gonçalves. *O estatuto da cidade e os instrumentos de política urbana para a proteção do patrimônio histórico: outorga onerosa e transferência do direito de construir*. Disponível em: http://www.scielo.br

SILVA, José Afonso. *Curso de Direito Constitucional Positivo*.38ª ed., São Paulo: Malheiros, 2015.

TOURINHO, Andréa de Oliveira; RODRIGUES Marly. *Patrimônio ambiental urbano, cidade e memória: uma dimensão política da preservação cultural na década de 1980*. Disponível em: http://scielo.br.

20.
Ah! Se o Mundo Inteiro me Pudesse Ouvir: Crianças e Adolescentes na Construção da Política Urbana, o Direito à Vez e à Voz Assegurado pelo Estatuto da Cidade

MICHELLE ASATO JUNQUEIRA
FELIPE CHIARELLO DE SOUZA PINTO

"Se essa rua
Se essa rua fosse minha
Eu mandava
Eu mandava ladrilhar
Com pedrinhas
Com pedrinhas de brilhantes
Para o meu
Para o meu amor passar"
(Cantiga popular)

Introdução

Crianças e adolescentes são sujeitos de direito em desenvolvimento. Assim, merecem uma proteção diferenciada. O princípio da prioridade absoluta, previsto no artigo 227 da Constituição Federal de 1988, apenas positiva o que deveria ser realidade no âmbito social e político nacional para um desenvolvimento sadio e que corresponda ao desenho arquitetado para um Estado Social e Democrático de Direito. Como sujeitos de direito, crianças e adolescentes podem e devem participar das políticas públicas, seja em que setor se localizem, para que essas políticas se configurem adequadas aos seus anseios, sendo, portanto, representativas desta camada etária da sociedade que, ainda, ajudarão na efetivação da cidadania e se tornarão cidadãos participativos e significativos no futuro.

O presente capítulo, partindo da premissa participativa construída pela Constituição de 1988 e que se espraia nos instrumentos normativos de construção da política urbana, afirma a necessidade de participação de crianças e adolescentes como sujeitos ativos e opinativos na construção e reforma das políticas urbanas e traz algumas iniciativas inovadoras, como a utilização da metodologia *block by block*.

O método de abordagem é o indutivo e a técnica de pesquisa consistiu em análise bibliográfica e documental.

1. Cidadania e participação: bases do Estado Social e Democrático de Direito

O Estado Social e Democrático de Direito importa na conjugação dos direitos de liberdade e igualdade, buscando-se pela efetividade de melhores condições de vida para as pessoas, lugar em que a participação é essencial, na medida em que essa efetividade se dá por meio de políticas públicas, que devem ser construídas de forma integrada com a sociedade. Somente aqueles que vivem o problema é que sabem o necessário para a sua solução.

Essa construção coletiva é elemento da cidadania.

> À cidadania corresponde, portanto, um feixe de privilégios, decorrentes da condição de titularidade da coisa pública. Desses, os mais conspícuos, estão na imunidade jurídica aos excessos estatais, no direito à resistência aos abusos, na prerrogativa de responsabilizar os agentes excessivos e no direito à tutela jurisdicional contra os mesmos[1].

Verifica-se, portanto, que o conceito de Geraldo Ataliba está ligado à ideia de que o cidadão atua como cogovernante e corresponsável pela atividade estatal, na medida em que é o titular da coisa pública. Ainda,

[1] Ataliba, Geraldo. *República e Constituição.* São Paulo: Malheiros, 2001. p. 165.

o autor traz uma consideração que não se pode deixar de comentar: o direito de resistência[2], o qual, segundo ele, é elemento essencial da cidadania e forma legítima de participação[3].

O respeito à vontade popular induz a um equilibrado respeito às instituições representativas e participativas, como forma de combater qualquer crise de representatividade. Aqueles que se submetem às leis devem participar de sua formulação[4].

O fundamento de validade para a participação de toda a sociedade está no próprio parágrafo único do artigo 1º da Constituição Federal, que consagra o princípio da soberania popular. A participação política configura-se expressão do liberalismo político, portanto, do fundamento constitucional da liberdade.

À igualdade, faz-se necessária a transparência na gestão pública, para que tudo se faça em detrimento dos interesses privados, mas em superioridade aos interesses públicos. Assim, "(...) para atingir essa meta de cidadania plena, é necessária a adequação do Estado para garantir a divulgação das formas de interferência da população no processo decisório"[5].

[2] São características indispensáveis ao direito de resistência: a) ação pública, simbólica e ético-normativa; b) ação "não-violenta"; c) quer demonstrar a injustiça da lei ou do ato; d) visa à reforma jurídica ou política do Estado. Propõe uma negação à ordem existente. Buzanello, José Carlos. . Em torno da Constituição do Direito de Resistência. *Revista de Informação Legislativa,* ano 42, n. 168, out.-dez. 2005.

[3] Maria Garcia preceitua em sua análise da Desobediência Civil que esta "é direito fundamental e constitui-se em direito subjetivo público e consiste em medidas ou técnicas de proteção das prerrogativas da cidadania – No sistema normativo brasileiro, a Constituição não verbalizou o direito de resistência nem existe, na hierarquia do Poder Judiciário, o Tribunal Constitucional – perante o qual pudessem ocorrer os processos constitucionais promovidos pelos cidadãos, ao modo da Constituição da Alemanha." Conclui, todavia, que o direito de resistência "decorre das possibilidades estabelecidas pelo § 2° do art. 5° da CF, compreendido entre os direitos fundamentais, como visto, decorrente do princípio da cidadania." Garcia, Maria. *Desobediência Civil, Direito Fundamental.* São Paulo: Revista dos Tribunais, 2004. p. 298.

[4] Oliveira, Celso Maran de, Lopes, Dulce e Sousa, Isabel Cristina Nunes de. Direito à participação nas políticas urbanísticas: avanços após 15 anos de estatuto da cidade. *Revista Brasileira de Gestão Urbana* [online]. 2018, v. 10, n. 2 [Acessado 13 Julho 2021] , pp. 322-334. Disponível em: https://doi.org/10.1590/2175-3369.010.002.AO04.

[5] *Ibidem.*

É preciso que se tenha em mente que os sujeitos são destinatários da política pública e da gestão das cidades, com diversos e divergentes interesses, para que a construção seja diversificada e efetivamente "para todos".

> É por intermédio do planejamento urbano que se consegue passar de um paradigma assente na decisão de pretensões individuais (continuidade e manutenção de interesses privados) para um modelo de conformação jurídico-pública das variadas pretensões existentes, tendo em consideração interesses públicos e privados (de interessados, por exemplo, no acesso à moradia e na regularização fundiária)[6].

No que se refere à criança e adolescente, importante salientar que o princípio da solidariedade está consagrado no próprio artigo 227 da Constituição Federal, cabendo à família, Estado e sociedade zelar, com absoluta prioridade, pelo seu bem estar.

A importância da temática da construção da política urbana e do envolvimento da criança se sustenta, especialmente, porque segundo dados estatísticos, 84% da população brasileira vive em áreas urbanas[7], isso inclui as crianças que crescerão e se desenvolverão neste ambiente. Isto implica em pensar correlações com a natureza, saúde, tempo, risco e hábitos de consumo.

No mais, ao tratar qualquer tema que se sustente na infância, tudo se coaduna com a construção da pedagogia de Maria Montessori[8], que facilita a efetivação da democracia participativa e que também retroalimenta a função educadora dessa participação democrática.

> O elemento de participação democrática, seja na escola ou em sua comunidade, faz parte da educação cósmica para Montessori. Na educação cósmica, a criança aprende que o universo é um todo e os componentes deste universo

[6] *Ibidem.*

[7] Disponível em https://criancaenatureza.org.br/para-que-existimos/o-mundo-que-acolhe-a-crianca-hoje-2/. Acesso em 10 jul. 2021.

[8] Montessori, Maria. *Pedagogia Científica:* a descoberta da criança. São Paulo: Editora Flamboyant, 1965.

se inter-relacionam. O meio ambiente, o campo e a cidade, os ciclos de vida dos animais e, com isso, a sua percepção como membro pertencente deste universo e sua participação nele. Por isso, a importância de se entender os mecanismos de participação social e política neste universo. Dentro de uma educação integral, global. A prática da democracia requer alguns elementos como autonomia e responsabilidade e estas habilidades precisam de um ambiente adequado para que as crianças as desenvolvam[9].

Crianças são cidadãs, portanto, sujeitos de direito, ainda em desenvolvimento[10], mas que se encaixam neste complexo manto de direitos e deveres e atuam ativamente na construção de seus interesses.

Assim, todas as relações complexas que se referem à sua relação com a democracia e a cidadania incluem o processo educativo que deve estar sempre presente.

2. Planejamento urbano e a participação de crianças e adolescentes

A institucionalização do planejamento urbano no Brasil foi iniciada nos anos 30, acompanhando a intensificação do processo de urbanização. Em 1964, durante o Regime Militar foi editada a Lei n º 4.380, que criava o Serviço Federal de Habitação e Urbanismo – SERFHAN, que dentre suas atribuições estavam aspectos do planejamento físico, técnico e socioeconômico da habitação. Neste período, a postura social era meramente passiva e os planos diretores eram instrumentos políticos, que serviam de base para os repasses financeiros.

Os movimentos populares que se intensificaram para a construção da Constituição de 1988, fomentaram também a preocupação com a política

[9] Barbosa, Leticia Cristina Bizarro e Gomes, Warley Alves. A função educadora da participação democrática do estudante em tomada de decisão sobre seus direitos e deveres na escola. In: *Braz. Ap. Sci. Rev*, Curitiba, v. 4, n. 6, p. 3805-3822 nov./dez. 2020.

[10] Acerca da construção do conceito de criança como sujeito de direitos: Pinto, Felipe Chiarello de Souza; Junqueira, Michelle Asato; Andreucci, Ana Claudia Pompeu Torezan. O papel inspirador da Declaração Universal dos Direitos Humanos na construção histórica dos direitos de crianças e adolescentes. Arruda, Eloisa de Souza & Pereira, Flávio de Leão Bastos.*1948 -2018 70 anos da Declaração Universal dos Direitos Humanos*. São Paulo: Imprensa Oficial, 2018.

urbana no cenário constitucional, dando guarida aos artigos 182 e 183[11], que dão ênfase à função social da propriedade, expressão do Estado Social de Direito (propriedade limitada pela função social) e abrem espaço para o fortalecimento da participação ativa.

O dispositivo também determina a criação de instrumentos infraconstitucionais para a regulamentação da gestão, dando ênfase ao Plano Diretor a ser elaborado pelos municípios. Nesta seara, começa-se a desenhar a necessidade do Estatuto da Cidade.

O projeto do Estatuto da Cidade, que culminou na Lei nº 10.257/2001, tramitou por dez anos, sendo sancionado 13 anos após a promulgação da Constituição de 1988.

[11] Art. 182. A política de desenvolvimento urbano, executada pelo Poder Público municipal, conforme diretrizes gerais fixadas em lei, tem por objetivo ordenar o pleno desenvolvimento das funções sociais da cidade e garantir o bem- estar de seus habitantes.
§ 1º O plano diretor, aprovado pela Câmara Municipal, obrigatório para cidades com mais de vinte mil habitantes, é o instrumento básico da política de desenvolvimento e de expansão urbana.
§ 2º A propriedade urbana cumpre sua função social quando atende às exigências fundamentais de ordenação da cidade expressas no plano diretor.
§ 3º As desapropriações de imóveis urbanos serão feitas com prévia e justa indenização em dinheiro.
§ 4º É facultado ao Poder Público municipal, mediante lei específica para área incluída no plano diretor, exigir, nos termos da lei federal, do proprietário do solo urbano não edificado, subutilizado ou não utilizado, que promova seu adequado aproveitamento, sob pena, sucessivamente, de:
I – parcelamento ou edificação compulsórios;
II – imposto sobre a propriedade predial e territorial urbana progressivo no tempo;
III – desapropriação com pagamento mediante títulos da dívida pública de emissão previamente aprovada pelo Senado Federal, com prazo de resgate de até dez anos, em parcelas anuais, iguais e sucessivas, assegurados o valor real da indenização e os juros legais.
Art. 183. Aquele que possuir como sua área urbana de até duzentos e cinqüenta metros quadrados, por cinco anos, ininterruptamente e sem oposição, utilizando-a para sua moradia ou de sua família, adquirir-lhe-á o domínio, desde que não seja proprietário de outro imóvel urbano ou rural.
§ 1º O título de domínio e a concessão de uso serão conferidos ao homem ou à mulher, ou a ambos, independentemente do estado civil.
§ 2º Esse direito não será reconhecido ao mesmo possuidor mais de uma vez.
§ 3º Os imóveis públicos não serão adquiridos por usucapião.

Em 2003, o Decreto nº 4665 cria o Ministério das Cidades[12], reforçando as políticas públicas urbanas e a criação dos "planos diretores participativos", aproximando-se ainda mais da sociedade.

Por sua vez, o Decreto nº 5790/2004 criou o Conselho das Cidades, o Concidades, configurando-se como instância de gestão democrática e promoção de cooperação entre os governos. "Ele viabiliza o debate em torno da política urbana de forma continuada, respeitando a autonomia e as especificidades dos segmentos que o compõem, tais como: setor produtivo; organizações sociais; OnG's; entidades profissionais, acadêmicas e de pesquisa; entidades sindicais; e órgãos governamentais" [13].

No que se refere à estrutura construída pelo Estatuto da Cidade para a efetivação da participação popular, vale mencionar que o artigo 2º estabelece como diretriz geral a "gestão democrática por meio da participação da população e de associações representativas dos vários segmentos da comunidade na formulação, execução e acompanhamento de planos, programas e projetos de desenvolvimento urbano".

Quanto aos instrumentos, o artigo 4º, III, prevê no planejamento municipal, dentre outros, a gestão orçamentária participativa, bem como no § 3º esclarece que no caso de dispêndio de recursos pelo poder público, devem ser objeto de controle social, garantida a participação de comunidades, movimentos e entidades da sociedade civil.

A participação também é mencionada nas operações urbanas consorciadas (art. 32, § 1º) e a necessidade de observância pelos organismos gestores das regiões metropolitanas e aglomerações urbanas (art. 45).

Merece destaque especial o dispositivo contido no art. 40, §4º, que prescreve que no processo de elaboração do plano diretor e na fiscalização de sua implementação, os Poderes Legislativo e Executivo municipais garantirão a promoção de audiências públicas e debates com a participação da população e de associações representativas de vários segmentos da comunidade (inciso I). Os incisos seguintes ainda asseguram a publicidade e a transparência dos documentos e informações.

[12] Extinto em 2019, foi substituído, em suas funções, pelo Ministério do Desenvolvimento Regional.

[13] Disponível em: https://www.gov.br/mdr/pt-br/composicao/orgaos-colegiados/conselho-das-cidades-concidades/. Acesso em 20 jun. 2021.

Depreende-se, portanto, que o desenho do Estatuto da Cidade representa a primazia dos instrumentos de participação democrática, preocupando-se, inclusive, com a articulação entre os poderes no âmbito municipal.

Vale, todavia, referenciar:

> A politização dos planos diretores pós-Constituição de 1988 vai além da participação popular, pois também está relacionada à busca por justiça social e efetivação da função social da propriedade. Estes ideais, conforme acreditava o MNRU, seriam alcançados por meio de instrumentos jurídicos e tributários, dos quais a Constituição de 1988 instituiu o Parcelamento ou edificação compulsórios, IPTU progressivo no tempo e Desapropriação com pagamento em títulos, a serem aplicados sucessivamente[14].

Os dispositivos constitucionais determinaram a criação de uma política urbana com a observância das funções sociais da cidade e a garantia do bem-estar de seus habitantes.

> Não basta, por isso, conceber como modelo participativo o simples acesso às informações e aos documentos decorrentes dos trabalhos de elaboração ou de revisão do plano diretor, realizados pela equipe técnica, ou mesmo que os cidadãos sejam meramente consultados. É preciso que os munícipes possam participar do processo deliberativo, com poder de decisão, em uma forma representativa social ou mesmo individual. Defende-se, portanto, que, por se tratar do estabelecimento de políticas públicas, deve ocorrer a participação democrática em todas as fases, em especial na tomada de decisão[15].

[14] Lage, S. D. L. e, & Francisco Filho, L. L. (2020). A construção do Estatuto da Cidade e da ideia de Plano Diretor numa perspectiva histórica: discutindo a adequação destes instrumentos aos municípios de pequeno porte populacional. *Risco Revista De Pesquisa Em Arquitetura E Urbanismo (Online)*, *18*, 1-16. https://doi.org/10.11606/issn.1984-4506.v18i1p1-16.

[15] Oliveira, Celso Maran de, Lopes, Dulce e Sousa, Isabel Cristina Nunes de. Direito à participação nas políticas urbanísticas: avanços após 15 anos de estatuto da cidade. *Revista Brasileira de Gestão Urbana* [online]. 2018, v. 10, n. 2 [Acessado 13 Julho 2021] , pp. 322-334. Disponível em: https://doi.org/10.1590/2175-3369.010.002.AO04

Estão coadunados com o modelo de Estado Social e Democrático de Direito desenhados pela Constituição Federal de 1988, que visa conciliar a garantia das liberdades clássicas, dentre elas a propriedade, com a lente da função social, que assegura uma adequada interpretação constitucional.

Todavia, também vale mencionar a ressalva apontada por Oliveira, Lopes e Sousa[16], que apontam dificuldades na implementação das políticas urbanas, como a articulação do plano diretor e o planejamento orçamentário; bem assim a capacitação técnica para sua realização. Ainda imperam, em muitos casos, a participação restrita ao caráter consultivo e informativo.

3. Práticas exitosas para um novo caminho na construção da política urbana participativa.

Desta forma, é preciso buscar soluções para a efetiva participação dos sujeitos de direito em desenvolvimento como forma de garantir a gestão democrática na construção da política urbana.

> Gerir significa carregar, chamar a si, administrar, exercer, executar. A gestão para ser democrática pressupõe participação. Participar, por sua vez, é ter ou tomar parte em. Assim, democracia participativa é um pleonasmo. Não existe democracia sem participação e esta não se resume, por certo, à possibilidade de escolha de seus dirigentes, mas pressupõe o diálogo, a abertura, a possibilidade de interferir, sugerir, questionar. [17]

Em 1996, a Unicef e a ONU-Habitat (Programa das Nações Unidas para os Assentamentos Humanos) lançaram a *Child-Friendly Cities Initiative* (CFCI), que propõe uma série de medidas que priorizam os direitos infantis dentro da agenda urbana. "Dentre essas medidas, estão a parti-

[16] *Ibidem.*

[17] JUNQUEIRA, Michelle Asato. Gestão Democrática do Ensino na jurisprudência do Supremo Tribunal Federal: 30 anos da Constituição Cidadã. In: SGARBOSSA, Luís Fernando; IENSUE, Geziela. *Direitos Humanos & Fundamentais:* Reflexões aos 30 Anos da Constituição e 70 da Declaração Universal. 1ª ed./ Campo Grande: Instituto Brasileiro de Pesquisa Jurídica, 2018, p. 349.

cipação dos pequenos em todas as etapas de planejamento e implementação, foco em seus direitos e um orçamento direcionado a essa parcela da população"[18].

Importante localizar que o Programa das Nações Unidas para os assentamentos humanos foi criado em 1978 e tem sede em Nairóbi, no Quênia e tem por objetivo primário a promoção do desenvolvimento sustentável e a promoção de moradia adequada para todos. O órgão trabalha com órgãos governamentais e com o terceiro setor, visando, especialmente o desenvolvimento econômico local, economia urbana e finanças municipais, empoderamento de mulheres e jovens, dentre outros, em especial atenção ao cumprimento da Agenda 2030[19], que definiu padrões globais para se repensar as cidades.

Destaque para o Objetivo de Desenvolvimento Sustentável 11 que visa "tornar as cidades e os assentamentos humanos inclusivos, seguros, resilientes e sustentáveis".

Solução que merece destaque é a metodologia *block by block* desenvolvida pela *Microsoft*, com base no jogo de sucesso *Minecraft*[20]. De forma

[18] LIMA, Juliana Domingues. *O que muda quando as crianças são incluídas no planejamento urbano.* Disponível em: https://www.nexojornal.com.br/expresso/2016/05/16/O-que-muda-quando-as-crian%C3%A7as-s%C3%A3o-inclu%C3%ADdas-no-planejamento-urbano. Acesso em: 10 jul. 2021.

[19] "É a agenda de Direitos Humanos das Nações Unidas, que integra 193 Países membros e que foi recepcionada pelo Poder Judiciário Brasileiro, por meio do Conselho Nacional de Justiça, tendo como marco inicial a criação do Comitê Interinstitucional da Agenda 2030. A Agenda global 2030 é um compromisso assumido por líderes de 193 Países, inclusive o Brasil, e coordenada pelas Nações Unidas, por meio do Programa das Nações Unidas para o Desenvolvimento (PNUD), nos termos da Resolução A/RES/72/279.OP32, de 2018, da Assembleia Geral da ONU. São 17 Objetivos de Desenvolvimento Sustentável e 169 metas a serem atingidas no período de 2016 a 2030, relacionadas a efetivação dos direitos humanos e promoção do desenvolvimento, que incorporam e dão continuidade aos 8 Objetivos de Desenvolvimento do Milênio, a partir de subsídios construídos na Rio + 20". Disponível em: https://www.cnj.jus.br/programas-e-acoes/agenda-2030/o-que-e-a-agenda-2030/. Acesso em 10 jul. 2021.

[20] Segundo a própria plataforma: É um jogo sobre montar blocos e sair em aventuras. Ele se passa em mundos infinitamente gerados de terreno aberto – montanhas geladas, rios pantanosos, vastas pastagens e muito mais – repleto de segredos, maravilhas e perigos! Não existe uma maneira única de jogar Minecraft. Ele é um jogo aberto onde os jogadores

lúdica, permite que crianças e adolescentes opinem acerca da transformação do espaço em que vivem. Vale descrever o passo a passo da metodologia[21]:

a) modelo: criar o modelo *Minecraft* do local com imagens, mapas e planos;
b) mobilizar: identificar pessoas que moram ou trabalham perto do local. Incluindo mulheres, jovens, idosos e pessoas com deficiência;
c) organizar: organizar workshops comunitários (incluindo o computador);
d) apresentar: instruir os participantes sobre fundamentos do espaço público e considerações gerais de design;
e) observar: caminhar pelo site como um grupo. Compartilhe reflexões e observações.
f) ensinar: treinar os participantes sobre os fundamentos do *Minecraft*;
g) equipe-se: dividir em equipes de 2 a 4 pessoas para desenvolver ideias no *Minecraft*;
h) presente: as equipes devem apresentar modelos e defender duas ideias para as partes interessadas e profissionais (planejadores urbanos, arquitetos e formuladores de políticas locais);
i) priorizar: as partes e participantes discutem como melhorar o espaço público;
j) plano: os modelos do Minecraft do workshop informam estimativas de custos, alocações de orçamento e trabalho de design;
k) construir: incluir a comunidade na atividade final, de construção e manutenção do local. É preciso envolver-se com a comunidade na solução dos conflitos;
l) advogado: defender o investimento contínuo na transformação do espeço público.

decidem por conta própria o que querem fazer!Disponível em: https://www.minecraft.net/pt-br/what-is-minecraft/%3E. Acesso em 20 jul.2021.

[21] Descrita de forma adaptada ao conteúdo contido no endereço eletrônico. Disponível de forma mais completa em: https://www.blockbyblock.org/resources. Acesso em 20 jun. 2021.

Percebe-se que há uma intensa participação da comunidade no pensar do espaço urbano.

Para participar do programa, as comunidades encaminham solicitações para a UN-Habitat que faz a seleção inicial por meio de um comitê que analisa sustentabilidade, impacto da política e empoderamento de grupos não representados.

Os projetos são financiados pela *Mojang* e *Microsoft*, mas são buscados parceiros locais para a supervisão e implementação dos projetos. A metodologia ainda é oferecida gratuitamente a todos que se interessarem pelo desenvolvimento de projetos em suas comunidades.

O significativo é que a metodologia *block by block* relata inclusive que estimula meninas a desenvolver atividades que envolvam tecnologia, importante para a quebra do estigma de que as mulheres (antes meninas) estão fadadas ao ambiente privado, podendo gerar transformações a longo prazo em diversos segmentos, antes enraizados.

Vale acrescentar que, assegurar a participação de crianças e adolescentes na construção da política urbana também possibilita o fortalecimento da convivência comunitária, muito fragilizada para crianças que vivem na área urbana, especialmente aquelas que permanecem segregadas em seus condomínios e demais ambientes privados, de forma que o que se denota é que, independentemente da classe social, as crianças e adolescentes são afetadas pelo sentimento de não pertencimento à cidade, o que prejudica na sua formação cidadã, no fortalecimento e fiscalização das políticas urbanas, o que não é desejo da formulação constitucional ou infraconstitucional.

Vale mencionar a reflexão acerca da expansão urbana:

> Os espaços para as crianças se restringiram cada vez mais. A expansão das cidades, a população que crescia a cada dia, os novos meios de transporte nas ruas, os pais passaram a temer a liberdade de seus filhos nas rua, que passariam a conviver com o desconhecido, com um espaço que claramente não era deles. Essa preocupação os fez limitar as atividades e relacionamentos ao que lhes era conhecido, nos espaços privados, escolas, clubes, e mesmo suas próprias casas. Contudo, crianças em situações financeiras desfavoráveis, sem condições de usufruir de espaços privados institucionalizados para seu uso, se depararam com a ausência de espaços adequados, à mercê da insegurança

das ruas, ou da falta de estrutura nas escolas, brinquedotecas públicas, ou em suas próprias casas.[22]

Assim, muito mais do que se pensar na institucionalização e na domestificação das crianças, é preciso que se fomente a sua participação cidadã.

No Brasil também se confirma a mesma estratégia da metodologia *block by block*. O Governo do estado de Alagoas elaborou o projeto com a contribuição de ideias dos moradores da Grota do Cigano, maior assentamento informal da cidade de Maceió. Uma oficina de desenho de espaços públicos (*Block by Block*) realizada pelo ONU-Habitat Brasil em 2018 contribuiu com pontos essenciais do projeto final. A atividade envolveu 30 moradores da comunidade, que apontaram o que gostariam de ver no futuro parque público. O espaço de 6.156,67m^2, com previsão de entrega no ano de 2021, contará com uma área de convivência e diversas opções de lazer e prática de atividades físicas[23].

Há relatos de atividades semelhantes desenvolvidas em outros países do mundo, a exemplo do Peru[24] e em vários países da África.

A utilização de estratégias lúdicas tem por finalidade a aproximação da comunidade, bem como permite e participação múltipla da sociedade e de profissionais que podem contribuir com a criação de estratégias viáveis à transformação. Especialmente quanto às crianças, há um integral acolhimento e oitiva ampliada, muito sendo possível.

Para finalizar, vale citar outras iniciativas como a aproximação da discussão da cidade com as crianças em livros infantis, a exemplo do livro Casacadabra, de autoria de Bianca Antunes e Simone Sayegh e ilustrado por Carolina Hernandes, financiada coletivamente. O livro, na forma de espaços lúdicos, apresenta dez casas projetadas por arquitetos de renome em todo o mundo. "Partindo do projeto das casas, busca introduzir de

[22] Pinto, Felipe Chiarello e Puga, Azzari Bruna. Infraestrutura e Direito à cidade: crianças em cidades de pedra. *Revista de Direito da Cidade*, vol. 11, nº 4. ISSN 2317-7721. pp. 114-134. DOI: 10.12957/rdc.2019.42520.

[23] Disponível em: https://brasil.un.org/pt-br/129008-parque-idealizado-por-criancas-e--jovens-em-oficina-do-onu-habitat-sera-construido-em-maceio. Acesso em 10 jul. 2021.

[24] Disponível em: https://estudiantes.ucontinental.edu.pe/noticias/block-by-block-la--transformacion-de-espacios-publicos-usando-minecraft/. Acesso em 10 jul. 2021.

maneira simples e didática alguns termos complicados do universo da arquitetura"[25].

Conclusões

"Ah! Se o mundo inteiro me pudesse ouvir
Tenho muito pra contar
Dizer que aprendi"
(Azul da cor do mar, Tim Maia)

A construção de um Estado Social e Democrático de Direito, conforme desenhado pela Constituição de 1988, demanda uma atuação permanente da coletividade. É preciso a conjugação das liberdades clássicas com a preocupação em proporcionar melhores condições de vida. O Estado, antes apenas abstencionista, passa a ser um Estado provedor de direitos sociais. Por certo, desde a implementação do Estado Social no Brasil nos anos 30, o Estado brasileiro foi se adaptando a este modelo, aperfeiçoado na Constituição de 1988.

A tônica da Constituição de 1988 é a participação para efetivação da democracia ativa e representativa, de forma a se efetivar o fundamento da cidadania. A sociedade deve participar cada vez mais da construção da política pública como forma de afastar qualquer crise de responsabilidade e, especialmente, para que a política urbana seja efetiva.

Possibilitar a participação de crianças e adolescentes nessa construção além de estar adequado ao modelo participativo constitucional cumpre também outra premissa: o respeito à prioridade absoluta (de forma irrestrita), também consagrada constitucionalmente e que permite a combinação com outros direitos de especial relevância como a convivência comunitária e o protagonismo para a vez e a voz destes sujeitos em desenvolvimento.

A utilização de metodologias que incluem a construção da política urbana, sua reforma e reconfiguração como a metodologia *block by block* são inovadoras para a inclusão da sociedade envolvida no viver da cidade.

[25] Disponível em: https://www.casacadabra.com.br/quemsomos. Acesso em 10 jul. 2021.

Por outro lado, as empresas podem desenvolver e cumprir a sua função social. Todos ganham! O Estado e a sociedade se transformam e evoluem.

Nestes vinte anos que completam o Estatuto da Cidade, deve ser privilegiada a sua vocação para a participação. Todos os esforços não serão em vão para a construção de um futuro sustentável, no modelo proposto, inclusive, pela Agenda 2030 da ONU.

As crianças e adolescentes devem fazer parte disso tudo, não como favor, mas como integrantes deste futuro e detentores deste direito.

Referências

ATALIBA, Geraldo. *República e Constituição.* São Paulo: Malheiros, 2001.

BARBOSA, Leticia Cristina Bizarro e GOMES, Wraley Alves. A função educadora da participação democrática do estudante em tomada de decisão sobre seus direitos e deveres na escola. In: *Braz. Ap. Sci. Rev*, Curitiba, v. 4, n. 6, p. 3805-3822 nov./dez. 2020.

BUZANELLO, José Carlos. . Em torno da Constituição do Direito de Resistência. *Revista de Informação Legislativa*, ano 42, n. 168, out.-dez. 2005.

GARCIA, Maria. *Desobediência Civil, Direito Fundamental.* São Paulo: Revista dos Tribunais, 2004.

JUNQUEIRA, Michelle Asato. Gestão Democrática do Ensino na jurisprudência do Supremo Tribunal Federal: 30 anos da Constituição Cidadã. In: SGARBOSSA, Luís Fernando; IENSUE, Geziela. *Direitos Humanos & Fundamentais:* Reflexões aos 30 Anos da Constituição e 70 da Declaração Universal. 1ª ed./ Campo Grande: Instituto Brasileiro de Pesquisa Jurídica, 2018, p. 349.

LAGE, S. D. L.;FRANCISCO FILHO, L. L. (2020). A construção do Estatuto da Cidade e da ideia de Plano Diretor numa perspectiva histórica: discutindo a adequação destes instrumentos aos municípios de pequeno porte populacional. *Risco Revista De Pesquisa Em Arquitetura E Urbanismo (Online)*, *18*, 1-16. https://doi.org/10.11606/issn.1984-4506.v18i1p1-16.

LIMA, Juliana Domingues. *O que muda quando as crianças são incluídas no planejamento urbano.* Disponível em: https://www.nexojornal.com.br/expresso/2016/05/16/O-que-muda-quando-as-crian%C3%A7as-s%C3%A3o-inclu%C3%ADdas-no-planejamento-urbano. Acesso em: 10 jul. 2021.

MONTESSORI, Maria. *Pedagogia Científica:* a descoberta da criança. São Paulo: Editora Flamboyant, 1965.

Oliveira, Celso Maran de, Lopes, Dulce; Sousa, Isabel Cristina Nunes de. Direito à participação nas políticas urbanísticas: avanços após 15 anos de estatuto da cidade. *Revista Brasileira de Gestão Urbana* [online]. 2018, v. 10, n. 2 [Acessado 13 Julho 2021] , pp. 322-334. Disponível em: https://doi.org/10.1590/2175-3369.010.002.AO04.

Pinto, Felipe Chiarello de Souza; Junqueira, Michelle Asato; Andreucci, Ana Claudia Pompeu Torezan. O papel inspirador da Declaração Universal dos Direitos Humanos na construção histórica dos direitos de crianças e adolescentes. Arruda, Eloisa de Souza & Pereira, Flávio de Leão Bastos.*1948 -2018 70 anos da Declaração Universal dos Direitos Humanos.* São Paulo: Imprensa Oficial, 2018.

Pinto, Felipe Chiarello; Puga, Azzari Bruna. Infraestrutura e Direito à cidade: crianças em cidades de pedra. *Revista de Direito da Cidade*, vol. 11, nº 4. ISSN 2317-7721. pp. 114-134. DOI: 10.12957/rdc.2019.42520.

Referências eletrônicas:

https://www.blockbyblock.org/resources. Acesso em 20 jun. 2021.

https://brasil.un.org/pt-br/129008-parque-idealizado-por-criancas-e-jovens-em-oficina-do-onu-habitat-sera-construido-em-maceio.

https://www.casacadabra.com.br/quemsomos. Acesso em 10 jul. 2021.

https://www.cnj.jus.br/programas-e-acoes/agenda-2030/o-que-e-a-agenda-2030/. Acesso em 10 jul. 2021.

https://estudiantes.ucontinental.edu.pe/noticias/block-by-block-la-transformacion-de-espacios-publicos-usando-minecraft/. Acesso em 20 jun.2021.

https://www.gov.br/mdr/pt-br/composicao/orgaos-colegiados/conselho-das-cidades-concidades/. Acesso em 20 jun. 2021.

https://www.minecraft.net/pt-br/what-is-minecraft/%3E. Acesso em 20 jul.2021.

21.
O Papel do Judiciário na Tutela dos Interesses Relativos ao Direito Urbanístico e à Cidade

MARIA DE FATIMA MONTE MALTEZ
RANGEL PERRUCCI FIORIN

Introdução

O presente artigo tem por escopo analisar, ainda que de maneira sintética, a execução da política urbana prevista na Lei nº 10.257, de 10 de julho de 2001 (Estatuto da Cidade), que regulamenta os artigos 182 e 183 da Constituição Federal, notadamente a ordem pública e o interesse social, a partir da intervenção do Poder Judiciário para a tutela dos interesses envolvidos.

A política urbana ordena o desenvolvimento das funções sociais da cidade e da propriedade urbana, que não se limitam à garantia do direito a cidades sustentáveis, mas visam também assegurar o direito à terra urbana, à moradia, ao saneamento ambiental, à infraestrutura urbana, ao transporte, aos serviços públicos, ao trabalho e ao lazer, para presentes e futuras gerações.

Mesmo com considerável quantidade de pesquisas científicas e decisões relativas ao tema, a execução da política urbana é alvo de constantes questionamentos sobre como alcançar uma solução adequada frente aos relevantes interesses envolvidos, por vezes exigindo a intervenção do Estado no exercício de sua função jurisdicional.

Para compreender o desempenho do Poder Judiciário na solução de conflitos atinentes à política pública urbana, analisamos os preceitos constitucionais, ligando-os com a legislação infraconstitucional e a jurisprudência, especialmente do Supremo Tribunal Federal e do Superior Tribunal de Justiça que versa sobre questões atinentes à Política Urbana e ao Estatuto da Cidade.

2. Direito Urbanístico: Estatuto da Cidade

Entre os objetivos do Direito Urbanístico está o de disciplinar o ordenamento urbano, o uso e ocupação do solo urbano e a criação de áreas de interesse especial, observados os princípios urbanísticos, como o da conformação da propriedade urbana, da harmonia das normas urbanísticas, da afetação e da justa distribuição dos benefícios e ônus derivados da atuação urbanística. Garante-se, assim, a função social da cidade.

Definir a acepção jurídica da função social da propriedade não é tarefa simples diante da amplitude do significado e da diversidade de posições doutrinárias e jurisprudenciais a respeito. A expressão é tratada na Constituição Federal em seus artigos 5º, inciso XII; artigo 170, inciso III; artigo 173, I; artigo 182, § 2º; artigo 184; artigo 185, parágrafo único; e artigo 186.[1]

André Ramos Tavares explica que a Constituição Federal de 1988 determina "a dupla dimensão da propriedade", ou seja, contém um direito individual e, também, um direito socioeconômico, e, assim, "delimitado pelo objetivo vinculante e imediato de ter funcionalidade social, quer

[1] Para José Afonso da Silva a Constituição Federal "ao estabelecer expressamente que a propriedade atenderá a sua função social, mas especialmente quando o reputou princípio de ordem econômica, ou seja, como um princípio informador da constituição econômica brasileira com o fim de assegurar a todos existência digna, conforme os ditames da justiça social (art. 170, II e III), a Constituição Federal não estava simplesmente preordenando fundamentos às limitações, obrigações e ônus relativamente à propriedade privada, princípio também da ordem econômica e, portanto, sujeita, só por si, ao cumprimento daquele fim. Limitações, obrigações e ônus são externos ao direito de propriedade, vinculando simplesmente a atividade do proprietário, interferindo tão só com o exercício do direito, e se explicam pela simples atuação do poder de polícia." (SILVA, José Afonso. *Curso de Direito Constitucional Positivo*. 40ª ed. São Paulo: Malheiros, 2017, p. 284)

dizer, de servir aos propósitos da coletividade e não apenas aos desígnios individualistas;"[2]

Afirma o jurista não ser "possível ignorar o direito subjetivo à propriedade", como também "inadmissível apenas admitir o direito subjetivo, como excludente da função social."[3]

O princípio da função social da propriedade visa assegurar o atendimento às necessidades dos cidadãos quanto à qualidade de vida, à justiça social e ao desenvolvimento das atividades econômicas, ou seja, tem por espeque a propriedade utilizada em benefício da sociedade, mediante a distribuição equilibrada e racional do uso dos imóveis no território[4].

À luz desse princípio, o Estatuto da Cidade traz as diretrizes gerais da política urbana, dispondo seu artigo 39 que a propriedade urbana cumprirá sua função social quando atender às exigências fundamentais de ordenação da cidade, expressas no plano diretor. Assim, a partir dessas diretrizes é que o plano urbanístico do Município (obrigatório para cidades com mais de 20.000 habitantes e aprovado pela Câmara Municipal) define o plano de desenvolvimento e expansão da cidade, de forma a garantir a consecução de sua função social e o bem-estar de seus habitantes, atendendo aos ditames constitucionais (art. 182 e art. 183, CF).

Sem dúvida, o Estatuto da Cidade exerce papel fundamental na instrumentalização e no desenvolvimento urbano, trazendo benefícios ao interesse público, que não se limita apenas às questões ambientais dos centros urbanos, mas também ao estímulo de adequada ocupação pela população de baixa renda de áreas dotadas de infraestrutura. Lembramos que o interesse público pode ser tratado como bem jurídico de interesse coletivo que, a partir da lei, deve ser perseguido pela Administração e pelo Judiciário.

[2] Tavares, André Ramos. *Curso de Direito Constitucional.* 17ª ed. São Paulo: Saraiva, 2019, p. 578.

[3] Tavares, André Ramos. *Curso de Direito Constitucional.* 17ª ed. São Paulo: Saraiva, 2019, p. 581.

[4] Tanto é que que o Estatuto da Cidade, em consonância com § 4º do artigo 182 da Constituição Federal, determina a aplicação do parcelamento, edificação Compulsórios, IPTU Progressivo no Tempo e Desapropriação com Pagamento em Títulos, respectivamente, para imóveis que não cumprem sua função social.

Odete Medauar[5], ao tratar da preponderância do interesse público, esclarece:

> A expressão pode ser associada a bem de toda a coletividade, à percepção geral das exigências da vida em sociedade. Esse princípio vem se apresentando tradicionalmente como fundamento de vários institutos e normas do direito administrativo e, também, de prerrogativas e decisões, por vezes arbitrárias, da administração pública. Mas vem sendo matizado pela ideia de que à Administração cabe realizar ponderação dos interesses perante determinada circunstância, para que não ocorra sacrifício a priori de nenhum interesse; o objetivo dessa função está em busca de compatibilidade ou conciliação dos interesses com a minimização de sacrifícios.

A necessidade da adequação socioeconômica, motivada por um justo e melhor planejamento participativo, além de não provocar um choque de preceitos pré-estabelecidos e fixados pelo legislador, garantem a supremacia do interesse público, medida que se impõe, ao combate à especulação imobiliária e à necessidade de regularização fundiária dos imóveis urbanos, entre outros interesses.

A invocação da supremacia do interesse público sobre o particular nem sempre se presta a solucionar todas as tensões entre o Estado e os particulares correlacionadas aos instrumentos de política urbana, plano diretor e gestão democrática da cidade, em prol de um bem-estar geral, com condições plenas para o desenvolvimento individual e coletivo.

Com isso, tem-se que o instituto da função social da propriedade não se presta exclusivamente como justificativa para a regularização fundiária, mas tem a ver com a sustentabilidade, com a melhoria da qualidade de vida dos cidadãos, do meio ambiente, da mobilidade, da segurança, da educação e da economia.

Na atualidade é preciso entender as possibilidades e as limitações da função social da propriedade, que não se restringem à utilização do solo e abusos individuais inerentes ao seu uso, mas também ao compromisso do

[5] MEDAUAR, Odete. *Direito administrativo moderno.* São Paulo: RT: 2007, p. 128.

planejamento urbano brasileiro, que pode ser almejado e alcançado pela intervenção do Poder Judiciário.

3. O papel do Poder Judiciário

O princípio da separação dos Poderes, consagrado no artigo 2º da Constituição Federal de 1988, afirma serem "independentes e harmônicos entre si" os poderes da União: Legislativo, Executivo e Judiciário.

A jurisdição é a expressão do poder do Estado atribuído ao Poder Judiciário, tendo como função principal dizer o direito e, mais, fazer atuar o direito, para o que deve se atentar aos objetivos fundamentais da República Federativa, diante da supremacia constitucional no Estado Democrático de Direito, à qual estão todos subordinados.

Pois bem, sob a ótica constitucional, impõe-se ao Poder Público que atue no sentido de dar solução às desigualdades econômica e social, o que depende de vontade política nesse sentido e da eficiência na sua condução.

Quanto ao desenvolvimento ordenado da cidade e ao cumprimento de sua função social e da função social da propriedade[6], como visto, devem ser observadas as diretrizes estabelecidas no Estatuto da Cidade, orientado pelos ditames da Constituição Federal de 1988, diretrizes às quais se submetem o plano diretor da cidade.

A competência concorrente da União, dos Estados e do Distrito Federal para legislar sobre matéria de Direito Urbanístico (art. 24, I, CF) e a competência dos Municípios sobre os assuntos locais e para promover as políticas urbanas estabelecidas nas normas gerais (art. 30, I e VIII, CF) resulta em um conjunto de normas que por vezes podem se mostrar conflitantes, gerando dúvidas sobre a forma de aplicá-las ou sobre sua legalidade.

Mesmo diante de lei federal dispondo sobre as diretrizes gerais orientadoras da execução do plano diretor da cidade e dos instrumentos para sua aplicação, inclusive medidas previstas constitucionalmente (art. 182, §4º), sabe-se das dificuldades enfrentadas na elaboração do plano urba-

[6] A função social da cidade e da propriedade, diz CYNTHIA TOMÉ, visam "garantir a todos o direito à cidade, incompatível com a exclusão social". *Cadernos Jurídicos*, ano 18, nº 46, Janeiro-Março/2017, p.65.

nístico, especialmente frente aos debates envolvendo o uso dos espaços urbanos e a função social da propriedade.

Ao se buscar a proteção do direito à moradia, ao trabalho, à mobilidade e ao lazer por meio de políticas urbanas definidas pelo legislativo podemos nos deparar, ainda, com a colisão de princípios, o que exigirá a ponderação no encontro da solução adequada.

Em outros termos, importa ponderar a aplicação dos princípios constitucionais, de modo a alcançar um ponto de equilíbrio nos julgamentos que envolvem o direito urbanístico, a cidade, os direitos sociais e individuais, a liberdade, a segurança, o bem-estar, o desenvolvimento, a igualdade e a justiça, conforme prescrição do artigo 3º, II, da Constituição Federal de 1988.

De acordo com José Augusto Delgado[7]:

> [...] a garantia dos direitos fundamentais do cidadão se transformou em uma necessidade básica para o controle dos litígios. Em consequência, há de se extrair do texto constitucional o máximo que sua interpretação sistêmica permitir o que só é possível com a obediência aos princípios explícitos e implícitos que comandam o ordenamento jurídico constituído. É relevante afirmar que, em se tratando da efetividade das garantias processuais do cidadão, esse comportamento tem especial significação, por ser meio de aplicar o direito processual como função estatal de relevo na eliminação das controvérsias no ambiente social.

O papel do Estado-juiz, no exercício de sua função jurisdicional, impõe-lhe o dever de, quando devidamente provocado e diante da realidade constatada, garantir a aplicação e a efetividade das normas, assegurando a resolução adequada dos conflitos sociais, certamente atento ao princípio da separação dos Poderes.

[7] Delgado, José Augusto. *A supremacia dos princípios nas garantias processuais do cidadão. In*: Almeida Filho, Agassiz de; Cruz, Daniele da Rocha (Coord.). *Estado de Direito e direitos fundamentais*: homenagem ao jurista Mário Moacyr Porto..Forense: Rio de Janeiro, 2005, p. 319-338. Disponível em: <http://bdjur.stj.gov.br/jspui/handle/2011/3232>. Acesso em: 20.06.2021.

Não é demais recordar que o acesso ao Poder Judiciário se alia à observação de outros importantes princípios, tais como: o contraditório, a ampla defesa e a segurança jurídica, consoante o conglomerado de direitos que garantem a todos os cidadãos que se sentirem lesados pelas atividades da Administração Pública o direito, se assim desejarem, de reagir ao abuso cometido (art. 5º, incisos XXXIV e LV, da CF) [8]. Assim asseverou Lúcia Valle Figueiredo[9]:

> A Constituição da República Federativa do Brasil de 1988, em seu art. 5º, LV, vez primeira, vai trazer expressamente a garantia do "devido processo legal" tanto nos processos judiciais quanto nos administrativos. Com efeito, na literalidade do mencionado inciso LV, "Aos litigantes, em processo judicial ou administrativo, e aos acusados em geral são assegurados o contraditório e ampla defesa, com os meios e recursos a ela inerentes". O respeito ao devido processo legal deverá informar todos os procedimentos judiciais e também os administrativos, não apenas o penal. Antes da atual Constituição era no processo penal, por estar em jogo o bem de vida supremo, a liberdade do indivíduo, que se verificava, com maior facilidade, o respeito ao devido processo legal. O processo judicial, claro está, compreende o cível e o penal.

A literalidade do dispositivo constitucional e dos seus incisos não deixa margem a dúvidas de que o devido processo tem por fim salvaguardar a liberdade e os bens, em seu sentido mais amplo, alcançando também a propriedade e a segurança jurídica daqueles que se sentirem lesados. Nesse sentido, aqueles comandos constitucionais revelam que a expressão utilizada pelo legislador magno não fica restrita à mera preferência terminológica e, sim, a um regime adequado, inclusive para a configuração das atividades legislativas e administrativas do Estado.

[8] CF, art. 5º, XXXIV – são a todos assegurados, independentemente do pagamento de taxas: a) o direito de petição aos Poderes Públicos em defesa de direitos ou contra ilegalidade ou abuso de poder; [...] LV – aos litigantes, em processo judicial ou administrativo, e aos acusados em geral são assegurados o contraditório e ampla defesa, com os meios e recursos a ela inerentes;"

[9] Figueiredo, Lúcia Valle. *Curso de direito administrativo*. 6.ed. São Paulo: Malheiros, 2003, p. 280.

Para que a essencial defesa da ordem jurídica seja atingida, qualquer cidadão é competente para pleitear judicialmente a anulação de ato lesivo ao patrimônio público ou de entidade de que o Estado participe.

O papel do Poder Judiciário na garantia da efetividade dos direitos sociais é de grande valor. Inegável que as questões relativas ao Direito Urbanístico e à cidade envolvem matérias relevantes e, por vezes, de grande repercussão social, exigindo sua pronta e efetiva intervenção na tutela dos interesses envolvidos, não sem o devido aprofundamento.

No entanto, não são poucas as decisões correlacionadas aos temas que envolvem a propriedade, função social e a gestão democrática da cidade carentes de maior aprofundamento.

A importância de ater-se à forma como foram tomadas as decisões do Poder Judiciário e aos argumentos jurídicos nelas contidos é explicada por Aline Viotto e Bianca Tavolari[10]:

> Em primeiro lugar, porque democracia e justificação estão intrinsecamente vinculadas: fornecer justificativas permite que a qualidade das decisões possa ser controlada pela sociedade. Sem fundamentação não é possível entender, questionar, concordar ou discordar de uma decisão. Além disso, o texto das normas jurídicas é indeterminado, ou seja, os dispositivos legais não encerram apenas um único sentido dado de antemão, seja pelo legislador ou pela literalidade das palavras. Diante dessa abertura, os juízes necessariamente interpretam o texto da lei e escolhem entre mais de uma alternativa possível. Como se trata de uma escolha, a justificativa é novamente central.

A partir da análise das etapas e debates que envolveram o julgamento do Recurso Extraordinário nº 607.940/DF, que fixou tese com repercussão geral no sentido de ser constitucional a promulgação pelo Município de leis urbanísticas desde que compatíveis com o plano diretor, as autoras ressaltam que, embora o julgado não tenha o condão de pôr fim aos questionamentos acerca do conceito do plano diretor, "certamente organiza os embates em novos termos.

[10] VIOTTO, Aline; TAVOLARI, Bianca. *As disputas pela interpretação constitucional do plano diretor*. São Paulo: Revista Direito & Práxis, vol. 7, n. 14, 2016, p. 534.

Nesse sentido, importante extrair da análise dos julgados, suas reflexões e razões de decidir, atentos às posições discordantes, como forma de evoluir na compreensão do direito que tutela a gestão democrática da cidade.

Em que pese o pequeno número de decisões definitivas de mérito proferidas pelo Supremo Tribunal Federal e Superior Tribunal de Justiça há questões recentemente decididas pelos Tribunais Superiores que merecem destaque, algumas selecionadas abaixo, pois revelam a importância das matérias tratadas, exigindo atuação eficiente do Poder Judiciário na busca de solução adequada frente ao interesse público.

a) A discussão sobre o alcance do direito à moradia afeta, de um lado, um dos principais problemas nacionais que é o déficit habitacional e, de outro, a relevante atividade de ordenação territorial, diretamente ligada à reforma urbana e ao direito à cidade, o que envolve a adoção de políticas públicas.

O Supremo Tribunal Federal, reconhecendo a repercussão geral de conflitos sobre o direito à moradia, em decisão proferida pelo Ministro Edson Fachin no Recurso Extraordinário com Agravo nº 1.158.201/SP, acolheu o pedido alternativo formulado pela Defensoria Pública do Estado de São Paulo, consistente na obrigação da Municipalidade de inscrever os ocupantes da Comunidade da Rua Gerônimo de Abreu Vale, loteamento irregular, em programas de desenvolvimento urbano, pedido esse rejeitado pelo Tribunal "a quo" sob o fundamento de que a inscrição em programas habitacionais depende de manifestação de vontade do cidadão e do preenchimento de requisitos próprios de cada programa, além do que a intervenção do Poder Judiciária está limitada ao controle de legalidade.

O conflito envolveu a possibilidade de a Administração Municipal, no exercício de seu poder de polícia e sem autorização judicial, intervir em loteamento irregular, diante de seu dever de zelar pelo meio ambiente equilibrado e pelo ordenamento territorial (arts. 23, VI e 30, VIII, CF). Tal questão foi posta frente ao direito fundamental à moradia e, neste ponto, o julgado concluiu que, em tese, pode ser ela analisada à luz dos direitos fundamentais, eis que estes são "o fundamento e o fim da atividade estatal". Afirmando a relevância econômica e social da matéria o julgador ressaltou:

> A discussão sobre o alcance do direito à moradia afeta, de um lado, um dos principais problemas nacionais que é déficit habitacional. De outro, o direito à moradia também constitui óbice à atividade relevante de ordenação territorial, o que atinge diretamente a reforma urbana e o direito à cidade.
> É preciso registrar, por fim, que o direito à moradia recebe especial proteção do Direito Internacional dos Direitos Humanos, como se depreende, v.g., do Comentário Geral 7 do Comitê de Direitos Econômicos e Sociais, a ensejar, eventualmente, responsabilização internacional no Estado brasileiro, em caso de descumprimento. Essa perspectiva empresta, por outra razão, a repercussão geral à matéria.

Para o julgador, o Poder Judiciário pode, em situações excepcionais, "determinar que a Administração Pública adote medidas assecuratórias de direitos constitucionalmente reconhecidos como essenciais, como é o caso da moradia", determinando a implementação de políticas públicas em defesa dos direitos fundamentais.

Em suma, não obstante a importância do direito à moradia dos ocupantes das construções irregulares prevalece na hipótese o direito ao meio ambiente equilibrado, dentro da ideia de cidade sustentável, porém com a imposição à Administração de medidas que garantam aquele direito fundamental.

b) Ainda tratando de moradia, importante decisão do Ministro Roberto Barroso deferiu medida acautelatória na Arguição de Descumprimento de Preceito Fundamental 828[11], apresentada pelo Partido Socialismo e Liberdade (PSOL), voltada à tutela dos direitos à moradia e à saúde de pessoas em situação de vulnerabilidade diante da pandemia da COVID-19, suspendendo por seis meses a remoção de ocupações coletivas ocorridas antes do início da pandemia, sem, contudo, impedir que os agentes estatais atuem

[11] STF, ARE-ED nº 1.158.201/SP, relator Ministro Edson Fachin, j. em 02/09/2020, DJe 04.09.2020. ED provido, DJe 27/10/2020.

no sentido de impedir novas ocupações irregulares, "desde que com a devida realocação em abrigos públicos ou em locais com condições dignas". O autor da ação traz, entre outros, pedido para que sejam criado Planos Emergenciais de Moradias Populares, em caráter provisório, com a garantia de amplo debate com as famílias e a participação social, nos moldes do Estatuto da Cidade.

Como dito, muitas vezes o julgador se depara com situações jurídicas colidentes, exigindo que a análise do conflito se dê por meio da ponderação para que se alcance solução adequada. Sérgio Bonavides[12] esclarece que o princípio da proporcionalidade não serve apenas como instrumento de interpretação utilizado quando da colisão de direitos fundamentais, mas tem aplicação também em situações concretas que resultem em colisão quanto a bens jurídicos igualmente protegidos pelo ordenamento jurídico.

Em situações como a narrada, em que se está diante da colisão entre os direitos inerentes à propriedade e à posse e os direitos à vida e à saúde de pessoas vulneráveis, deve o julgador impor condições ou limitações de forma a compatibilizar os interesses envolvidos com os demais princípios, direitos e garantias fundamentais. Nesse sentido o artigo 8º do Código de Processo Civil dispõe que o juiz, ao aplicar o ordenamento jurídico deve atender aos fins sociais e às exigências do bem comum, em prol da dignidade da pessoa humana, observando o princípio da proporcionalidade. Zulmar Duarte de Oliveira Júnior explica que o juiz deve observar a proporcionalidade sob o prisma "da adequação, necessidade e proporcionalidade em sentido estrito", para que de sua atuação não resulte a prática de atos sem legitimidade constitucional porque desproporcionais ou não razoáveis[13].

c) Questão objeto de demandas junto ao Poder Judiciário envolve o uso indevido de calçadas e passeios, bens públicos que muitas

[12] Bonavides, Paulo. **Curso sistematizado de direito processual civil**. São Paulo: Saraiva, 2007, p. 435.

[13] Oliveira Júnior, Zulmar Duarte de. **Teoria geral do processo: comentários ao CPC de 2015 – parte geral**. São Paulo: Forense, 2015, p. 53.

> vezes são irregularmente ocupados para fins particulares, isto porque o uso das calçadas e passeios depende de autorização por meio de ato administrativo, sempre passível de revisão pela Administração Pública.

No Recurso Especial nº 1.846.075/DF[14], de Relatoria do Ministro Herman Benjamin, tendo como controvérsia o direito de manter sobre calçadas quiosques e *trailers* comerciais, o Superior Tribunal de Justiça negou provimento ao recurso sob o fundamento de que as calçadas integram o mínimo existencial de espaço público dos pedestres, pois o ato de se deslocar a pé em segurança e com conforto qualifica-se como direito de todos, como se extrai da ementa do julgado.

> Em cidades tomadas por veículos automotores, a maior parte deles a serviço de minoria privilegiada, calçadas integram o *mínimo existencial de espaço público dos pedestres*, a maioria da população. Na qualidade de genuínas artérias de circulação dos que precisam ou preferem caminhar, constituem expressão cotidiana do *direito de locomoção*. No Estado Social de Direito, o ato de se deslocar a pé em segurança e com conforto qualifica-se como direito de todos, atenção redobrada para a acessibilidade dos mais vulneráveis, aí incluídos idosos, crianças e pessoas com deficiência. Mister atinar que, no dia a dia da cidade contemporânea, o universo complexo da mobilidade urbana reserva papel crítico às calçadas, não se esgotando no fluxo de carros e na construção de ruas, avenidas, estradas, pontes e viadutos.

No voto o Ministro Relator afirma a essencialidade de se observar a mobilidade urbana da cidade contemporânea, reservando a preservação das calçadas que integram os bens públicos (art. 99, I, Código Civil), e ressalta que a apropriação de calçadas para usos particulares destituídos de função ou benefício social não atende o que se espera de uma Política Urbana, com intento de garantir o direito a cidades sustentáveis, em favor

[14] STJ, 2ª Turma, REsp nº 1.846.075/DF relator Ministro Herman Benjamin, j. v.u. em 03.03.2020, DJe 18.05.2020.

das "presentes e futuras gerações" (Lei 10.257/2001, art. 2º, I)[15], cabendo "ao administrador, sob pena de cometimento de improbidade e infração disciplinar, proceder à imediata demolição de eventuais construções irregulares e à desocupação de em turbado ou esbulhado".

Sobre o direito à acessibilidade dos pedestres e a ocupação do bem público, acertadamente decidiu-se ser inadmissível a pretensão de manter quiosques e *trailers* comerciais sobre calçadas sem a regular aprovação estatal, que, mesmo se autorizada, poderia ser revista de ofício pela Administração a qualquer momento, até porque o ato administrativo tem caráter provisório ou precário, com realce para o urbanístico, ambiental e sanitário.

d) O Superior Tribunal de Justiça, no Recurso Especial nº 1.820.792/RN[16], também de relatoria do Ministro Herman Benjamin, viu-se diante de conflito envolvendo a pretensão de obter judicialmente autorização para continuidade da construção de edifício de dezessete andares próximo ao conjunto cênico paisagístico formado pelo Monumento Natural do Morro do Careca e dunas associadas em Natal, cuja licença de construção foi anulada pela Secretaria Municipal do Meio Ambiente e Urbanismo. A controvérsia envolveu a paisagem e seu valor jurídico frente à decisão do Tribunal de Justiça local no sentido de que a Municipalidade "não poderia

[15] Muito bem retrata o Ministro em seu voto: "Em País ainda marcado pela ferida aberta das favelas e por fração significativa de pessoas vivendo ao relento, sem teto, poderia soar irrealista esperar que o Judiciário se preocupe com a existência, conservação e proteção de calçadas. Nada mais equivocado, no entanto, pois o autêntico juiz se revela quando decide questões jurídicas que, embora aparentem atrelamento a dificuldades do presente ou a concepções obsoletas do passado, se projetam sobre as gerações futuras. E, não é segredo, calçadas e cidades do amanhã se formam no seio do caos urbano da nossa época, mesmo que ainda não passem de esqueletos imperfeitos à espera, mais adiante, de corpo imaginado ou de destino prometido pela Constituição e pelas leis. Essa exatamente a expectativa que o Estatuto da Cidade deposita – se faltar ou falhar ação administrativa ou sobrar cobiça individual – no Judiciário brasileiro, ao prescrever que a Política Urbana deve garantir o "direito de cidades sustentáveis", em favor das "presentes e futuras gerações" (Lei 10.257/2001, art. 2º, I)"

[16] STJ, 2ª Turma, REsp nº 1.820.792/RN, relator Ministro Herman Benjamin, j. v.u. em 05.12.2019, DJe 22.10.2020.

> retroceder, retroagir na concessão de uma licença se a obra já havia sido iniciada".

Prevaleceu o entendimento de que a Administração pode e deve anular seus próprios atos quando eivados de vícios que os tornam ilegais porque deles não se originam direitos, como pode revogá-los por motivo de conveniência ou oportunidade, conforme Súmula 473/STF[17].

Os atos administrativos consistentes em autorizações e licenças carregam presunção relativa de legitimidade e, por isso, podem e devem ser cassados, revogados e anulados pela Administração, desde que presentes elementos ensejadores para tanto.

Sobre a paisagem e seu valor jurídico o Superior Tribunal de Justiça posicionou-se pela sua proteção legal, à luz do Código Civil, da Lei de Política Nacional do Meio Ambiente e do Estatuto da Civil, fazendo constar na ementa do acórdão:

> 18. A preocupação com a paisagem urbana decorre da necessidade de se ajustar o território e a forma de sua ocupação, propiciando a qualidade de vida aos seus habitantes e preservação dos espaços verdes e demais áreas consideradas importantes, por suas funções ecológicas e beleza cênica. Por isso, é que sua proteção encerra inegável interesse difuso relacionado diretamente com a qualidade de vida e o bem-estar da população, cuja relevância é prevista na legislação brasileira.
> 19. Finalmente, consigne-se que seria despropósito imaginar que o ordenamento jurídico brasileiro não reconheça ignore ou não atribua valor jurídico à *paisagem*. É exatamente o contrário, a começar pelo Código Civil ("O direito de propriedade deve ser exercido [...] de modo que sejam preservados, de conformidade com o estabelecido em lei especial, a flora, a fauna, as *belezas naturais*", art. 1.228, § 1º, destaque acrescentado). Na mesma linha, a Lei de Política Nacional do Meio Ambiente considera poluição "atividades que direta ou indiretamente afetem as condições estéticas ou sanitárias

[17] **Súmula 473/STF**. A administração pode anular seus próprios atos, quando eivados de vícios que os tornam ilegais, porque deles não se originam direitos; ou revogá-los, por motivo de conveniência ou oportunidade, respeitados os direitos adquiridos, e ressalvada, em todos os casos, a apreciação judicial.

do meio ambiente" (Lei 6.398/1981, art. 3º, III, "d", grifo acrescentado). E, mais especificamente, o Estatuto da Cidade, como diretriz geral da Política Urbana: a "proteção, preservação e recuperação do meio ambiente natural e construído, do patrimônio cultural, histórico e artístico, *paisagístico* e arqueológico" (Lei 10.257/2001, art. 2º, XII, grifo acrescentado).

Assim, ainda que tenha sido concedida autorização administrativa para edificação – Alvará de Construção –, o Morro do Careca é, reconhecidamente, uma paisagem natural notável e de rara beleza, que tem seu cenário natural preservado, eis que os edifícios existentes no Bairro de Ponta Negra encontram-se fora do visual do cordão de dunas. Mais, o Morro do Careca pertence ao Patrimônio Nacional, pois expressão singular do ecossistema dunar que, por sua vez, é um dos mais representativos da Zona Costeira, como ressaltado na decisão.

Portanto, bem decidiu o Superior Tribunal de Justiça, pois, no caso, presente justificativa legal para anulação da licença de construir anteriormente concedida, diante do impacto negativo na paisagem, não considerado pela Administração quando da autorização concedida. Sem dúvida, a construção do edifício de dezessete andares prejudicaria a plena fruição da paisagem e beleza natural de cartão postal de Natal, além de constituir poluição visual atentatória ao direito ao meio ambiente ecologicamente equilibrado.

O Acórdão comentado se coaduna com o pressuposto do direito urbanístico e a prescrição do Estatuto da Cidade, que apresentam papel fundamental na proteção da paisagem urbana, atrelada à qualidade de vida que se deve assegurar aos seus habitantes, também a partir da proteção das belezas naturais.

Conclusões

A Assembleia Nacional Constituinte de 1988 promulgou uma Constituição Republicana e instituiu um Estado Democrático, assegurando a cada um dos cidadãos o exercício dos seus direitos sociais, individuais, bem como a igualdade e a justiça, dentre outros princípios constitucionais.

Assim é que a função social da propriedade e da cidade não pode ser desprezada, relegada a um segundo plano, sendo inegável a importância do Poder Legislativo e do Poder Executivo na orientação jurídica e na criação de políticas públicas que atendam ao comando constitucional, para cuja efetivação revela-se indispensável a atuação eficiente do Poder Judiciário frente aos mais diversos conflitos que se apresentam nesse campo, observado o devido processo legal.

A importância do papel do Poder Judiciário na solução de questões relativas à cidade e sua função social diante dos efeitos que suas decisões têm para esta geração e as futuras não pode ser minimizada. É certo, a concretização dos direitos assegurados aos cidadãos, se violados os preceitos legais ou mesmo se omissa a Administração Pública, exige do Poder Judiciário, provocado, pronta e eficiente intervenção, de forma a proferir decisão célere e adequada, muitas vezes por meio da ponderação, isto como forma de realizar a justiça social.

O Estado tem o dever de implementar e oferecer aos indivíduos e à sociedade os direitos sociais garantidos pela Constituição Federal, cabendo ao Poder Judiciário decidir de forma a assegurar a sua efetivação. Pode e deve assumir a responsabilidade de garantir a execução dos comandos constitucionais e legais, interferindo, se o caso e quando provocado, na falta de controle e eficiência das políticas sociais.

Em suma, inadmissível um Judiciário incipiente frente à importância do seu papel na tutela dos interesses que envolvem o Direito Urbanístico e a cidade, que devem ser tutelados de forma a garantir os avanços almejados com a promulgação do Estatuto da Cidade.

Referências

BONAVIDES, Paulo. *Curso sistematizado de direito processual civil.* São Paulo: Saraiva, 2007.

DELGADO, José Augusto. *A supremacia dos princípios nas garantias processuais do cidadão. In*: ALMEIDA FILHO, Agassi de; CRUZ, Daniele Rocha (Coord.). *Estado de Direito e direitos fundamentais: homenagem ao jurista Mário Moacyr Porto.* Rio de Janeiro, Forense, 2005. Disponível em: <http://bdjur.stj.gov.br/jspui/handle/2011/3232>. Acesso em 20.06.2021.

FIGUEIREDO, Lúcia Valle. *Curso de direito administrativo.* 6ª ed. São Paulo, Malheiros, 2003.

MEDAUAR, Odete. *Direito administrativo moderno.* São Paulo: RT, 2007.

OLIVEIRA JÚNIOR, Zulmar Duarte de. *Teoria geral do processo: comentários ao CPC de 2015 – parte geral.* São Paulo, Forense, 2015.

SILVA, José Afonso. *Curso de Direito Constitucional Positivo.* 40ª ed. São Paulo, Malheiros, 2017.

TAVARES, André Ramos. *Curso de Direito Constitucional.* 17ª ed. São Paulo, Saraiva, 2019.

THOMÉ, Cynthia. *Cadernos Jurídicos,* ano 18, nº 46, Janeiro-Março/2017.

VIOTTO, Aline; TAVOLARI, Bianca. *As disputas pela interpretação constitucional do plano diretor.* São Paulo, Revista Direito & Práxis, vol. 7, n. 14, 2016.